Le rôle du juge administratif congolais dans l'émergence de l'État de droit

Notes de cours

Dirigée par Benjamin Mulamba Mbuyi

L'objet de la collection est de susciter les publications dont la vocation est double : d'une part offrir aux professeurs d'universités l'opportunité de publier leurs notes de cours, utilisées tout au long de leur carrière, et d'autre part offrir aux étudiants et chercheurs les outils de travail dont ils ont grandement besoin.

La collection s'adresse principalement aux étudiants et se propose d'envisager toutes les questions qui touchent tous les aspects de droit, de science politique et de relations internationales qui font l'objet d'un enseignement universitaire autonome.

Nous privilégierons la publication de manuels de grande qualité scientifique qui seront mis à la disposition des étudiants, régulièrement révisés comme des outils pédagogiques et utilisés dans un grand nombre d'institutions universitaires à travers le monde.

Déjà parus :

Stanislas BOGOY NANGAMA, *La pédagogie générale*, 2014.
Stanislas BOGOY NANGAMA, *La pédagogie comparée, Historique, Théories et Méthodes*, 2013.
Floribert Nzuzi MAKAYA, *Les finances publiques dans les constitutions de la République démocratique du Congo*, 2012.
Kazumba K. TSHITEYA, *Introduction aux théories et doctrines politiques et sociales*, 2012.
Benjamin MULAMBA MBUYI, *Droit International Public, Les sources*, 2012.
Benjamin MULAMBA MBUYI, *Droit des Organisations Internationales*, 2012.

Zacharie Ntumba Musuka

Le rôle du juge administratif congolais dans l'émergence de l'État de droit

Préface de Benjamin Mulamba Mbuyi

L'Harmattan

5-7, rue de l'École-Polytechnique ; 75005 Paris

http://www.librairieharmattan.com
diffusion.harmattan@wanadoo.fr
harmattan1@wanadoo.fr

ISBN : 978-2-343-02992-4
EAN : 9782343029924

Bi wa lela mubi **watapa.**
Wa pingaja munda mua kaluayi !
Ntumba Musuka kena mubi, kanu mutapi.
Wadia bulunda ne, Bibombe, ndunga munene,
Kadi bana ba nduga wenda utapa.
Nudi bena diabolo, ba lusengu pa mikaba.
Munayi bidi ntuilu bidi mpelelu, kadi, kabiena ndambilu mumue.
Ba kulu bambile ne : Tshiadima umue, tshiadia bangi. Udiadia wapa…
Udia didimbi, Udianyisha bupole, kadi kumanyi monji wa kaluadi.
Udia bulunda ne ndunga nmunena, kadi bana ba nduga **utapa.**
Mukanda mbule bua lungegni.

Ce livre est dédié à :

Mes chers parents,
Crispin MUTEBA MITEO et
Pauline LUKALU MUTOMBO,
qui ont tout fait pour que j'apprenne quelque chose.
Mon épouse Gisèle MUJINGA BAKAJIKA,
Mes enfants : Lionel TSHITUNGA, Crispin MUTEBA, Martin BAKAJIKA, Rose KAMUANYA, Ester KATSHIALUKI, Zacharie NTUMBA et Pauline LUKALU,
Mes frères et sœurs, et

À la mémoire de :

Bonaventure Bibombe Muamba et
Edouard Mpongo Bokoko Baotolinga.

SIGLES ET ABRÉVIATIONS

A.J.D.A. : Actualité juridique- Droit administratif
B.A.C.S.J. : Bulletin des Arrêts de la Cour Suprême de Justice
B.O. : Bulletin Officiel
E.D.C.E. : Études et documents du Conseil d'État
E.U.A. : Éditions universitaires africaines
J.O. : Journal Officiel
J.O.R.D.C. : Journal Officiel de la République Démocratique du Congo
J.O.R.Z. : Journal Officiel de la République du Zaïre
J.T. : Journal des Tribunaux
J.T.O.M. : Journal des Tribunaux d'Outre- Mer
L.C.E. : Ligue Congolaise des Électeurs
L.G.D.J. : Librairie Générale de Droit et de Jurisprudence
M.C. : Moniteur Congolais
P.UF. : Presses Universitaires de France
P.U.Z. : Presses Universitaires du Zaïre
R.D.P. : Revue de Droit Public
R.F.D.A. : Revue française de droit public
R.F.S.P. : Revue française de science politiquc
R.J.C. : Revue juridique du Congo
R.J.C.B. : Revue juridique du Congo- Belge
UNIKIN : Université de Kinshasa
UNIKIS : Université de Kisangani

PRÉFACE

Lorsque le Professeur Zacharie NTUMBA MUSUKA m'a fait l'honneur, à cœur joie, d'assurer une tâche flatteuse et terriblement lourde, de préfacer son ouvrage, qui n'est rien d'autre que la publication intégrale de sa brillante thèse défendue devant un jury composé des spécialistes de la question, je me suis demandé pourquoi, c'est moi qu'il a choisi en lieu et place des savants collègues qui ont publié des traités et même des précis de droit constitutionnel et administratif. Comment un Professeur de droit international peut sur sa route, rencontrer son collègue du droit administratif et faire chemin ensemble.

Ont-ils quelque chose de commun entre eux avec cette matière me suis-je demandé ? Mais en découvrant le contenu de l'ouvrage, il est apparu très clairement des points de rencontre entre cette discipline et le centre d'intérêt du droit international, particulièrement à travers le fait de transmission de connaissance.

Non sans témérité, j'ai accepté sa proposition qui constitue pour moi un défi à relever. Préfacer un ouvrage est un exercice intellectuel fastidieux. Il faut, à dire vrai, présenter l'œuvre que l'on venait de lire aux autres lecteurs qui ne sont pas forcement des profanes. Il faut aussi dire, rapidement, un petit mot sur l'auteur de l'œuvre.

Zacharie NTUMBA MUSUKA en novembre 1987 demande son inscription à la faculté de droit, mais malheureusement pour lui, il est par la force des choses inscrit en médecine. Ce jour là, quand il avait appris la mauvaise nouvelle, il était inconsolable. La déception était totale pour celui qui veut devenir avocat ou magistrat. Déprimé, le jour où il a appris ce naufrage, il choisit d'aller s'asseoir au portillon de la faculté de droit. Il ne pouvait retenir les larmes qui coulaient de ses yeux pétillants, à la recherche d'un avenir en droit et porter une toge noire.

Un professeur qui passait par là, remarque la tristesse et l'angoisse dans les yeux d'un jeune homme qu'il approche. Après un long échange, il le rquitté

quelque chose. Zacharie NTUMBA MUSUKA sera retenu à la faculté de droit. C'est le début d'une longue et merveilleuse aventure.

Après sa licence, il s'inscrit au prestigieux barreau de la Gombe à Kinshasa et porte la toge noire. À l'université, c'est assurément la méthode juridique rigoureuse qui est la sienne et la tournure de son esprit juridique, ses contacts interpersonnels et dialogues avec les éminents professeurs de sa faculté, ses multiples distinctions, qui lui valent finalement sa nomination. Il deviendra assistant de son bon samaritain. Il l'accompagne partout de Kinshasa à Goma, de Kindu à Kisangani, de Butembo à Beni. Il excelle partout où il est passé en compagnie de son « maître ». Il trouve le goût de faire une thèse de doctorat. Le bon samaritain de l'histoire de Zacharie NTUMBA : c'est le feu Professeur ordinaire Bonaventure BIBOMBE MWAMBE sha MBUYI promoteur de la thèse. Il nous a, malheureusement, quittés sans même assister à la brillante soutenance de la thèse qu'il avait lui-même dirigée avec amour et surtout avec une patience des bénédictions.

Mais aujourd'hui, tout le monde qui goûte aux fruits de « *didimbiI* » apprécie son goût et saveur, mais ne cherche pas à connaître l'arbre qui porte « *didimbi* », le savoureux.

La thèse dont il est question porte sur des questions pointues combinées, - de droit public interne, droit constitutionnel et droit administratif, -« ***le rôle du juge administratif congolais dans l'émergence de l'État de droit*** ». L'auteur darde un peu du doigt dans ses réflexions le droit international.

Dans cette étude de haute facture scientifique, l'auteur cherche à répondre de manière la plus limpide aux questions suivantes : quelle est l'identité du juge administratif congolais ? Que sous-entend la thématique de l'État de droit ? Comment le juge administratif congolais s'emploie-t-il pour la construction de l'État de droit ? Autrement dit, quels mécanismes doit-il actionner pour l'émergence de l'État de droit en R.D.Congo ? En définitive, quelles sont les missions du juge administratif dans un État de droit ?

Tout juriste sait facilement définir un État. Mais qu'entendre par un État de droit ? C'est la question fondamentale à laquelle le Professeur Zacharie NTUMBA MUSUKA essaie de répondre d'une manière précise et concise tout au long de son discours. C'est le noyau dur de sa thèse. Écrire, nous le savons bien, c'est une façon de parler sans être interrompu. Il le fait dans les deux parties qui constituent la charpente de sa thèse de six cent soixante pages pleines.

Dans la première partie, l'auteur abonde sur l'identité du juge administratif congolais et le substrat de l'État de droit. Dans la seconde partie, qui porte sur le juge administratif, artisan de l'État de droit, il explique sans ambiguïté et surtout avec une aisance hors du commun, la mission combien périlleuse du juge dans la construction de l'État de droit en République démocratique du Congo, en tant que pays post-conflit à jamais convalescent.

L'auteur, on le constate par la lecture, a le souci de l'équilibre de la pensée et du fil de ses idées. Chaque partie a trois chapitres. Tout en respectant les règles de l'art, il subdivise les chapitres de son étude en sections et paragraphes et prolonge bien ses idées tout au long de la rédaction et ne laisse rien au hasard. L'existence, nous dit l'auteur, d'une juridiction administrative s'explique par la nécessité de *juger* et de *contrôler* l'administration afin de régir les conflits, qui ne manquent pas toujours, entre l'administration et les usagers. Avec Jean-Marc SAUVE, vice-président du Conseil d'État de France, nous pouvons dire que : Juger, c'est trancher les litiges par le droit. Être juge, c'est donc nécessairement se mettre au service de l'État de droit. Le juge, tous les juristes le savent, assure la prééminence du droit comme régulateur des rapports sociaux et, dans le même temps, comme « puissance modératrice de la démocratie », il limite l'exercice du pouvoir politique et prévient ou freine les dérives de celui-ci.

C'est ce contrôle qui fait asseoir les piliers d'une véritable démocratie dans un État qui se veut un État de droit. Vouloir un État de droit est une chose, mais construire un État de droit en est une autre. Dire que, l'État congolais depuis son entrée dans le concert des Nations libres, se veut un État démocratique ne surprend personne. Tous ceux qui prennent le pouvoir le disent la main sur le cœur et les yeux fermés. Tous les gouvernements qui se sont succédés, avec les différents chefs d'orchestre et les nouveaux chefs d'État major ne cessent de nous rabâcher les oreilles avec les mêmes mélodies, sur les droits humains, la démocratie.

L'État de droit, à dire vrai, est le contraire de l'État d'arbitraire. En Afrique, les individus ; présidents-éternels se confortent tous dans un État d'arbitraire. Ils agissent selon leur libre arbitre, non soumis à un droit positif, mais, seulement à des limites d'ordres morales ou religieuses. Cela se justifie clairement par le fait que le chef de l'État devient à la longue un Roi qui a le monopole de la contrainte : lui seul peut édicter des règles contraignantes, qu'il n'a pas à suivre. Jean RIVERO dans : « L'État moderne peut-il être encore un État de droit ? », le dit encore très bien : La conception classique de l'État de droit. *Rechtstaat de Gneist, Rule of Law de Dicey*, Principe de légalité des théoriciens français, c'est ; à travers bien des nuances, une seule et même idée fondamentale : celle d'un État dans lequel l'action de l'exécutif est assujettie au respect de la règle de droit, par opposition au *Polizeistaat,* à l'État de police, dans lequel l'administration est entièrement libre de ses déterminations.

La Belgique, la France et la République démocratique du Congo sont de la famille romano-germanique. La doctrine allemande a développé la distinction entre État de droit et État de police qui nous interpelle.

Dans l'État de police, l'État est affranchi d'une obligation de respecter le droit : c'est un système dans lequel l'administration peut appliquer de manière discrétionnaire toutes les mesures qu'elle juge utiles. Mais ce n'est pas un gouvernement arbitraire ou despotique, car il existe une règle de droit ; en revanche, l'État peut changer à sa guise la règle de droit, quand celle-ci ne lui convient plus.

Au contraire, l'État de droit, dans ses relations avec les citoyens, se soumet à un régime de droit : au cœur de la relation entre l'État et les citoyens, il y a le principe que les différents organes de l'État ne peuvent agir qu'en vertu d'une habilitation juridique spéciale. L'administration en République démocratique du Congo, en principe, ne peut faire usage de la force publique que dans les cas prévus par la règle de droit. La puissance se transforme ainsi en une compétence instituée et encadrée par le droit.

Cette règle de droit, dans un État de droit, engendre deux caractéristiques, d'une part la *juridicisation* des rapports entre l'administration et les administrés. En particulier, les citoyens doivent avoir les moyens juridiques de forcer les autorités à respecter les règles de droit. Cela veut dire en particulier que l'État de droit suppose de pouvoir recourir à un juge indépendant pour faire sanctionner les abus des autorités publiques et d'autre part l'*extranéité* des règles applicables à l'administration. Les règles appliquées à l'administration ne doivent pas avoir pour seules sources le pouvoir exécutif. Il faut qu'elles émanent d'autorités extérieures à l'administration : le Parlement, les traités internationaux, les juridictions. C'est le modèle que l'on retrouve dans la plupart des sociétés développées : comment est-on passé d'un mouvement despotique à un État de droit ? Par exemple, le courant du droit naturel explique qu'il existe par nature des droits qui dépassent l'État. Cette thèse a notamment été reprise par les défenseurs des droits de l'homme.

Pour Léon DUGUIIT, ce passage de l'État despotique à un État de droit ne peut s'expliquer que dans son contexte économique et social : il va de pair avec le développement de la démocratie politique, qui soumet l'administration et les autorités nationales à la « conscience sociale » (que l'on pourrait appeler aujourd'hui opinion publique).

En Afrique, on aura tout vu, mais jamais on aura assez crié. De plus le Président-Roi devient sans aucun doute le chef de la justice, il donne l'image de la justice dans son « royaume » où il ne peut en aucun cas être soumis à des juges, ses juges qui lui sont subalterne. C'est ici que la lecture attentive de la thèse de Zacharie NTUMBA MUSAKA devient très encore intéressante.

Outre la segmentation, enseignée à la faculté de droit, la séparation des pouvoirs dans un régime démocratique et de l'État de droit, l'auteur explique longuement l'importante du juge administratif et les autres pouvoirs dans un État de droit dont les conceptions de l'État de droit prennent une place importante dans ses recherches.

Dans les missions dévalues au juge administratif, on le présente comme l'artisan même de l'État de droit selon le propre mot de l'auteur. Il doit appliquer, quand il juge et décide, les traités internationaux que l'État a ratifiés.

Résumé-je : ce sera la meilleure façon de me préparer à conclure.

Au cours du XXe siècle, on a pu assister à une multiplication des sources du droit administratif, particulièrement en Europe continentale. Jusqu'à la

Seconde guerre mondiale, les systèmes juridiques nationaux s'inspiraient de la doctrine du *légicentrisme* ; cependant, ils ont par la suite adopté la doctrine du constitutionnalisme, avec un respect effectif et *juridictionnalisé* de la Constitution. Celle-ci intéressant notamment les rapports entre pouvoirs publics, les juges constitutionnels européens ont nécessairement eu à développer des racines constitutionnelles à l'action administrative.

Par ailleurs, la coopération juridique internationale s'est particulièrement développée, notamment par le moyen des traités internationaux. C'est ici que l'on peut établir les rencontres entre le juge administratif et le droit international. L'intégration régionale européenne impose également à l'administration d'agir pour faire transposer des directives communautaires en droit national. Alors que dans les années 1920, la source exclusive du droit administratif était la loi, le droit international, voire européen ou communautaire, s'impose également de plus en plus à l'administration, et le juge administratif se retrouve corrélativement en bonne position de faire respecter des normes juridiques internationales à l'administration. Dès lors, face à une telle prolifération des sources du droit, certains auteurs contemporains ne nomment plus ce principe « principe de légalité », mais préfèrent l'appellation *principe de juridicité* de l'action administrative : la loi *stricto sensu* n'est plus la source exclusive du droit administratif, à supposer qu'elle ne l'ait jamais été ; ce qui importe, gardons-le toujours à l'esprit, dans un État de droit, est que l'administration soit soumise à la règle de droit, qu'elle soit constitutionnelle, internationale, européenne, mais également jurisprudentielle. Cependant, l'expression principe de légalité reste encore aujourd'hui la plus utilisée, bien qu'amenée à être inexacte dans certains systèmes juridiques, dont le système français.

La Constitution de la République fait une place importante aux traités et accords internationaux. Le constituant congolais a pris une position claire par rapport au problème de hiérarchie entre normes internes et normes internationales. La question ne souffre plus guère la discussion. D'ores et déjà, la Constitution de la R.D. du Congo se conforme à la position de la C.I.J. : « le principe fondamental en droit international de la prééminence de ce droit sur le droit interne ». Le juge administratif congolais applique les traités internationaux en vertu de l'article 215 de la Constitution qui leur donne une autorité supérieure à celles des lois. Par conséquent, le juge administratif se déclare compétent pour apprécier la légalité d'un acte administratif au regard de la norme conventionnelle internationale.

En France, comme partout ailleurs, la question s'est posée lorsque la loi était postérieure au traité. Les jurisprudences administrative et judiciaire ont admis la supériorité du traité même lorsque la loi nationale est postérieure. La Cour de cassation l'a admis dès 1975 (Arrêt *Société Cafés Jacques Vabre*), le Conseil d'État ne l'a fait qu'en 1989 avec l'arrêt Nicolo.

Aussi, la jurisprudence de l'arrêt Costa contre Enel de la CJCE en 1964 consacre le principe de la primauté du droit communautaire sur les législations nationales.

La coutume internationale peut également être invoquée, mais selon l'arrêt *Aquarone* du C.E de 1997, sa valeur est inférieure à celle de la loi.

L'étude du professeur Zacharie NTUMBA MUSUKA était une excellente occasion pour cerner de plus près les relations entre le droit international et le droit administratif interne. C'est avec plaisir que je le félicite de l'effort accompli pour son travail qui en contribuant à une meilleure connaissance du droit administratif ne peut que renforcer le respect de ce droit en République démocratique du Congo pour une société plus juste et moins chaotique.

Je formule de tout cœur le vœu que cet ouvrage trouve un succès incontestable.

Pr. **Benjamin MULAMBA MBUYI wa KADIMA**
Doyen de la Faculté de droit de l'Université de l'Uélé.

AVANT – PROPOS

Ce livre consacre la publication d'une thèse de Doctorat en Droit et consacre en même temps l'aboutissement d'un long processus d'apprentissage caractérisé par la patience, la fortification et le dévouement. Autant sa conception a nécessité le recours à plusieurs sources autant sa réalisation a appelé le concours tout azimut des personnes- ressources.

Cet ouvrage a été encouragé, en son temps, par des illustres disparus messieurs les Professeurs Bonaventure BIBOMBE MUAMBA et Édouard MPONGO BOKAKO BAOTOLINGA, qui ont eu la noble mission de m'encadrer et de me conduire à la soutenance d'une thèse de Doctorat dans une conjoncture difficile. Leur mémoire doit toujours être honorée.

Je me permets de mentionner le savoir-faire et le savoir faire-faire de monsieur le Professeur Benjamin MULAMBA MBUYI, Enseignant aux qualités exceptionnelles pour l'épanouissement de la science, pour avoir accepté, malgré ses multiples tâches, de placer une préface authentique à l'aune de ce livre et encouragé la publication de cette œuvre. Qu'il daigne bien trouver l'expression d'un hommage mérité.

Ma gratitude va à l'endroit de messieurs les Professeurs Dieudonné KALUBA DIBUA et Léon ODIMULA LUFUNGUSO qui n'ont pas hésité de mettre à ma disposition leur documentation pour bonifier l'élaboration de cet ouvrage.

Ce travail ne constitue qu'une contribution à l'étude du rôle du juge administratif congolais dans l'émergence de l'État de droit et n'a pas l'ambition de clore les analyses sur la question ; le champ reste ouvert à tout chercheur pour l'exploitation de ce thème.

Les avancées enregistrées sur la question me permettront de corriger cette version pour améliorer les prochaines éditions.

Zacharie-Richard NTUMBA MUSUKA
Kinshasa, le 15 mai 2014

INTRODUCTION GÉNÉRALE

L'État en tant que communauté humaine organisée politiquement sur un territoire organisé déterminé[1] a comme caractéristique d'être souverain et surtout d'être limité par le droit[2].

La caractérisation d'une collectivité souveraine est qu'elle ne tient son pouvoir que d'elle-même et n'est soumise à aucune autorité qui lui soit extérieure.

À cet effet, la souveraineté présente une face interne et une face externe.

Sur le plan interne, dire que l'État est souverain, c'est affirmer qu'il possède un pouvoir absolu de décider en dernier ressort alors que sur le plan externe, la souveraineté de l'État réside dans son indépendance à l'égard de toute autre autorité. Cette souveraineté externe de l'État est limitée par l'obligation de respecter la souveraineté des autres États composant la communauté internationale.

En outre, la souveraineté serait arbitraire si elle n'est limitée par le droit. C'est pourquoi la doctrine soutenue notamment par Carré de Malberg a ébauché la thèse de l'autolimitation de l'État par le droit[3]. Ce qui implique que le souverain doit respecter les règles de droit qu'il a créées et ne peut s'en affranchir qu'en respectant la procédure prévue pour les modifier ou les supprimer.

Par ailleurs, l'État de droit est un thème actuel et ambigu. Il est devenu, d'après André Barilari, une finalité des démocraties occidentales modernes, à tel point qu'il s'identifie de plus en plus à la démocratie elle-même.[4]

Vu sous cet angle, l'État de droit s'avère être un État de raison, un État rationnel dans lequel le gouvernement respecte la volonté collective et poursuit ce qui est meilleur[5]. Ceci entraîne que dans un État de droit, non

---

[1] MPONGO BOKAKO B., *Institutions politiques et droit constitutionnel,* Kinshasa, Ed. Universitaires Africaines, 2001, p.25.

[2] BIBOMBE MUAMBA, *Cours de droit constitutionnel et institutions politiques*, Polycopié, Faculté de droit, UNIKIS, 2001.

[3] CARRE DE MALBERG, *Contribution à la théorie générale de l'État,* Paris, C.N.R.S, 1962.

[4] BARILARI A., *L'État de droit : réflexion sur les limites du juridisme,* Paris, L.G.D.J, 2002, p. 3

[5] BIYOYA MAKUTU et KAPANGA MUTOMBO (dir.), « Notions de l'État de doit », in *Démocratisation, État de droit et bonne gouvernance*, Kinshasa, L.C.E, 2001, p.106.

seulement le droit limite les pouvoirs de l'État mais aussi l'État garantit le respect du droit.

En effet, l'État de droit met en évidence le lien étroit, structurel et constitutif qui unit le droit à l'État[6]. D'une part, le droit appelle l'État ; que ce dernier soit défini à partir de ses finalités (la justice), de son mode de détermination dans les rapports sociaux (le procès) ou encore de sa puissance normative (la contrainte), il semble toujours aboutir irrésistiblement à l'État, qui se présente comme l'incarnation de l'idée même de l'État de droit.

D'autre part, l'État appelle le droit : en ce sens que non seulement la puissance de l'État s'exprime dans la norme juridique et passe par l'édiction des règles obligatoires, mais encore que l'État est tout entier imprégné par le droit, coulé en moule juridique et cette juridicisation apparaît comme un des traits distinctifs de l'État en tant que forme d'organisation politique[7].

Néanmoins, l'expression « État de droit » a été aussi utilisée pour qualifier une forme singulière de construction étatique. Pour Blandine Barret Kriegel, serait apparu en effet en Europe occidentale, sous la monarchie absolue, un type particulier d'État, reposant sous la soumission au droit : à la différence de l'État despotique, fonctionnant « à la foi « et fondé sur un principe d'assujettissement total au pouvoir, l'État monarchique fonctionne « à la loi « et vise à la protection des libertés individuelles et à la limitation du pouvoir ; et l'État de droit ainsi fondé aurait ensuite conforté ses assises avec le développement du libéralisme et le progrès de l'idéal démocratique[8].

Enfin, cette expression est ambivalente. C'est ainsi que l'État de droit est à distinguer notamment de l'État de police en ce sens que, dans le premier, la puissance publique ne peut agir que sur la base et dans les limites des règles qui s'imposent à elle tandis que dans le second, malgré l'existence de règles juridiques, la puissance publique peut agir selon son bon vouloir sans être tenue au respect de ces règles.

Tout en insistant sur cette distinction, l'État de droit est un État qui, dans ses rapports avec ses sujets, se soumet à un régime de droit, et Jacques Chevalier démontre que dans un tel État, le pouvoir ne peut user que des moyens autorisés par l'ordre juridique en vigueur, et que les administrés disposent de voies de recours juridictionnels contre les abus qu'il est susceptible de commettre[9].

À ce niveau, il est à noter qu'au cœur de la théorie de l'État de droit se profile un principe selon lequel divers organes de l'État ne peuvent agir qu'en vertu d'une habilitation juridique et que tout usage de la force

---

[6] CONAC G. (dir), « État de droit et démocratie », in *L'Afrique en transaction vers le pluralisme politique,* Paris, Economica, 1993, p. 494.

[7] CHEVALLIER J., *L'Etat de droit,* Paris, Montchrestien, 2è édition, 1994, p.8.

[8] BARRET –KRIEGEL B., *L'État et la démocratie,* Paris, Calman-Lévy, 1979, p.20

[9] CHEVALLIER J., o*p.cit.*, p.12

matérielle doit être fondé sur une norme juridique tant il est de toute évidence que l'exercice de la puissance se transforme en une compétence, instituée et encadrée par le droit[10].

Ainsi, dans la mesure où les organes de l'État sont tenus au respect de normes juridiques supérieures, l'État de droit tend à se présenter sous l'aspect formel de la hiérarchie des normes. Cet État de droit postule alors la soumission de l'Administration au droit, ce qui justifie que l'Administration doit obéir aux normes qui constituent à la fois le fondement, le cadre et les limites de son action. Et cette soumission doit être garantie par l'existence d'un contrôle juridictionnel exercé, soit par le juge ordinaire, soit par le juge administratif.

Par contre, l'État de police accorde une large place au droit, mais celui-ci est un droit purement instrumental, sur lequel l'Administration dispose d'une totale maîtrise, sans être tenue au respect de normes supérieures qui s'imposeraient à elle. Dans la mesure où il impose des obligations aux administrés, sans être en retour source de contrainte pour l'Administration, il est l'expression et le condensé de la toute puissance administrative[11].

Comme l'indique Carré de Malberg, l'État de police est celui dans lequel l'autorité administrative peut, d'une façon discrétionnaire et avec une liberté de décision plus au moins complète, appliquer aux citoyens toutes les mesures dont elle juge utile de prendre par elle-même l'initiative, en vue de faire face aux circonstances et d'atteindre à chaque moment les fins qu'elle se propose[12].

L'État de police est donc fondé sur le bon plaisir du prince car il n'y a ni véritable limite juridique à l'action du pouvoir, ni réelle protection des citoyens contre le pouvoir.

En outre, cette expression polysémique dialectise historiquement une autre, à savoir la démocratie. Et la corrélation est plus que marquante.

De nos jours, on considère que, si l'État de droit et la démocratie correspondent à des notions différentes, dans la pratique comme dans la théorie, elles sont complémentaires[13].

À cet égard, la démocratie se veut la transposition politique de l'État de droit et l'État de droit, la traduction juridique de la démocratie. Il va de soi qu'une démocratie authentique ne peut survivre que si elle réussit à se mouler dans l'État de droit et un État de droit moderne, sauf à se renier, ne peut qu'ouvrir la voie à la démocratie. Par conséquent, les progrès de l'État

---

[10] CHEVALLIER J., *Ibidem,* p.12

[11] CHEVALLIER, *op .cit.* p. 16.

[12] *Idem,* p.16.

[13] CONAC G., o*p. cit.*, p.485.

de droit et les progrès de la démocratie ont alterné de manière dialectique, les uns venant consolider les autres[14].

Au demeurant, l'État de droit implique que la décision des organes de l'État est, à tous les niveaux, limitée par l'existence des normes juridiques supérieures, dont le respect est garanti par l'intervention d'un juge.

Le juge est donc la clef de voûte et la condition de réalisation de l'État de droit car la hiérarchie des normes ne devient effective que si elle est juridictionnellement sanctionnée, et les droits fondamentaux ne sont réellement assurés que si un juge est là pour en assurer la protection[15]. Le culte du droit aboutit en fait à la sacralisation du juge.

À ce propos, Adama Dieng note que le pouvoir judiciaire est une des institutions sur lesquelles sont bâtis les nombreux édifices de la démocratie et du droit. C'est au pouvoir judiciaire qu'est confiée la garde de la Constitution et la primauté du droit car le pouvoir judiciaire s'interpose contre les excès, le mauvais usage ou l'abus de pouvoir par les Pouvoirs exécutif et Législatif[16].

Et parmi les juges s'opère une distinction entre juge judiciaire appelé à connaître les litiges de droit commun et le juge administratif qui tranche des litiges surgissant au sein de l'Administration et entre l'Administration et les administrés. C'est l'action de ce dernier juge en vue de l'émergence de l'État de droit en République Démocratique du Congo qui constitue l'épicentre de ce travail.

À cet effet, la problématique que suscite ainsi la présente étude s'articule autour de ces questions :

- Quelle est l'identité du juge administratif congolais ?
- Que sous- tend la thématique de l'État de droit ?
- Comment le juge administratif congolais s'emploie-t-il pour la construction de l'État de droit ? Autrement dit, quels mécanismes doit-il actionner pour l'émergence de l'État de droit en République Démocratique du Congo ?
- En définitive, quelles sont les missions du juge administratif dans un État de droit ?

Telles sont des questions auxquelles la présente étude se propose de donner des éléments de réponse.

Toutefois, l'hypothèse que sous-tend cette analyse se résume en ce que la puissance démesurée de l'Administration doit être encadrée et contrôlée par un juge pour éviter l'arbitraire que pourraient subir les administrés. À cet égard, un contrôle efficace des activités de l'Administration par le juge

---

[14] *Idem*, p. 485.

[15] CHEVALLIER, o*p.cit.*, p.147.

[16] ADAMA DIENG, « Démocratie et primauté du droit », in_*l'Afrique en transition vers le pluralisme politique*, Paris, Economica, 1993, p.467.

administratif dans un régime politique donné accélère la soumission de cette Administration au droit. Ce qui veut dire que le pouvoir juridictionnel construit l'État de droit et en garantit l'existence ou tout au plus que le contrôle juridictionnel exercé par le juge administratif sur l'Administration demeure la garantie effective de l'État de droit et en conditionne la réalisation.

Au demeurant, le juge en général et le juge administratif en particulier est un artisan de l'État de droit malgré les tergiversations vers la voie qui conduit à la réalisation de ce pari lesquelles sont dues notamment à l'ignorance des administrés, au manque d'indépendance du juge, à l'inexécution des décisions de justice rendues contre l'Administration...

En effet, l'existence d'un juge administratif compétent, indépendant et impartial est une condition sine qua non de construction de l'État de droit. De même, l'érection de l'État de droit tend à s'appuyer sur le juge et le juriste, figures emblématiques de la raison juridique.

Surabondamment, c'est sur le juge qu'on compte pour protéger tout à la fois l'administré contre les abus du pouvoir et l'ordre juridique contre les atteintes qui pourraient lui être portées.

Cependant, un tel travail ne peut certainement pas manquer d'intérêt. Et cet intérêt est à la fois théorique et pratique.

En effet, l'État de droit est partout à construire et à inventer et que le problème acquiert de plus en plus une dimension internationale.

Du point de vue théorique, l'option pour l'État de droit ouvre brutalement la voie à la démocratie et à toutes ses implications.

De plus, l'approfondissement du rôle qu'incarne le juge administratif permet de scruter la garantie fondamentale et indispensable dans la consolidation de l'État de droit.

En termes clairs, parler de l'État de droit, c'est évoquer entre autres la question du contrôle juridictionnel des actes des gouvernants. C'est la raison que les mécanismes sous tendant ce contrôle puissent être élucidés.

Ce sujet apporte une contribution, si modique soit telle, à la solution de l'épineuse question de la construction ainsi que de la garantie de l'État de droit, lesquelles passent par le juge tant en amont qu'en aval.

A cet intérêt théorique, s'attache une autre pratique en ce sens que l'action du juge administratif consiste à examiner en toute indépendance le fondement de la contestation à lui soumise, de faire droit à son auteur conformément aux textes légaux et réglementaires qui ménagent les libertés publiques.

Par ce moyen, le juge contrôle l'arbitraire que l'Administration peut bien imposer aux particuliers, et ce fait est l'expression inéluctable de la soumission de l'Administration au droit. Il fonde aussi la substance de la protection des droits du citoyen.

Il appert que les citoyens soient informés sur la mission que remplit le juge administratif, notamment dans la défense de leurs droits.

Mener une étude de ce genre signifie qu'il faut en réunir les matériaux et tout au plus en déterminer l'état de la recherche.

En effet, la thématique du rôle du juge administratif dans l'émergence de l'État de droit s'inscrit dans l'optique d'une évolution des caractéristiques de l'État.

Cette appréhension est confirmée par l'article 1 de la Constitution de la République Démocratique du Congo du 18 février 2006 qui détermine les caractéristiques de l'État congolais en ces termes : *« la République Démocratique du Congo est, dans ses frontières du 30 juin 1960, un **État de droit**, indépendant, souverain, uni et indivisible, social, démocratique et laïc... ».*

De plus, l'avènement de l'État de droit impose que les actes de l'Administration soient contrôlés par un juge qui présente des garanties d'impartialité et d'indépendance car, comme l'affirme le Professeur Paul Lewalle, « un système juridique qui abandonnerait à l'Administration elle-même la solution des conflits nés de son action, n'apporterait pas plus que les rudiments de garanties qui aboutissent à une décision presque fragile et contestable puisqu'elle n'a que l'autorité qui s'attache à l'acte administratif généralement quelconque[17] ».

D'où, on constate sans surprise un mouvement favorable à la « *juridictionnalisation des recours* »[18] à la fois au sens matériel et organique dans tous les États qui se disent soucieux de respecter la légalité.

Ce problème a intéressé beaucoup de spécialistes qui se sont exprimés adéquatement en ce sens :

Le président *Léon* Moureau[19]écrit que « *dans le régime constitutionnel moderne, on a fait du respect de la loi par l'Administration, dotée d'ailleurs d'assez larges prérogatives, un des principes essentiels de la vie commune ou du lien social. C'est ce principe même qui se trouve plus ou moins profondément atteint ; dans un tel régime, chaque fois qu'un administré peut prétendre, avec une certaine raison, que l'Administration a violé la loi, qu'il réclame en vain de celle-ci ce qu'il croit en être l'application et qu'on laisse subsister cette contestation. C'est pourquoi, il faut faire cesser, en principe dans un tel régime, toutes les contestations juridiques portant sur les décisions ou opérations d'exécution matérielle accomplie par l'Administration. Or, il ne peut être mis fin adéquatement à celles-ci que par l'intervention de la fonction juridictionnelle ».*

---

[17] LEWALLE P., *Contentieux administratif, 2è éd.*, Bruxelles, LARCIER, 2002, p. 299.

[18] *Ibidem*, p.299.

[19] MOUREAU L., « La signification du principe de légalité dans l'administration moderne», *A.P.T., 1980, p. 282*

Sur la question, le président Moureau[20] qui a attisé le débat, a poursuivi en citant Carré de Malberg « *il est de la plus haute importance pour les administrés que les réclamations élevées contre les décisions des administrateurs puissent être portées devant une autorité étrangère à l'administration active et préposée spécialement à l'exercice de la juridiction. Cette autorité juridictionnelle n'étant pas mêlée aux affaires qu'elle a à juger, mais placée d'une façon extérieure, s'interposera et pourra jouer avec impartialité un rôle comparable à celui d'un arbitre entre les administrateurs et les administrés* ».

À cet effet, même si ces propos peuvent apparaître aujourd'hui marqués d'un optimisme excessif[21], ils font ressortir en tout cas un des avantages essentiels de l'intervention d'un juge dans un litige : le dernier mot appartiendra à une autorité indépendante. En ce qui concerne l'organisation de recours juridictionnels, la compétence du législateur n'est pas simplement discrétionnaire : créer ou non un recours juridictionnel pour connaître de telle catégorie de litiges n'est pas une simple affaire d'opportunité ; le législateur dispose d'une compétence liée.

Par ailleurs, une fois admis que les voies de droit ouvertes aux administrés devaient impérieusement comporter la faculté d'en appeler à des juges, il restait à déterminer concrètement quels pourraient être ces juges.

Michel Leroy, Président de Chambre au Conseil d'État belge, aborde la question d'une façon combien critique car il constate que « *assurer la tranquillité publique, percevoir des impôts et rendre la justice sont les premières tâches d'un gouvernement qui s'installe et se soucie d'établir son autorité. L'idée que le pouvoir lui-même puisse être contraint de respecter certaines règles a mis longtemps à percer... Quand, à la suite des circonstances, le principe de la soumission – totale ou partielle – du pouvoir à la règle de droit est acquis, différents procédés permettent d'en assurer l'application effective. Le contrôle de l'Administration, pour rester effectif, a dû s'étendre et se diversifier. Bon nombre de procédés internes à l'administration se sont développés, en partie en vue d'assurer la cohésion de l'action des divers pouvoirs publics, en partie aussi en vue d'assurer une protection aux administrés contre les abus de pouvoir de l'Administration. Pour cet objectif particulièrement – mais non exclusivement –, la nécessité s'est fait sentir de faire appel à des institutions de contrôle étrangères à l'Administration.*

---

[20] MOUREAU L., *L'institution du recours pour excès de pouvoir en Belgique,* Bruxelles, Bruylant, 1937, p.42 et s.

[21] DUMONT H., « La fonction de juger les activités des pouvoirs politiques, fonction juridictionnelle ou politique ? », *Journ. Proc.,* mai- juin 1985.

L'existence de celle-ci témoigne de ce que l'Administration est soumise au droit, au moins dans la mesure où les institutions de contrôle sont compétentes, et où leurs décisions sont respectées »[22].

Leroy[23] a également analysé que « le contrôle juridictionnel de l'Administration exerce, au-delà de l'effet bien circonscrit des annulations prononcées et des recours rejetés, une influence permanente sur les mœurs et les mentalités des administrateurs... Le comportement des acteurs de la vie administrative n'est plus le même depuis que l'administré est armé pour faire respecter la loi par l'Administration.

Pour les autorités publiques et les fonctionnaires qui en sont le prolongement, l'administré dépourvu d'appui politique n'est plus, comme avant, quantité négligeable ».

Tous ces constats des auteurs démontrent à suffisance que la question du rôle du juge administratif dans la construction de l'État de droit est plus qu'attrayante d'autant plus que le contrôle qu'entend exercer le juge administratif sur les actes des autorités administratives qui font grief aux administrés est un moyen puissant pour démanteler l'arbitraire que pourrait faire subir l'Administration aux citoyens.

À cet effet, le juge demeure la pièce maîtresse dans la construction de l'État de droit ; et l'extrapolation que nous comptons faire se réfère à la République Démocratique du Congo.

Toutefois, une recherche de ce genre nécessite le choix des méthodes de travail.

La méthode, d'après Marie-Anne Cohendet, est un simple instrument devant permettre à l'esprit de s'épanouir, à la réflexion de s'élargir, à l'expression de s'éclaircir car l'essentiel dans un travail juridique résiste dans la pertinence des idées.[24]

Indispensable, la méthode n'est pas, pour autant unique[25]. Il existe plusieurs méthodes de travail en droit public et elles varient selon la personnalité et les conceptions de chaque juriste, praticien, enseignant ou étudiant, et selon le type d'exercice[26].

Dans le cadre de ce travail, nous mettons à profit l'approche juridique, sociologique, comparative et dialectique.

---

[22] LEROY M., *Contentieux administratif, 2è éd.*, Bruxelles, Bruylant, 2000, p. 28

[23] *Idem*, p. 157

[24] COHENDET M. -A, *Méthodes de travail en Droit public*, Paris, Montchrestien, 3e éd, 2001, p.12.

[25] SHOMBA KINYAMBA, *Méthodologie de la recherche scientifique,* Kinshasa, Ed MES, 2005, p.101.

[26] FEYERABEND P., *Contre la méthode, esquisse d'une théorie anarchiste de la connaissance*, Paris, Seuil, Point coll. Sciences, 1979, p.8.

L'approche juridique exposera le droit positif, notamment la norme constitutionnelle[27].

Elle permet d'observer la manière dont la Constitution stricto sensu est appliquée.

Cependant, cette approche nous donne une vue tronquée de la réalité, et de ce fait, elle est insuffisante.

Pour pouvoir parer à cette incomplétude, nous aurons également à recourir à la sociologie pour rendre fécondes nos analyses.

L'approche sociologique consiste à décrire le phénomène politique avec toutes les manifestations qu'il implique.

En effet, la réalité sur terrain est plus perceptible que l'exposition qui conduit au raisonnement déductif et logique. Cette approche est ainsi tributaire des faits et se préoccupe moins de les apprécier que de les expliciter[28].

Mais, pour réaliser une étude dont certains principes présentent une nouveauté, il importe de faire recours à la méthode comparative dans ce qu'elle a de significatif, c'est-à-dire mettre en relief ces principes et examiner leur application dans d'autres systèmes juridiques qui se rapprochent du nôtre.

La dialectique, quant à elle, est, selon Loubet Del Bayle J.-L., associée au concept de la totalité en niant l'isolement entre ensembles et leurs parties et en soulignant que la réalité sociale est le fait de l'ensemble des interactions entre ses différents éléments.

Elle tend ensuite à privilégier la recherche des contradictions au sein de cette réalité, en mettant en relief, derrière l'apparente unité du réel, les tensions, les oppositions, les conflits, les luttes, les contraintes et les contradictions.

Elle présente la thèse, évoque l'antithèse et expose la synthèse[29].

En somme, quel canevas doit-on suivre pour analyser ce sujet ?

Ce travail comprend deux parties dont la première examine l'identité du juge administratif et le substrat de l'État de droit tandis que la seconde démontre le rôle d'artisan de l'État de droit qu'incarne le juge administratif congolais. Une conclusion générale interviendra à la fin du travail dans laquelle nous indiquerons quelques suggestions pouvant permettre l'avènement de l'État de droit en République Démocratique du Congo.

---

[27] DJELO E. O., *Contribution à l'étude des tendances fédéralistes et unitaristes dans l'évolution politique et Constitutionnelle du Zaïre*, Thèse de doctorat en droit, Université de Liège,1973-1974,p. 21

[28] KITETE KEKUMBA, *Autonomie politique et constitutionnelle au Zaïre : Essai de solution à l'inadéquation Institutionnelle*, Thèse de doctorat en droit, Paris I Panthéon, 1988, p.20

[29] LOUBET DEL BAYLE J.- L., *Introduction aux méthodes des sciences sociales,* Toulouse, Primat, 1989, p.7.

PREMIÈRE PARTIE

L'IDENTITÉ DU JUGE ADMINISTRATIF CONGOLAIS ET LE SUBSTRAT DE L'ÉTAT DE DROIT

L'État est une invention humaine pour éviter la loi de la jungle. C'est un produit de la civilisation. Et le postulat est que c'est en créant un monopole de la violence que les sociétés humaines ont cherché à la maîtriser et à la prévenir. Mais en contrepartie, ce pouvoir monopolistique doit avoir une légitimité.

C'est pourquoi la théorie politique libérale lui donne un fondement contractuel[1].

Si l'on veut que ce pouvoir soit fondé sur le droit et voué à l'application et la promotion du droit, il importe qu'il ne soit pas démuni de moyens matériels[2].

Pour assurer sa mission première de protecteur des libertés, de garant de la paix civile et de l'intégrité territoriale, il doit disposer d'une Administration, d'une force publique (armée et police) cohérente et efficace. Il doit s'exercer aussi dans la continuité, ce qui suppose une relative institutionnalisation, de sorte que sa survie ne soit pas liée au sort de tel ou tel de ses détenteurs toujours provisoires, tout au plus à l'échelle d'une vie humaine, lorsqu'il cherche à se pérenniser.

Cependant, l'État de droit implique que la suprématie du droit soit garantie par un pouvoir, certes lui-même respectueux du droit, mais aussi respecté du plus grand nombre de sujets de droit.

De plus, dans l'État de droit, le droit confère l'autorité au pouvoir, mais le pouvoir est l'instrument du droit[3].

---

[1] CONAC G., *op.cit,* p.487

[2] *Idem*, p.487

[3] CONAC G., *op.cit,* p.487

À ce sujet, lorsque chaque autorité, de la plus modeste à la plus haute, s'exerce sous le contrôle d'un juge, qui s'assure que cette autorité respecte l'ensemble des règles de compétence et de fond auxquelles elle est tenue, l'État de droit émerge[4].

Ce juge peut être un juge judiciaire, constitutionnel ou administratif. C'est sur ce dernier que s'étendront nos analyses.

Ainsi, dans les lignes qui suivent, nous examinerons l'institutionnalisation du juge administratif en RDC dans un premier chapitre, l'analyse des rapports qu'entretiennent le juge administratif et les autres pouvoirs au sein de l'État dans un deuxième chapitre avant de scruter le substrat de l'État de droit dans un troisième chapitre.

---

[4] Discours du Président français Valery Giscard d'ESTAIN prononcé le 8 Novembre 1977 devant le Conseil
Constitutionnel Français.

CHAPITRE 1

L'INSTITUTIONNALISATION DU JUGE ADMINISTRATIF EN DROIT CONGOLAIS

Le juge administratif connaît des litiges lui déférés dans les formes et avec l'autorité et l'indépendance qui caractérisent toute activité juridictionnelle[1].

Le caractère administratif de sa fonction tient à son activité qui, à tous les stades, échappe à tout contrôle exercé par le juge judiciaire, et à sa compétence qui porte sur le seul contentieux administratif. Cette spécialisation fonctionnelle exige qu'il puisse avoir contact avec les problèmes de l'Administration[2].

C'est ainsi qu'une corrélation existe entre la juridiction et l'Administration en tant que fonctions existentielles de l'État.

Cependant, on désigne sous le terme générique de juge administratif, l'ensemble des juridictions administratives[3].

Deux critères peuvent être avancés pour définir une juridiction administrative. Il s'agit des critères organique et fonctionnel.

Du point de vue organique ou formel, une juridiction administrative est caractérisée par une autonomie organique.

En effet, il y a juridiction administrative chaque fois que l'on se trouve en présence d'un organe juridictionnel chargé du contentieux de l'activité administrative, séparé et indépendant à la fois de la juridiction judiciaire et de l'administration active.

La conception organique répond de la manière la plus formelle à la notion française de la justice administrative que l'on qualifie de système de la dualité de juridiction caractérisée par la séparation de deux ordres de

---

[1] MBUAMA EKPANGBA, *Les garanties des libertés fondamentales en matière de police administrative en droit positif zaïrois,* Mémoire de Licence, Faculté de Droit, UNIKIN, 1993, p.73.

[2] NTUMBA MUSUKA, *La protection des droits politiques dans l'ordre Constitutionnel Zaïrois,* Mémoire de Licence en Droit, UNIKIN, 1994, p.95.

[3] VEDEL G., *Droit administratif,* Paris, L.G.D.J, 5e éd, 1973, p.439

juridiction. Concrètement, elle se traduit par le fait que chacune a ses tribunaux propres composés de personnels distincts.

Du point de vue fonctionnel ou matériel, la juridiction administrative se charge du contrôle des actes des autorités administratives dans l'exercice de leurs fonctions.

Et d'après Gérard Bergeron, une juridiction administrative est celle qui s'applique à contrôler l'Administration[4].

C'est à ce point de vue qu'il devient possible de soutenir que les Sections administratives des Cours d'Appel et de la Cour Suprême de Justice, la Cour des Comptes, en République Démocratique du Congo, jouent le rôle des juridictions administratives comme le sont les cours et tribunaux administratifs en France.

L'article 122 de la Constitution de la République Démocratique du Congo du 18 février 2006 ouvre une brèche quant à la possibilité de création d'autres ordres de juridiction par le législateur.

Le problème de l'instauration de juridiction de l'ordre administratif a été examiné malgré que les solutions jadis envisagées soient demeurées au niveau des projets. C'est le cas des projets de Constitution de la Conférence Nationale Souveraine du 5 août 1992 et de la Commission des réformes institutionnelles du 10 février 1999.

Quant à la Constitution de la République Démocratique du Congo adoptée au Référendum populaire et promulguée le 18 février 2006, elle a prévu enfin un ordre de juridictions administratives séparé de l'ordre judiciaire, ayant ses propres cours et tribunaux et chapoté par le Conseil d'État.

Force est de constater, que l'institutionnalisation du juge administratif en droit congolais est la résultante d'une longue évolution historique. Cela est d'autant vrai pour son organisation ainsi que pour ses compétences qui sont, certes, le fruit de l'héritage colonial.

Alors, il importe de démontrer la corrélation entre la juridiction et l'Administration dans une première section, de scruter l'évolution historique de la juridiction administrative congolaise dans la deuxième section avant d'étudier l'organisation et la compétence des juridictions administratives congolaises depuis 1964 dans une troisième section

SECTION 1. LA CORRÉLATION JURIDICTION-ADMINISTRATION DANS LE FONCTIONNEMENT DE L'ÉTAT

L'État en tant que cadre d'exercice du pouvoir regorge des fonctions qui déterminent sa nature même ainsi que son existence. Ces fonctions sont définies comme une série d'activités liées les unes des autres en processus

---

[4] BERGERON G., *Fonctionnement de l'État,* Paris, Librairie Armand Colin, 1965, p.327

d'action et unifiées par leur commune participation à la vie d'un organisme. Celles-ci sont, d'après la théorie de Gérard Bergeron séparées en fonctions d'« *impérativité* » et fonctions d'« *exécution* ».

Les fonctions d'« *impérativité* » sont « gouverner et légiférer » tandis que les fonctions d'« *exécution* » sont « administrer et juger ».

Les premières sont appelées fonctions du premier degré parce qu'elles se placent au niveau de l'impulsion de la dynamique étatique ; tandis que les deuxièmes sont appelées du second degré à cause du fait qu'elles interviennent après que l'on ait déclenché le mécanisme d'« *impérativité* ».

À ce sujet, Gérard Bergeron note que « une fonction de second degré n'est pas telle parce qu'elle s'exerce au sujet d'une action déjà accomplie. Toujours déclenchée par l'exercice d'une fonction au premier degré qui "*impère*", soit gouvernementalement, soit législativement, elle est de second degré en ce sens qu'elle exécute, soit administrativement, soit juridictionnellement, ce qui a été "*impéré*"... Ainsi, l'exécution suit l'impérativité... »[5].

Par ailleurs, administration et juridiction sont deux fonctions d'exécution et elles sont distinctes.

Elles sont appelées par les fonctions du premier degré.

Ces fonctions du second degré n'ont pas les caractères d'*initialité* et de large indépendance de celles du premier : les administrateurs procèdent, selon une ligne hiérarchique, par voie d'applications particulières, voire même individuelles et les juges ne peuvent pas se saisir d'une cause par leur propre initiative et ils n'opèrent qu'inter partes.

De même, situer la fonction administrative au degré d'exécution est une tâche qui ne pose pas de problème. Ceci relève même de sa définition étymologique *ad-minis-trare* qui signifie *agir au service de, servir.* Ainsi, les administrateurs sont des serviteurs de l'État, ses commis.

À cause de l'habitude acquise de distinguer le pouvoir judiciaire du pouvoir exécutif ainsi que les fonctions qu'incarnent ces pouvoirs, la fonction de dire le droit *juris-dictio* est en rapport avec l'exécution des contrôles impératifs puisqu'elle ne se meut que par la présomption que les normes imposées par le Gouvernement et le Législateur n'ont pas été exécutées correctement.

Dans la même logique, il importe de noter que Carré de Malberg soutenait que « la juridiction n'est pas en soi une fonction irréductiblement distincte de l'administration, mais seulement une partie de la fonction administrative soumise à un régime et à des formes spéciales »[6].

Il a continué en affirmant que « Administration et juridiction sont, dans leurs rapports avec la législation, deux fonctions de même essence, attendu

---

[5] BERGERON G., *Fonctionnement de l'État,* Paris, Librairie Armand Colin, 1965, p.198
[6] Carré de MALBERG, *op.cit.,* p. 810

que l'une comme l'autre s'analysent en concrétisation de règles législatives ou générales préalables, tout au moins en tant qu'elles présupposent des habilitations législatives consistant en attribution de compétence... aux mains des autorités dites administratives... »[7].

Ces points de vue sont démontrables et justifiables en ce que le fonctionnement de l'État implique une corrélation entre ses diverses fonctions.

C'est ainsi qu'il nécessite d'étudier le fonctionnement de l'État tel qu'envisagé par Gérard Bergeron dans une première sous-section et analyser les rapports dialectiques entre la Juridiction et l'Administration au sein de l'État dans une deuxième sous-section.

Sous-section 1. Le fonctionnement de l'État d'après Gérard Bergeron

L'État fonctionne à la manière d'un organisme vivant. En son sein se retrouvent des fonctions vitales qui lui permettent de renforcer son dynamisme.

Il est à noter que ce postulat a été bel et bien posé par certains penseurs.

Gérard Bergeron, ce dialecticien de grande renommée a revisité la séculaire théorie de séparation des pouvoirs prônée par Montesquieu, laquelle répartissait les pouvoirs au sein de l'État en pouvoir législatif, pouvoir exécutif et pouvoir judiciaire[8].

Cette répartition ternaire, d'après Gérard Bergeron, ne reflète pas exactement la réalité surtout lorsque l'on se réfère à la multiplication de fonctions au sein de l'État.

Ce penseur s'inspire de la critique de Georges Burdeau qui soutenait que *« l'on n'éprouve quelque scrupule à suspecter l'exactitude d'une thèse aussi ancienne, forte de l'adhésion de plusieurs générations de publicistes. Toutefois, il faut bien observer que la réalité refuse de se laisser enfermer dans les cadres de la classification courante des fonctions, et que la pratique politique ne concorde nullement avec elle, quand bien même elle serait inscrite dans la constitution »*[9].

Ainsi, plutôt que de parler de « pouvoir », Bergeron lui substitue le vocable « fonction » car il considère le mot « fonction » bien expressif en dialectique que pouvoir.

À ce sujet, évoquant la séparation des pouvoirs, il conclut à la différenciation fonctionnelle ; il agence que la fonction exécutive est double

---

[7] *Idem*

[8] MONTESQUIEU, *Esprit des lois,* Livre XI, Chapitre 6.

[9] BURDEAU G., « Étude sur la classification des fonctions étatiques », in *Rev. Dr. Publ.*, 1945, p. 202 ; La critique de la séparation des pouvoirs a été faite avec une grande autorité par M.P. COT, rapporteur général du projet de constitution de la France du 19 avril 1944, in *J.O.*, 10 avril 1946, p. 1621.

en ce sens qu'elle consiste à gouverner et à administrer. Sur ce point, il s'appuie sur les analyses de Maurice Hauriou[10] qui s'appliquait à distinguer soigneusement les trois notions connexes d'organes (« qui sont les organisations d'hommes auxquelles est confié l'exercice des fonctions »), de « pouvoirs publics » (« qui sont les pouvoirs de volonté en vertu desquels les organes exercent les fonctions ») et des *fonctions de l'État,* telles que la fonction de rendre la justice, ou de faire la loi, ou de gouverner, ou d'administrer.

Loin de suivre la répartition ternaire de fonctions au sein de l'État, Gérard Bergeron démontre l'existence d'une fonctionnalisation *quaternaire* et il écrit : « 1° Le pouvoir de *décision*, affirme-t-il, est le plus important de tous, par rapport auquel tous les autres conservent un caractère plus ou moins accessoire. Il n'est pas autre chose que la compétence de faire des actes juridiques, qui déterminent certains droits ou certaines obligations…

2° De la décision, il faut séparer *l'exécution*, qui consiste dans la mise en œuvre effective d'une décision antérieure, au moyen d'actes matériels ou juridiques…

3° Une telle séparation n'est plus seulement possible, mais nécessaire, si l'on considère le pouvoir de *consultation,* qui consiste à donner des conseils, antérieurement à une décision, à l'autorité chargée de la prendre…

4° La consultation intervient avant la décision, *le contrôle* se manifeste, au contraire, postérieurement à elle. On distingue par là le pouvoir de vérifier la régularité ou l'opportunité d'un acte.

Ainsi, la différenciation fonctionnelle au sein de l'État se manifeste au niveau d'un double contrôle de fonctions d'"*impération*" ou de premier degré qui sont *gouverner et légiférer* et de fonctions d'*exécution* ou de second degré qui sont *administrer et juger* ».

Ces fonctions sont en interaction et la dialectique qui en résulte vivifie l'État.

C'est pourquoi l'analyse de la catégorisation de fonctions d'après Gérard Bergeron s'avère nécessaire en un paragraphe premier tandis que l'examen de la fonctionnalité de l'État s'impose en un paragraphe deuxième.

§1. L'analyse de la catégorisation de fonctions d'après Gérard Bergeron

Le dialecticien Gérard Bergeron s'insère dans une logique de fonctionnalité de l'État à l'instar du fonctionnement d'un organisme vivant.

Il pousse son analyse beaucoup plus loin jusqu'à se situer à la place d'un chirurgien avec son bistouri en main, prêt à disséquer un corps en activité.

[10] HAURIOU M., *Précis de droit constitutionnel,* Paris, Larose et Forcel, 1929, p. 347

Il commence par poser un postulat selon lequel « une fonction se dégage, s'affirme par un processus de *différenciation* dans un système de fonctionnement…

Une fonction n'existe pas *en soi*, si ce n'est comme une catégorie mentale servant, avant tout à la définition, qu'à l'analyse.

Cela revient à dire que c'est toujours en référence à l'organisme, non à l'organe, qu'on pense, reconnaît la fonction »[11].

Il complète en affirmant qu'*une fonction est beaucoup plus qu'une série d'activités interreliées et imputables à tel organe donné. Ce n'est pas d'abord ce qu'est ou ce que fait tel organe qui est spécificateur de la fonction.*

La fonction est toujours dans un rapport général et déterminant avec l'organisme ; elle n'a avec l'organe qu'un rapport partiel, souvent accidentel ou accessoire, toujours variable, nullement déterminant[12].

Ce qui est vrai dans cette métaphore est que toute vie politique requiert au moins l'exercice d'une fonction au degré de l'*« impérativité »* et celui d'une seconde fonction au degré de l'exécution.

À cet effet, quatre fonctions sont, selon le dialecticien, nécessaires à une vie politique normale ; deux sont indispensables à une vie politique minima.

Ces quatre fonctions politiques s'exercent en deux degrés reproduisant les deux phases de la dynamisation du contrôle social.

Ainsi, Gérard Bergeron soutient à cet effet que *« gouverner et légiférer* sont des contrôles d'"*impérativité*" ou de premier degré tandis que *administrer et juger* sont des contrôles d'exécution ou de second degré »[13].

Cette différenciation fonctionnelle est plus que déterminante en ce sens qu'elle permet de sérier les fonctions qui s'amoncèlent au sein de l'État.

A. Les fonctions d'« impérativité » dans l'État

Les fonctions d'*« impérativité »* ou du premier degré sont nommément désignées par le fait qu'elles interviennent au niveau d'*« initialité »* ou d'impulsion.

Elles ont pour caractéristique fondamentale d'insuffler un dynamisme nouveau dans un organisme qui est l'État surtout pour en définir les options fondamentales ou tout au plus en déterminer les lignes directrices de la politique nationale.

Ces fonctions qui sont à l'avant-plan de l'ordre social sont le Gouvernement et la Législation et elles sont, l'une par rapport à l'autre, en état de compétition au sujet du partage des matières qu'elles assument comme sources *« impérantes »*.

---

[11] BERGERON G., *op.cit…*, p. 195

[12] *ibidem*

[13] BERGERON G., *op.cit…*, p. 195

Cela se fait à l'origine par des répartitions constitutionnelles des compétences aux organes propres aux fonctions.

C'est par exemple que l'article 91 de la Constitution du 18 février 2006 dispose que « *le Gouvernement définit, en concertation avec le Président de la République, la politique de la Nation et en assume la responsabilité.*

Le Gouvernement conduit la politique de la Nation... ».

Aussi, l'explication peut être tirée des articles 122 et 123 de la même Constitution qui confinent la loi dans un domaine précis afin d'éviter tout débordement dont le Gouvernement avait souffert pendant tout le temps de la souveraineté de la loi.

De même, il est inadmissible de perdre de vue l'article 128 de la Constitution qui élargit le domaine du règlement à la grande satisfaction du Gouvernement.

Cet article stipule que « *les matières autres que celles qui sont du domaine de la loi ont un caractère réglementaire...* »

Il est fort aisé d'admettre que ces fonctions d'« *impération* », comme cela saute aux yeux, interviennent au stade de décisions importantes pour la survie de l'État, au niveau de son identification ou tout au plus au début de son fonctionnement par rapport aux fonctions d'exécution qui s'analysent en celles du second degré, intervenant normalement pour donner une application à celles d'« *initialité* ».

Dans les lignes qui suivent, le devoir qui s'impose est celui d'analyser la nature du Gouvernement en tant que fonction d'« *impérativité* » ou du premier degré ainsi que celui d'examiner la fonction de législation dans l'État en tant que contrôle du premier degré.

a. La fonction « impérante » du Gouvernement

La fonction gouvernementale est une fonction de libre initiative, qui consiste à assurer la direction générale des affaires du pays et à résoudre, conformément à l'intérêt commun, les questions urgentes, d'importance prépondérante qui surgissent sans qu'on puisse d'avance les réglementer, ni déterminer les solutions particulières qui devront leur être apportées[14].

Il est propre à la nature de cette fonction de s'appliquer à certaines matières qui ont d'autres caractères ou qui requièrent d'autres exigences telles que la souplesse, le secret, l'adaptabilité...

Ce sont, de façon générale, les matières politiques qui mettent en cause l'unité de l'organisme étatique en l'occurrence, la politique extérieure, la défense nationale, l'ordre public interne...

Aussi, pour exercer cette fonction d'impulsion, le constituant a mis à la disposition du Gouvernement des moyens importants devant lui permettre non seulement d'« *impérer* » mais également d'entretenir des relations adéquates avec les autres organes étatiques.

---

[14] BERGERON G., *op.cit.* , p. 203

C'est pourquoi la mission **de définir et conduire la politique de la Nation** est dévolue au Gouvernement.

À cet effet, l'article 91 de la Constitution du 18 février 2006 est plus que disert. Il dispose en ses alinéas 1 et 2 que « *le Gouvernement définit, en concertation avec le Président de la République, la politique de la Nation et en assume la responsabilité.*

Le Gouvernement conduit la politique de la Nation.

La défense, la sécurité et les affaires étrangères sont des domaines de collaboration entre le Président de la République et le Gouvernement… »

Il est à souligner que cette fonction est exercée grâce aux machines puissantes dont est doté le Gouvernement.

Il s'agit de l'administration publique, des forces armées, de la Police nationale et des services de sécurité.

Bien que cette fonction d'« impérativité » soit plus importante, elle ne demeure pourtant pas la seule à impulser au sein de l'État.

C'est ainsi qu'elle pactise indéniablement avec notamment la fonction de légiférer.

b. La fonction « impérante » de légiférer

La fonction législative est à compter parmi les fonctions importantes de l'État, à savoir la fonction gouvernementale, la fonction juridictionnelle et la fonction administrative.

Ces fonctions permettent à l'État d'exercer efficacement sa mission constitutionnelle de servir l'intérêt général et d'assurer le bien-être de la Nation.

En effet, la fonction de légiférer s'avère une fonction suprême au sein de l'État, l'incarnation même de la souveraineté. Il est à souligner que si celle-ci est fondamentalement réservée au peuple[15], c'est en réalité à l'Assemblée Nationale et au Sénat qu'il revient d'exprimer la volonté générale.

Ceci renvoie à l'idée de représentation d'autant plus que le peuple est dispersé sur l'étendue du territoire national.

Aussi, il importe d'affirmer que la représentation permet, par son entremise, l'élaboration de la volonté nationale. À cet égard, les membres de l'Assemblée élue sont appelés à opiner non d'après une volonté nationale pré-établie, puisque cette volonté ne peut s'exprimer, ni même se former, sans eux, mais d'après la conscience qu'ils ont de la volonté générale. De plus, ils statuent selon leurs propres vues et d'après les circonstances, au fur

---

[15] Le peuple possède juridiquement une physionomie précise, une composition certaine. Il est composé de l'ensemble des citoyens, inscrits sur les listes électorales, et distribués par circonscriptions et bureaux afin d'élire et dans certains cas de statuer. C'est dans ce sens que l'article 5 alinéa 1 de la Constitution du 18 février 2006 dispose que « la souveraineté nationale appartient au peuple. Tout pouvoir émane du peuple qui l'exerce directement par voie de référendum ou d'élections et indirectement par ses représentants… »

et à mesure qu'elles se produisent puisqu'ils ne peuvent être liés par aucun mandat ou engagement antérieurs[16].

Ceci est corroboré par les article 101 alinéas 4 et 5 et article 104 alinéa 2 de la Constitution en ce sens que « *le député national représente la Nation.*

Tout mandat impératif est nul... » et que « *le sénateur représente la Province, mais son mandat est national. Tout mandat impératif est nul...* »

Cependant, la fonction de légiférer est quadrillée par les articles 122 et 123 de la Constitution.

L'explication logique à agencer se retrouve confinée dans l'idée selon laquelle la loi, expression de la volonté générale et émanation d'un organe collégial qui siège saisonnièrement, ne doit régenter toutes matières d'autant plus que certaines d'entre elles exigent une extrême urgence pour le fonctionnement régulier de l'État.

Celles exigeant l'urgence sont laissées à la diligence du Gouvernement qui est aux prises quotidiennes avec la gestion de l'État.

Par ailleurs, c'est par référence à la loi qu'est conçue la théorie de l'État de droit pour contraindre tous les organes de l'État au respect de la légalité afin d'éviter l'arbitraire qui pourrait provenir de leur extravagance.

De plus, cette fonction s'avère d'« *impération* » en ce sens qu'elle pourvoit d'instruments indispensables aux organes de l'État pour l'harmonisation de leurs relations.

C'est ainsi que le Parlement qui est cet organe étatique doté de la mission de confectionner les lois est tenu de les respecter.

Il en est de même du Gouvernement avec son Administration ainsi que du juge qui doit appliquer la loi pour assurer l'avènement de l'État de droit.

Les fonctions d'« *initialité* » ne peuvent s'exercer efficacement sans la mise en exécution de leurs décisions « *impulsantes* ».

Cette tâche est remplie par d'autres organes de l'État qui interviennent au second degré.

B. Les fonctions d'exécution au sein de l'État

Les fonctions d'exécution sont celles qui mettent en application les décisions prises par les fonctions « *impérantes* » dont les tâches sont accomplies par le Parlement et le Gouvernement.

Aussi, le passage de l'« *impérativité* » à l'exécution marque le tournant dialectique des relations qu'entretiennent les organes au sein de l'État.

En effet, les fonctions d'« *impérativité* » s'analysent en processus d'émission des normes ; mais ce processus ne s'arrête pas sur lui-même dès lors qu'il appelle et met en branle le processus d'exécution.

Les fonctions d'impérativité sont débordantes, non pas à la façon d'un excès mais d'une complémentarité dialectique qu'elles recherchent au palier de l'exécution.

---

[16] PRELOT M., *Institutions politiques et droit constitutionnel*, Paris, Dalloz, 1963, p.307

Aussi, du fait que l'État *impère* de plus en plus, il s'ensuit qu'il tend à exécuter dans la même proportion[17].

Les fonctions d'exécution sont incarnées par l'Administration et la juridiction et, il importe d'en esquisser l'identité.

a. L'Administration comme fonction d'exécution ou du second degré

L'Administration est non seulement une fonction du second degré mais encore de subordination.

Et selon la formule d'Eric Weil, « l'Administration constitue le point d'insertion du politique dans le social, du raisonnable dans le rationnel ».

La justification de cette assertion peut être trouvée dans le fait que les gouvernants qui sont responsables d'un secteur particulier de l'administration agissent, en tant que tels, comme des administrateurs en chef et dédoublent leur fonction gouvernementale spécificatrice.

Il est à noter que la mission fondamentale de l'Administration est d'exécuter les actes pris par les gouvernants et de les faire parvenir comme un fluide dans le plus petit village.

En effet, la tâche d'exécuter les lois implique notamment de la part de l'Administration l'emploi de la contrainte, le maintien de l'ordre public et l'organisation des services publics…

En clair, l'Administration exerce les prérogatives de puissance publique c'est-à-dire qu'elle opère par des sujétions exorbitantes de droit commun.

Ce fait a pu dire à Georges Vedel[18] que « *l'administration est l'exercice du pouvoir exécutif sous un régime de puissance publique* ».

Bien sûr, c'est le propre de l'Administration d'exécuter généralement et préventivement les normes d'*impérativité* et, singulièrement les lois. Et les administrateurs n'exécutent pas, en effet, les lois selon l'abstraction formelle du journal officiel. Ils les exécutent en concrétisations et pondérations successives d'après une ligne que donnent ou que tolèrent les administrateurs-chefs.

Par ailleurs, le produit de la fonction administrative s'analyse essentiellement en une décision et, pour y arriver, une opération de constatation lui est préférable.

Aussi, la décision administrative montre que, tout en étant du second degré, la fonction administrative est plus près des contrôles du premier degré qui se présentent également sous forme de décisions générales et abstraites.

En outre, le fonctionnement de l'administration en tant que fonction de subordination est conditionné par la loi qui en règle d'en haut les opérations administratives. À cet effet, il va sans dire que les organes législatifs

---

[17] LAVAU G., « Le juge et le pouvoir politique » in *La justice,* Bibliothèque des Centres d'Etudes supérieures spécialisées, Centre de sciences politiques de l'Institut d'études juridiques de Nice, 1961, p. 90.

[18] VEDEL G., *Droit administratif,* Paris, P.U.F., coll. Thémis, 1973, p. 29

exercent un droit de surveillance même lointaine sur l'activité administrative.

Ceci se conçoit aisément en ce sens que le contrôle de l'administration par la loi ou tout au plus le contrôle de la légalité ne peut être efficace que dès lors que l'administrateur se soumet par avance à l'économie générale du régime légal et aux injonctions législatives particulières.

De plus, c'est la loi qui fixe les compétences générales et délimite les pouvoirs d'action des services administratifs.

De ce qui précède, l'administrateur est soumis à la loi, non seulement en ce sens qu'il a pour mission de la faire exécuter (ainsi que toutes les autres règles de droit dont celles qui émanent de la fonction gouvernementale), mais encore en ce sens que, dans le fonctionnement administratif lui-même, il se met sous l'empire de la loi qui détermine positivement le sens de son action.

Si la décision de l'administrateur est entachée d'illégalité ou tout au plus viole la loi soit implicitement ou explicitement, elle doit être sanctionnée par la juridiction qui s'avère être une fonction fondamentalement contrôlante.

b. La juridiction comme fonction du second degré

La fonction qui consiste à dire le droit (*juris-dictio*) est en rapport avec l'exécution des contrôles impératifs.

Cette assertion est d'autant vraie, car elle a été consolidée par Saint-Girons qui a écrit dans son livre sur la Séparation des pouvoirs que « *s'il est une autorité qui consacre énergiquement la loi, qui la fasse respecter, qui en impose de force l'exécution aux citoyens, c'est bien certainement l'autorité judiciaire. Elle va plus loin que le gouvernement et l'administration et statue même dans des hypothèses qui échappent à l'autorité judiciaire* »[19].

La fonction juridictionnelle s'exerce au second degré : elle applique rigoureusement les actes des gouvernants qui donnent de l'impulsion dans la gestion de l'État.

En effet, la fonction juridictionnelle ne peut s'exercer qu'après tout un processus de mise en marche et par un appareil procédurier lourd et très formaliste. Elle procède généralement par cas qui lui sont individuellement soumis et le contrôle qu'elle exerce intervient a posteriori.

À cet égard, la juridiction s'exprime par une décision qui, selon Léon Duguit, est un syllogisme dont la majeure est le rappel de la règle de droit, la mineure est la constatation soit d'un acte ou d'un fait contraire à cette règle, soit d'une situation de droit née conformément à cette règle, et la conclusion est une décision qui est la conséquence nécessaire et logique de la constatation[20].

---

[19] Saint-GIRONS cité par PRELOT M., *Cours de droit administratif*, Paris, Précis Dalloz, 1963, p.39.

[20] DUGUIT L. *Traité de droit constitutionnel*, Paris, Fontemoing, 1928, p.7

Il est à rappeler que la fonction juridictionnelle exprime un contrôle à l'état pur, s'exerçant en quelque sorte au nom de la société.

Et c'est à bon droit que Alexis de Tocqueville constate que « la force des tribunaux a été, de tout temps, la plus grande garantie qui puisse offrir à l'indépendance individuelle, mais cela est surtout vrai dans les siècles démocratiques ; les droits et les intérêts particuliers y sont toujours en péril, si le pouvoir judiciaire ne grandit et ne s'étend à mesure que les conditions s'égalisent »[21].

En outre, la juridiction est une fonction du second degré : ce fait sous-tend qu'elle n'intervient qu'après que le mécanisme soit enclenché par une fonction d'*impérativité.*

En effet, la juridiction est liée par la législation comme les sont les particuliers. Ce lien, comme le souligne Roubier[22], s'établit entre une fonction primaire, ou d'origine, et une autre seconde, ou de dérivation…

Si le juge peut créer du droit, il le fait en complément ou explication du droit déjà créé législativement. Son infériorité fonctionnelle par rapport au législateur réside encore dans le fait que, dépourvu du droit d'initiative, il ne peut se prononcer que lorsqu'il est saisi et sur la seule matière en cause sans voie de disposition générale et réglementaire.

Le juge, en tant que moteur du contrôle de la légalité, est une garantie indéniable dans l'émergence de l'État de droit.

Ses relations sont tissées dialectiquement avec les autres fonctions de l'État, qu'il s'agisse de celles d'impérativité ou de celle de l'exécution dont il est lui-même issu.

C'est ainsi que l'analyse de ces relations dialectiques s'avère indispensable en un deuxième paragraphe.

§2. Esquisse sur les relations fonctionnelles au sein de l'État

L'État est conçu comme un foisonnement des services publics. Il les accomplit par des organes constitutionnels remplissant des fonctions spécifiques en son sein.

Il va sans dire que l'État constitue un tout, un ensemble constitué d'éléments en interaction entre eux.

Cette interaction sous-tend la dialectique entre les fonctions d'*impération* et celles d'exécution, tout au plus entre le gouvernement, la législation, l'administration et la juridiction.

Ces relations sont soit de type « *intrafonctionnel* » ou « *interfonctionnel* » ; autrement dit, ces relations se tissent à l'intérieur de chaque fonction ou bien elles se conçoivent entre ces diverses fonctions.

---

[21] TOCQUEVILLE A., *De la démocratie en Amérique,* Paris III, 17è éd., p. 544.

[22] ROUBIER, *Théorie générale du droit,* Paris, 1946, p. 73.

Ainsi, l'étude de l'impact de relations « *intrafonctionnelles* » et « *interfonctionnelles* » sur le fonctionne-ment de l'État s'avère indispensable en un point (A) et (B).

A. Impact de relations « *intrafonctionnelles* » sur le fonctionnement de l'État

Au sein de l'État, chaque fonction réagit en elle-même et s'autorégule.

C'est une espèce d'introspection fonctionnelle qui s'observe réellement.

Il importe d'analyser l'impact de l'« *intrafonctionnalité* » du premier degré sur le fonctionnement de l'État.

À ce sujet, force est d'indiquer que la fonction gouvernementale est exercée principalement par un seul. Subsidiairement elle se déroule selon un type collégial avec des modes de permanence, de faible publicité des travaux, d'unanimité des décisions prises sans grand formalisme.

Cette fonction qui apparaît plus politique au sein de l'État constitue le noyau essentiel de la vie politique. Elle se caractérise par son « *initialité* » ; elle donne de l'impulsion dans l'organisme étatique.

En effet, les gouvernants font de la politique et ils ne font que cela. Ceci tend à expliquer l'ubiquité de leur action dans tout l'organisme étatique.

Par ailleurs, les législateurs font également de la politique. Cependant, ils ne la font qu'à travers un appareil fortement légaliste.

Et le contrôle « *intralégislatif* » découle naturellement de la nature du fonctionnement législatif.

Ceci veut signifier que l'appareil législatif fonctionne généralement à ciel ouvert, mais la connaissance de sa fonction est presque complexe tant il demeure admis que la confection des lois s'avère un processus long allant de l'initiative des lois à la promulgation en passant par le débat en commission et puis en plénière et l'adoption par les Chambres après vérification de leur conformité à la Constitution[23].

Aussi, la dialectique s'observe également lors des travaux parlementaires qui oscillent entre le consensus et la règle de la majorité au sein du Parlement surtout lorsque l'opposition est trop intransigeante sur des questions touchant à la concorde nationale.

De ce qui précède, il sied de noter que la fonction législative ne s'exerce pas en vase clos ; elle est en interaction permanente surtout avec la fonction gouvernementale avec laquelle elle partage l'initiative des lois.

Ceci démontre aisément que les fonctions sont inter reliées au sein de l'État en ce sens que l'une en appelle les autres et vice versa.

---

[23] Les articles 130 à 142 de la Constitution du 18 février 2006 déterminent aisément le processus constitutionnel d'élaboration des lois.

B. *L'« interfonctionalité »* des fonctions du premier degré et son incidence sur le fonctionnement de l'État

Les fonctions au sein de l'État sont inter reliées et se contrôlent indéfiniment.

À ce sujet, rappelons que le phénomène d'*interfonctionnalité* exprime toujours un rapport double : celui de la première fonction contrôlante sur la fonction contrôlée et le rapport inverse de la fonction contrôlée qui est considérée à son tour comme contrôlante.

À ce niveau, ce sont les rapports entre les fonctions d'*impérativité* (gouvernement-législation) qui occuperont l'épicentre de notre analyse.

Au premier plan de ces rapports, les contrôles qu'effectue le gouvernement sur le législatif peuvent se situer à trois niveaux, à savoir ceux qui s'exercent au sujet de la composition et de la durée des organes législatifs, ceux qui s'exercent au sujet du fonctionnement législatif lui-même et ceux qui s'exercent au sujet de la primauté fonctionnelle du gouvernement sur le législatif[24].

Le premier niveau de ces rapports concerne la composition et la durée des organes législatifs.

Jadis, l'organe de la fonction gouvernementale se reconnaissait le droit de nommer les membres des organes de la fonction législative[25].

Au fur et à mesure de l'évolution de la démocratie, le procédé de la désignation directe par nomination n'est plus employé que pour les Chambres hautes.

Actuellement, le procédé le plus usité est celui des élections.

Aussi, le gouvernement peut encore limiter étroitement les conditions d'accès aux organes législatifs par le support qu'il donne aux candidatures officielles. Ce fait n'est plus de nature à entraver le caractère démocratique des élections.

En effet, après les élections au suffrage universel, l'organe législatif, fort de sa majorité qui contraste avec l'opposition en son sein, peut se considérer inébranlable et engager une polémique inextricable avec le gouvernement avec lequel il se trouve en duel permanent.

Cependant, le gouvernement dans ses rapports avec l'organe législatif peut dissoudre ce dernier[26].

---

[24] BERGERON G., *op.cit.,* p. 301

[25] En 1999, le Président Laurent-Désiré KABILA avait nommé les membres de l'organe législatif dénommé « Assemblée Constituante et Législative- Parlement de Transition »en sigle A.C.L.-P.T.

[26] L'article 148 de la Constitution du 18 février 2006 évoque cette hypothèse en cas de crise persistante dans les rapports entre le Gouvernement et l'Assemblée Nationale.
Cependant, la dissolution envisagée n'interviendra qu'après consultation du Premier Ministre et des Présidents de l'Assemblée Nationale et du Sénat.

Il échet de souligner que la dissolution est un contrôle très efficace ; mais un contrôle par élimination dans la mesure où la dissolution étant prononcée, il n'appartient pas au gouvernement de remplacer lui-même la Chambre hostile par une Chambre amie.

Par ailleurs, le deuxième niveau des rapports entre le gouvernement et le législatif vise la participation gouvernementale au fonctionnement législatif notamment sur les processus de confection législative.

Cette participation se remarque par le droit d'initiative des lois[27] reconnu au gouvernement et par le droit de participer au débat reconnu aux membres du gouvernement.

En effet, l'initiative des lois est un atout indispensable qui rend particulièrement clair le caractère d'animation et d'impulsion de la fonction gouvernementale.

Enfin l'affirmation de la primauté fonctionnelle du gouvernement constitue le troisième niveau des rapports entre le gouvernement et le législatif.

En effet, tout laisse à croire que le gouvernement ne se borne pas à exécuter des décisions d'un Parlement qui jouerait le rôle d'initiateur.

Au contraire, le gouvernement exerce un véritable leadership politique ; sa fonction est d'animation et d'impulsion tandis que le Parlement assure une fonction de contrôle et de revendication qui protège la liberté des citoyens[28].

À ce sujet, Duverger continue en indiquant que « Dans les sociétés politiques contemporaines, tout se passe comme si l'exécutif avait pour mission de définir les critères de l'intérêt général et d'en obtenir l'application…

Placé au cœur du combat politique, il se trouve en butte, de la part des divers participants, tantôt à des tentatives d'inhibition, de freinage, de blocage, tantôt également à des facteurs d'impulsion et d'accélération »[29].

Au second plan, les rapports inverses entre le législatif et le gouvernement présentent une symétrie presque parfaite aux rapports entre le gouvernement et le législatif.

En effet, c'est le corps électoral qui nomme directement le chef du gouvernement. À vrai dire, il est nommé dans la majorité par le Chef de

[27] L'initiative des lois appartient concurremment au Gouvernement, à chaque député et à chaque sénateur aux termes de l'alinéa 1 de l'article 130 de la Constitution du 18 février 2006.

[28] DUVERGER M., « Le Parlement et la République » in *Le Monde*, 29 juin 1962

[29] ibidem

l'État[30] et c'est aussi l'organe législatif qui investit le chef du gouvernement[31].

Pour la durée de l'organe gouvernemental, l'organe législatif peut l'abréger par le vote de la motion de censure ou de défiance qui est le pendant nécessaire de la dissolution.

Aussi, l'organe législatif en rapport au fonctionnement gouvernemental est le premier critique patenté de l'action gouvernementale.

Il exerce ce contrôle par des moyens tels que les questions écrites ou orales, l'interpellation, commissions d'enquête,…

Ce fait démontre à suffisance que les fonctions d'*impérativité* se contrôlent et se complètent pour un fonctionnement harmonieux de l'organisme étatique.

Après avoir esquissé les fonctions ainsi que leur impact sur le fonctionnement de l'organisme étatique, il convient de dénicher la corrélation des fonctions du second degré, à savoir la juridiction et l'administration pour aboutir à l'épluchage de la notion de juridiction administrative qui constitue l'épicentre de nos investigations.

Sous-section 2. Analyse des rapports dialectiques entre la juridiction et l'administration dans le fonctionnement de l'État

La fonction juridictionnelle et la fonction administrative font figure des fonctions d'exécution ou du second degré. De par leur nature, elles diffèrent profondément à telle enseigne qu'on croirait que l'administration et la juridiction n'ont pas à proprement parler besoin l'une de l'autre.

Cependant, on constate généralement que dans tous les cas de régularité d'exécution, c'est l'administration qui s'applique sans que, forcément, sa présence soit visible.

En outre, ce n'est que dans les hypothèses d'irrégularité exécutive que la juridiction risque d'être saisie ; et en ce sens, c'est la juridiction qui peut être considérée comme une spécialité de l'administration ou pour utiliser l'expression consacrée par Bergeron[32], une administration des « cas spéciaux ».

Ceci veut signifier que bien qu'étant une fonction d'exécution ou du second degré, la juridiction apparaît comme contrôleur même des fonctionnaires du premier degré.

---

[30] L'article 78 de la Constitution dispose à cet effet que « Le Président de la République nomme le Premier Ministre au sein de la majorité parlementaire après consultation de celle-ci. »

[31] Aux termes de l'article 90 alinéas 4 et 5 de la Constitution, « Avant d'entrer en fonction, le Premier Ministre présente à l'Assemblée nationale le programme du Gouvernement.
Lorsque ce programme est approuvé à la majorité absolue des membres qui composent l'Assemblée nationale, celle-ci investit le Gouvernement. »

[32] BERGERON G., *op.cit.*, p. 322

Il est à noter que ces fonctions étatiques du second degré, d'apparence cloisonnée, entretiennent des relations interfonctionnelles indispensables pour le fonctionnement de l'État.

L'étude de ces relations s'avère satisfactoire.

§1. L'étude des relations *intra fonctionnelles* de l'administration et de la juridiction

L'administration exerce une fonction de contrôle interne plus strict et permanent en son sein.

En effet, il apparaît que le contrôle intr'administratif suit dans le concret les méandres que tracent les nécessités de la division du travail administratif. Ce qui pousse à affirmer que tous les administrateurs, quels que soient leur spécialité et l'échelon où ils se situent, s'intercontrôlent, soit selon la ligne hiérarchique, soit dans la détermination de leurs compétences respectives, soit selon les règles de la concurrence des services entre eux et de ceux qui les animent.

L'administration peut être centralisée, déconcentrée ou décentralisée[33].

À cet égard, en administration centralisée et déconcentrée, la hiérarchie exerce un contrôle immédiat sur son subalterne.

Ce contrôle hiérarchique joue non seulement à l'égard de l'administrateur lui-même mais aussi à l'encontre de son acte.

Ainsi, à l'égard de l'agent, le contrôle s'effectue par la nomination, la répartition, l'affectation, la mutation, l'avancement en grade, l'avertissement, le blâme, le déplacement, la rétrogradation, la mise en disponibilité, la radiation, la révocation,...

Aussi, à l'encontre de son acte, ce dernier exige une approbation préalable et peut s'effectuer par la suspension, la réformation, l'annulation...

Par ailleurs, dans l'administration décentralisée, tout autre est le contrôle qui procède du seul principe de légalité, l'autorité centrale laissant aux administrés eux-mêmes le soin de choisir et de révoquer les administrateurs. Et ce contrôle de tutelle est organisé par la loi en vertu du principe « *pas de tutelle sans texte, pas de tutelle au-delà du texte* ».

---

[33] BURDEAU G., *Droit constitutionnel et Institutions politiques,* Paris, L.G.D.J., 1973, pp. 326-327.

L'auteur qui est un classique attitré enseigne que « la déconcentration s'analyse en la remise à des agents locaux de l'État ou à des agents des services de l'État spécialisés du pouvoir d'utiliser spontanément les prérogatives de puissance publique en prenant des décisions et en les faisant exécuter.

Bien loin d'être en opposition avec la centralisation, la déconcentration en est aujourd'hui une condition de réalisation. La déconcentration allège la structure de l'État centralisé sans méconnaître son principe. Elle s'oppose à la décentralisation en ce que les autorités investies du pouvoir de décision deviennent les représentants du gouvernement central, sont nommés et révoqués par lui, mettent en œuvre sa puissance et reçoivent de lui les instructions et les directives ».

Ceci a pour avantage d'adapter la gestion des services aux conditions du milieu et de placer l'État dans une position d'accomplissement adéquat de son rôle d'organisme vivant.

Sur le plan de l'efficacité, il convient de noter que le contrôle dans le secteur centralisé se conçoit comme un contrôle d'efficacité politique dont la préoccupation première n'est pas la légalité tandis que dans le secteur décentralisé, il se relâche lors de l'utilisation des compétences discrétionnaires. Mais dans les deux secteurs, le contrôle intr'administratif veille à l'opportunité des actions administratives pour qu'elles ne contredisent pas les normes gouvernementales et législatives, pour qu'elles en favorisent au contraire l'exécution[34].

Tout ceci démontre que l'administration est un sous ensemble du système étatique et qu'elle entretient en son sein des relations ayant pour base la légalité et parfois l'opportunité.

Par ailleurs, la fonction juridictionnelle est à compter parmi celle de l'exécution.

Ce fait s'explique en ce sens que le juge, en tant que contrôleur d'exécution est lié, par la loi ; il n'a pas une faculté de libre initiative comme le gouvernant.

Aussi, le juge est un agent exécutant[35] qui n'a un statut privilégié que dans la mesure où est mise en cause sa spécificité fonctionnelle.

Comme l'administration, il est à noter que la juridiction présente un mode d'organisation pyramidale d'un type particulier. Mais le contrôle s'y exerce de bas en haut selon la hiérarchie des instances en partant de l'inférieure[36] et non de haut en bas par voie du commandement hiérarchique à partir du sommet.

En effet, pour l'étude de la hiérarchisation des instances, il convient de rappeler qu'avant de faire réformer les jugements par les instances supérieures, on peut faire des demandes de rétractation en vue de rouvrir le débat devant le même juge qui a statué. Ceci s'effectue par des voies de recours telles que l'opposition, la requête civile, la tierce opposition.

Quant à l'appel et la cassation, ils visent à réformer le jugement par un degré supérieur dans la hiérarchisation juridictionnelle.

À cet égard, la règle est que l'appel doit être interjeté devant la juridiction immédiatement supérieure à celle qui a rendu la décision jusqu'à l'instance suprême.

Pour distinguer ce contrôle intrafonctionnel de la juridiction de celui de l'administration, il nécessite d'affirmer que les juridictions inférieures ne

---

[34] BERGERON G., *op.cit.*, p. 274

[35] Idem, p. 284

[36] COSTA J.-L., « Nécessité, conditions et limites d'un pouvoir judiciaire en France » in *R.F.S.P.*, juin 1960, p.268.

reçoivent ni ordre, ni directives des juridictions supérieures tandis que le contraste est radical avec le contrôle intr'administratif qui est essentiellement caractérisé par le commandement hiérarchique.

L'administration et la juridiction en tant que fonctions du second degré entretiennent des relations interfonctionnelles dont l'étude s'avère indispensable.

§2. L'examen des relations *interfonctionnelles* entre l'administration et la juridiction

La fonction administrative est parmi toutes les fonctions étatiques la plus extensive et aussi la plus polyvalente.

Les agents qui l'animent se répartissent dans toutes les autres fonctions et forment une unité plus compacte qui symbolise sans doute l'unité de l'organisme étatique qualifiée de « fonction publique »[37].

C'est ainsi que les agents de carrière des services publics de l'État se retrouvent hiérarchisés dans les ministères, au Parlement et dans les différents greffes des juridictions où ils arborent leurs grades dans la fonction publique allant du secrétaire général à l'huissier c'est-à-dire de la fonction de commandement à celle d'exécution.

Le caractère polyvalent de l'administration s'explique par le fait que les agents de carrière des services publics de l'État communément appelés fonctionnaires exercent des tâches diversifiées au sein de l'administration publique.

Aussi, par ses caractères de permanence et de spécialisation, la fonction administrative et sa structuration organique apparaissent comme le symbole de la survivance de l'État ainsi que de son impérium.

En comparant la fonction administrative de la fonction gouvernementale et législative, tout porte à affirmer que le caractère fugace et toujours transitoire des organes qui les animent consolide la continuité de l'État. Mis en relief avec la fonction juridictionnelle, cette dernière a un caractère limité quant au nombre des matières et au mode d'exercice souvent a posteriorique qu'elle usite.

---

[37] CHAPUS R., *Droit administratif général,* Tome 2, Paris, Montchrestien, 4è éd., 1990, p. 5. L'auteur enseigne que « la fonction publique est constituée par l'ensemble des personnels qui, occupant à titre professionnel un emploi salarié dans les services des personnes publiques, sont soumis à un statut de droit public.

Ces personnels, qui sont en principe ceux des services administratifs des personnes publiques et qu'on désigne comme étant des "agents publics", se distinguent des salariés du secteur privé, régis par le droit du travail. Ils se distinguent aussi, tant des personnels des organismes de droit privé associés à l'action des personnes publiques que de ceux des services industriels et commerciaux et des entreprises publiques qui sont également les uns et les autres régis soit par le droit du travail, soit par des statuts qui leur sont propres, mais qui sont des statuts de droit privé ».

Cependant, toutes ces fonctions, en dépit de leur spécificité, utilisent un nombre sans cesse croissant des agents de carrière des services publics de l'État.

Par ailleurs, dans ses rapports avec la juridiction, l'administration jouit de la primauté fonctionnelle au plan de l'exécution des décisions rendues par la juridiction.

Aussi, l'administration, dans sa polyvalence est venue à occuper par avance ce qui aurait pu être un champ d'exercice de la juridiction ou à grignoter certaines compétences juridictionnelles.

En effet, par les actes de « juridiction gracieuse », la juridiction permet à ses agents de se dédoubler en accomplissant de purs actes d'administration.

Inversement, l'agent de police qui dresse un procès-verbal suite à une contravention, n'est pas que fonctionnellement un exécuteur administratif : en l'espèce, il prononce une condamnation qui entraîne une sanction c'est-à-dire il est juge et l'opération juridictionnelle qu'il accomplit est en quelque sorte syncopée, mais ne change pas de nature.

De même, Karl Loewenstein[38] a remarqué que l'interfonctionnalité s'est accrue avec la prolifération des législations sociales qui a amené la création de beaucoup d'organes (commissions, offices, régies, services...) qui émettent des contrôles impératifs et les exécutent eux-mêmes, aussi bien juridictionnellement qu'administrativement. Il constate également qu'ils jouissent de larges compétences discrétionnaires et souvent sans les garanties juridictionnelles au sujet de la preuve et du droit de recours.

Ceci prouve à suffisance que la séparation stricte des pouvoirs ou des fonctions n'est plus de mise d'autant plus qu'au sein de l'État il existe une compénétration accrue des tâches qui permettent une coaction[39].

En outre, il peut arriver que l'administration mette en cause les droits et libertés des citoyens qualifiés d'« administrés ». Mais ces administrés sont aussi des « justiciers ». Ainsi, par le contrôle juridictionnel de l'administration, il peut arriver que le justiciable puisse faire réparer les torts faits à l'administré lésé ; c'est ce qui sous-tend l'émergence de l'État de droit.

---

[38] LOEWENSTEIN K., *Political power and the governmental process,* CHICAGO, 1957, p. 242

[39] A ce sujet, WALINE remarquait que « si le Conseil d'État ne renvoie pas souvent à des experts, nous constatons, quand nous examinons sa jurisprudence, une timidité très grande dès qu'il a affaire à des avis techniques : alors qu'il contrôle de très près les motifs des décisions administratives qui lui sont déférés pour excès de pouvoir, dès que l'administration invoque l'avis d'experts techniques, le Conseil d'État dit :'mon contrôle s'arrête ici'.
WALINE, « Les résistances techniques de l'administration au pouvoir politique », in *Politique et technique,* pp. 174-175.

Ce contrôle peut comprendre beaucoup d'ampleur s'il est exercé par une juridiction spécialisée, dite administrative c'est-à-dire celle qui s'applique à contrôler l'administration. Mais, quelle en est l'identité ?

§3. La notion de juridiction administrative

La qualification de la juridiction administrative sous-entend l'idée d'une juridiction et du contentieux.

En effet, il y a, en général, coïncidence de ces deux notions en ce sens qu'une juridiction a normalement pour mission de régler un contentieux.

Mais, il peut arriver qu'il y ait contentieux sans juridiction ; ce cas évoque l'exercice des recours administratifs gracieux ou hiérarchique.

À cet effet, Jacques Chevalier[40] note qu'une décision qui, normalement aurait dû être prise par une autorité administrative, le sera par une juridiction en vue d'une plus grande garantie des droits des intéressés.

C'est ce que le Professeur René Chapus appelle la juridictionnalisation de l'action administrative[41]. Par ailleurs, la doctrine soutenue par René Chapus[42] fixe un criterium pour la détermination de la qualité de la juridiction.

D'abord, quant à la régularité juridique de l'institution de l'organisme, une juridiction doit être créée par une loi[43].

En second lieu, l'organisme doit être indépendant c'est-à-dire soustrait au pouvoir hiérarchique mais il ne doit agir qu'en respectant certaines règles procédurales telles que le caractère contradictoire de l'instruction et celle de motiver ses décisions.

En troisième lieu, les décisions que prend l'organisme en question sont des jugements susceptibles des recours tels que l'appel, le pourvoi en cassation, l'opposition ou la tierce-opposition et non les recours en annulation pour excès de pouvoir.

Enfin, la décision que prend l'organisme jouit de l'autorité de la chose jugée et est susceptible de passer en force de chose jugée.

---

[40] CHEVALIER J., *Fonction contentieuse et fonction juridictionnelle,* Mélanges Stassinopoulos, Paris, L.G.D.J., 1974, p. 275.

[41] CHAPUS R., *Droit du contentieux administratif,* Paris, Montchrestien, 12è éd., 2006, p. 106 ; CHAPUS R., « Qu'est ce qu'une juridiction ? La réponse de la jurisprudence administrative » in *L'administration et son juge,* Paris, P.UF., 1999, p. 244 ; GOHIN O., « Qu'est ce qu'une juridiction pour le juge français », in *Rev. Droits,* 1989, n°9, p. 93 ; KLAOUSEN P., *Réflexions sur la définition de la notion de juridiction dans la jurisprudence du Conseil d'État,* L.P.A. 30 juillet 1993, p. 22 ; D'AMBRA D., *L'objet de la fonction juridictionnelle : dire le droit et trancher les litiges,* Paris, L.G.D.J., 1994.

[42] CHAPUS R., *Droit du contentieux administratif, op.cit.*, p. 111.

[43] L'article 122 de la Constitution du 18 février 2006 confie à la loi la compétence de créer des nouveaux ordres des juridictions.

En sus, il existe deux conditions, faute desquelles il est exclu que la qualité de juridiction puisse être reconnue : premièrement, l'organisme à qualifier de juridiction doit disposer d'un pouvoir de décision et il faut qu'il s'agisse d'une autorité collégiale[44].

L'évolution de la jurisprudence a démontré, surtout avec l'arrêt *de Bayo* qu'une liaison de principe existe entre la qualité de juridiction et l'exercice d'une mission de répression disciplinaire.

C'est ainsi, comme le souligne Chapus, que « *les conseils des ordres professionnels sont déclarés avoir un caractère juridictionnel, en tant seulement qu'ils statuent sur poursuites disciplinaires.*

Ils ne l'ont pas en tant qu'ils exercent leurs attributions, notamment en matière d'inscription au tableau de l'ordre et qu'au contraire, certains organismes sont dépourvus de caractère juridictionnel parce qu'ayant pour mission de statuer, non sur des poursuites disciplinaires, mais sur des recours exercés en vue du règlement de litiges provoqués par des décisions[45] ».

Quant au caractère administratif d'une juridiction, la question est si aisée en ce que soit le texte de loi l'affirme expressis verbis, soit que les décisions de la juridiction sont susceptibles de recours devant le Conseil d'État, en tant que juridiction administrative supérieure.

De toutes les façons, il importe de recourir à la nature des litiges pour déterminer la nature administrative de la juridiction.

C'est la France qui a donné l'intonation par la création successive de la juridiction administrative distincte de la juridiction judiciaire qui tranche les affaires judiciaires.

Ceci fait que ce pays de la famille romano-germanique est le premier à avoir instauré le système de la dualité des juridictions.

En effet, l'existence en France d'une juridiction administrative distincte de la juridiction judiciaire est un produit de l'histoire. Elle trouve son origine dans les conceptions de la Monarchie (Ancien Régime), systématisées par la Révolution et complétées progressivement suivant l'évolution de l'État français.

À ce sujet, écrit André de Laubadere, « c'est à partir du XVIIe siècle très nettement qu'on assiste à une reconnaissance des spécificités du contentieux administratif, compris comme le règlement des litiges avec les représentants de l'administration royale. Le roi reconnaît, en effet, à ses intendants, par des lettres de commission, des pouvoirs fort étendus pour administrer la

[44] CHAPUS R., *op.cit.*, p. 115.
[45] CHAPUS R., *op.cit.*, p. 117.

généralité qui leur est confiée, mais aussi pour trancher les litiges nés de leurs interventions »[46]

La Révolution française a repris cet héritage de l'Ancien Régime en mettant en avant l'idée selon laquelle les tribunaux judiciaires ne devraient connaître des litiges administratifs. Deux raisons, comme l'affirme André de Laubadère, expliquent la conception révolutionnaire. Premièrement, il fallait sauvegarder l'indépendance de l'Administration contre la trop grande puissance des magistrats de l'ordre judiciaire. Car si les procès administratifs pouvaient être instruits par les tribunaux judiciaires, le pouvoir judiciaire aurait eu le moyen, selon l'expression de l'époque, de « troubler les opérations des corps administratifs ». Cette prise de position a été dictée par un sentiment général de méfiance à l'égard du pouvoir judiciaire, inspiré par le souvenir des « Parlements » de l'Ancien Régime.[47]

Deuxièmement, les révolutionnaires avaient une conception particulière du principe de séparation des pouvoirs prôné par Montesquieu[48] et consacré par la Déclaration des droits de l'Homme et du Citoyen du 26 août 1789[49].

Pour eux, séparation des pouvoirs signifie séparation des autorités. Ainsi, le pouvoir de juger, qui doit être distinct du pouvoir exécutif n'est que celui de juger « crimes » et les « différends des particuliers ». Le pouvoir du juge, tel que voulu par l'Assemblée Constituante[50], devait se limiter à l'examen des faits infractionnels et des litiges privés. Le jugement des litiges administratifs était conçu comme devant aller de pair avec l'action d'administrer. Aussi, l'administrateur actif était-il également administrateur-juge.

Ainsi, Georges Vedel rappelle la conception du droit public français qui avait prévalu en ces termes : « La solution des litiges où sont impliqués le pouvoir exécutif et ses agents ne saurait être confiée aux tribunaux car, dans le cas contraire, le pouvoir judiciaire se subordonnerait au pouvoir exécutif ».[51]

---

[46] DE LAUBADERE A., VENEZIA J. C. et GAUDEMET Y. , *Traité de droit administratif,* 14ème éd, t. I, Paris,
L.G.D.J., 1996, n° 430, p.306.

[47] On a le plus reproché à ces Parlements de l'Ancien Régime d'avoir fait obstruction aux tentatives royales de Réforme et d'avoir manifesté un esprit hostile à la révolution elle-même

[48] MONTESQUIEU, *L'esprit lois,* Livre XI, Chapitre 6.

[49] Voir l'article 16 de la Déclaration des droits d e l'Homme et du citoyen, cf. DEBBASCH C. et
PONTIER J. M. , *Les Constitutions de la France,* 3ème éd., Paris, Dalloz, 1996, p.10.

[50] Les représentants élus aux Etats généraux qui se réunissent à Versailles depuis le 5 mai 1789, proclament leur assemblée le 17 juin 1789 d'Assemblée Nationale constituante. Le Roi adhère le 27 juin 1789 à cette conception. Ainsi, au départ, l'œuvre constitutionnelle apparaît essentiellement comme celle de limiter les pouvoirs du roi dans un carcan juridique

[51] VEDEL G. et DELVOLVE P., *Droit administratif,* 12ème éd., t. I, Paris, PUF, 1992, p.98.

Dix ans après la courte période de la Révolution, le droit français mit fin au système d'Administration-juge. En lieu et place, il est instauré le système d'Administration consultative ayant pour rôle de conseiller les administrateurs actifs et de statuer sur les réclamations provoquées par leur comportement[52]. Historiquement, c'est ce qui justifie qu'au lieu des « cours » et « tribunaux », la France sera dotée, sous l'empire napoléonien des « conseils » : le Conseil d'État[53], sur le plan national, et les Conseils de Préfecture[54], dans les départements.

Ainsi « le Conseil d'État reçoit mission de rédiger les projets de lois et les règlements d'administration publique et de résoudre les difficultés qui s'élèvent en matière administrative » (article 52, Constitution du 22 Frimaire An VIII).

À ce sujet, écrit René Chapus : « Par l'institution du Conseil d'État et des Conseils de Préfecture, c'est toute une conception de la justice administrative qui s'est trouvée concrétisée : une conception qui est spécifiquement française, et qui procède de la considération et de la conviction qu'un juge administratif doit être, non pas et sans plus un juge spécialisé en matière administrative, mais un juge ayant l'esprit de l'administrateur, un juge conscient que ses décisions doivent être « un complément de l'action administrative »[55].

De ce qui précède, l'on peut saisir aisément que c'est par la conjugaison de principe de la séparation des autorités administrative et judiciaire et celui de la séparation des administrations active et contentieuse qu'on a abouti en France, à la création du système de juridiction administrative. Et, on a expliqué que juger l'Administration, c'est encore administrer[56] ; alors qu'en bonne logique, juger l'Administration ce n'est pas administrer[57].

De nos jours encore, le Conseil d'État a, par exemple, pour fonction à la fois de conseiller et de juger l'Administration. Cette juridiction administrative cumule des attributions d'ordre administratif (les avis sur les projets de lois et pour excès de pouvoir). En effet, c'est au fil du temps que

---

[52] CHAPUS R., *Droit du contentieux administratif*, 6ème éd., Paris, Montchrestien, 1996, n° 25, p.34.

[53] Le Conseil d'État est créé par l'article 52 de la Constitution du 22 Frimaire An VIII (13 décembre 1799)

[54] Les Conseils de préfecture furent créés par la loi du 28 pluviôse An VIII.

[55] CHAPUS R. , *op. cit,* n°26, p.34.

[56] *Ibidem.* Point de vue défendu par Pierre SANDEVOIR (*Etudes sur le recours de pleine juridiction*, Paris.
L.D.G.J., 1964) ; Maurice HAURIOU (Note TERRIER, 1903, n°s 3 et 25, §2, III) ; (Henri PANSEY
De l'autorité judiciaire en France, 3ème éd., t.2, Ed. Th, Barrois, 1827, pp.331-332).

[57] DUPUIS G., GUEDON M.-J. et CHRETIEN P., *Droit administratif*, 6ème éd., Paris, Armand Colin, 1999, p.32.

le Conseil d'État est devenu en droit français, un juge à part entière, décidant de sa propre autorité.

Cette promotion fut consacrée par la loi du 24 mai 1872[58]. En rapport avec cette législation, à travers l'arrêt Cadot[59], le Conseil d'État mit définitivement fin, le 13 décembre 1889, à la pratique qui consistait à subordonner la saisine du Conseil d'État au traitement préalable des litiges par un ministère. En fait, suivant la théorie dite du « ministre-juge », la décision contentieuse de ce dernier était contestée en appel devant le Conseil d'État.

L'Ordonnance du 31 juillet 1945 (article 32) est venue consacrer cette jurisprudence en affirmant clairement que « le Conseil d'État statuant au contentieux est le juge de droit commun en matière administrative ». Toutefois, pour le décongestionner, le décret du 30 septembre 1953 fait aujourd'hui du Conseil d'État un juge d'attribution, parce que la juridiction de droit commun en premier ressort est désormais confiée à des tribunaux administratifs[60], et non à l'Administration elle-même.

Il est à noter que cette institutionnalisation de la juridiction administrative française a influencé plusieurs systèmes juridiques dont celui de la Belgique, qui, à son tour, a conditionné celui de la République Démocratique du Congo par l'entremise de la colonisation.

SECTION 2. ÉVOLUTION HISTORIQUE DE LA JURIDICTION ADMINISTRATIVE CONGOLAISE[61]

La création des juridictions administratives en RDC passe d'abord par l'extension de la compétence du Conseil d'État de Belgique au Congo belge en 1958 et la prorogation de sa compétence après l'indépendance par le biais des dispositions de la Loi Fondamentale du 19 mai 1960 relative aux Structures du Congo.

Par ailleurs, la Cour des Comptes de la Belgique a continué transitoirement à jouer le rôle de juridiction spécialisée des comptables en RDC.

---

[58] L'article 9 de la Loi du 24 mai 1872 dispose : « Le Conseil d'État statue souverainement sur les recours en matière contentieuse administrative et sur le demandes en annulation pour excès de pouvoir formés contre les actes des diverses autorités administratives ».

[59] C.E.fr., 13 décembre 1889, Cadot c/Ville de Marseille, cf. M. LONG et Cie, *Les grands arrêts de la jurisprudence administrative,* IIème éd., Paris, Dalloz, 1996, pp.35-37.

[60] Actuellement, c'est pour les mêmes raisons de surcharge que la loi du 31 décembre 1987 a créé des cours administratives d'appel, compétentes pour connaître, en principe, des appels formés contre les jugements des tribunaux administratifs.

[61] Sur la question, nous nous sommes inspiré de l'approche diachronique développée par le Professeur Félix VUNDUAWE te PEMAKO dans son syllabus de contentieux administratif, Faculté de Droit de l'U.P.C., Deuxième Licence, 2004 -2005

Ce fait passe pour un héritage de la colonisation.

L'analyse de cette section sera axée autour de deux paragraphes dont le premier traite de l'héritage colonial de l'institution juge administratif tandis que le deuxième examinera l'institution de la Cour des comptes de Belgique comme juridiction administrative spécialisée des comptables en RDC.

§1. Héritage de l'institution juge administratif : la création du Conseil d'État en Belgique

La République Démocratique du Congo a été colonisée par la Belgique, qui, à son tour, l'a été sous la domination hollandaise et française.

Elle a acquis son indépendance à la date du 30/06/1960.

Quant à l'institution juge administratif, il appert que la RDC a hérité de son ancienne métropole la quasi-totalité de ces mécanismes avant de fonder un système d'unité de juridiction contrastant avec celui de la Belgique qui, lui, est qualifié de système de dualité de juridictions qui est aussi celui de la France.

C'est en France que pour la première fois, un juge différent du juge judiciaire a vu le jour pour trancher les litiges administratifs. La Belgique a emboîté le pas par la suite.

Aussi, il est à signaler ici que c'est lorsque la juridiction administrative a atteint son âge d'or en France que la Belgique institua son Conseil d'État, en 1946.

En effet, l'avènement du Conseil d'État belge est un processus qui a débuté en France pour se transposer en République Démocratique du Congo. L'analyse diachronique le démontre à suffisance.

A. Vestige historique

L'existence d'un Conseil d'État n'était toutefois pas inconnue auparavant du droit public belge. En effet, le rattachement de la Belgique à la France, par le décret du 9 Vendémiaire de l'An IV, a eu pour conséquence de soumettre la Belgique à la constitution de la République française du 22 Frimaire de l'An VIII (13 décembre 1799) qui, en son article 52, précité, créait le Conseil d'État.

À l'époque, celui-ci était principalement chargé de rédiger les projets de lois et règlements d'Administration publique et de résoudre les difficultés qui s'élevaient en matière administrative. Ensuite, lors du rattachement de la Belgique au Royaume des Pays-Bas, en 1815, la Belgique a connu à nouveau l'institution du Conseil d'État, créé et organisé par les articles 71 et 74 de la Loi Fondamentale du 24 août 1815. Le rôle de cette institution était également consultatif et s'exerçait à l'égard des textes adoptés par le Roi.

Au moment de l'indépendance de la Belgique[62], l'existence du Conseil d'État en France comme aux Pays-Bas n'a jamais inspiré le constituant belge de 1831. En effet, aux yeux des membres du Congrès national, le mauvais souvenir des dominations française et hollandaise demeurait vivace, avec cette circonstance particulière que les Conseils d'État français et hollandais apparaissaient comme des instruments au service du pouvoir absolu, voire tyrannique, exercé par Napoléon Bonaparte, puis par le Roi Guillaume[63]. En plus, le Conseil d'État des Pays-Bas n'était qu'un organe consultatif du gouvernement, étroitement subordonné au Monarque ; nulle allusion n'était faite, dans les dispositions de la Loi Fondamentale de 1815 qui y étaient consacrées, à son intervention dans les affaires administratives d'ordre litigieux. C'est ce qu'évoquait, pour les hommes de 1830, la notion même de conseil d'État.[64]

Mais, la Constitution belge du 7 février 1831 (texte originel) n'avait pas interdit à travers ses articles 93 et 94[65] la création, des juridictions administratives. En outre, les juridictions judiciaires, qui seules étaient prévues constitutionnellement pour résoudre tout contentieux subjectif, ne furent aucunement substitués à l'institution qui, sous le régime impérial, puis hollandais, servait de Conseil de législation et d'administration. Il y a avait là une lacune, qu'il fallut combler sans tarder. Comme on ne souhaitait pas la restauration d'un Conseil d'État, on procéda à des réalisations sectorielles.[66]

C'est par exemple qu'un Conseil des mines fut créé en 1832 pour exercer les attributions au Conseil d'État par la loi française du 21 avril 1810 concernant les mines ; loi demeurée en application en Belgique. Un arrêté royal de 1858, auprès du Ministère de l'Intérieur, un comité consultatif chargé de l'examen des questions de législation et d'administration ; et enfin, un arrêté royal de 1911 institua un Conseil de législation auprès du Ministère de la Justice, ayant aussi simplement une compétence consultative.

En dehors du fait que le système belge de l'époque ressentait le besoin d'un organe consultatif du gouvernement, il faut dire aussi que les dommages causés par des « actes de souveraineté » ne trouvaient pas de juges qui pouvaient accepter d'en ordonner la réparation. Le célèbre arrêt La

---

[62] La Belgique se révolte contre le Royaume des Pays-Bas et proclame son indépendance en 1830.

[63] BOUVIER P., *Eléments de droit administratif,* Paris, Editions De Boeck Université, 2002, n° 225, p. 195.

[64] LEWALLE P., *Contentieux administratif,* 2ème éd., Coll. de la faculté de Droit de l'Université de Liège,
Bruxelles, Larcier, 2002, n° 273, p.374.

[65] Aujourd'hui les articles 93 et 94 sont devenus 145 et 146 de la Constitution coordonnée du 17 février 1994.

[66] LEWALLE P., O*p. Cit,* n° 274, p. 374.

Flandria du 5 novembre 1920 de la Cour de Cassation[67], qui a reconnu la responsabilité civile des pouvoirs publics, n'a pas résolu l'intégralité du problème, puisqu'il n'avait trait qu'à l'une des branches du contentieux de l'administration, celle de l'indemnité.

Comme le fait remarquer le Professeur Félix Vunduawe, le vrai départ du mouvement qui allait conduire à la loi du 23 décembre 1946 portant création d'un Conseil d'État fut la proposition de loi faite le 15 mai 1930 par le parlementaire M. Carton de Wiart. Ce dernier préconisa l'institution d'une Cour de contentieux administratif.

Il s'était remarqué d'atermoiement car à trois reprises, les discussions des chambres ont fait obstacle à l'examen de cette proposition. En 1936, une Commission spéciale, instituée par le Gouvernement Van Zeeland, et connu sous le nom de Commission Rolin, réétudia le problème de la création d'une juridiction administrative en Belgique[68]. Le projet gouvernemental préconisa l'instauration d'un Conseil d'État, comprenant une section de législation et une section d'administration. Adopté par la Chambre des Représentants en 1938, ce projet fut fortement amendé par le Sénat[69].

Les événements de la Deuxième Guerre mondiale vinrent interrompre ces travaux. Pour concilier les points de vue opposés des chambres de l'avant-guerre, le Ministère de l'Intérieur, M. Van Glabekke, créa le 25 mai 1945 une commission consultative. Le texte du projet de loi remanié fut adopté par la Chambre des représentants en décembre 1945, puis par le Sénat le 4 décembre 1946 ; sanctionné et promulgué par le Régent le 23 décembre 1946[70]. Le Conseil d'État fut installé solennellement le 9 octobre 1948.

En résumé, la création du Conseil d'État a répondu à une double préoccupation : d'une part, renforcer la protection juridictionnelle de l'administré contre l'arbitraire du pouvoir exécutif et, d'autre part, procurer au Gouvernement et au Parlement l'assistance juridique nécessaire à une bonne confection des textes légaux et réglementaires[71].

---

[67] Cass. 5 novembre 1920, pas. I, p.192.

[68] Le rapport de ladite Commission conclut à l'inconstitutionnalité de la proposition tendant à investir l'institution à créer du pouvoir redoutable de détruire un arrêté royal, un règlement provincial ou communal pratiquement sans recours possible. Ce rapport a d^influencer la Chambre de représentants.

[69] L'objection du Sénat contre le projet adopté par la Chambre était éclairée par les suggestions d'un remarquable rapport de commission établi par M. VAN REMOORTEL. Voir *Documents parlementaires,* Sénat, Session extr. 1939, n° 80.

[70] Loi du 23 décembre 1946 portant création d'un Conseil d'État, *M.B., n°9 ; Codes Piron*, t. II, 1960,
pp.76 à 86.

[71] ERGEC R., *Introduction au droit public, t. I, Le système institutionnel*, 2ème éd., Bruxelles, E. Story-Scientia, 1994, p.76 à 82.

Au départ, la compétence du Conseil d'État était limitée à la métropole. L'extension de sa compétence territoriale au Congo Belge n'a été possible qu'avec la modification de la loi du 23 décembre 1946 réalisée par celle du 15 avril 1958[72]. Cette extension de compétence inaugure l'existence des juridictions administratives en République Démocratique du Congo.

B. Extension de la compétence du Conseil d'État belge en République Démocratique du Congo et au Ruanda-Urundi en 1958

Il nécessite de souligner que c'est par l'article 16 de la loi du 15 avril 1958 modifiant certaines dispositions de la loi du 23 décembre 1946 que le Conseil d'État a vu ses compétences étendues sur le territoire du Congo belge et du Ruanda-Urundi.

Aussi, il est utile de rappeler qu'avant cette date, le Congo belge ne disposait que des juridictions judiciaires (les tribunaux de première instance et des Cours d'appel ainsi que les conseils de guerre et les cours militaires)[73]. Et déjà, par la loi du 15 avril 1924, la juridiction de la cour de Cassation avait été étendue au Congo belge[74]. La Cour de Cassation coiffait donc toutes les juridictions judiciaires de la Colonie.

De plus, il est intéressant de préciser les modalités d'exercice de la justice administrative du Conseil d'État de Belgique à l'époque du Congo belge. En effet, le conseil d'État avait disposé de deux sections : une section de législation et une section d'administration. La section de législation donnait des avis motivés sur les projets ou propositions de lois et d'actes réglementaires dont elle était saisie.

À ce sujet, il a été jugé que l'obligation de soumettre le texte de tous avant-projets d'arrêtés organiques et réglementaires à l'avis motivé de la section de législation du Conseil d'État a un caractère impératif ; la seule exception admise à cette règle était, à cette époque, le cas d'urgence. L'omission de cette formalité substantielle rendait l'arrêté annulable[75]. Par ailleurs, s'agissant des propositions de lois et des projets de décrets, possibilité était accordée aux Ministres de demander l'avis motivé de la section de législation, sans que cela constituât une obligation sine qua non.

Tandis que la section d'administration donnait des avis (consultatifs) sur les difficultés et contestations qu'il appartenait au pouvoir exécutif de résoudre ou de trancher et se prononçait en équité par voie d'avis motivé, en

---

[72] *B.O.*, 1958, p.677 ; *Codes Piron*, t. II, 1960, p.76

[73] Pour plus de détails, voir le Décret du 8 mai 1958 portant Code de l'Organisation et de la compétence Judiciaire, *B.O.*, 1959, p. 2587 ; *Codes Piron*, t. II, 1960, pp. 6-22.

[74] *B.O.*, 1924, p. 448 ; *Codes Piron*, t. II, 1960, p.90. Cette loi est entrée en vigueur en Belgique et au Congo, le 1er août 1924 en vertu de l'arrêté royal du 24 mai 1924 (cf. *B.O.*, 1924, p.512).

[75] C.E., 20 mai 1949, *Belg. Col.*, 1949, p ; 713 ; *Codes Piron*, t ; II, 1960, p. 76

tenant compte de toutes les circonstances d'intérêts public et privé, en cas de dommage exceptionnel résultant d'une mesure prise ou ordonnée par le Gouvernement du Congo belge[76].

En outre, à l'époque, la section d'administration du conseil d'État ne tranchait pas par voie d'arrêt en cas de demandes d'indemnités relatives à la réparation d'un dommage exceptionnel. En effet, jusqu'à l'entrée en vigueur de la loi du 3 juin 1971 modifiant certaines dispositions de la loi du 23 décembre 1946, le Conseil d'État n'a disposé en cette matière que d'une compétence d'avis. C'était à titre consultatif qu'il pouvait intervenir. L'Administration concernée n'était pas juridiquement liée par l'avis favorable à une indemnisation[77].

Cette situation était due à la crainte de l'inconnu qui engendra la prudence dans le chef des parlementaires de l'époque.

Néanmoins, il est à relever que l'institution du contentieux du dommage exceptionnel par le droit belge est une innovation de grande importance.

À cela, il y a deux motivations essentielles : d'une part, la jurisprudence La Flandria ne permettait de réparer qu'une fraction des dommages imputables à l'autorité publique ; car l'arrêt du 5 novembre 1920 ne permettait de réparer que les seuls dommages causés par une faute de l'Administration, alors que l'exécution, normale d'une mesure administrative peut s'avérer parfois gravement préjudiciable du fait de la rupture du principe de l'égalité devant les charges publiques[78]; et, d'autre part, en conséquence, on ne peut tolérer que des citoyens subissent, sans compensation, de lourds sacrifices au bénéfice de la collectivité[79].

Enfin, en tant que juridiction administrative de droit commun, la section d'administration du Conseil d'État était donc compétente pour trancher, par voie d'arrêts, les difficultés relatives à la compétence respective des autorités publiques (saisi à l'initiative de toute autorité administrative intéressée], et statuer par voie d'arrêts sur les recours en annulation formés contre les actes et règlements des diverses autorités administratives ou contre les décisions contentieuses administratives[80].

Cette expérience devait se poursuivre après l'indépendance parce que le Conseil d'État de Belgique était reconnu compétent par la Loi Fondamentale du 19 mai 1960 relative aux Structures du Congo pour continuer à exercer le

[76] L'article 7, alinéa 1er, de la loi du 23 décembre 1946, telle que modifiée par l'article 16 de la loi du 15 avril 1958.

[77] LEWALLE. P., *op.cit.*, n° 294, p. 416.

[78] Sur les fondements du contentieux de l'indemnité pour dommage exceptionnel, voy. Aussi M. UYTTENDAELE, *Précis de droit constitutionnel belge*, Bruxelles, Bruylant, 2001, n° 528, p. 542.

[79] Les articles 8 et 9 de la Loi du 23 décembre 1946.

[80] J. GERARD-LIBOIS, *Congo1959*, 2ème éd., Bruxelles, C.R.I.S.P., 1962, pp. 44-45.

rôle d'organe de consultation du gouvernement et de juridiction administrative en attendant l'installation de la cour constitutionnelle qui devait avoir en son sein, outre la chambre de constitutionnalité et la chambre des conflits, une chambre d'administration.

En effet, la chambre d'administration de ladite cour constitutionnelle était compétente pour connaître des demandes d'indemnité relatives à la réparation d'un dommage exceptionnel résultant d'une mesure prise ou ordonnée par l'État, la province ou l'autorité locale. Comme pour la section d'administration du Conseil d'État de Belgique, à l'époque, elle ne devait pas se prononcer que par voie d'avis motivé (art.236 §I de la Loi fondamentale du 19 mai 1960 sur les Structures du Congo).

En outre, la chambre d'administration devait statuer par voie d'arrêts, et c'est ici qu'elle est véritablement une juridiction administrative, sur les recours en annulation pour violation des formes soit substantielles, soit prescrites à peine de nullité, excès ou détournement de pouvoir, formés contre les actes et règlements des diverses autorités administratives ou contre les décisions contentieuses administratives (art.236 §2 de la Loi fondamentale).

L'article 253 de la Loi Fondamentale du 19 mai 1960 sur les Structures du Congo (texte originel) disposait que « jusqu'à ce que la Cour constitutionnelle soit légalement organisée conformément aux articles 230,232, et 236, le Conseil d'État de Belgique exerce, selon la procédure qu'il détermine, les compétences de la Cour constitutionnelle telles qu'elles résultent des articles 229 à 235 ».

Il est à rappeler que les articles 189,190, 253 et 245 de la Loi Fondamentale du 19 mai 1960 sur les Structures du Congo qui conféraient des compétences aux juridictions étrangères, furent révisés.

C'est ainsi que par les articles 2 et 3 de la Loi constitutionnelle du 18 juillet 1963 portant modification de la Loi Fondamentale du 19 mai 1960 relative aux structures politiques du Congo[81], les attributions que ces institutions étrangères détenaient de la Loi Fondamentale ont été retirées par la suppression des articles 189, 190, 253 et 254[82].

Cette révision de la Loi Fondamentale créa un vide au plan du contentieux administratif, faute d'installation de la Cour constitutionnelle. Il fallait donc attendre l'installation effective de la Cour Suprême de Justice en 1968, laquelle fut créée par l'article 125 de la Constitution du 1er août 1964.

Cette transition a également été observée quant à ce qui concerne la juridiction des comptables publics.

---

[81] *Moniteur congolais* n° 18 du 15 septembre 1963, p. 425

[82] BOSHAB E., *La contractualisation du droit de la Fonction publique,* Bruxelles, Bruylant-Academia s. a., 1998, p.33

§2. Institution de la Cour des Comptes de Belgique comme juridiction administrative spécialisée des Comptables.

Pour aborder ce point, il est opportun de rappeler les deux périodes de juridiction de la Cour des Comptes de Belgique en République Démocratique du Congo, pendant la colonisation et après l'indépendance.

A. La juridiction de la cour des Comptes de Belgique à l'époque du Congo belge (1908-1960)

Pour retracer l'histoire, nous devons indiquer qu'avec la révision constitutionnelle du 7 septembre 1893, l'article 1er de la Constitution belge du 7 février 1831 fut modifié et ainsi, il a été autorisé au Royaume de Belgique de disposer de colonies, possessions d'outre-mer ou protectorats qui devaient être régis par des lois particulières. La Loi du 18 octobre 1908 sur le gouvernement du Congo belge, dite la Charte Coloniale, est une de ces lois particulières.

Aussi, la constitution belge s'appliquerait au Congo belge suivant sa formulation reprise dans la Charte Coloniale[83]. Principalement, le Roi et les Chambres exerçaient le pouvoir législatif sur le Congo belge. En effet, suivant l'article 7 de la Charte Coloniale, « la loi intervient souverainement en toute matière[84]. Le Roi exerce le pouvoir législatif par voie de décrets, sauf quant aux objets qui sont réglés par la loi ».

À cet égard, le budget des recettes et des dépenses de la colonie était arrêté chaque année par la loi, donc par les Chambres[85]. Le compte général de la colonie était aussi arrêté par la loi après la vérification de la Cour des Comptes[86]. Il s'agit ici de la même Constitution belge de 1831 et dont l'organisation est portée par la loi belge du 19 octobre 1846. Aussi, il est important de relever que des institutions propres à la colonie n'étaient prévues et organisées qu'au niveau des pouvoirs exécutif et judiciaire[87]; tandis que le pouvoir législatif, de qui relève la Cour des Comptes, était le même en Belgique et au Congo belge : le Roi et les Chambres.

Placée sous la tutelle de la Chambre des Représentants, la Cour des Comptes de Belgique joue, entre autres, deux rôles : celui d'un Service administratif technique chargé de Conseiller le Parlement en matière de

---

[83] VUNDUAWE te PEMAKO, *Droit administratif et institutions administratives*, cours polycopié, IIIe Graduat, Faculté de Droit, UNIKIN, 2002-2003,pp. 95-97

[84] Ce régime de souveraineté de la loi était d'application au Congo jusqu'en 1967 ; la Constitution du 24 juin 1967 institua plutôt le régime du domaine limité de la loi.

[85] L'article 12 de la Charte Coloniale.

[86] Voir l'article 13 de la Charte Coloniale.

[87] Le Congo belge disposait, au niveau du pouvoir exécutif, d'un Gouvernement central (basé à Bruxelles, rue Brederode, composé du Roi et du Ministre des colonies, épaulés par une Administration centrale) et d'un Gouvernement général sur place au Congo. Il disposait également des institutions judiciaires propres (Cours et tribunaux civils et militaires).

reddition du compte général du Royaume et de celui du Congo belge, d'une part, et le rôle de juge spécial des comptables publics de la Belgique et de ceux de la colonie.

La juridiction de la Cour des Comptes de Belgique s'est exercée sur les comptes des comptables publics de la colonie entre la période de 1908 à 1960, sur la base des dispositions de la Charte coloniale. En effet, à travers cette dernière, l'article 116 de la Constitution belge et, par ricochet, la loi belge du 29 octobre 1846 relative à l'organisation de la Cour des Comptes s'étaient appliqués au Congo belge.

Ainsi, la Cour des Comptes se prononçait, par voie d'arrêt, sur la responsabilité financière des comptables publics à l'égard du Trésor de la colonie. Elle pouvait constater que les comptes présentés par le comptable sont en équilibre, enregistrent un déficit ou un bonus.

Dans l'hypothèse du déficit, la Cour pouvait condamner le comptable à rembourser au Trésor – en tout ou en partie – les sommes manquantes, s'il apparaissait que le déficit est imputable à sa négligence ou son imprévoyance. Il s'agit ici d'une responsabilité particulière différente de celle prévue par le Code Civil.

En effet, les comptables publics sont soumis à un régime de responsabilité pécuniaire spécifique, beaucoup plus rigoureux que le droit commun de la responsabilité administrative. Car, la responsabilité pécuniaire du comptable peut être engagée même en l'absence de faute personnelle dès lors que sont constatés une insuffisance de comptabilité, un déficit de caisse, une dépense irrégulière ou une insuffisance de recettes. Alors qu'en dehors du cas du comptable public, la responsabilité des agents publics à la réparation est limitée à l'existence de fautes personnelles détachables du service.

Par ailleurs, il peut être noté que depuis l'époque coloniale, les arrêts de la Cour des Comptes pouvaient faire l'objet d'un pourvoi en cassation.

Et, ce pourvoi ne pouvait être introduit que par le comptable public, à l'exclusion de l'Administration. Si la Cour de Cassation estimait que la loi avait été violée ou que les formes n'avaient pas été respectées, elle mettait à néant l'arrêt de la Cour des Comptes. L'affaire était alors renvoyée devant une Commission spéciale de la Chambre des Représentants[88].

De ce point de vue, la Cour des Comptes de Belgique et aussi du Congo belge, était bel et bien une juridiction administrative spécialisée à l'égard des comptables publics. Mais la question qu'on peut se poser maintenant est de savoir si cette juridiction s'est-elle maintenue après la proclamation de l'indépendance du Congo. La réponse est affirmative, en principe, pour les premiers mois de l'ère d'accession du Congo à la souveraineté internationale.

---

[88] M. UYTTENDAELE, *op.cit,* n° 615, po. 607.

B. La juridiction de la Cour des Comptes de Belgique en République Démocratique du Congo (1960-1963)

La Loi Fondamentale du 19 mai 1960 relative aux structures du Congo avait institué, en son article 243, une Cour des Comptes devant exercer des attributions similaires à celles de la Cour des Comptes connue à l'époque coloniale. Et, une loi devait intervenir pour fixer son organisation. En outre, tenant compte de l'autonomie des Provinces organisée dans la Loi Fondamentale, la double mission évoquée de la Cour des Comptes, celle de service administratif technique pour la reddition du compte général et la mission de juridiction administrative spécialisée à l'égard des comptables publics, avait aussi bien concerné le budget et les comptes du Trésor public de l'État que les budgets et les comptes des Provinces[89].

Il est à signaler qu'au plan pratique, ce dispositif n'a pas fonctionné, faute de texte d'organisation de la Cour des Comptes. Néanmoins, le constituant provisoire avait prévu une solution transitoire, qui était partielle et limitée. En effet, l'article 254 de la Loi Fondamentale du 19 mai 1960 disposait : « Jusqu'à ce que la Cour des Comptes soit légalement organisée conformément à l'article 243 et en tout cas pour l'exercice 1960, la Cour des Comptes de Belgique est chargée des opérations suivantes :

- elle examine si aucun article des dépenses du budget de l'État n'a été dépassé et si les virements et les dépenses supplémentaires ont été approuvés par la loi ;
- elle arrête les comptes des différentes administrations de l'État et recueille à cet effet, auprès des Ministres compétents, tout renseignement et toute pièce comptable nécessaires ;
- elle formule ses observations au compte de l'État, qui est communiqué aux Chambres. »

L'on peut noter de la lecture de cet article que la Cour des Comptes de Belgique, une institution d'un pays étranger, s'est vue reconnaître, uniquement pour l'État (pouvoir central), son rôle de service administratif technique et de contrôle au nom et pour le compte du Parlement[90]. Par ce biais, la Cour des Comptes de Belgique devait veiller à l'exécution correcte du Budget de l'État congolais et formuler ses observations quant au compte général de la République dans le cadre de la procédure de reddition annuelle des comptes.

Mais l'aspect juridictionnel envers les comptables publics n'était pas retenu ; cette reconnaissance de compétence fut ainsi partielle. Ceci nous amène à soutenir que dans les faits, il y a eu pendant cette période absence

---

[89] Les articles 243, alinéa 3, et 246 de la Loi Fondamentale du 19 mai 1960.

[90] Rappelons que le premier Parlement congolais était formé de deux chambres : le Sénat et la Chambre des Représentants, disposant des compétences identiques (cf. articles 50 de la Loi Fondamentale du 19 mai 1960).

de juridiction administrative spécialisée à l'égard tant des comptables publics de l'État, qu'à l'égard de ceux des provinces. Car, celles-ci n'ont été, d'une manière générale, nullement concernées par la reconnaissance de compétence faite à la Cour des Comptes de Belgique. De ce fait, cette compétence était limitée parce que la Cour des Comptes de Belgique ne pouvait ni examiner, arrêter ou formuler ses observations aux comptes et budgets des Provinces.

Enfin, à la suite de la rupture des relations diplomatiques entre le Royaume de Belgique et le Congo, la loi constitutionnelle du 18 juillet 1963 a dû retirer à la Cour des Comptes de Belgique les attributions qu'elle tenait de la Loi Fondamentale, par la suppression pure et simple de l'article 254 de la Loi Fondamentale[91].

Dans ces conditions, il fallait donc créer de juridictions administratives qui devaient, cette fois-ci, fonctionner.

SECTION 3. ORGANISATION ET LA COMPÉTENCE DES JURIDICTIONS ADMINISTRATIVES CONGOLAISES DEPUIS 1964

Les juridictions administratives ont évolué à travers le temps. Il en est de même de leur compétence.

Aussi, il est également à noter que leur organisation est fonction de cette évolution.

C'est ainsi qu'il importe d'étudier l'organisation et la compétence de ces juridictions administratives en distinguant celles des juridictions administratives de droit commun (paragraphe 1) de celles de la Cour des comptes comme juridiction spécialisée des comptables publics (paragraphe 2) ainsi que de celles de la Section judiciaire de la Cour d'appel comme juridiction administrative spécialisée en matière fiscale en RDC (paragraphe 3).

§1. Les juridictions administratives de droit commun

L'analyse de ce paragraphe oscillera autour de deux axes dont le premier scrutera l'évolution historique tandis que le second donnera l'organisation de ces juridictions.

1. Évolution historique

L'article 125, alinéa Ier, de la Constitution du 1er août 1964 dispose : « L'ensemble des Cours et Tribunaux comprend une Cour Suprême de

[91] L'article 2 de la loi constitutionnelle du 18 juillet 1963 portant modification de la Loi Fondamentale du 19 mai 1960 relative aux Structures du Congo, *M.C.*, n° 18, 15 septembre 1963, p.425.

Justice, des Cours d'Appel, des Cours militaires et les tribunaux institués par la loi nationale »[92].

Ainsi, la Cour Suprême de Justice est créée et fait partie des juridictions de l'ordre judiciaire.[93]

Dès cet instant, comme relève le mémoire explicatif de la Constitution[94], « l'organisation des juridictions supérieures de l'ordre judiciaire présente une particularité qu'il convient de souligner. La Cour Suprême de Justice et les Cours d'Appel comprendront chacune deux sections : une section judiciaire et une section administrative. La section judiciaire correspondra aux juridictions de l'ordre judiciaire françaises et belges, la section administrative, aux juridictions de l'ordre administratif françaises et belges.

Cette formule a été adoptée afin de restreindre le nombre des juridictions et de réduire, par le fait même, les dépenses de fonctionnement de l'appareil judiciaire. Elle présente par ailleurs l'avantage de permettre à des magistrats des Cours de siéger tantôt dans les instances des affaires traditionnelles appelées judiciaires, tantôt dans celles des affaires administratives, étant donné que les magistrats sont affectés à la Cour et que les sections judiciaire et administrative ne sont que des divisions d'une même cour[95].

Ce sont les sections administratives de la Cour Suprême des Justice et des Cours d'Appel qui nous intéressent ici, en tant que juridictions administratives.

À ce sujet, l'article 126, alinéa 3 de la Constitution du 1er août 1964 est libellé comme suit : « La section administrative est compétente notamment :

- Pour connaître en premier et dernier ressort des recours en annulation pour violation de la loi, formés contre les actes, règlements et décisions des autorités administratives centrales ;
- Pour connaître de l'appel des décisions rendues par les sections administratives des Cours d'Appel sur les recours en annulation pour violation de la loi, formés contre les actes, règlements et décisions des

---

[92] Voir, *M.C.*, n° Spécial, 1er août 1964, p. 21.

[93] A ce sujet, il importe de souligner que la Cour Suprême de Justice a été prévue par l'article 125 de la Constitution du 1er août 1964, mais n'a pas été installée à cette date. C'est plutôt l'article 60 de la Constitution du 24 juin 1967 qui a effectivement créée la Cour Suprême de Justice et c'est l'Ordonnance-loi n° 69-2 du 08 janvier 1969 qui a fixé la Procédure devant cette Cour. Ce texte a été suivi et complété par l'Ordonnance-loi n°82-017 du 31 mars 1982 portant Procédure devant la Cour Suprême de Justice.

[94] Mémoire explicatif de la Constitution du 1er août 1964 présentée au Gouvernement de la République par le Secrétariat de la Commission Constitutionnelle Gouvernementale, fait à Léopoldville, le 23 juin 1964, et signé par son Secrétaire général, le professeur M. A. LIHAU, *M.C.*, n° spécial, 5 octobre 1965, pp. 51-127.

[95] Mémoire explicatif de la Constitution du 1er août 1964, *op.cit.*, pp.52-127 En ce sens, voy. aussi C.
KABANGE NTABALA, *Droit administratif*, t. I, Université de Kinshasa, 1997, pp. 93-94.

autorités administratives provinciales et des autorités administratives locales ;

- Pour connaître, dans le cas où il n'existe pas d'autres juridictions compétentes, de demandes d'indemnité relatives à la réparation d'un dommage exceptionnel résultant d'une mesure prise ou ordonnée par la République, la province ou l'autorité locale ; la section administrative de la Cour se prononce en équité par voie d'avis motivé en tenant compte de toutes les circonstances d'intérêt public ou privé ».

De cette disposition, il découle que la section administrative de la C.S.J. est juge administratif de l'annulation pour l'excès de pouvoir contre les actes administratifs du pouvoir central, juge administratif d'appel en matière d'annulation contre les actes administratifs des pouvoirs subordonnés et organe consultatif en matière de demandes d'indemnités relatives à la réparation d'un dommage exceptionnel.

Cette dernière compétence revient uniquement à la section administrative de la C.S.J. parce qu'on ne peut concevoir l'appel d'un avis[96]. Précisons que la réparation d'un dommage exceptionnel est une compétence résiduelle.

Ainsi, elle s'efface dès que la demande en réparation peut trouver un autre juge. Enfin, on peut faire remarquer que les « actes, règlements, décisions, mesures prises ou ordonnées » visés par l'article 126, alinéa 3, sus-évoqué ne concernent que les autorités administratives territoriales (de l'État, de la province ou des entités territoriales), les actes des autres autorités administratives ne sont pas concernés. À ce sujet, le Mémoire explicatif est très explicite : « on notera que l'expression "autorités administratives" inclut, notamment, le Président de la République, les Gouverneurs de province et les Ministres »[97].

C'était plutôt, jusqu'en 1971[98], la conception belge en matière du contentieux de l'indemnité pour dommage exceptionnel. En effet, l'article 2 de la loi du 23 décembre 1946 tel que modifié par l'article 16 de la loi du 15 avril 1958 précisait que le dommage devait résulter d'une mesure prise ou ordonnée par l'État, la province, la commune ou le gouvernement du Congo belge et du Ruanda-Urundi.

Le Conseil d'État avait développé une interprétation limitative de ces termes ; il refusa de connaître du dommage imputable à une autorité administrative distincte de l'État, de la province ou de la commune, telle la S.N.C.B.[99], ou une C.A.P.[100], ou un établissement public. En plus, le

---

[96] Mémoire explicatif de la Constitution du 1er août 1964, *op.cit.*, p. 108.

[97] Ibidem

[98] Aujourd'hui, en Belgique, les décisions de toutes les autorités administratives sont concernées ; c'est la loi du 3 juin 1971 modifiant celle du 23 décembre 1946 portant création d'un Conseil d'État qui a apporté ce changement.

[99] C.E.b., 5 juin 1969, GODIN et LEGAT c/État belge, n° 13605 et 13606, *Rec.*, p. 591.

dommage exceptionnel doit être causé par ces autorités territoriales ; ceci veut dire qu'une mesure prise ou ordonnée par ces autorités territoriales ; ceci signifie qu'une abstention d'agir ne pourrait être à la source d'un dommage exceptionnel réparable.

Par ailleurs, la section administrative d'une Cour d'Appel est compétente pour connaître en premier ressort des recours en annulation pour violation de la loi, formés contre les actes, règlements et décisions des autorités administratives provinciales et locales. De cette disposition, il ressort que cette section est la juridiction administrative au premier degré en matière de censure des actes émanant des autorités administratives provinciales et locales ; la section administrative de la Cour Suprême de Justice étant, à cet égard, juridiction administrative d'appel.

Aucun texte législatif n'étant intervenu pour fixer l'organisation des Cours et Tribunaux ainsi que la procédure à suivre, en application de l'alinéa 2 de l'article 125 de la constitution du 1er août 1964, ces juridictions administratives n'ont pas directement vu le jour. Néanmoins, la Cour d'Appel de Léopoldville a dû exercer, dans l'entre-temps, les attributions dévolues par la Constitution du 1er août 1964 à la Cour Constitutionnelle.

Dans la suite, l'article 59 de la Constitution du 24 juin 1967 (texte originel) a reconduit les dispositions de l'article 125 de la Constitution du 1er août 1964 ; de ce fait, les juridictions administratives (section administrative de la C.S.J., et sections administratives des Cours d'Appel) créées par le précédent constituant ont été maintenues.

Mais, l'article 60, alinéa 3, de la Constitution du 24 juin 1967 apporte une nouvelle évolution quant aux attributions de la Haute juridiction administrative en matière du contentieux de l'indemnité pour dommage exceptionnel.

Dans le Mémoire explicatif du projet de Constitution, établi sur la base du texte de l'avant projet présenté au Président de la République et sur base des discussions de la Commission politique du Gouvernement, il est expliqué que cette évolution tient compte de la tendance de certaines jurisprudences étrangères contemporaines[101]. De quoi il s'agit ? D'abord, de la compétence d'avis, on passe à la compétence d'arrêt en matière de réparation du préjudice exceptionnel. À ce moment, la législation belge connut du retard par rapport au droit congolais, c'est la crainte de l'inconnu qui avait commandé le Parlement belge de l'époque à ne pas reconnaître au Conseil d'État une compétence d'arrêt en la matière.

D'ailleurs, comme l'écrit Paul Lewalle, « au cours des premières années de fonctionnement du Conseil d'État, l'Administration a fait preuve de

---

[100] C.E.b., 22 juin 1962, JUMEAU c/C.A.P, Bruxelles, n° 9471, *Rec.*, p. 561

[101] *M.C.*, n°4, 15 juillet 19967, p. 561.

réticences très nettes à suivre les avis favorables à l'octroi d'une indemnité ; au début de 1952, aucun de six premiers avis favorables n'avait été suivi.

De 1953 à 1964, cinq avis sur sept ont été suivis par l'Administration. Les avis favorables postérieurs à 1964 ont tous été respectés »[102]. C'est cette évolution de mentalité et d'attitude que le législateur belge a consacré en 1971 en faisant passer aussi, en ce domaine, la compétence d'avis du Conseil d'État à la compétence d'arrêt[103].

Ensuite, l'alinéa 3 de l'article 60 de la Constitution du 24 juin 1967 ajoute qu'il peut s'agir d'un dommage exceptionnel matériel ou moral résultant, cette fois-ci, d'une mesure prise ou ordonnée par les autorités de la République. Relevons en passant qu'en se limitant à l'expression « autorités de la République », on doit dire que le constituant de 1967 a pris en compte la nouvelle volonté politique qui a voulu mettre fin à l'autonomie des provinces telle qu'elle a été décidée par la Loi Fondamentale puis reprise par la Constitution du 1er août 1964, dite de Luluabourg, et à la décentralisation territoriale expérimentée depuis les années de la fin de la colonisation. En lieu et place, c'est le système de la centralisation qui a été mis en place dès avril 1967[104]. Les provinces, les districts, les territoires et les communes étaient devenus de simples circonscriptions administratives, donc sans personnalité juridique.

Voilà ce qu'on pouvait dire de cette rédaction ; mais au fond, elle n'a pas changé la compétence de la Cour Suprême de Justice créée depuis 1964. En effet, l'article 95 de l'Ordonnance-loi n° 69-2 du 8 janvier 1969 relative à la procédure devant la Cour Suprême de Justice reprend bien l'expression « mesure prise ou ordonnée par les autorités de la République, des provinces ou des collectivités locales »[105].

Mais, ce sur quoi nous devons insister c'est le fait que le constituant de 1967 précise que le dommage exceptionnel peut être matériel ou moral.

À cet égard, il est important de faire remarquer qu'auparavant, du fait que le texte originel sur le Conseil d'État était muet sur le caractère du dommage exceptionnel, la jurisprudence n'admettait pas la réparation du dommage moral[106]. Aujourd'hui, c'est le contraire parce que le dommage moral est

---

[102] LEWALLE P. , *Op.Cit,* n° 294, p. 416.

[103] C'est 45 ans après, soit en 1993, à travers une révision constitutionnelle, que l'existence du Conseil d'État a été consacrée par la Constitution belge. Voir art. 160 de la Constitution coordonnée du 17 février 1994, *Les Codes Larcier belges,* t. VI, A. Droit public, 2003, p. 15

[104] Ordonnance -loi n° 67/177 du 19 avril 1967 portant organisation territoriale, administrative et politique des provinces, qui est venue consacrer les réformes annoncées par le discours présidentiel du 24 décembre

[105] *M.C.,* n° 2, 15 janvier 1969, p.70.

[106] P. LEWALLE, *op. cit.*, n° 294, p. 417.

devenu réparable. Enfin, ce dommage doit être exceptionnel, c'est-à-dire imprévisible et d'une certaine gravité.

En résumé, l'efficacité de l'exercice de la juridiction du juge administratif congolais coïncide avec l'installation des premiers magistrats appelés à composer la Cour Suprême de Justice. C'est en effet le 23 novembre 1968 que cette cérémonie s'est déroulée sous la présidence du Président de la République, le Lieutenant-Général J.D. Mobutu[107]. Cela a été rendu possible parce que l'article 59 de la Constitution du 24 juin 1967, qui avait repris la disposition de l'article 125 de la Constitution du 1er août 1964, avait été exécuté par l'Ordonnance-loi n°68/248 du 10 juillet 1968 portant Code de l'Organisation et de la Compétence Judiciaires.

C'est finalement par l'Ordonnance-loi n° 69-2 du 8 janvier 1969 que la procédure devant la Cour Suprême de Justice a été fixée[108]. C'est déjà par ce texte que les requêtes d'annulation ne sont ouvertes qu'aux particuliers (article 88, alinéa 1er) et que la Cour apprécie souverainement quels sont les actes de gouvernement qui échappent à son contrôle (article 88, alinéa2).

Aussi, il est à relever que le constituant du 1er août 1964 a fait la part des choses entre les Cours et tribunaux, qui forment les juridictions de l'Ordre judiciaire, coiffés par la Cour Suprême de Justice, d'un côté, les juridictions spéciales de l'autre, à savoir : la Cour constitutionnelle et la Cour des Comptes[109]. La Cour des Comptes a donc été instituée par l'article 152 de la Constitution du 1er août 1964. Cependant, l'organisation et le fonctionnement de cette Cour avaient été renvoyés à une loi spéciale.

Des dispositions de l'article 153 de la Constitution du 1er août 1964, la cour des Comptes a une double mission : celle d'être un service administratif technique du Parlement et des assemblées provinciales, notamment en matière de relation des comptes généraux de la République et des provinces, et la mission de juger les comptables publics en ce qui concerne la tenue de leurs comptes envers, respectivement, le Trésor de la République et les trésors des provinces. Ce qui est intéressant ici de noter est que c'est le constituant lui-même qui fixe la composition et la compétence de manière détaillée de la Cour des Comptes. C'est ce que la Loi Fondamentale du 19 mai 1960 avait fait à la suite de la tradition belge.

Par la suite, la Constitution du 24 juin 1967 se départira de cette tradition ; car son article 67 aux alinéas 1er et 3 indique clairement qu'« il est

---

[107] Mercuriale prononcée, le 4 novembre 1978, par le Président du Conseil Judiciaire, Procureur Général de la République, sur le thème : « L'évolution juridictionnelle de la Cour Suprême de Justice au Zaïre de 1968 à 1978 (Audience solennelle de rentrée judiciaire et du 10ème anniversaire de l'installation de la C.S.J.), *Bulletin de la C.S.J. de l'année 1978,* Kinshasa, 1979, p. 169.

[108] *M.C.,* n° 2, 15 janvier 1969, pp. 58-73.

[109] Mémoire explicatif de la Constitution du 1er août 1964, O*p.Cit,* p.106.

institué dans la République une Cour des Comptes dont la composition, l'organisation et le fonctionnement sont régis par la loi (...) ».

2. Organisation

Il importe de noter qu'une juridiction se veut un organisme doté de la mission de dire le droit, de trancher des litiges conformément aux règles de droit.

En certains cas, une juridiction est appelée à prendre des actes n'ayant pas le caractère juridictionnel[110].

En effet, la question d'institution de juridiction en droit congolais relève de la volonté du législateur[111]. Et l'Administration ne peut créer de juridictions.

Aussi, si l'organisme est créé par une loi et si la loi tranche la question de sa nature de façon assez claire, il n'y a pas de problème. Elle peut le faire directement, par l'emploi du terme juridiction ou de tout autre terme équivalent, ou indirectement en reconnaissant, par exemple, l'autorité de chose jugée qui s'attachera aux décisions qu'elle aura prises. Ce critère est le plus fréquent.

À défaut du critère de la volonté du législateur, il convient d'analyser le statut de l'organisme considéré et les conditions de son activité, et d'en dégager les caractères dominants.

En tout état de cause les principaux éléments pris en considération pour déterminer le caractère de l'organisme sont entre autres la procédure, la composition la mission de l'organisme.

La procédure à suivre devant l'organisme considéré, si elle est proche de celle qui est suivie couramment devant les tribunaux (caractère contradictoire notamment) est une première indication dans le sens de la juridiction[112]. De plus, la composition de l'organisme, et notamment la présence dans son sein de magistrats peut constituer un autre indice de nature formelle, la juridiction retient des éléments de nature matérielle et notamment l'objet de l'activité de l'organisme c'est-à-dire le point de savoir s'il a pour mission de trancher un litige selon les règles du droit.

Le même organisme peut, selon les cas, agir comme autorité administrative ou comme juridiction[113] ; c'est ainsi que les Conseils des Ordres Professionnels agissent comme juridictions lorsqu'ils statuent en matière disciplinaire, comme autorités administratives dans les autres cas et notamment lorsqu'ils statuent sur les inscriptions aux tableaux. Le cas qui étaye mieux ce principe est celui de l'Ordre des Avocats.

---

[110] *M.C.*, n° 2, 15 janvier 1969, p.70.

[111] Art. 122 de la Constitution de la R.D.C. du 18/02/2006.

[112] *Idem*

[113] VEDEL G., O*p.Cit,* p. 443

Sur le plan disciplinaire, les Avocats sont poursuivis au premier degré, devant le Conseil de l'Ordre du Barreau auquel ils appartiennent et au second degré devant le Conseil National de l'Ordre des Avocats.

En effet, les fautes, et manquement des Avocats sur le plan déontologique, sont réprimés par le Conseil de l'Ordre siégeant comme Conseil de Discipline, soit sur plainte ou dénonciation d'un magistrat, d'un Avocat, d'un Stagiaire ou de toute personne intéressée, soit d'office.[114]

Aucune peine disciplinaire, aucune mesure d'interdiction provisoire ne peut être prononcée sans que l'Avocat mis en cause ait été entendu ou appelé.

Dès qu'il est saisi des faits soit par une plainte ou une dénonciation, soit d'office, le Bâtonnier en informe aussitôt le Procureur Général et procède sans désemparer à une enquête sur le comportement de l'Avocat mis en cause.

Le Bâtonnier peut décider soit de classer l'affaire sans suite, soit de renvoyer la cause devant le Conseil de l'Ordre.

Dans tous les cas, il avise le Procureur Général et le plaignant, s'il y en a un, de sa décision. La comparution personnelle de l'Avocat est exigée devant le Conseil de l'Ordre, sauf dispense. La citation à comparaître est signifiée quinze jours au moins avant l'audience. L'Avocat poursuivi et son conseil ont droit à la communication du dossier sans déplacement[115].

Toute sentence prononcée en matière disciplinaire par le Conseil de l'Ordre est notifiée à l'Avocat, au Procureur Général et, le cas échéant, au plaignant. La notification est faite dans les quinze jours du prononcé.

La sentence du conseil de l'Ordre peut faire l'objet d'un recours devant le Conseil National de l'Ordre.

À cet effet, l'Avocat poursuivi et le Procureur général peuvent déférer devant le Conseil National de l'Ordre, dans un délai de deux mois, à compter de leur notification [116]; le plaignant comme le Procureur Général peuvent, lorsque le Bâtonnier décide le classement sans suite, déférer les faits reprochés à un Avocat devant le même Conseil National de l'Ordre des Avocats.

Il est aussi à noter que de par la volonté du Législateur, les décisions du Conseil National de l'Ordre rendues en matière disciplinaire ne sont susceptibles d'aucun recours.

---

[114] Art. 88 de l'O-L n° 79-08 du 28/09/1979 portant Organisation du Barreau, du corps des Défenseurs Judiciaires et du corps des Mandataires de l'État, in *Code Judiciaire Zaïrois*, p. 373.

[115] Art. 95 de l'O-L n° 79-08 précitée.

[116] Art. 96 de l'O-L n° 79-08 précitée.

Outre sa mission de juridiction des Avocats en matière disciplinaire, le Conseil de l'Ordre des Avocats remplit également une fonction d'autorité administrative.

À ce propos, l'article 124 de l'Ordonnance-Loi n° 79-08 précitée est disert. Cet article dispose que « Toutefois, sauf s'il s'agit de sentence disciplinaire, lorsqu'une décision ou un règlement du Conseil National de l'Ordre ou de l'Assemblée générale de l'Ordre National est entaché d'excès de pouvoir, contraire aux lois ont été irrégulièrement adopté ; il peut faire l'objet d'un recours en annulation devant la Cour Suprême de Justice par le Procureur Général de la République, le Bâtonnier National ou par tout Avocat intéressé dans les formes ordinaires des recours en annulation ».

Cet article est appuyé par la Jurisprudence administrative congolaise dans l'affaire inscrite sous R.A 251 du 29 novembre 1991 opposant Maître Mbuyi Mbiye Tanayi à l'Ordre national des Avocats représenté par le Bâtonnier National[117].

En l'espèce, Maître Mbuyi Mbiye Tanayi a sollicité l'annulation pour excès de pouvoir de la décision n° CNO/02/90 du 20 janvier 1990 prise par le Conseil national de l'Ordre des Avocats et portant règlement des élections du Bâtonnier national et des membres du Conseil National de l'Ordre.

Ces dispositions interdisent pour une durée de cinq ans l'élection aux fonctions de Bâtonnier national ou de membre du Conseil National de l'Ordre, de tout avocat frappé d'une sanction disciplinaire.

La section Administrative de la Cour Suprême de Justice a annulé pour excès de pouvoir la décision n° CNO/02/90 du 20 janvier 1990 prise par le Conseil National de l'Ordre des Avocats en considérant qu'en conférant au maximum de cinq ans d'inéligibilité prévue par la loi un caractère obligatoire quand bien même la durée d'inéligibilité prononcée par le juge disciplinaire serait inférieure à cinq ans, le règlement dénoncé a violé l'article 87 de l'ordonnance-loi n° 79-08 du 28 septembre 1979 portant organisation du Barreau au moyen qui fait de ladite durée un maximum.

Dans l'ordre juridique congolais, en matière administrative, le juge administratif est institué à titre transitoire, au niveau de la Section Administrative de la Cour d'appel et de la Section administrative de la Cour Suprême de Justice ; la Section de Législation de la Cour Suprême de Justice remplissant le rôle de simple conseiller en matière administrative (art. 190 de la Constitution de la Transition et art. 115 de l'ordonnance-loi n° 82-017 du 31 mars 1982 relative à la Procédure devant la Cour Suprême de Justice). Les dispositions des articles 146 et 147 du Code de l'Organisation et de la compétence judiciaire le prouvent à suffisance.

---

[117] BIBOMBE MUAMBA et BIBOMBE ILUNGA, *Recueil des principaux Arrêts de la Jurisprudence administrative congolaise et étrangère,* inédit.

En effet, aux termes des dispositions de l'article 146 précité, la Section Administrative de la Cour d'Appel connaît en premier ressort des recours en annulation pour violation de la loi, formés contre les actes ou décisions des autorités administratives régionales et locales et des organismes décentralisés placés sous tutelle de ces autorités.

Quant à l'article 147 de la même ordonnance-loi, il dispose que la Section Administrative de la Cour Suprême de Justice connaît en premier et dernier ressort, des recours en annulation pour violation de la loi, formés contre les actes, règlements et décisions des autorités centrales et des organismes décentralisés placés sous la tutelle de ces autorités.

Dans la lignée de juridiction administrative spécialisée, il échet de citer notamment la Cour des Comptes qui juge les comptes des comptables et dont les arrêts, sont susceptibles, de la cassation et de la révision.

En tout état de cause les juridictions administratives congolaises de droit commun jugent du contentieux administratif leur attribué en vertu de la loi.

À cet effet, le doyen Georges Vedel note qu'on appelle juridiction de droit commun dans un ordre déterminé (administratif au judiciaire) le tribunal compétent pour connaître de tout litige qu'un texte formel n'a pas attribué à une autre juridiction (section administrative). Réciproquement, une juridiction d'attribution est un tribunal compétent, en vertu d'un texte exprès, pour statuer sur telle ou telle catégorie de litiges[118].

Dans l'ordre juridique congolais, en attendant l'installation du Conseil d'État, des Cours administratives d'Appel et des Tribunaux administratifs tels qu'il ressort de l'article 154 de la Constitution du 18 février 2006, les juridictions administratives comprennent la Section Administrative de la Cour d'Appel et la Section Administrative de la Cour Suprême de Justice.

La Cour de Comptes s'avère une juridiction spécialisée. Il en est de même de la juridiction en matière fiscale.

1°. La Cour d'Appel

Trois questions seront analysées. Il s'agit de la composition, de la compétence matérielle ainsi que de la compétence territoriale de la Cour d'Appel.

a. La composition de la Cour d'Appel

Il existe en République Démocratique du Congo, douze Cours d'Appel installées dans les différentes provinces, dont deux à Kinshasa et dix autres à Mbandaka, Matadi, Bandundu, Kisangani, Lubumbashi, Bukavu, Kananga, Mbuji Mayi, Goma et Kindu.

En vertu même de l'unité de juridiction – en l'occurrence celle de l'ordre judiciaire avec des aménagements internes qui caractérisent le système de

[118] VEDEL G., O*p. Cit.*, p. 450.

juridiction administrative congolaise[119], chacune de ces Cours d'Appel comprend une section administrative à côté de la section judiciaire[120], et la section judiciaire, elle-même est divisée en chambres, selon le nombre d'affaires qu'elles ont à juger tandis que la section administrative n'est composée que d'une chambre (art. 3, al. 1er de l'Arrêté d'Organisation Judiciaire n° 273/73 du 28/03/1979).

Chaque chambre réunit trois conseillers et constitue une formation ordinaire de juges, qui siègent toujours en présence d'un officier du Ministère public[121].

Toutefois, la chambre administrative notamment, peut solliciter un avis consultatif à l'Assemblée plénière de la Cour d'Appel sur un point de droit lorsqu'elle est saisie d'un litige (Article 16 *in fine* de l'arrêté de l'organisation judiciaire précité).

Chaque Cour d'Appel comprend également un premier président, deux présidents de sections administrative et judiciaire et des présidents de chambres qui composent chacune de ces sections[122].

Les membres des Cours d'Appel sont tous des magistrats de carrière promus au grade de conseiller (catégorie 6).

Il importe de rappeler que comme tous les magistrats, ils sont nommés au début de leur carrière, sur concours ou sur titre[123] ils portent le titre de conseillers de Cour d'Appel.

L'on notera également, sans intérêt, qu'un président ou un conseiller peut faire partie à la fois d'une section judiciaire et d'une section administrative au sein d'une Cour d'Appel. Cela va de soi, du fait d'absence de spécialisation des magistrats congolais[124].

Chaque Cour d'Appel comporte un greffe administratif (secrétariat spécialisé). Les recours contentieux y sont déposés, c'est là qu'ils seront enregistrés à leur date de dépôt, et dotés d'un numéro d'enregistrement.

---

[119] MPONGO BOKAKO, Notes de cours de contentieux administratif, Fac. Droit, UNIKIN, 1994, p. 48.

[120] Article 43 du Code d'O.C.J.

[121] Article 9 alinéa 1er du Code d'O.C.J.

[122] Article 4 al. 2 de l'arrêt de l'organisation judiciaire.

[123] Article 2 du Code d'O.C.J., article 2 de l'ordonnance-loi portant statut des magistrats.

[124] La tendance est cependant actuellement à la spécialisation notamment avec la création des Tribunaux de Travail et de Commerce.

b. Les compétences

Elles sont matérielles et territoriales.

Litera 1. La compétence matérielle.

La compétence matérielle des Cours d'Appel est la capacité de juger qu'elles possèdent. Celle-ci est définie en fonction de la matière des litiges.

D'après la Constitution de la Transition, en son article 148, alinéa 3, la compétence de ces Cours est fixée par la loi. En vertu de l'article 203 de ladite Constitution, c'est l'Ordonnance- Loi n° 82-020 du 31 mars 1982 portant Code d'Organisation et de compétence judiciaires qui détermine la compétence de ces Cours d'Appel.

Cette compétence est consacrée par l'article 146 de l'O-L. précitée qui leur reconnaît les pouvoirs de connaître en premier ressort des recours en annulation pour violation de la loi, formés contre les actes ou décisions des autorités administratives provinciales et locales et des organismes décentralisés placés sous la tutelle de ces autorités.

Contrairement à la disposition expresse que cette ordonnance-loi prévoit quant à la compétence de la Cour Suprême de Justice en contentieux administratif (article 147), elle ne fait pas allusion à la Section administrative de la Cour d'Appel. Il faut donc se référer à l'arrêté d'Organisation Judiciaire n° 299/79 du 20 août 1979 portant règlement d'ordre intérieur des Cours, tribunaux et Parquets en son article 3, alinéa 1er.

Par ailleurs, si l'on s'en tient strictement aux termes de cette ordonnance-loi n° 82-020 du 31 mars 1982, le contentieux de pleine juridiction ne serait porté que devant la seule section administrative de la Cour Suprême de Justice (article 149) et non devant celle de la Cour d'Appel.

Quoi qu'il en soit, la compétence matérielle des Cours d'Appel congolaises, sections administratives est d'attribution. L'on ne peut pas affirmer en droit congolais que le « *Juge administratif* » est le juge du droit commun de l'activité administrative et que le juge judiciaire est lui, uniquement le juge naturel de l'activité des particuliers.

L'on doit plutôt reconnaître que le juge naturel de l'activité administrative est le juge judiciaire et que le « *Juge administratif* » n'est compétent que dans les seules hypothèses définies spécifiquement par la loi.

En effet, les sections administratives des Cours d'Appel ne sont compétentes que pour le contentieux d'annulation pour excès des pouvoirs[125] ou de pleine juridiction [126]; contrairement au Juge administratif français, le

[125] Article 146 Code d'O.C.J.

[126] Article 149 Code d'O.C.J. par déduction et selon la jurisprudence.

contentieux de la responsabilité administrative[127] et le contentieux en matière fiscale et para fiscale, en droit congolais[128], relèvent du juge judiciaire.

Concrètement, les Cours d'Appel- sections administratives constituent des juridictions administratives congolaises de premier degré, compétentes de connaître de seuls recours en annulation formés contre les actes des autorités administratives décentralisées ainsi que des organismes décentralisés placés sous la tutelle de ces autorités.

En outre, elles ne peuvent connaître de demande en réparation des préjudices causés par les actes de ces autorités ou par les actes de ces organismes que pour autant que, en même temps ces actes sont déférés devant ces juridictions (Cours d'Appels) en vue de leur annulation.

C'est pourquoi exerçant cette attribution, la Cour d'Appel de Kananga s'était déclarée compétente pour connaître de l'annulation d'une commission d'affectation d'un chef de Division provinciale des finances prise par le Gouverneur de province en violation de la loi[129].

Dans ce même ordre d'idées, a été déclarée mal dirigée et par conséquent irrecevable la demande en dommages intérêts par laquelle « le requérant a actionné le Gouverneur de région (province) et a postulé la condamnation, en dommages intérêts de la république du Zaïre (Démocratique du Congo) qui n'est pas partie au procès »[130].

Parmi les problèmes qui rongent la justice administrative au niveau de la Cour d'Appel, nous pouvons relever la question de l'autonomie de celle-ci. Elle est dépourvue des règles de procédure administrative. Le juge administratif, à ce niveau, fait constamment application des règles de procédure de droit privé. C'est peut être pour cette raison, en tout cas non loin de celle-ci, que la Section Administrative de la Cour d'Appel de Mbuji Mayi n'a pas hésité d'annuler un contrat de bail. Saisi en appel, le juge administratif de la Cour Suprême de Justice a annulé l'arrêt du juge administratif du premier ressort et par évocation, a corrigé cette irrégularité manifeste en se déclarant incompétente.

Le fait que les Cours d'Appel sont à la fois des juridictions administratives et des juridictions judiciaires (sections judiciaires) implique la répartition de compétences entre ces deux sections (conflits des compétences).

La résolution de ce problème sera évoquée au point consacré à la cour Suprême de Justice – Section Administrative comme Juge administratif.

---

[127] Article 8 du Code de Procédure Civile.

[128] Le Tribunal de Grande Instance est la Juridiction Compétente Article 151 C.O.C.J.

[129] R.A. 025, Cour d'Appel de Kananga, 02 janvier 1996, SAMBA TSHISEBA c/le Gouverneur du Kasaï Occidental, inédit.

[130] Idem.

Litera 2. La compétence territoriale.

Cette compétence n'appelle pas vraiment de commentaires particuliers. Il suffit de se reporter au Code d'O.C.J. en vigueur. En effet, il existe une Cour d'Appel dans le ressort de chaque province (art. 36 al. 1er) et deux Cours d'Appel dans le ressort de la ville de Kinshasa. Le siège ordinaire de chaque Cour d'Appel est établi au chef-lieu de la province (art. 36. al. 2) et ceux des Cours d'Appel de Kinshasa respectivement dans le ressort de la Cour d'Appel de la Gombe et dans celui de Matete.

Quoi qu'il en soit, si elles l'estiment nécessaire pour la bonne administration de la justice, les Cours d'Appel peuvent siéger dans toutes les localités de leur ressort (art. 21, Code d'O.C.J.).

Le Ministre de la Justice peut, par ailleurs, établir dans la même localité ou les localités de leurs ressorts autres que celles où sont établis leurs sièges ordinaires, de sièges secondaires desdites Cours d'Appel (art. 68. Code d'O.C.J.)

Lorsqu'on connaît l'étendue des ressorts de Cours d'Appel lesquels correspondent aux vastes étendus de nos provinces, l'on ne peut que souhaiter la mise effective de cette disposition en application en vue de rapprocher la justice administrative des administrés.

2°. La Cour Suprême de Justice

Comparée au Conseil d'État français, la Cour Suprême de Justice congolaise jouit à la fois de la compétence contentieuse dans sa section administrative et de compétence consultative dans sa section de législation.

Comme le « *Tribunal des conflits* » français, en vue de trancher les conflits d'attribution outre une section de législation, une section administrative et judiciaire, cette haute Cour siège toutes ces sections réunies[131].

a. Les compétences de la Section Administrative de la Cour Suprême de Justice

La section la plus intéressante du point de vue de l'étude du contentieux administratif c'est la section administrative de la Cour Suprême de Justice ; elle joue le rôle de juge administratif suprême au Congo. Elle est composée d'une seule chambre comme dit « *supra* », à propos des Cours d'Appel.

Du fait de manque de spécialisation des magistrats congolais, les Conseillers qui siègent au nombre de trois sont pris parmi ceux qui composent la Cour Suprême de Justice ; en d'autres termes, un conseiller de la section judiciaire peut être chargé de vider un litige administratif.

Il est à noter que la section administrative, dans sa chambre unique, siège sous la direction d'un Président (de la chambre), avec deux conseillers dont

---

[131] Article 10 al. 1. de l'O-L relative à la procédure devant la Cour Suprême de Justice.

un est un rapporteur dit « Juge rapporteur »[132], en présence d'un Officier du ministère public, avec l'assistance d'un Greffier.

La section administrative de la Cour de Justice dispose, en matière contentieuse, d'une compétence d'annulation et, éventuellement, à titre exceptionnel du contentieux de la responsabilité.

Literal. Le contentieux d'annulation des actes et décisions des autorités Centrales de la République.

Ce pouvoir d'annulation que reconnaissait la Constitution de la Transition à la Cour Suprême de Justice (art. 150, al. 3) et complété notamment par l'Ordonnance-loi n° 82-020 du 31 mars 1982 portant Code d'O.C.J. ainsi que des textes particuliers est dévolu actuellement par l'article 155 de la Constitution du 18 février 2006 au Conseil d'État.

Il s'ensuit, en tant que juge administratif, que la Section administrative de la Cour Suprême de Justice était investie des compétences suivantes :

Elle est compétente pour juger directement et définitivement « compétence en premier et dernier ressort » :

- Les recours en annulation contre les Ordonnances, les décrets, les arrêtés ministériels. En d'autres termes, des recours en annulation pour violation de la loi, formés contre les actes, règlements et décisions des autorités centrales et des organismes décentralisés (établissements publics) placés sous la tutelle de ces autorités (art. 147. Code d'O.C.J.)
- Les recours contre les décisions individuelles concernant les fonctionnaires et agents publics nommés par Ordonnances présidentielles ou par arrêtés ministériels, ainsi que ceux nommés par décisions des autorités des organismes décentralisés placés sous la tutelle du Président de la République et des Ministres.
- Des appels formés contre les décisions rendues par la Cour d'Appel en matière de recours pour excès de pouvoir contre les actes administratifs réglementaires ou des actes individuels des autorités administratives, provinciales ou locales (art. 148, C.O.C.J.) ainsi que des organismes décentralisés placés sous la tutelle de ces autorités[133].

La section administrative de la Cour Suprême de Justice est compétente pour juger de l'annulation de certaines[134] décisions rendues par les juridictions administratives spécialisées qui statuent en dernier ressort :

---

[132] Article 10. Alinéa de l'O-L. relative à la procédure devant la Cour Suprême de Justice.

[133] Les organismes décentralisés dont il est question sont les Etablissements publics administratifs, culturels et scientifiques et non pas les Etablissements publics à caractère industriel et commercial (Cfr. Infra).

[134] Ceci est vrai pour les décisions rendues en dernier ressort par le Conseil National de l'Ordre des Avocats et pour les Arrêts rendus par la Cour des Comptes tandis que pour les autres Juridictions administratives spécialisées, il faudrait attendre la réforme.

- Cas des décisions ou règlements du Conseil National de l'Ordre des Avocats ou de l'Assemblée Générale du Conseil de l'Ordre des Avocats, sauf s'il s'agit de sanctions disciplinaires (art. 124 de l'O-L n° 79-08 du 28/09/1979 portant organisation du Barreau ;
- Cas des arrêts rendus par la Cour des Comptes (art. 21 de l'O-L n° 87-005 fixant la composition, l'organisation et le fonctionnement de la Cour des Comptes).

La jurisprudence abonde dans ce sens. Ainsi, il a été jugé que :

1. Est nulle l'ordonnance présidentielle qui révoque de leurs fonctions les agents de l'État en violation de l'O-L. n° 81-003 du 17 juillet 1981 portant statut du personnel de carrière des services publics de l'État en l'occurrence n'avoir pas obtenu l'avis préalable du Conseil de discipline de la Fonction publique et n'avoir pas suivi les modalités de procédure disciplinaire prévue par l'Ordonnance-loi précitée[135].
2. est nulle la décision du Conseil National de l'Ordre portant règlement des élections du Bâtonnier National et des membres du Conseil National de l'Ordre en violation de l'Ordonnance-loi portant organisation du Barreau[136] ;
3. est nulle l'ordonnance présidentielle qui retire la personnalité juridique à une association sans but lucratif confessionnelle sans motivation, en violation de la Constitution et du décret relatif aux a.s.b.l. et de la loi réglementant l'exercice des cultes [137];
4. est nul l'arrêté départemental (ministériel) qui lotit une partie de la concession occupée par une administrée, en violation de la loi foncière [138];

Il est important de relever que la section administrative de la Cour Suprême de Justice comme juge administratif, est doté des pouvoirs étendus dans l'appréciation de sa compétence de contrôle de légalité des actes de l'Exécutif (Gouvernement). En effet, selon le législateur, la Cour Suprême de Justice apprécie souverainement quels sont les actes de Gouvernement qui échappent à son contrôle[139].

La Cour a jugé à cet effet, que la Section administrative de la Cour Suprême est incompétente pour connaître de la légalité des ordonnances (décrets) présidentielles destinées à doter le Pays d'un Gouvernement et d'un Premier Ministre ; ces actes étant des « actes de Gouvernement à caractère

---

[135] R.A. 182/186/191 du 1 juin 1990, Cour Suprême de Justice S.A : NGBENZI NZOMBI et consort, c/Rép. Du aïre in BIBOMBE MUAMBA et BIBOMBE ILUNGA, *op.cit,*.

[136] R.A. 251 du 28/11/1991, MBUYI MBIYE TANAYI c/l'Ordre National des Avocats.

[137] R.A. 266 du 08/01/1993 : Arrêt Témoins de Jéhovah.

[138] R.A. 278 du 21/12/1995, ASBL Archidiocèse de Kinshasa c/la République du Zaïre.

[139] Article 87, alinéa 2 e l'ordonnance-loi relative à la procédure devant la Cour Suprême de Justice.

politique, essentiels pour assurer le fonctionnement des pouvoirs publics[140] ».

Par ailleurs, selon toujours la loi, la Cour Suprême de Justice ne contrôle pas les actes législatifs (art. 87 du Code de Procédure devant la C.S.J.).

Jugé que les ordonnances qui nomment un Premier Ministre et les membres du Gouvernement sur présentation et investiture du Parlement échappent au contrôle de la section administrative de la Cour Suprême de Justice, car, en examiner la légalité impliquerait l'examen des actes législatifs[141].

Rares sont les recours en annulation non accompagnés d'une demande de réparation des préjudices subis par le requérant.

Litera 2. Du recours de plein contentieux.

En droit congolais, la responsabilité administrative est soumise au régime de droit commun. En d'autres termes, c'est le juge judiciaire qui est compétent pour en connaître[142].

Le législateur n'apporte qu'un tempérament à ce principe. En effet, l'action en réparation du préjudice causé par un acte, un règlement ou une décision illégale peut être portée en même temps que la demande en annulation devant la même Cour, lorsque le préjudice subi ne peut être entièrement réparé par l'acte d'annulation (art. 149, code d'O.C.J.), sans préjudices de textes particuliers.

À titre principal et exceptionnellement, la Section administrative de la C.S.J. peut connaître d'une action en responsabilité administrative.

Litera 3. De l'action en réparation d'un préjudice exceptionnel.

Le législateur dispose que lorsqu'un particulier estime avoir subi un dommage exceptionnel résultant d'une mesure prise ou ordonnée par les autorités de la République, des provinces ou des collectivités locales, et qu'il n'existe aucune juridiction compétente pour connaître de sa demande de réparation du préjudice subi, il peut introduire par voie de requête une demande d'indemnité devant la Section administrative de la Cour Suprême de Justice (article 158, Code d'O.C.J.)[143].

Bien qu'autorisées au sein d'une même Cour, les sections judiciaire et administrative de la Cour Suprême de Justice bénéficient cependant de pouvoirs de juger distincts qui peuvent engendrer des conflits.

---

[140] R.A. 320 du 21 août 1996, Cour Suprême de Justice, Section Administrative, USOR et Alliés et E. Tshisekedi.

[141] R.A. 266 du 08/01/1993, *Op.Cit.*

[142] Article 8 Code de Procédure Civile Congolais.

[143] Cependant, comme en matière pénale, dans la pratique, les requêtes en annulation dans l'ensemble sont presque toutes accompagnées de demande d'indemnisation (réparation pécuniaire) : R.A. 182/186 du 1er juin 1990, Cour Suprême de Justice/Section Administrative 235 du février 1993. C.S.J./SA : R.A du 08 janvier 1993, C.S.J./SA.

La Cour Suprême de Justice dispose également d'une Section qui conseille en matière administrative ; il s'agit de la Section de Législation.

b. La section de Législation

La compétence administrative de cette section consiste en l'émission des avis consultatifs qui ne peuvent être, au stade actuel, que facultatifs.

Aux termes de l'art. 159 du Code de l'organisation et de la compétence judiciaires, la section de législation de la Cour Suprême de Justice donne des avis consultatifs sur les projets ou propositions de lois ou d'actes réglementaires qui lui sont soumis ainsi que sur des difficultés d'interprétation des textes[144].

Aussi, s'il parait au cours de la procédure d'élaboration des lois qu'une proposition ou un amendement n'est pas du domaine de la loi, le Gouvernement peut soulever l'exception d'illégalité (irrecevabilité). S'il n'y a pas d'accord entre le Gouvernement et le Parlement, la Cour Suprême de Justice se prononce[145]. Et c'est la Section de Législation qui est saisie en ce cas[146].

De ce qui précède, il est opportun d'indiquer que la Section de Législation joue le rôle de simple conseiller en matière administrative.

Par ailleurs, des conflits d'attribution peuvent naître entre le juge administratif et le juge judiciaire et il échet d'étudier les modalités de leur règlement.

c. La compétence du règlement des conflits attributions entre la Section Judiciaire et la Section administrative de la Cour Suprême de Justice

La Cour Suprême de Justice, toutes sections réunies, est seule compétente en cas de conflit d'attribution[147]. Elle siège à cet effet comme un tribunal de conflits. Il y a conflit d'attribution, lorsqu'une section judiciaire et une section administrative se déclarent pour une même demande, mue entre les mêmes parties, à la fois compétentes (conflit positif) ou incompétentes (conflit négatif)[148].

L'exception d'incompétence soulevée devant une section judiciaire ou devant une section administrative sur le motif que la demande relève en tout ou en partie de l'autre section doit être tranchée par décision séparée.

Après le premier arrêt ou jugement statuant en matière de compétence, les parties peuvent soit épuiser les voies de recours ouvertes contre les

---

[144] Article 159 du Code d'organisation et de la compétence judiciaires.

[145] Article 127 de la Constitution de la Transition.

[146] Actuellement, cette compétence est dévolue à la Cour Constitutionnelle conformément à l'article 161 alinéa 3 de la Constitution du 18 février 2006.

[147] Article 124, alinéa 1er de l'ordonnance-loi portant Procédure devant la Cour Suprême de Justice.

[148] Article 124 alinéa 2 du même texte.

décisions de la juridiction administrative qui a statué, soit porter directement la demande devant l'autre juridiction.

Lorsque cette dernière statue dans le même sens, le conflit d'attribution devient réel et ne peut être porté que devant la Cour Suprême de Justice, toutes sections réunies[149].

Appréciation : ce conflit n'est qu'imaginaire car, en réalité, c'est le même juge qui siège dans les deux formations.

d. La procédure devant le juge administratif

Le législateur a prévu la procédure de saisine du juge administratif.

C'est l'ordonnance-loi n° 82-017 relative à la Procédure devant la Cour Suprême de Justice qui en est le piédestal. Toutefois, cette procédure n'est organisée que devant la Section Administrative de la Cour Suprême de Justice.

Il est toutefois à noter l'absence d'une législation sur la procédure en matière administrative devant la Section portant ce nom de la Cour d'appel.

Ce fait constitue une lacune grave d'autant plus qu'à ce niveau, le juge qui venait de statuer en matière civile se retrouve face à la matière administrative dont aucune loi n'impose la procédure ; la conséquence en est qu'il se rabat généralement sur la procédure civile.

Toutefois, pour parer à cette incomplétude, la Section Administrative de la Cour d'Appel recourt également à la procédure devant la Cour Suprême de Justice à titre de principe général.

Par ailleurs, le particulier est autorisé à saisir le juge administratif lorsqu'il estime que l'acte, la décision ou le règlement pris par une autorité centrale lui fait grief et qu'il a été pris en violation des formes, soit substantielles, soit prescrites à peine de nullité, ou qu'il y a excès ou détournement de pouvoir.

Il peut aussi saisir directement la Cour Suprême de Justice d'une demande d'indemnité relative à la réparation d'un dommage exceptionnel, matériel ou moral résultant d'une mesure prise ou ordonnée par les autorités de la république ou des entités locales.

Litera 1. Introduction de la cause et la publicité spéciale

Le juge administratif est saisi par voie de requête, après que les recours administratifs gracieux et hiérarchique aient été exercés[150]. Cette requête

---

[149] Au regard de l'article 161 alinéa 4 de la Constitution du 18 février 2006, cette compétence est dévolue à la Cour constitutionnelle.

[150] Le recours administratif est une réclamation préalable faite auprès de l'autorité compétente, tendant à voir rapporter ou modifier l'acte entrepris.
Cette réclamation constitue un recours gracieux lorsqu'elle est faite devant l'autorité qui a pris l'acte contesté ; elle constitue un recours hiérarchique lorsque la réclamation est portée auprès de l'autorité hiérarchiquement supérieure à celle qui a pris l'acte entrepris. e délai pour introduire valablement un recours administratif est de trois mois à dater de la publicité faite personnellement au particulier lésé.

datée et signée doit, obligatoirement avant d'être déposée au greffe et sous peine de nullité, mentionner le nom, éventuellement les prénoms, la qualité et demeure ou siège de la partie requérante ; l'objet de la demande ; s'il échet, le nom, prénom et qualité demeure ou siège de la partie adverse ; l'inventaire des pièces formant le dossier[151].

La requête contiendra également un exposé des faits moyens. Les requêtes portées au rôle de la Section Administrative seront transmises au Journal Officiel dans les quinze jours, de leur réception en vue de leur publication par extrait.

La loi reconnaît implicitement à d'autres autorités administratives disposant du pouvoir réglementaire, la possibilité de consulter la Haute Cour.

Cette consultation est préalable mais elle ne peut être soit *a posteriori* lorsqu'elle consiste à obtenir une interprétation d'un texte légal ou réglementaire, soit *a priori*, avant la prise d'une loi ou d'un acte réglementaire.

C'est dans ce sens que par requête n° CAB/P/AN/KLB-NK/MK/1244/04 du 02 août 2004, reçue au greffe de la Cour Suprême de Justice le 05 août 2004, le Président de l'Assemblée Nationale, agissant en vertu des dispositions de l'article 115 et suivants de l'ordonnance-loi 82-017 du 31 mars 1982 relative à la Procédure applicable devant la Cour Suprême de Justice, a sollicité de celle-ci un avis consultatif sur le sens à donner à l'assassinat politique, aux fins de savoir s'il agit d'une infraction politique susceptible d'en faire bénéficier aux auteurs l'amnistie ou une infraction de droit commun, excluant ainsi ses auteurs du bénéfice de l'amnistie en vue de permettre aux membres de l'Assemblée Nationale de voter en pleine connaissance de cause et de ses conséquences, le projet de loi relatif à l'amnistie.

En son Assemblée Mixte tenue le 19 août 2004, la Cour Suprême de Justice relève qu'elle n'est pas compétente pour examiner la requête qui lui a été présentée motif pris que le Président de l'Assemblée Nationale a sollicité non pas un avis consultatif conformément aux articles 159 du Code de l'O.C.J. et 115 et suivants de l'ordonnance-loi n ° 82-017 du 31 mars 1982, mais plutôt un avis sur les opinions et les discussions de l'assassinat politique encore en discussion et de clarifier le sens et les effets relatifs à l'application d'une loi qui sera votée.

Dans les trois mois à dater du rejet de la réclamation faite auprès de l'autorité qui a pris l'acte entrepris ou de l'autorité hiérarchiquement supérieure à celle-ci, le particulier lésé peut introduire un recours juridictionnel auprès du juge administratif. Voir Georges VEDEL, *Op. Cit*, p. 520

[151] Art. 2 alinéa 3 de l'O-L n° 72-017 du 31 juin 1932 relative à la Procédure devant la Cour Suprême de Justice.

En vertu du principe de la séparation des pouvoirs, la Cour Suprême de Justice se limite en matière d'avis consultatif à vérifier la légalité de l'acte à prendre et sa conformité aux principes constitutionnels et aux principes généraux du droit. Telle est la substance de l'avis RL 10 donné par la Cour Suprême de Justice le 25 août 2004.

Outre la saisine de la juridiction, il existe l'étape de la mise en état de la cause.

Litera 2. La mise en état de la cause.

L'autorité publique intéressée peut désigner un mandataire habilité à la représenter à l'introduction préparatoire et à l'audience avec ou sans assistance de l'Avocat.

Les autres parties doivent, soit assurer elles-mêmes la défense de leurs intérêts, soit se faire représenter par un Avocat[152].

Le délai pour déposer le mémoire en réponse ainsi que le dossier administratif est d'un mois à dater de la signification de la requête. Ce délai est prorogé d'un mois en faveur des personnes demeurant à l'étranger.

Si les nécessités de l'instruction les justifient, les délais imposés aux parties pour la transmission de la requête et du mémoire en réponse peuvent, après avis du Ministère Public, être prorogés par ordonnance motivée du Président de la Section Administrative.

Le greffier notifie l'ordonnance de prorogation des délais aux parties.

Lorsque les productions des parties sont faites ou que les délais pour produire sont écoulés, le greffier transmet le dossier au Procureur Général de la République qui, après instruction préparatoire éventuelle rédige un rapport sur l'affaire. Ce rapport daté et signé est transmis à la Cour. Si la Cour estime qu'il y a lieu d'ordonner de devoir d'instruction préparatoire nouveau, elle désigne un Conseiller pour y procéder ou charge le Procureur Général de la République de cette mission.

Après l'accomplissement des devoirs requis le Conseiller désigné ou le Procureur Général de la République remet un rapport à la Cour.

Dans l'accomplissement des devoirs de l'instruction préparatoire, le Procureur Général de la République et le Conseiller rapporteur peuvent correspondre directement avec toutes les autorités, leur demander, ainsi qu'aux parties, tout renseignement utile, se faire communiquer tout document, entendre tout témoin, commettre des experts, déterminer leur mission et leur communiquer les pièces utiles et procéder sur le lieu à toute constatation.

Dès le dépôt de rapport, le greffier en avise les parties par lettre recommandée à la poste ou par porteur avec accusé de réception.

Par la suite, le Premier Président de la Cour Suprême de Justice fixe la date à laquelle l'affaire sera appelée.

---

[152] Art. 77 de l'O-L 82017 du 31 mars 1982.

Et l'Arrêt est rendu dans le délai de la loi.

Il sied de noter que la procédure administrative est inquisitoire en ce qu'une fois la requête introduite par la partie lésée, le déroulement du procès devient l'affaire du juge ; c'est lui qui va diriger et organiser l'action et les parties n'ont plus l'initiative à prendre.

Cette procédure fait largement place à l'écrit et elle est peu coûteuse en ce que les parties sont dispensées du ministère d'Avocat.

A côté des Sections Administratives de la Cour d'Appel et de la Cour Suprême de Justice, la Cour des Comptes exerce le rôle de juge administratif spécialisé.

§2. La Cour des Comptes comme juridiction administrative spécialisée

L'art. 178 de la Constitution de la République Démocratique du Congo prévoit une Cour des Comptes qui a pour mission de contrôler, dans les conditions fixées par la loi, la gestion des finances de l'État, des biens publics ainsi que les comptes des provinces, des entités territoriales décentralisées et les comptes de tous les organismes et entreprises publiques. Et c'est l'ordonnance-loi n ° 87-005 du 6 août 1987 qui fixe la composition, l'organisation et le fonctionnement de la Cour des Comptes[153].

1. Composition

- La Cour des Comptes est composée d'un Président, des vice- présidents et des Conseillers[154].
- Les membres de la Cour des Comptes ont la qualité de magistrats et sont régis par un statut particulier.
- Le rôle du ministère public est assuré par un Procureur Général assisté d'un ou plusieurs avocats généraux.

2. Organisation

1° Structure

La Cour des Comptes est composée de 3 sections pouvant être subdivisées en chambres.

- La 1re section chargée des comptes et services de l'État et des entités décentralisées ;

[153] KABANGE NTABALA, *Grands Services Publics et Entreprises Publiques*, Kinshasa, UNIKIN, 2003, p. 123 ; voir également KABANGE NTABALA, *Droit des services et entreprises publics et problématique de la transformation des entreprises publiques en République Démocratique du Congo,* Kinshasa, Ed. Dieu est bon, 2007

[154] Article 1 de l'O-L 87-005 du 6/02/1987 fixant la compétence, l'organisation et le fonctionnement de la Cour des comptes, *J.O.Z.*, numéro spécial Cour des comptes, septembre 1987, p. 4

- La 2e section est chargée des Établissements Publics comprenant des Entreprises Publiques, des Organismes Publics et des Entreprises Mixtes où l'État, ou les Entités Décentralisées détiennent un pourcentage ;
- La 3e section est chargée de faute en matière de discipline budgétaire et financière.

2° L'organisation administrative

La direction générale de la Cour des Comptes est assurée par le Président de la Cour assisté d'un ou de plusieurs Vices présidents et d'un secrétaire général.

Cette organisation comprend aussi un certain nombre de directions administratives.

3. Fonctionnement

La Cour des Comptes comporte des organes indispensables pour la tenue de ses audiences à savoir le Président, le vice Président, le Secrétariat, le Procureur Général.

a. Du Président de la Cour des Comptes

Le Président de la Cour des Comptes assure la direction générale de la Cour des Comptes. À ce titre, il définit l'organisation générale des travaux et arrête un programme annuel. Il préside les audiences solennelles et les sections réunies, mais il peut aussi présider les séances de chambres, sections[155].

Il administre les services de la Cour et assure la gestion des membres et personnel de la Cour des Comptes.

b. Du Vice Président

Généralement, le Vice Président est appelé à remplacer le Président dans ses fonctions en cas d'absence ou d'empêchement. Dans le cas où il y aurait plus d'un Vice président, ce pouvoir revient au plus ancien d'entre eux.

Le Vice président répartit, en tenant compte du programme fixé par le Président, les travaux entre les conseillers.

Il veille de façon particulière à la prompte expédition des affaires soumises à la section.

Il préside les séances de la section et dispose d'un greffe.

En cas d'absence ou d'empêchement, il est remplacé par le plus ancien des conseillers selon l'ordre de nomination.

c. Du Secrétariat

Le Secrétariat comporte un Secrétaire Général et trois secrétaires adjoints qui sont des conseillers et choisis parmi eux.

---

[155] Article 9 de l'O-L 87-005 du 6/02/1987 précitée.

Le Secrétaire Général assiste le Président dans ses fonctions (gestion du plan de la Cour) et assure le greffe central de la Cour.

Les trois secrétaires généraux adjoints assurent les greffes des sections.

d. Le Procureur Général

C'est lui qui dresse un état de comptables qui doivent faire parvenir leurs comptes à la Cour[156]. À cet effet, il veille à ce que les comptes soient produits dans le délai prescrit et en cas de retard, il applique les amendes prévues par la loi. C'est lui qui défère à la Cour les opérations présumées constitutives de gestion des faits.

Il exerce son ministère par voie de conclusion, d'avis ou de réquisition. Il dispose d'un secrétariat.

e. Des audiences de la Cour des Comptes

La Cour des Comptes se réunit soit en audience solennelle, soit toutes sections réunies, soit en chambres, soit en comités de rapports.

Les audiences solennelles sont publiques et ont lieu notamment lors de l'installation des magistrats[157].

La Cour des Comptes siège toutes sections réunies dans les cas suivants :

- Pour examiner et arrêter le compte général de l'État.
- Pour se prononcer sur des questions de procédure
- Pour titre des affaires qui lui sont déférées directement par le Président sur renvoi d'une seule question ou affaire ou de la requête du ministère public ou sur renvoi après cassation.

Il est prévu un comité de rapport qui est chargé de la préparation et de l'appréciation des rapports qui sont prévus par les lois et règlements à la Cour des Comptes. Il est composé du Président et de Vice président de la Cour. Le Procureur Général ou son délégué assiste aux séances de la Cour des Comptes mais le Président peut y inviter d'autres magistrats.

Après avoir élucidé le fonctionnement de la Cour des Comptes, il importe de s'appesantir sur ses compétences.

4. Compétences de la Cour des Comptes

La Cour des Comptes dispose d'un pouvoir général et permanent de contrôle de la gestion des finances et biens publics ainsi que de toutes les entreprises publiques défini à l'art. 3 de l'O-L créant la Cour des Comptes. À ce titre, elle est chargée d'examiner le compte général du Trésor, les comptes des comptables publics, de contrôler et vérifier la gestion et les comptes des entreprises publiques.

En outre, la Cour des Comptes juge les comptes que lui rendent les personnes qu'elle a déclarées comptables de fait.

---

[156] Article 12 de l'O-L 87-005 du 6/02/1987précitée.

[157] Article 13 de l'O-L 87-005 du 6/02/1987 précitée.

Aux termes de l'art. 22 de l'O-L de 1987, cette expression veut dire « toute personne qui, sans y être habilitée par l'autorité compétente effectue des opérations des recettes, dépenses, des détentions et de maniements des fonds ou valeurs appartenant à l'État, aux entités décentralisées ou aux entreprises publiques, procède à des opérations portant sur des fonds ou valeurs n'appartenant pas aux personnes publiques désignées ci-dessus, mais dont les lois et règlements chargent les seuls comptables publics ».

Le comptable de fait est soumis aux mêmes obligations que le comptable public. En matière de discipline budgétaire et financière, la loi soumet à la compétence de la Cour des Comptes, tout agent ou fonctionnaire de l'État et des entités décentralisées, tous les responsables ou agents des entreprises publiques auteurs d'une faute de gestion. Tous ces justiciables de la Cour des Comptes peuvent être condamnés à une amende qui n'excède pas le double de leur traitement annuel.

Par faute de gestion[158], le législateur vise les faits ci-après :

- Le non-respect des règles d'engagement des dépenses, l'engagement des dépenses sans en avoir le pouvoir ou reçu délégation ;
- L'engagement des dépenses sans disponibilité des crédits, la dissimilation de matière à permettre la fausse imputation d'une dépense, la procuration à soi-même ou à autrui d'un crédit injustifié sous toute forme entraînant un préjudice pour l'État, les entités décentralisées ou les entreprises publiques ;
- L'omission en méconnaissance de la loi financière de remplir les obligations qu'elle impose aux fins d'avantager dûment les contribuables.

De façon générale, tout acte contraire aux règles d'exécution des recettes, des dépenses de l'État ou entités décentralisées.

La Cour des Comptes vérifie la régularité de versement de recettes, ainsi que celle des dépenses. Elle a le pouvoir de contrôler tout organisme qui n'est pas assujetti aux règles de la comptabilité publique mais qui reçoit un concours financier de l'État ou de tout autre organisme public. L'organisme en question tient un compte d'emploi à la disposition de la Cour. Cependant, il est à préciser que, dans ce cas, le contrôle de la Cour des Comptes se limite à ce compte d'emploi ;

La Cour des Comptes surveille le remboursement des sommes dues à l'État au titre de prêts et des garanties (un organisme reçoit un prêt à l'extérieur et l'État donne une garantie) ;

En matière des marchés publics[159], la Cour des Comptes examine la légalité et régularité des marchés publics de fournitures des travaux et fournitures des biens et services et organismes visés par la loi. À cet effet, il est fait obligation à l'autorité administrative ou de tutelle selon le cas de

---

[158] Article 24 de l'O-L 87-005 du 6/02/1987 précitée.

[159] Article 28 de l'O-L 87-005 du 6/02/1987 précitée.

transmettre un exemplaire du dossier de ce marché dans le mois de la signature.

Elle surveille l'annulation des marchés et l'appel des pénalités par la loi lorsqu'il est établi que les marchés sont contraires à la loi ou portent préjudices à l'État.

La Cour des Comptes arrête les comptes à recouvrer à charge des ordonnateurs délégués lorsqu'ils ont engagé les crédits en violation de la loi ou lorsque le Trésor en a subi préjudice. Elle peut leur infliger une amende qui n'excède pas la valeur de leur traitement.

Une ampliation de l'arrêt est adressée pour exécution au Ministère de Finances s'il s'agit d'un compte qui intéresse l'État ou l'autorité de tutelle dans le cas d'une entreprise publique. Et la Cour des Comptes vérifie sur place les pièces justificatives des recettes et dépenses effectuées au titre du budget général, budget annexe et ceux des entités décentralisées. Elle établit chaque année sur la gestion des finances des biens publics. Ce rapport n'est adressé qu'au Président de la République et au Parlement.

Le projet de loi portant arrêt des comptes pour l'exercice budgétaire écoulé est accompagné des observations de la Cour.

Le Président de la République ou le Parlement peut demander à la cour de procéder à tout contrôle de la gestion de finances et des biens publics. La Cour des Comptes publie chaque année un rapport[160].

En tant que juridiction des comptables publics, la Cour des Comptes suit une procédure qui est établit par la loi en cette matière.

5. Procédure devant la Cour des Comptes

L'O-L n° 87-031 du 22/07/1987 détermine la procédure devant la Cour des Comptes. Celle-ci est à examiner successivement en matière juridictionnelle, en matière de contrôle budgétaire et de gestion, ainsi qu'en matière de discipline budgétaire et financière.

1° En matière juridictionnelle

La procédure comporte trois étapes à savoir le dépôt de compte, instruction de compte et le jugement de compte.

a. Le dépôt des comptes

Tout comptable doit rendre compte de sa gestion[161]. À cet effet, l'obligation lui est faite de présenter à la Cour des Comptes des pièces justificatives de son compte dans un délai déterminé, c'est-à-dire selon l'art. 3 de l'O-L, au plus tard le 30 juin de l'année suivant celle à laquelle il se rapporte.

---

[160] Article 33 de l'O-L 87-005 du 6/02/1987 précitée.

[161] Article 1 de l'O-L 87-031 du 22/07/1987 relative à la Procédure devant la Cour des comptes, *J.O.Z.*, numéro spécial Cour des comptes, septembre 1987, p. 15.

Quant aux pièces justificatives, elles sont adressées chaque trimestre à la Cour des Comptes et peuvent être accompagnées de toute observation que le comptable peut juger utile pour éclairer la Cour.

Le non-respect des règles prescrites ou le refus de le faire expose le comptable à une amende qui ne peut excéder le double de son traitement

Il nécessite de noter que la procédure d'instruction et de jugement des comptes est écrite et contradictoire. Pour des enquêtes à caractère technique, la Cour des Comptes peut faire appel aux experts désignés par le Président de la Cour. Il y a dépôt.

Toutefois, le compte doit être instruit.

b. Instruction des comptes

Une fois que le compte a été produit, le Vice président désigne un Conseiller-rapporteur qui procède à l'instruction. Après examen du compte, le rapporteur rédige un rapport des pièces justificatives, consigne ses conclusions à la suite à réserver, et communique au comptable intéressé qui dispose d'un mois pour présenter ses avis.

À l'expiration de ce délai, le dossier est transmis au Vice président et Procureur Général accompagné, le cas échéant, de réponse du comptable. Le Vice président peut désigner un contre rapporteur.

Après l'instruction du compte, la Cour procède immédiatement à son jugement.

c. Jugement des comptes

Le conseiller rapporteur est appelé à présenter son rapport devant la section, suivi des avis du contre rapporteur sur les propositions formulées et les conclusions du ministère public.

La section se prononce à huis clos[162]. Elle ne peut siéger valablement que si quatre au moins de ses membres sont présents.

Les décisions sont prises à la majorité de voix avec comme conséquence la prépondérance de celle du Président en cas de partage de voix.

Les comptables ne sont pas admis à discuter en séance, en personne ou par mandataires les articles de leurs comptes (voire un mois).

Quant à la forme de ses décisions, il est à signaler que la Cour des Comptes se prononce soit par des arrêts provisoires ou définitifs.

Les arrêts provisoires interviennent dans le cas où la Cour des Comptes constate des irrégularités lorsque soit une dépense est non ou insuffisamment justifiée soit une recette n'a pas été recouvrée. Ils ont pour objet d'ordonner au comptable de présenter une justification par écrit ou à défaut de reverser les sommes correspondantes dans le délai que la Cour des Comptes prescrit.

Ce délai qui ne peut pas être inférieur à deux mois court à partir de la notification de la décision au comptable.

---

[162] Article 62 de l'O-L 87-031 du 22/07/1987 précitée.

Les arrêts définitifs interviennent lorsque la Cour des Comptes ne retient aucune charge à l'endroit du comptable ou lorsque les justifications fournies par le comptable ne sont pas satisfaisantes. Autrement dit, les arrêts définitifs ont pour objet de déclarer le comptable soit quitte ou en débet[163].

Dans le premier cas, la Cour des Comptes prononce la décharge définitive.

Dans le second, elle arrête le montant du débit qui est exigible dès la notification et cela nonobstant tout recours sauf sursis accordé par la Cour des Comptes sur la décision définitive sur le recours.

Des voies de recours peuvent être exercées contre les décisions de la Cour des Comptes.

En effet, les arrêts de la Cour des Comptes sont susceptibles de recours en cassation devant la Section Administrative de la Cour Suprême de Justice ou du recours en révision[164].

La cassation est ouverte au comptable ou au Procureur Général près la Cour des Comptes. En cas de cassation, le compte est renvoyé devant la Cour des Comptes qui va siéger toutes sections réunies.

Le recours en révision est, quant à lui, ouvert au comptable mais aussi au Procureur Général près la Cour des Comptes. Le comptable peut exercer le recours en révision en cas de découverte des faits dans les dix ans à dater de la notification de la décision.

Le Procureur Général peut exercer un recours en révision mais il ne dispose que d'un délai de trois ans à compter du prononcé du jugement.

Il est à noter que la révision peut aussi intervenir d'office ou sur inquisition du Procureur Général notamment pour cause d'erreur (ex. condamnation du successeur alors que les faits sont imputables au prédécesseur ; ou encore pour cause d'omission, de faux ou double emploi).

Les arrêts de la Cour des Comptes sont notifiés au comptable, mais aussi aux ministères ayant les finances et le budget dans leurs attributions et aussi à l'autorité de tutelle.

Dans le cas où l'adresse du comptable est inconnue, l'arrêt est déposé au bureau de la Commune du dernier domicile connu ou déclaré (par voie d'affichage) où un avis de notification est fait pendant un délai de trois mois à l'expiration duquel la notification est censée être faite à l'intéressé et en découlent toutes les conséquences de droit.

Les pièces justificatives à l'appui du compte peuvent être détruites après un délai de dix ans à dater du jour où la décision définitive est intervenue.

Toutefois le Président de la Cour des Comptes peut fixer un délai plus court qui ne peut pas être inférieur à trois ans lorsqu'il estime qu'une conservation décanale n'est pas nécessaire.

[163163] Article 20 de l'O-L 87-031 du 22/07/1987 précitée.

[164] Article 21 de l'O-L 87-031 du 22/07/1987 précitée.

Dans le cas où la Cour des Comptes relève des faits susceptibles de constituer des infractions (détournements), le Procureur Général en informe le Procureur Général de la République qui, lui, va s'adresser le cas échéant aux Cours et Tribunaux compétents car les arrêts provisoires ont un objet spécial. La Cour des Comptes ne prononce pas de condamnation pénale[165].

La Cour des Comptes dispose également des pouvoirs étendus en matière d'investigation.

2° Pouvoir de la Cour des Comptes en matière d'investigation

Ce pouvoir s'étend dans des domaines variés.

a. En matière de contrôle

La Cour des Comptes dispose des pouvoirs larges en matière de contrôle. Elle peut organiser des contrôles sur place et sur pièce[166]. Elle a le droit de se faire communiquer tous renseignements, pièces, tous documents qu'elle voudrait obtenir en ce qui concerne les dépenses et recettes de l'État ou de tout organisme soumis à son contrôle.

Elle a accès à tous lieux. Elle peut citer et entendre toute personne susceptible de l'aider dans l'accomplissement de sa mission, peut correspondre directement avec les services et entreprises ainsi qu'avec toute personne susceptible d'être comptable de l'État. Aucune obligation de secret professionnel n'est opposable aux magistrats de la Cour des Comptes et aux agents de la Cour des Comptes à l'occasion de leur investigation. Ce pouvoir s'étend également à la gestion de fait.

b. En matière de la gestion de fait

La gestion de fait est une situation qui peut conduire la Cour des comptes à déclarer une personne comptable de fait[167].

Elle est conçue spécialement dans le chef des autorités politiques et administratives et des responsables des entreprises publiques. Ceux-ci sont tenus de communiquer au Procureur Général près la Cour des Comptes la gestion de fait qu'ils relèvent dans leur service. Le Procureur Général saisit la Cour des Comptes qui, du reste, peut se saisir d'office de gestion de fait qu'elle découvre elle-même.

Après examen du dossier, la Cour des Comptes peut soit déclarer l'absence de gestion de fait soit constater l'existence de gestion de fait et la déclarer telle qu'elle. Dans ce dernier cas, elle enjoint par arrêt provisoire au comptable de fait de produire son compte appuyé des pièces justificatives dans un délai qui ne peut pas dépasser deux mois.

---

[165] Article 64 de l'O-L 87-031 du 22/07/1987 précitée.

[166] Articles 2 et 15 de l'O-L 87-031 du 22/07/1987 précitée.

[167] Article 29 de l'O-L 87-031 du 22/07/1987précitée.

Si le comptable de fait satisfait aux injonctions de la Cour des Comptes dans le délai imparti, la gestion est confirmée et la Cour rend un arrêt définitif et statue sur les comptes.

Dans le cas où le comptable de fait émet des réserves sur l'arrêt provisoire, la Cour des Comptes examine les moyens invoqués par le comptable et si elle rejette, elle révèle son injonction au comptable de produire les comptes et les pièces justificatives.

Si la Cour des Comptes ne reçoit pas de réponse dans le délai imparti, elle statue d'office et dans le délai imparti.

Lorsqu'une gestion de fait met en cause plusieurs personnes, elles sont déclarées conjointement et solidairement responsables et elles sont dans l'obligation de produire un compte unique[168].

La solidarité peut porter sur tout ou partie de la gestion de fait suivant la participation de chacun aux opérations.

Il en est de même en matière de contrôle budgétaire et de gestion.

3° Pouvoir de la Cour des Comptes en matière de contrôle budgétaire et de gestion

La Cour des Comptes examine les pièces justificatives des recettes et dépenses effectuées au titre de budget général de l'État et des budgets annexes de l'État et des entités décentralisées. Ce pouvoir lui permettra d'accomplir cette mission, les ordonnateurs sont tenus de lui faire parvenir dans le dernier mois de chaque trimestre des situations des dépenses engagées, revêtues du visa du contrôleur des dépenses engagées.

Ils doivent également lui faire parvenir dans le 1er semestre de chaque année, au plus tard au 30 juin la situation générale[169] de chaque dépense engagée et ordonnancée durant l'année précédente revêtue du visa du contrôleur des dépenses engagées.

Les autres pièces qui ont servi à la préparation ou à la réalisation de l'engagement et de la liquidation de la dépense sont conservées par les ordonnateurs délégués et tenues par la Cour des Comptes. La Cour des Comptes examine ces situations toutes sections réunies. Elle se prononce sur la confirmation ou non entre les comptes individuels des comptables et le compte général de l'État et des entités décentralisées. La décision de la Cour et ses annexes accompagnée des observations sur l'exécution de la loi financière sont transmis au Procureur Général de la République en même temps que le projet de loi portant arrêt du compte général de la République.

Si au cours de l'examen de comptes de l'État et les entités décentralisées, la Cour des Comptes relève des irrégularités, lacunes dans la réglementation ou des insuffisances dans l'organisation administrative et comptable, le Président de la Cour des Comptes, les porte par voie de référé à la connaissance des

---

[168] Article 35 de l'O-L 87-031 du 22/07/1987 précitée.

[169] Article 3 de l'O-L 87-031 du 22/07/1987 précitée.

départements et leur demande de lui faire connaître les mesures prises pour remédier à cette situation.

Les référés de la Cour des Comptes, sont des observations que la Cour des Comptes adresse aux ministres. Autre sens, c'est une procédure d'urgence pour trancher des contestations (assignation par voie de référé ou de l'arrêt de référé). Elle n'existe pas chez nous.

Les ministres sont tenus de répondre aux référés dans les deux mois de leur (référés) réception. La Cour des Comptes doit signaler au Président de la République et au Parlement les référés qui n'ont reçu des suites adéquates.

Il importe de souligner que le contrôle de la Cour des Comptes ne se limite pas seulement à l'aspect purement comptable. En effet, la Cour des Comptes est appelée aussi à apprécier la qualité de la gestion et à formuler des subjections susceptibles d'en améliorer les méthodes et d'en accroître l'efficacité et le rendement.

Vis-à-vis des entreprises publiques, la Cour des Comptes jouit de mêmes pouvoirs. En effet, les entreprises publiques visées à l'art. 3 de l'O-L n° 83-005 du 06/02/1987 sont tenues de faire parvenir à la Cour des Comptes le mois de leur adoption par la Cour d'Appel ou l'organe en tenant lieu les documents suivants : bilans des exercices écoulés, les comptes de production, d'exploitation et d'affectation des résultats, les comptes pertes et profits de l'exercice écoulé, les états détaillés concernant les amortissements, les provisions, les chiffres d'affaires, les dettes, les créances et les engagements hors bilan ; les prévisions de dépenses d'investissements et de fonctions de l'exercice en cours. De même la Cour des Comptes reçoit les procès-verbaux des conseils d'administration, les rapports des commissaires aux comptes, les rapports d'audit et tous autres rapports de contrôle initié par l'autorité de tutelle.

À la réception des documents communiqués à la Cour des Comptes, le Vice Président charge un conseiller-rapporteur de les examiner. Et l'on suit la même procédure que celle prévue par le comptable public.

La Cour des Comptes adresse au Président de la République et au Parlement un rapport annuel sur les entreprises publiques soumises à son contrôle.

4° En matière de discipline financière et budgétaire

En cette matière[170], la Cour des Comptes est saisie d'office soit par le Procureur Général à son initiative ou à l'initiative des autorités publiques ou administratives pour les fautes relevées à charge des personnes placées sous leur autorité (tutelle ou contrôle) en conformité avec les lois et règles qui les régissent. Le Vice Président désigne un conseiller-rapporteur qui lui fait le rapport et que le Vice Président transmet au Président de la Cour des Comptes.

Si le Rapporteur estime qu'il y a des charges à retenir, le Président communique le dossier au Procureur qui dispose de quinze jours pour retirer

---

[170] Article 41 de l'O-L 87-031 du 22/07/1987 précitée.

ses conclusions. Dans le cas contraire, il peut proposer le classement sans suite au Vice Président et au Procureur Général. La proposition de classement sans suite est transmise avec avis au Vice président et au Procureur Général et au Président qui prend la décision et la notifie au Procureur Général, à l'autorité dont dépend la personne mise en cause et à celle-ci (pour interview).

En cas de charge retenue, l'indemnité est avisée par lettre, recommandée avec avis de réception. Il peut prendre connaissance du dossier à la Cour des Comptes soit personnellement soit par l'entremise d'un mandataire (avocat, défenseur judiciaire). Il dispose du délai d'un mois pour produire sa réponse à la Cour des Comptes.

Les audiences se déroulent à huis clos.

Il importe de noter que les fautes de gestion définies à l'art. 24 de l'O-L de 1987 ne peuvent plus être poursuivies à l'expiration d'un délai de 50 ans à dater du jour où elles ont été commises. Ce délai est court et est en contradiction avec celui de 10 ans imposé pour la conservation des pièces justificatives[171]. Il eut été plus adéquat de faire correspondre le délai de prescription à celui de conservation des pièces justificatives[172].

Dans la lignée des juridictions administratives en droit congolais, force est de ne pas oublier la compétence de la Section Judiciaire de la Cour d'Appel.

§3. La Cour d'Appel, Section Judiciaire comme Juridiction administrative spécialisée en matière fiscale

Pour asseoir sa politique, l'État a pleinement besoin des ressources qui sont constituées principalement par les impôts.

À cet égard, l'impôt est la principale ressource de revenu dans un État si bien que l'évolution de l'impôt est liée à celle de l'État. La diversité de types d'impôts autant que leur importance quantitative en ont fait un moyen efficace d'interventionnisme étatique dans la société[173].

Partant, l'impôt peut être considéré comme une prestation pécuniaire directe requise des particuliers ou collectivités par voie d'autorité, à titre définitif et sans contrepartie, en vue de la couverture des charges publiques ou de l'intervention de l'État[174].

---

[171] Article 28 de l'O-L 87-031 du 22/07/1987 précitée.

[172] KABANGE NTABALA,*op. cit.*, p. 87

[173] BAKANDEJA wa MPUNGU, *Droit des Finances publiques,* Kinshasa, Ed. NORAF, 1997, p. 55

[174] JEZE G. cité par DUVERGER M., *Finances publiques,* Paris, P.U.F., coll. Thémis Science politique, 19è éd., 1988, p. 125 à 148 ; DERUEL F., *inances publiques-Droit fiscal,* 10è éd. DALLOZ, MEMENTOS, Paris, 1995 ; NEURRISSE A., *Histoire de l'impôt, Que sais-je ? Paris, P.U.F.,1973.*

Ceci sous-tend que l'impôt remplit à l'heure actuelle la fonction de répartition des charges publiques, la fonction d'interventionnisme étatique ainsi que celle de la distribution des revenus.

Dans le processus de recouvrement de l'impôt, il peut se faire que l'Administration fiscale ait établi un rôle imposateur qui ne traduit pas la réalité qui avait été déclarée par le redevable ; cette situation provoque souvent des frustrations des redevables qui se sentent préjudiciés par l'Administration fiscale qui allait plus loin même que par l'imposition d'office sur base des indices extérieurs d'aisance.

Ces administrés bénéficient d'une protection légale de leur droit qui consiste en une réclamation à introduire auprès de l'Administration qui a pris la décision litigieuse de nature à causer grief.

Par exemple, un redevable qui entend obtenir une diminution d'impôt ou contester l'exigibilité des sommes qu'il a payées ou qui sont mises à sa charge au titre d'impôt sur les revenus doit faire parvenir à la direction des impôts une réclamation écrite.

Cette réclamation est dite alors gracieuse parce que dans ce cas aucun litige n'oppose l'Administration fiscale au redevable. Il s'agit plutôt d'une demande par laquelle le redevable sollicite le directeur des impôts de lui accorder une remise ou une modération des sommes à sa charge sur des impôts ou des pénalités[175].

Cette réclamation gracieuse n'est pas soumise à une quelconque obligation de forme ou de délai.

À coté de cette réclamation gracieuse, il existe une réclamation contentieuse qui tend à contester l'exigibilité des sommes que le redevable a payées ou sont mises à sa charge par l'Administration fiscale en se basant sur des arguments de droit.

Cette réclamation contentieuse comporte deux procédés qui sont administratif et judiciaire.

La phase administrative précède la phase judiciaire.

Cette phase commence avec l'introduction de la réclamation par le redevable auprès du directeur des impôts et se termine par la décision rendue par ce dernier tandis que la phase judiciaire commence avec le recours en appel introduit contre la décision du directeur des impôts par le redevable et se termine avec l'arrêt rendu par la Cour d'Appel qui tranche le litige ou celui rendu par la Cour Suprême de Justice en cas de pourvoi en cassation[176].

Aux termes de l'article104 de la loi 004-2003 du 13 mars 2003 portant réforme des procédures fiscales « *les redevables ainsi que leurs mandataires qui justifient d'un mandat général ou spécial en vertu duquel ils agissent,*

---

[175] AZAMA LANA, *Droit fiscal Zaïrois,* Kinshasa, Ed. CADICEC, 1986, p. 320

[176] AZAMA LANA et NGUYEN CHANH TAM, *La fiscalité au Zaïre – Etudes de cas,* Kinshasa, éd. CADICEC, 1975, pp.244-245.

peuvent se pourvoir par écrit en réclamation contre le montant de leur imposition auprès du directeur des impôts compétents, sans justifier du paiement de l'impôt... ».

Cette réclamation suppose que la cotisation a déjà été établie et enrôlée c'est-à-dire que la dette de l'impôt est établie à charge du redevable.

Cette réclamation doit être présentée, sous peine de déchéance, dans un délai de six mois à partir de la date de l'avertissement extrait de rôle ou de celle du payement pour les impôts qui sont perçus sans enrôlement. Ce délai est d'ordre public et ne peut être abrégé, ni allongé par les parties, sauf cas de force majeure.

À cet égard, lorsque le redevable n'a pas respecté ce délai, il ne peut plus rien réclamer et l'impôt reste définitivement dû à l'État, même s'il manque de fondement légal.

Dans la pratique, lorsque la réclamation est faite, le redevable en reçoit de l'Administration un reçu.

Quant à la réclamation elle-même, aucune forme spéciale n'est prescrite ; cependant, elle doit être motivée. Ce qui sous-entend qu'elle doit contenir tous les arguments de droit et de fait que le redevable entend faire valoir à l'encontre de la cotisation.

L'objet de la demande doit être précisé et il peut être complété par des griefs nouveaux, libellés par écrit, mais à condition que ce complément de griefs soit apporté pendant le délai d'introduction de la réclamation et qu'aucune décision ne soit déjà intervenue ; autrement, on se trouverait en présence de demandes nouvelles irrecevables.

Pour justification de sa réclamation, le redevable peut prouver, dans une telle éventualité, que la force probante de sa déclaration ou l'accord donné au vérificateur des impôts a été viciée par une erreur de droit ou de fait ou par omission ou d'autres circonstances.

Dans ce cas, la preuve peut être apportée par toutes voies de droit, à l'exclusion bien évidemment du serment qui implique la transaction incompatible avec le caractère d'ordre public des impôts.

Si le redevable s'abstient, pendant plus de vingt jours, de fournir les renseignements demandés ou de produire les documents comptables et autres pièces justificatives, sa réclamation est rejetée conformément à l'article 106 de la loi précitée.

De ce qui précède, il importe d'affirmer que l'analyse de la procédure de réclamation fait apparaître le rôle que jouent ou que voudraient jouer les acteurs du contentieux fiscal.

L'Administration entend profiter des recours pré-juridictionnels pour retarder le plus possible l'intervention du juge, voire s'y substituer. Le redevable est entraîné dans ce mouvement, car l'exercice de ces recours lui permet de retarder le paiement des impositions litigieuses[177].

La réclamation introduite doit être instruite par le Directeur des impôts.

Ce dernier qui a reçu les réclamations est obligé d'ouvrir une instruction lorsque les requêtes sont recevables.

Pour instruire la réclamation, l'Administration des impôts peut exiger, selon l'article 107 de la loi portant Procédure fiscale, communication de tous les renseignements par les divers services publics, les créanciers ou débiteurs du redevable.

Une fois l'instruction terminée, l'inspecteur rédige un rapport et un projet de décision qu'il transmet au Directeur des Impôts, après avoir avisé le service de recouvrement de la nature des propositions formulées.

Comme le Directeur des Impôts doit parachever le travail de l'Administration, il doit redresser la cotisation soit de sa propre initiative, soit à l'occasion de l'instruction d'une réclamation, s'il constate qu'une erreur a été commise au détriment de l'Administration ou à son profit.

Il peut par conséquent réduire la cotisation établie à charge du redevable comme il peut également la majorer s'il estime que le redevable devait normalement payer plus d'impôt.

Il est admis qu'une fois la décision rendue, le Directeur des Impôts ne peut plus la remettre en cause.

Cette décision doit être motivée c'est-à-dire qu'elle doit comporter en principe tous les arguments de fait et de droit soulevés dans la réclamation et en apprécier le bien- fondé ; c'est là la garantie accordée au redevable contre l'arbitraire.

La sanction de cette règle est qu'une décision dépourvue de motivation, ou insuffisamment motivée, empêche le délai de saisine du juge de courir, mais elle n'entraîne pas la décharge des impositions en cause[178].

Cette règle est fondée sur la nécessité de donner au redevable une certaine sécurité et de ne pas le laisser sous le coup d'une décision toujours révocable.

La décision du Directeur des Impôts jouit de l'autorité de la chose jugée en ce sens qu'elle met obstacle à la réitération de la même réclamation.

La conséquence juridique est que la décision directoriale est indispensable pour que le redevable puisse porter le litige devant la Cour d'Appel.

Elle s'avère être la condition de recevabilité du recours.

---

[177] De la MARDIERE Ch., *Recours pour excès de pouvoir et contentieux administratif de l'impôt,* Paris, L.G.D.J., 2002, p.237

[178] GOUR C., MOLINIER J., TOURNIE G., *Procédure fiscale,* Paris, P.U.F., coll. Thémis, 1982, p.193

À ce point de vue, la décision du Directeur des Impôts ressemble au jugement rendu en Grande Instance ; mais en réalité, il n'en est pas ainsi d'autant plus que l'Administration fiscale étant partie à la cause, elle ne peut pas être à la fois le juge.

Aussi, le fait de devoir porter au préalable le litige devant le Directeur des Impôts est considéré simplement comme le dernier stade de discussion entre le redevable et le fisc ; c'est l'application du principe du préalable en matière fiscale.

Il s'ensuit qu'en matière fiscale, il n'existe qu'un seul degré de juridiction. La Cour d'Appel statue en premier et dernier ressort dans les six mois à partir de la notification de la décision directoriale.

Et conformément à l'article 109 de la loi portant Procédure fiscale, le pourvoi en cassation est ouvert contre les arrêts de la Cour d'Appel dans des conditions fixées par la loi.

Il va sans dire que le juge administratif congolais entretient des relations fonctionnelles avec d'autres pouvoirs au sein de l'État. C'est ce qui constitue la quintessence du chapitre deuxième de ce travail.

CHAPITRE II

LE JUGE ADMINISTRATIF ET LES AUTRES POUVOIRS DANS UN ÉTAT DE DROIT

L'État s'avère une personne juridique de droit public qui comporte en son sein une charpente osseuse arpentée des organes qui incarnent des pouvoirs (législatif, exécutif et juridictionnel) qu'il symbolise.

Le Parlement, le Gouvernement et le Juge sont des organes sur lesquels l'État matérialise son imperium.

Pièce maîtresse de l'État de droit, le juge (et particulièrement le juge administratif) se voit assigner un rôle qui dépasse largement celui de la simple application de la loi. C'est à lui qu'il incombe de défendre la cohérence de l'ordre juridique tout entier, voire de développer cet ordre par la jurisprudence constructive.

À cet effet, le juge est logiquement amené à occuper une place centrale dans la conception d'un État de droit notamment par les garanties données aux administrés contre les abus du pouvoir[1].

Toutefois, obliger l'État à se soumettre au droit qu'il édicte impose en effet le recours à un tiers. Or ce tiers doit nécessairement être choisi dans l'État lui-même, sauf à remettre en cause sa souveraineté ou tout au moins son autorité sur les gouvernés.

À ce sujet, Législateur et gouvernement sont exclus en tant qu'ils participent à l'édiction du droit. Et le juge est le seul à pouvoir assumer ce rôle.

Mais pour la crédibilité du système[2] ainsi mis en place, et aussi pour l'effectivité de la soumission de l'État au droit, encore faut-il que ce tiers offre des garanties d'impartialité, du moins qu'il en présente les apparences.

Le rôle du juge trouve ainsi rapidement ses limites en ce sens qu'il ne doit pas s'immiscer directement dans des conflits manifestement politiques à moins d'intégrer le champ politique au domaine juridique.

---

[1] REDOR M.-J., *op. cit.*, p.252

[2] REDOR M.-J., *op. cit.*, p.252

Par ailleurs, rouage de l'État, le juge doit en effet se constituer comme un tiers à son égard pour lui imposer le droit.[3]

Le juge doit faire respecter l'ordre juridique qui s'avère être en même temps l'ordre social, tout en se présentant comme le défenseur des administrés contre la puissance publique.

Ceci explique que la fonction du juge dans un État est d'autant plus indispensable et cela s'intègre dans les fonctions traditionnelles de l'État.

Dans cette perspective, la fonction législative, la fonction exécutive et la fonction juridictionnelle[4] non seulement se distinguent l'une des autres mais aussi et surtout se complètent en tant qu'elles constituent le substratum de tout État.

SECTION 1. LE JUGE ADMINISTRATIF DANS SES RAPPORTS AVEC LE POUVOIR EXÉCUTIF

La Constitution du 18 février 2006 consacre le principe de la séparation des pouvoirs exécutif, législatif et judiciaire qu'elle organise sous forme du principe corollaire de l'indépendance de ces trois pouvoirs.

Le principe de l'indépendance qui interdit l'immixtion dans le domaine respectif de ces pouvoirs n'est pas absolu dans son application ; l'un ou l'autre de ces pouvoirs entretiennent des rapports divers et complexes du point de vue organique et fonctionnel.

En effet, le principe de l'indépendance du pouvoir judiciaire des pouvoirs exécutif et législatif a été affirmé par la constitution, comme un principe fondamental (Art.149 de la Constitution du 18 février 2006).

Ceci est sous-tendu par un statut particulier qui est reconnu aux magistrats.

Le privilège de l'indépendance des fonctions administrative et juridictionnelle est rigoureusement régi en droit congolais.

---

[3] KOJEVE A., *Esquisse d'une phénoménologie du droit : essai provisoire,* Paris, Gallimard, 1981, p. 107.

[4] MONTESQUIEU, *op.cit.,* p. 26 ; l'interprétation originaire du principe de la séparation des pouvoirs qui, en fait constituait un instrument de la « sûreté » des citoyens préconisait l'existence des fonctions au sein de l'État dont celle de faire la loi ou législative, celle de l'appliquer ou exécutive et celle de trancher les litiges ou juridictionnelle. Cette interprétation a été édulcorée par la doctrine de la Révolution qui lui a substitué une conception métaphysique.

En effet, Georges BURDEAU, *Droit constitutionnel... op.cit.* p. 124 affirme à ce sujet que « les hommes de la Révolution ont estimé que les "pouvoirs" étaient des fractions de la souveraineté et que, lorsque la nation instituait ses représentants, elle déléguait aux uns sa puissance législative, aux autres sa puissance exécutive, aux juges enfin sa puissance juridictionnelle. Ainsi, à la notion concrète de fonction, ils ont préféré la notion abstraite de pouvoir de nature spéciale nécessaire à une autorité pour accomplir sa fonction ».

Les personnels chargés de dire le droit, qui composent les juridictions administratives et judiciaires sont des magistrats.

Aussi, dans l'exercice de leurs fonctions, plusieurs cas d'intervention du pouvoir exécutif sont possibles.

En effet, le Président de la République est le garant de l'indépendance de la justice. Il est assisté par le Conseil Supérieur de la Magistrature ; les arrêts et jugements, ainsi que les ordonnances des cours et tribunaux civils et militaires sont exécutés au nom du Président de la République.

De même, la nomination, l'avancement en grade des magistrats font intervenir le Pouvoir Exécutif notamment le Président de République qui fixe les traitements initiaux de chaque grade des magistrats, bien entendu sur proposition du Conseil Supérieur de la Magistrature (art.82 de la Constitution du 18 février 2006).

Tout ceci démontre l'inter fonctionnalité qui, du reste, ne peut pas déplacer les limites constitutionnelles imposées dans la circonscription de compétences de chacun des pouvoirs au sein de l'État.

§1. Affirmation du principe de la séparation des fonctions administrative et juridictionnelle

Mise à part la fonction législative dont la tâche est de confectionner les règles générales et impersonnelles s'imposant *erga omnes*, les fonctions exécutive et juridictionnelle se sont au fil des années confondues.

À ce sujet, deux théories s'affrontent quant à la place respective qu'occupent ces deux fonctions. L'une part de la thèse de Montesquieu pour estimer qu'il y a trois pouvoirs dans l'État et que le pouvoir judiciaire est séparé du législatif comme de l'exécutif. L'autre soutient au contraire que le pouvoir judiciaire n'est qu'une branche du pouvoir exécutif.

À ce sujet, Esmein, partisan de la première thèse, avance des arguments que ses adversaires ont considérés comme peu convaincants.

Pour lui, « l'administration de la justice paraît constituer naturellement et rationnellement une manifestation spéciale de la souveraineté, un pouvoir distinct. Historiquement, la justice rendue à chacun a été le premier besoin des sociétés humaines. Le pouvoir judiciaire, sous une forme embryonnaire, est le plus ancien de tous. Rationnellement, il n'est pas exact de dire que dans le gouvernement légal, l'esprit distingue seulement deux actes et deux pouvoirs de l'exécution… En droit, le jugement est toujours préalable à l'exécution ».[5]

Il est impérieux de noter que par la théorie des trois pouvoirs, il s'agît donc de défendre l'indépendance du judiciaire vis-à-vis de l'exécutif et par conséquent, la possibilité même d'existence de rapports juridiques entre l'État et les administrés.

---

[5] ESMEIN A., *op. cit,* p. 308

À ces idées d'Esmein s'opposent celles d'autres auteurs qui soutiennent mordicus que le pouvoir judiciaire n'est qu'une branche du pouvoir exécutif.

Cette opinion semble condamner toute possibilité d'indépendance du juge et ruiner l'idée que la juridiction serait la pièce maîtresse du système de l'État de droit.

Selon ses partisans, lorsque Berthelemy prétend que la justice relève du pouvoir exécutif parce qu'elle ne fait qu'exécuter les lois, il cherche surtout à souligner la prééminence et la spécificité du pouvoir législatif[6]. Il fait encore la théorie de l'État légal. Ce penseur est un précurseur de la théorie de l'État de droit.

À l'inverse, la théorie de deux pouvoirs peut également servir le projet de revalorisation de l'exécutif en intégrant à ce dernier la fonction juridictionnelle.

En outre, lorsque Hauriou ou Barthelemy écrivent que la fonction juridictionnelle « n'est pas une fonction originale de l'État, elle est une modalité de la fonction d'assurer l'exécution des droits »[7], c'est pour souligner l'importance de la juridiction au sein de l'exécutif : « si donc le pouvoir exécutif se dédouble en un élément d'action juridique et un élément de juridiction, rien ne garantit qu'à un moment quelconque de l'avenir, l'élément de juridiction ne sera pas à la tête dudit pouvoir, à la place de l'autorité administrative »[8].

Tous ces auteurs, en insistant sur le dédoublement de l'exécutif, ils affirment implicitement, d'une part la spécificité de la fonction juridictionnelle vis-à-vis de la fonction administrative, d'autre part, le fait que chacune de ces fonctions est confiée à un organe spécial.

Aussi, alors que la thèse des trois pouvoirs postule l'autonomie du judiciaire vis-à-vis de l'exécutif, et donc aussi l'inconstitutionnalité de tout empiétement, celle de la dualité de l'exécutif peut parfaitement servir l'impérialisme juridictionnel.[9]

---

[6] BERTHELEMY H., *Traité élémentaire de droit administratif,* Paris, Rousseau, 2è éd. 1902, p. 15 définit le pouvoir exécutif comme « un groupe abstrait de fonctions de la puissance publique pris par opposition à tout ce qui est législatif et initial ». De même DUCROCQ Th. , *Cours de droit administratif,* Paris, Thorin , t. I, 1905, p.33 ; comparer LEBOURGEOIS A., *De la séparation des pouvoirs,* Thèse, Paris, 1884, pp. 139 et s.

[7] HAURIOU M., *La souveraineté nationale,* Paris, Sirey, 1912, p. 78. Pour une opinion contraire, voir GRACH H., *De la limite des pouvoirs des tribunaux administratifs sur les actes de l'Administration,* Thèse, Paris, Sirey, 1912, p. 67.

[8] BARTHELEMY J., « L'obligation de faire ou de ne pas faire et son exécution forcée en droit public », *R.D.P.*, 1912, p. 530

[9] REDOR M.-J., *op. cit.*, p.262

Ainsi, Barthelemy voit-il la juridiction devenir un intermédiaire obligatoire entre l'action administrative et les sujets sur lesquels elle s'exerce[10].

Hauriou quant à lui voit donc dans la thèse des deux pouvoirs l'un des éléments de la théorie de l'État légal. Aussi, la volonté de justifier et d'encourager le développement de la juridiction administrative l'amène à considérer au moins implicitement toute la fonction juridictionnelle comme partie intégrante du pouvoir exécutif.

La théorie des deux pouvoirs devient alors un élément de la construction de l'État de droit puisqu'elle donne une place de choix au juge administratif d'abord à l'égard du juge judiciaire, puis vis-à-vis de l'administration active [11]et qu'elle n'empêche pas de soutenir en même temps une conception extensive du rôle de l'exécutif à l'encontre du législatif.

Mais à un autre point de vue, la thèse des deux pouvoirs présente un inconvénient majeur de souligner qu'un même pouvoir est à la fois juge et partie dans les conflits avec les administrés.

À cet égard, l'exigence qui consiste à faire du juge un tiers à l'égard des parties au confit qu'il est censé résoudre ne peut donc être juridictionnelle sous cet angle.

Tout compte fait, « ce qui caractérise la fonction de juger, c'est que l'État est lui-même lié par la constatation du droit subjectif ou du droit objectif et que la décision qu'il rend doit être la conclusion syllogistique de la constatation qu'il a faite »[12].

Autrement dit, l'acte juridictionnel se définirait par la mise en œuvre d'une logique impartiale ayant par elle-même force contraignante, et par l'absence de choix sur la décision possible.

La fonction juridictionnelle dépend moins d'une comparaison avec la fonction exécutive que de la seule confrontation avec le droit et la logique qu'il est censé contenir. Elle gagne ainsi à la fois son autonomie et la suprématie sur les autres fonctions dans la mesure où la décision du juge exclut toute volonté et donc tout arbitraire.

Pour éviter cet arbitraire, il importe que les actes que posent les autorités administratives soient contrôlés par le juge et ce, dans l'optique de consolidation de l'État de droit.

§2. Le contrôle juridictionnel des actes de l'Administration

Le fondement de ce contrôle est sous-tendu par l'article 15 de la Déclaration des Droits de l'Homme et du Citoyen qui dispose que « *La*

---

[10] BARTHELEMY J. *op. cit., p.530*

[11] HAURIOU M., *Précis de droit administratif et de droit public,* Paris, Sirey, 9è éd., 1919, pp. 12-13

[12] DUGUIT L., « L'acte administratif et l'acte juridictionnel »*R.D.P., 1906,* pp. 450

société a le droit de demander compte à tout agent public de son administration ». Ce texte est un des axiomes de base du droit administratif.

Le contrôle est nécessaire à l'égard de tout organisme, quel qu'il soit.

Entre autres fonctions, le contrôle vise à assurer la meilleure exécution possible du service, mais aussi à analyser l'activité de celui-ci pour en tirer des améliorations, c'est-à-dire pour le réformer.

Mais, le contrôle est encore plus nécessaire lorsqu'il s'agît de l'Administration.

Les raisons sont agencées notamment par Jean Rivero et Jean Waline.

Tout d'abord parce qu'il s'agît des services publics dont le bon fonctionnement est primordial.

En second lieu, parce que l'Administration fonctionne à l'aide de deniers publics et qu'il faut veiller à la meilleure utilisation possible de ceux-ci.

Mais aussi, et surtout, parce que l'Administration dispose des prérogatives de puissance publique.

Ainsi, pour éviter que l'Administration abuse de ces prérogatives, il est nécessaire que ses actes soient contrôlés.

En effet, l'existence d'un contrôle efficace est la condition même de la reconnaissance des prérogatives de puissance publique à l'Administration. En l'absence d'un tel contrôle, ce serait la consécration de l'arbitraire administratif.

Ceci veut également signifier que le contrôle des actes de l'Administration constitue un contrepoids à l'extravagance de l'Administration en ce sens que la limite qu'on apporte à sa puissance est un signal fort de l'édification de l'État de droit.

Ce contrôle est souvent exercé par le juge qui se veut être une figure emblématique de l'existence de l'État de droit.

Outre le contrôle juridictionnel auquel elle est soumise, l'Administration est également subordonnée à un contrôle non-juridictionnel qui peut être soit le fait de l'Administration elle-même ; c'est-à-dire par les mécanismes de recours administratifs gracieux et hiérarchique soit le fait du Parlement.

En effet, le contrôle parlementaire de l'Administration s'avère être l'une des caractéristiques du régime parlementaire notamment par la mise en jeu de la responsabilité du Pouvoir exécutif devant le Parlement.

C'est généralement le ministre du secteur visé qui sera concerné d'autant plus que c'est lui qui est l'autorité administrative dans ce secteur.

À ce sujet, il ne peut y avoir aucune raison de limiter cette responsabilité aux seuls aspects touchant à la fonction gouvernementale car ce qui relève de la fonction administrative ressortit également au contrôle parlementaire lequel s'exerce par certaines procédures dont notamment l'audition des ministres par des commissions d'enquête du Parlement, les questions orales et écrites, l'interpellation.

Toutefois, il sied de souligner que le contrôle parlementaire peut même être déclenché par un administré adressant au Parlement une pétition attirant son attention sur le dysfonctionnement de l'Administration.

Par ailleurs, le problème du respect de la légalité par l'Administration est lié à celui du contrôle juridictionnel.

Et la voie juridictionnelle qui, par excellence assure le respect de la légalité par l'Administration est le recours pour excès de pouvoir[13].

Aussi, l'exception d'illégalité constitue un autre moyen, moins énergique, par lequel le contrôle juridictionnel est mis en œuvre. Elle consiste en ce que, à propos d'un procès intéressant l'application d'un acte administratif, l'intéressé invoque l'illégalité et donc l'inapplicabilité d'un acte administratif.

En pareil cas, le juge n'a pas la possibilité d'annuler l'acte, puisqu'il n'est pas saisi d'un recours en annulation, mais il doit, dans l'espèce, en refuser l'application.

De plus, il existe une sanction indirecte du principe de légalité dans la mise en jeu devant le juge administratif de la responsabilité pécuniaire de l'Administration lorsque l'acte illégal a causé un préjudice.

Le contrôle de la légalité des actes administratifs par le juge de l'excès de pouvoir pose des problèmes délicats de pouvoir discrétionnaire et de compétence liée de l'Administration.

En effet, lorsqu'elle prend une décision, l'Administration peut se trouver dans un des cas pré décrits.

Elle est dans une situation de compétence liée lorsque, en vertu des lois et règlements, l'Administration est tenue de décider d'une certaine manière sans avoir la possibilité du choix tandis qu'elle dispose d'un pouvoir discrétionnaire lorsque la loi ou règlement lui laissent la liberté d'agir dans un sens ou dans l'autre[14].

Ainsi, il importe de noter que le contrôle du juge de la légalité est évidemment lié à la nature des pouvoirs de l'Administration.

Tout manquement de l'Administration aux obligations pour lesquelles sa compétence est liée constitue une illégalité que le juge de l'excès de pouvoir ou de l'exception d'illégalité doit censurer.

Au contraire, le juge ne peut porter d'appréciation sur l'usage fait par l'Administration de son pouvoir discrétionnaire.

S'il entrait dans cette voie, en effet, il abandonnerait son rôle de juge chargé de veiller au respect de la légalité et se mettrait en position de supérieur hiérarchique[15].

---

[13] VEDEL G., *op. cit.*,p.315

[14] VEDEL G., *op. cit.*, p.318

[15] *Idem*, p. 318

Tout compte fait, la formule exacte serait que le juge administratif contrôle la légalité de l'action administrative, mais non l'exercice même du pouvoir discrétionnaire car il lui est interdit d'adresser des injonctions à l'Administration.

§3. La prohibition d'injonction à l'Administration[16]

Le principe consacré reste qu'« il n'entre pas dans les pouvoirs du juge administratif d'adresser des injonctions à une autorité administrative »[17] ou encore « il n'appartient pas au juge administratif d'adresser des injonctions à l'administration »[18].

La formule englobait non seulement les organes publics mais aussi les organes de droit privé chargés d'une mission de service public et dotés de prérogatives de puissance publique.

Ce principe a été affiné ; et il se résume en ce sens que « le juge administratif n'a pas qualité pour adresser des injonctions à l'Administration ou à un organisme privé associé par le législateur à l'exécution d'un service public administratif à l'occasion d'un litige relatif à une décision prise par cet organisme dans l'exercice d'une prérogative de puissance publique »[19].

Quant à l'application du principe, ce dernier provoque non seulement l'irrecevabilité des conclusions à fin d'injonction mais aussi et surtout interdit d'en prononcer d'office[20].

Ce principe est, de plus, un principe d'ordre public.

Le refus jurisprudentiel des injonctions à titre principal peut être justifié par les exigences du principe de la séparation des pouvoirs. Selon la position dominante de la doctrine soutenue par Chapus et Laferrière, on peut dire que prescrire ces injonctions au Gouvernement serait pour le juge « sortir de sa fonction juridictionnelle et entreprendre sur l'administration active »[21].

Ainsi le juge administratif ne peut ordonner à l'administration de communiquer des informations[22], ni de déplacer un ouvrage[23].

---

[16] Ce principe connait de plus en plus des dérogations car l'institution de l'État de droit suppose la diminution de la toute puissance de l'Administration : ceci se matérialise notamment par l'institution des astreintes contre l'Administration.

[17] C.E. fr. 4 févr. 1976, *Elissonde,* Rec. 1069

[18] C.E. fr. 3 avr. 1987, *Consorts Heuguel,* Rec. 119

[19] C.E. fr. 11 mai 1984, *Pebeyre,* AJ 1984, p. 559

[20] CHAPUS R., *Droit du contentieux administratif,* Paris, Montchrestien, 12e éd., 2006, p. 947

[21] LAFERRIERE E.,*Traité de la juridiction administrative et des recours contentieux,* Paris, Berger-Levrault, 2e éd., 1896, 2 vol. , p. 569.

[22] C.E. fr. 25 oct. 1978, *Ministre de l'Economie c. dame Madre, Rec. 391.*

[23] C.E. fr. 16 oct. 1970, *Pierre, Rec. 116.*

Mais ce principe se trouve remis en cause afin de profiler l'avènement de l'État de droit.

La dérogation au principe concerne les injonctions en vue de l'exécution de la chose jugée et surtout par l'institution des astreintes.

En effet, cette dérogation touche les injonctions préventives dont le juge peut assortir les annulations et condamnations qu'il prononce, dans le moment où il les prononce, et dont l'objet est d'expliquer et concrétiser ce que doit être le comportement de la partie qui en est destinataire pour que les obligations que la chose jugée lui impose soient respectées.

Ces injonctions ne sont pas à confondre avec celles *a posteriori* que peut solliciter du juge la partie qui, après le procès, se heurte à un refus d'exécution de la chose jugée et dont l'étude ne peut être dissociée de celle des difficultés d'exécution des jugements et arrêts[24].

La pratique évolue dans le sens de l'instauration d'un droit à l'injonction au profit des bénéficiaires d'annulations, et du fait que les juges ne se montrent pas réservés dans l'exercice du pouvoir dont ils sont investis. Cela implique nécessairement une mesure d'exécution dans un sens déterminé, et tout particulièrement, lorsque l'annulation a été prononcée en matière d'excès de pouvoir.

Après avoir annulé, le juge va devoir rechercher d'une part, si l'exécution de son jugement implique normalement l'obligation de prendre une décision déterminée, et, d'autre part, si cette obligation subsiste à la date du jugement, compte tenu de la façon dont a pu évoluer la situation de droit et de fait[25].

À cet égard, on comprend que, quant à la demande d'injonction, le juge se prononce dans un contentieux de pleine juridiction.

Ainsi, l'annulation de la révocation d'un agent justifie aisément que soient prescrites sa réintégration et la reconstitution de sa carrière.[26]

Ne peut également retenir l'attention particulière la jurisprudence consacrant l'injonction d'exercer le pouvoir réglementaire, et notamment le pouvoir réglementaire général appartenant au Gouvernement.

Dans un arrêt célèbre[27], le Conseil d'État français a enjoint au Gouvernement de prendre des règlements et même d'abroger un règlement illégal.

Le juge ne peut procéder à ce devoir que s'il jouit d'une indépendance face à cette toute puissante Administration.

---

[24] CHAPUS R., *op. cit., p.* 949.

[25] *Idem,* p.949

[26] R.A. 182,186 et 191 du 01/01/1990 NGBENZI NZOMBI MOKOBA et consorts c. La République du Zaïre

[27] C.E. Sect. 26 juillet 1996, *Assoc. Lyonnaise de protection des locataires, p. 293*

§4. Le principe d'indépendance du juge à l'égard du Gouvernement

L'indépendance de la fonction judiciaire se manifeste par un principe essentiel qui veut que le Gouvernement ne puisse donner aucun ordre, ni exercer aucune pression directe ou indirecte sur le juge pour l'inciter à statuer dans un sens déterminé.

C'est l'évidence même car le juge statue en conscience et rien de plus.

Ce principe sacro-saint est indubitablement affirmé par la Constitution de la République Démocratique du Congo du 18/02/2006 en ses articles 150 alinéa 2 et 151 alinéa 1.

En effet, aux termes de ces articles, « les juges ne sont soumis dans l'exercice de leur fonction qu'à l'autorité de la loi » et « le pouvoir exécutif ne peut donner d'injonction au juge dans l'exercice de sa fonction, ni statuer sur les différends, ni entraver le cours de la justice, ni s'opposer à l'exécution d'une décision de justice ».

À ce sujet, comme le note Valegeas, l'indépendance du juge est indispensable à la constitution de l'État de droit[28] ; l'État de droit est indispensable à l'illusion démocratique.

Par ailleurs, une observation importante doit être faite.

En effet, il existe, auprès des juridictions de l'ordre judiciaire tout au moins, un corps spécial de magistrats que l'on appelle les magistrats du parquet, dont la fonction propre est d'être des agents du pouvoir exécutif[29] auprès des tribunaux.

À ce titre, ils peuvent recevoir des directives du ministre de la Justice ou de leur supérieur hiérarchique[30].

Toutefois, les magistrats du parquet n'exercent pas la fonction de juger et, dès lors, le respect des principes est sauf.

Ainsi, indépendant à l'égard des juges des juridictions supérieures, le juge doit l'être également à l'égard des magistrats du parquet.

Antoine Sohier note à ce sujet que le Ministère public n'a pas d'ordre à donner au juge d'autant plus que l'avis du Ministère public ne lie nullement le juge.[31]

---

[28] VALEGEAS J., *Du pouvoir réglementaire en droit français,* Thèse, Bordeaux, Cadoret, 1892, pp. 93-94.

[29] PERROT R., *Institutions judiciaires,* Paris, éd. Montchrestien, 1983, p. 43.

[30] A ce sujet, l'article 15 de la loi organique n°06/020 du 10 octobre 2006 portant Statut des Magistrats dispose que « le magistrat du Parquet assume sa mission d'Officier du Ministère public sous la direction de l'autorité hiérarchique. Toutefois,…le Gouvernement peut, sans avoir à interférer de quelque manière que ce soit dans le cours de l'instruction, saisir le Procureur général près la Cour de cassation des faits qui relèvent de sa compétence, afin de mettre l'action publique en mouvement ».

[31] SOHIER A., « Le signalement des Magistrats » *J.T.O.M., 1958 :* L'avis du Ministère public est une contribution à l'œuvre d'édification juridique, il ne lie pas le juge ; dans la pratique

À vrai dire, l'essentiel n'est pas tant de poser un principe que de le faire respecter en veillant à ce que le juge soit effectivement à l'abri des sollicitations ou des menaces du pouvoir exécutif.

La difficulté vient de ce que, en règle générale, hormis ceux qui sont élus[32], les juges sont des fonctionnaires qui sont appelés à faire carrière.

À cela s'ajoute le fait que c'est le Président de la République qui les nomme, qui pourvoit à leur avancement et qui, éventuellement, sanctionne leur faute et, sur proposition du Conseil Supérieur de la Magistrature.

Comment dès lors parvenir à concilier la qualité de fonctionnaire du juge avec sa nécessaire indépendance ?

Toutefois, la pratique contraste généralement avec la théorie en ce que le juge en général, et le juge administratif en particulier dépend, lui aussi et davantage, du pouvoir exécutif[33], même si le cas congolais tente de faire exception en ce sens que c'est le Conseil Supérieur de la Magistrature, composé de seuls magistrats, qui est l'organe de gestion du pouvoir judiciaire doté de la prérogative d'élaborer le budget à transmettre au Gouvernement pour être inscrit dans le budget général de l'État.

Outre le fait qu'il bénéficie de l'inamovibilité conformément à l'article 150 alinéa 4 de la Constitution, il exerce, à côté de sa fonction juridictionnelle d'importantes attributions administratives.

Aussi, la juridiction administrative a pour elle sa relative jeunesse qui la conduit à vouloir s'imposer à l'administration active. Elle bénéficie surtout de ce que l'État a besoin de juges impartiaux pour sa propre légitimité.

Une autre manifestation d'indépendance du juge à l'égard de l'Exécutif, est la possibilité reconnue aux Cours et Tribunaux de n'appliquer les actes des autorités administratives que pour autant qu'ils soient conformes aux lois[34].

Compte tenu de l'importance de son rôle constructif dans l'État de droit, les garanties offertes par le juge administratif poussent certains doctrinaires dont Marie-Joëlle Redor à revendiquer pour lui des compétences de plus en

---

cependant, cet avis peut avoir une influence de fait sur le juge, principalement lorsqu'il est donné par un spécialiste de la matière faisant l'objet du litige.

32 Article 158 alinéa 1 de la Constitution de la R.D.C. du 18/O2/2006.

33 WRIGHT V. « L'épuration du Conseil d'État, juillet 1879 », *Revue d'histoire moderne et contemporaine,* 1972, pp.621-653 ; MAYEUR J.M. , *Les débuts de la Troisième République 1871-1898, Paris,* Seuil, 1973, pp.109-110 ; CHARLE C., *Les hauts fonctionnaires en France au XIX è siècle,* Paris, Gallimard, Collection « Archives », 1980, pp. 202-213. Certains auteurs réclament donc l'inamovibilité du juge administratif, voir notamment GRACH H.,*op.cit.,* p. 150 ; CARRIER M., *Du principe de la séparation de l'Administration active et de la juridiction administrative,* Thèse Lyon, Mougin-Rusand, Waltener et cie, 1900, p. 165.

34 Article 153 alinéa 5 de la Constitution du 18/02/2006 dispose « Les Cours et Tribunaux, civils et militaires, appliquent les traités internationaux dûment ratifiés, les lois, les actes réglementaires pour autant qu'ils soient conformes aux lois ainsi que la coutume pour autant que celle-ci ne soit pas contraire à l'ordre public ou aux bonnes mœurs ».

plus étendues, et d'autres souhaitent que le juge administratif soit doté des pouvoirs larges pouvant aller plus à la limite d'adresser des injonctions à l'autorité administrative.

Mais, ce plaidoyer pour l'élargissement des attributions juridictionnelles ne va pas sans ralentir la solution des procès.

La preuve en est que la lenteur de la justice pourrait, à la longue, porter atteinte à la crédibilité de l'État de droit. Aussi, l'indépendance de la juridiction administrative est encore trop fragile pour lui confier un rôle directement politique.

À cet égard, pour que le juge apparaisse vraiment comme un garant du respect du droit, il vaut mieux le tenir à distance du champ politique ; son autorité morale en dépend comme la réussite de l'État de droit dépend de la qualité de ses juges.

Mais, une fois affermie cette autorité, Gaston Jèze et Delpech[35] souhaitent le voir jouer un rôle plus important débordant même le cadre étroit de la fonction juridictionnelle.

Tout en arborant cette casquette d'indépendant, le juge, et particulièrement le juge administratif, fait figure de pièce maîtresse dans la construction de l'État de droit.

Le juge entretient également des relations avec le Pouvoir législatif ; d'où l'interdiction lui faite de s'immiscer dans la fonction législative.

SECTION 2. LE JUGE ADMINISTRATIF FACE AU POUVOIR LÉGISLATIF

Le principe constitutionnel de l'indépendance des fonctions législative et judiciaire est absolu. Le législateur ne peut être juge et vice versa.

À ce propos, il importe d'affirmer que le juge trouve sa raison d'être dans la subordination de l'Administration à la loi et donc sa propre fidélité à la loi. Cependant, le droit administratif est un droit prétorien et le juge est appelé et habitué à créer lui-même le droit en l'absence de la loi.

Certes, la loi est l'expression de la volonté générale, et dans la logique de la constitution, le juge, dans l'exercice de ses fonctions, n'est soumis qu'à l'autorité de la loi. Et ceci est d'autant étayé par le fait que la mission d'un juge est de dire le droit (juris dictio).

Cependant, il arrive que le législateur ne soit pas intervenu dans certaines matières et que le juge soit saisi d'un cas pour examen. Au risque d'un déni de justice, le juge va procéder à l'analyse du cas à lui soumis en partant d'un principe sur base duquel il va fonder son argumentation afin de résoudre le cas à lui soumis.

---

[35] JEZE G., « Caractère de censure doctrinale des arrêts d'annulation d'un acte administratif irrégulier », *R.D.P.*, 1914, pp. 595-599 ; DELPECH J., « Chronique constitutionnelle de France », *R.D.P.*, 1907, pp. 67-91.

Ainsi, les principes généraux ont un caractère juridictionnel et sont soumis à une certaine relativité en fonction des matières et des circonstances.

Alors, faut-il admettre que lorsqu'il définit les principes généraux, le juge pend-il la place du législateur ?

À cet effet, il est admis que les principes avaient un caractère supplétif, qu'ils s'appliquaient pour combler les lacunes législatives.[36] Ils s'appliquent à tous les actes administratifs même aux règlements autonomes qui, par définition, ne sont pas subordonnés à une loi.[37]

L'examen des rapports du juge administratif avec les autres pouvoirs a paru impérieux d'autant plus que c'est le juge administratif qui exerce le contrôle de la légalité des actes des autorités administratives qui sont l'émanation du Pouvoir Exécutif et que le juge l'affine en s'appuyant sur la loi ou tout au plus sur le droit.

L'analyse du fondement des rapports du juge administratif avec le Pouvoir législatif porte sur des interdits constitutionnels dont celui imposé au juge de s'immiscer dans la fonction législative et celui astreint au Pouvoir législatif de statuer sur des différends juridictionnels.

§1. Interdiction faite au juge de s'immiscer dans la fonction législative

La fonction de juger est différente de celle de légiférer. En effet, le législateur édicte la norme qui, par définition, est une règle générale et abstraite qui ne vise aucun cas particulier tandis que le juge est chargé de faire application de la règle pour donner une solution à des litiges concrets.

Dans sa tâche de dire le droit, le juge est impérativement soumis à l'autorité de la loi.

La constitution de la République Démocratique du Congo du 18/02/2006 est disert à son article 150 alinéa 2 qui dispose que *« les juges ne sont soumis dans l'exercice de leur fonction qu'à l'autorité de la loi ».*

C'est également ce que postule le principe de légalité[38] qui traduit l'idée que l'Administration est soumise au droit.

Il est interdit au juge de légiférer c'est-à-dire que le juge en général et le juge administratif en particulier n'est pas investi du pouvoir de poser des règles générales.

Son rôle se borne à trancher les litiges particuliers qui lui sont soumis ; ce qui veut dire que dans chaque cas d'espèce, le juge se pose la question de savoir où est le droit ?

Aussi, sa décision ne statue que pour l'espèce qui la suscite.

---

[36] HAMON F., *Droit constitutionnel,* Paris, L.G.D.J., 27è éd., 2002, p.737

[37] HEYMANN-DOAT A, *Libertés publiques et droits de l'homme*, Paris, L.G.D.J., 4è éd ., 1997, p.244.

[38] RIVERO J. et WALINE J., *Droit administratif,* Paris, Dalloz, 20è éd., 2004, p. 226

Cependant, sa décision suppose nécessairement une règle préexistante.

Ainsi, l'acte juridictionnel implique la confrontation à la règle de droit des prétentions opposées des parties. Et le juge déduit de cette confrontation laquelle de ces prétentions est conforme au droit.

Or, étant donné que la loi est confinée dans des éclusiers[39], il arrive souvent qu'aucune règle écrite n'ait prévu le cas soumis au juge. Celui-ci, pourtant ne peut s'abstenir de juger ; il se considère lié au moins moralement, par le principe qui défend au juge de se retrancher derrière le silence ou l'obscurité de la loi pour s'abstenir de statuer.

Dès lors, le juge administratif n'a qu'une ressource : formuler lui-même la règle générale qui lui permettrait de statuer par la pratique de l'Arrêt de principe[40].

À ce sujet, Georges VEDEL soutient que ce serait une erreur de voir dans la création du droit par le juge administratif une opération purement arbitraire. Pour lui, le juge *découvre le droit plus qu'il ne l'invente*[41].

Par conséquent, dans chaque espèce contentieuse, la chose jugée par le juge administratif a, soit entre les parties seules, soit *erga omnes*, force de vérité légale et toutes les autorités de l'État, y compris évidemment les autorités administratives doivent s'y conformer.

Sa violation entraîne un cas d'ouverture du recours en annulation pour excès de pouvoir en ce que cette décision jurisprudentielle est également à ranger dans la lignée de sources formelles du droit et que, et le juge et l'Administration sont tenus au respect.

Il importe de noter que c'est une exception au principe de non immixtion du juge dans le domaine législatif.

Aussi, le juge peut refuser l'application des lois irrégulièrement votées.

En effet, en refusant d'appliquer une loi inconstitutionnelle, le juge choisit la loi constitutionnelle plutôt que la loi ordinaire : il ne fait que résoudre un conflit entre deux lois d'importance inégale, comme il le fait lorsqu'il applique la loi la plus récente contre la plus ancienne.

En d'autres termes, le juge ne met pas obstacle à l'exécution d'une loi, il use simplement de son pouvoir d'interprétation des lois.

À ce propos, Maurice Hauriou souligne que : *« Le juge qui statue sur le conflit qui s'élève, en une matière donnée, entre une loi fondamentale et une loi ordinaire, ne s'immisce pas dans l'exercice du pouvoir législatif, il n'arrête ni suspend l'exécution d'une loi, la loi demeure exécutoire ; il règle*

---

[39] Les articles 122 et 123 de la Constitution du 18/02/2006 déterminent le domaine de prédilection de la loi.

[40] L'Arrêt de principe est celui dans lequel le juge, à propos d'une question nouvelle, ou à la suite du renouvellement d'une question ancienne, énonce la règle qu'il entend appliquer à cette espèce, et à toutes celles qui poseront le même problème.

[41] VEDEL G., *op. cit.* , *p.* 289.

un conflit entre deux lois et c'est en réalité l'une des lois qui suspend l'application de l'autre dans un cas donné »[42].

De la même façon que la doctrine interdit au juge de s'immiscer dans le domaine du pouvoir législatif, c'est de la même manière que la Constitution interdit formellement au pouvoir législatif de s'ingérer impunément dans le champ d'action réservé exclusivement au juge.

§2. Interdiction faite au Pouvoir législatif de statuer sur les différends juridictionnels

La théorie de la séparation des pouvoirs édicte qu'il n'appartient pas au législateur de s'immiscer dans les affaires portées devant les Tribunaux.

En effet, les perspectives sont différentes entre l'action législative et l'action juridictionnelle : l'action législative est souvent inspirée par des considérations d'opportunité, légitimes mais qui ne sont pas celles du juge, lequel doit avoir pour seul souci de rendre la justice dans un cas particulier.

À ce propos, l'article 151 de la Constitution du 18/02/2006 dispose en ses alinéas 2 et 3 que « Le pouvoir législatif ne peut ni statuer sur des différends juridictionnels, ni modifier une décision de justice, ni s'opposer à son exécution.

Toute loi dont l'objectif est manifestement de fournir une solution à un procès en cours est nulle et de nul effet ».

La loi, expression de la volonté générale est généralement considérée comme une garantie contre l'arbitraire[43].

Et pour éviter également l'arbitraire de la loi, le constituant lui a circonscrit un domaine afin de l'empêcher de s'immiscer impunément dans les sentiers tracés aux autres pouvoirs au sein de l'État.

Ce n'est que l'application du principe de séparation des pouvoirs qui exige que chaque pouvoir au sein de l'État n'empiète sur le fonctionnement des autres.

C'est plutôt la spécialisation des fonctions qui commande qu'au sein de l'État, la tâche de légiférer soit confiée à un organisme différent de celui qui tranche les litiges.

Et qu'aucun organe ne puisse empêcher l'autre de fonctionner normalement.

Si le juge administratif doit s'abstenir de légiférer et même d'administrer, c'est par respect au principe de séparation des pouvoirs. Et le même juge entretient des relations très poussées avec les autres juges au sein de l'État, à l'instar du juge judiciaire et constitutionnel qui sont, tous des piliers dans la construction de l'État de droit.

---

[42] HAURIOU M., *op. cit.* , p. 181.

[43] REDOR M.-J. , *op. cit.*,p. 158

SECTION 3. LE JUGE ADMINISTRATIF DANS SES RAPPORTS AVEC LES AUTRES JUGES AU SEIN DE L'ÉTAT

La mission essentielle confiée au juge dans un État est celle de trancher les litiges qui surgissent en son sein.

En effet, la justification d'un contentieux est en premier lieu d'ordre social.

À cet égard, il est de l'intérêt de la société que les contestations relatives à une question de droit fassent l'objet d'une solution dégagée par un juge offrant des garanties de capacité et d'impartialité.

Ainsi, tout contentieux assure le maintien de l'ordre public en évitant le désordre pouvant naître des litiges non résolus ; et à cet effet, il permet encore de préserver l'ordre public en imposant l'application exacte de la règle de droit et en réprimant les atteintes qui lui sont portées.

À ce fondement social s'ajoutent des justifications individuelles en ce sens que le contentieux permet au titulaire d'un droit d'en assurer la défense et de le mettre en œuvre si des tiers en contestent l'existence ou prétendent s'opposer à son exercice.

L'intervention du juge vise à redresser des irrégularités constatées dans la société tant du point de vue administratif que dans les autres domaines de la vie sociale.

Du point de vue administratif notamment, l'intervention du juge vise à imposer à l'Administration le respect des règles qui régissent l'exercice de ce pouvoir, à contenir les privilèges dans les limites que leur assigne la règle de droit et à permettre aux administrés soit de paralyser une activité administrative irrégulière, soit d'obtenir une certaine compensation pour des préjudices qu'elle a pu leur causer.

Le juge administratif tout en entretenant des relations trop poussées tant avec le juge judiciaire qu'avec le juge constitutionnel s'en distingue étroitement.

§1. La distinction du juge administratif avec le juge judiciaire

Le juge administratif exerce des compétences lui attribuées par la loi afin d'éviter l'empiétement avec les autres juges d'autant plus que la compétence est d'attribution.

Toutefois, certains litiges échappent au contrôle de ce juge, bien que de par leur nature, ils seraient son apanage.

C'est ainsi que le juge judiciaire vient évidemment relayer le juge administratif dans sa mission tant il demeure vrai que le conflit des compétences est réglé par le juge constitutionnel conformément à l'article 161 alinéa 4 de la Constitution du 18 février 2006.

A. Compétence judiciaire du juge administratif

La compétence de la juridiction administrative s'exerce à l'égard des autorités exerçant le pouvoir exécutif, de leurs agents, des collectivités territoriales de la République ou des organismes publics placés sous leur autorité ou leur contrôle.

Aussi, seuls les actes pris dans l'exercice des prérogatives de puissance publique relèvent de la compétence de la juridiction administrative.

Dans ce lot, il importe de citer également les recours objectifs exercés contre les actes des autorités administratives[44], lesquels recours relèvent de plein droit de la compétence de la juridiction administrative en vertu des principes fondamentaux reconnus par les lois de la République.

Ce qui est à souligner est que, même dans ce domaine, certaines matières échappent à la compétence de la juridiction administrative parce qu'elles sont réservées par nature à l'autorité judiciaire.

Au nombre de ces litiges échappant spécialement au juge administratif, nous relevons entre autres les litiges entre particuliers, ceux relatifs au fonctionnement du pouvoir judiciaire ainsi que ceux, bien que relatifs à l'activité de l'Administration, se trouvent expressément conférés à d'autres juges.

En effet, les litiges entre particuliers, personnes physiques ou personnes morales de droit privé, dès lors qu'ils ne concernent que des rapports de doit privé, échappent au juge administratif[45].

À ce propos, le Professeur Félix Vunduawe[46] note que « le principe est que l'activité des personnes privées constitue normalement une activité privée et c'est seulement dans des cas exceptionnels et moyennant l'accomplissement de conditions déterminées que l'on peut lui reconnaître le caractère de service public ».

En outre, les clauses contractuelles du contrat administratif échappent, par la volonté du législateur, au juge administratif, car leur contentieux relève du juge civil. C'est aussi le cas du contentieux fiscal qui, dans sa phase juridictionnelle, relève en premier et dernier ressort, de la Section Judiciaire d'une Cour d'Appel[47].

---

[44] LOMBARD M., *Droit administratif,* Paris, Dalloz, 3è éd., 1999, p. 325

[45] VUNDUAWE te PEMAKO F., Cours de contentieux administratif, Faculté de droit, U.P.C., 2005-2006, inédit, p. 34.

[46] *Idem*, p.34. Le Professeur VUNDUAWE martèle qu'en droit congolais, certains organismes privés investis d'une mission de service public et dotés de prérogatives de puissance publique sont considérées comme des autorités administratives et peuvent accomplir, par conséquent, des actes administratifs au sens matériel ; c'est le cas des établissements d'utilité publique et des ordres professionnels.

[47] Voir art. 152 *alinéa 2 du Code d'O.C.J. et 108 de la loi n°004/2003 du 13 mars 2003 portant réforme des procédures fiscales* in *Journal Officiel de la R.D.C.*, n° spécial, 31 mars 2003, p. 23

Toutefois, sur la question, les articles 102 et 114 du projet de loi organique portant organisation, fonctionnement, compétence et procédure des juridictions de l'ordre administratif ont donné compétence au juge administratif, en l'occurrence au Tribunal administratif ; ce qui est une avancée spectaculaire.

En outre, en matière d'expropriation pour cause d'utilité publique, et ce, en cas de défaut d'entente amiable, la vérification de la procédure administrative suivie en vue de la fixation judiciaire de l'indemnité relève du juge civil[48], en l'occurrence du Tribunal de Grande Instance.

Il en est de même des recours exercés contre les actes du conservateur des Titres immobiliers.

En effet, aux termes de l'article 244 de la loi dite foncière, les décisions du conservateur peuvent être attaquées par un recours devant le Tribunal de Grande Instance. Le recours est introduit par voie d'assignation de ce fonctionnaire, dans les formes de la procédure civile. Le jugement est toujours susceptible d'appel. Ceci étaye davantage l'assertion selon laquelle le juge judiciaire est investi de par la volonté du législateur de la compétence de connaître de litiges de nature administrative.

Par ailleurs, il est à noter que le recours pour excès de pouvoir est irrecevable à l'égard des actes juridictionnels (arrêts, jugements, ordonnances), même émanant des juridictions administratives.

Enfin, les litiges relatifs au fonctionnement du pouvoir judiciaire échappent également au juge administratif.

La raison agencée en est que ces actes juridictionnels ne sont pas des actes administratifs. C'est ainsi qu'ils donnent lieu à des recours spéciaux tels que appel, opposition, cassation et tierce opposition.

Il sied d'ajouter que les actes du service judiciaire tels que les mandats de justice, les perquisitions et les saisies échappent au contrôle du juge administratif.

Il en est de même des litiges relatifs au fonctionnement des services de la justice tels que les règlements intérieurs des Cours et Tribunaux ainsi que des Parquets.

En revanche, les litiges relatifs à l'organisation judiciaire tels que les ordonnances d'organisation judiciaire, de nomination ou de révocation des magistrats sont de la compétence du juge administratif.

Le contentieux administratif congolais est aussi l'apanage du juge judiciaire ; ce dernier tranche également des litiges qui, normalement sont de la compétence du juge administratif ou tout au plus constitutionnel, le cas de

---

[48] Voir art. 111 du code d'O.C.J. et 13 de la loi n° 77/001 du 22 février 1977 sur l'expropriation pour cause d'utilité publique in *Journal Officiel du Zaïre,* n°7, 1èr avril 19977, p. 198 .

la procédure d'expropriation pour cause d'utilité publique dans sa phase judiciaire.

B. Compétence administrative du juge judiciaire

La mission essentielle, pour ne pas dire inéluctable du juge est de dire le droit, c'est-à-dire trancher les litiges qui surviennent dans la société.

De par la Constitution, le pouvoir judiciaire qu'incarne le juge, est le garant des libertés individuelles et des droits fondamentaux des citoyens[49].

De même, aux termes de l'article 153 de ladite Constitution, « *il est institué un ordre de juridictions judiciaires, composé des cours et tribunaux civils et militaires placés sous le contrôle de la Cour de cassation* ».

Ces juridictions judiciaires sont la Cour de cassation, la Cour d'appel, le Tribunal de Grande Instance et le Tribunal de Paix statuant soit sur l'action pénale soit sur l'action civile ; les juridictions ordinaires spécialisées telles que les Tribunaux du travail[50] et les Tribunaux du commerce[51] ; la Haute Cour militaire, la Cour militaire, les Tribunaux militaires de garnison et les Tribunaux militaires de police ainsi que les Parquets y rattachés[52]. Ces juridictions ordinaires remplissent leur mission leur confiée par le législateur.

C'est ainsi que les compétences leur dévolues sont soit pénales soit civiles, indispensables pour la protection des droits et libertés des citoyens. C'est ainsi que le juge judiciaire est compétent pour statuer sur les litiges concernant **l'état civil des personnes, l'expropriation pour cause d'utilité publique**, l'emprise ainsi que la voie de fait.

1°. L'état civil des personnes

Par état civil des personnes, on entend l'ensemble des qualités juridiques déterminant la condition d'un individu dans la société au point de vue du droit privé[53]. La solution qui réserve le contentieux de l'état des personnes au juge judiciaire remonte à une longue tradition et s'applique à divers actes de l'autorité administrative.

C'est ainsi qu'une analyse du fondement de cette compétence s'avère indispensable avant d'étudier la quintessence de cette compétence judiciaire à l'égard des actes de l'état civil.

---

[49] Art. 150 alinéa 1 de la Constitution du 18/ février/ 2006

[50] Loi 016-2002 du 16 octobre 2002 portant création, organisation et fonctionnement des Tribunaux du Travail in *Codes Larcier,* Bruxelles, 2003.

[51] Loi 002-2001 du 3 juillet 2001 portant création, organisation et fonctionnement des Tribunaux de commerce in *J.O.RDC,* n°14 du 15 juillet 2001

[52] Loi 023-2002 du 18 novembre 2002 portant Code judiciaire militaire in *Codes Larcier,* Bruxelles, 2003, p. 418

[53] MBENZA-*LOMBO, Discours prononcé à l'occasion de la première audience solennelle de la rentrée de la Cour d'Appel de Kisangani après les vacances judiciaires de 1972, R.J.Z,* 1972, p.157.

a. Fondement de la compétence judiciaire

Le soubassement de cette compétence remonte à la nuit de temps.

En effet, le principe est né à une époque où l'on n'avait pas confiance dans l'objectivité des juridictions administratives. Il est à noter qu'au début du XIXe siècle, les libéraux sont « particulièrement sensibles aux questions qui présentent pour la sécurité juridique des particuliers une importance primordiale »[54]. L'état civil des personnes en est une.

Aussi malgré le principe interdisant aux juridictions de l'ordre judiciaire de connaître du contentieux mettant en cause l'Administration, les tribunaux de droit commun seront reconnus seuls compétents pour statuer sur les réclamations d'état.

Le droit congolais ne s'est pas écarté de cette philosophie et aujourd'hui, le juge judiciaire est compétent pour « toute contestation portant sur le droit de la famille »[55], c'est-à-dire sur le droit des personnes.

Cette compétence est d'autant élargie en matière des actes de l'état civil.

b. Compétence judiciaire à l'égard des actes de l'état civil

La matière couverte par l'état des personnes est très étendue. Elle englobe tout d'abord les actes de l'état civil. Ces derniers sont des actes dressés par un officier public, consignés dans un registre ad hoc et dont le but est d'établir l'un des événements dont la naissance, le mariage, la mort sont les plus importants.

Par ailleurs, l'intervention de l'autorité judiciaire à leur égard se produit à deux niveaux :

- Préventivement alors même qu'aucune contestation n'est née. Le Président du Tribunal de Grande Instance ou le juge qu'il désigne, assure la surveillance de l'état civil et exerce sur l'officier de l'État civil un véritable contrôle administratif[56] ;
- Correctivement, le juge judiciaire a une compétence contentieuse à l'égard des actes de l'état civil. L'annulation, la rectification, la modification ainsi que la suppléance au défaut de ces actes se poursuivent devant lui[57]. Les jugements intervenant en la matière ainsi que la rectification d'office des erreurs matérielles sont opposables à tous et se substituent à l'acte attaqué.

On se rend compte, non seulement que les textes instituent une compétence judiciaire exceptionnelle mais plus encore, ils accordent au juge judiciaire des pouvoirs que même le juge administratif n'a pas. En jugeant

---

[54] J. RIVERO et J. WALINE, *op. cit., n°170, p.152*

[55] *Art. 110 du C.O.C.J.*

[56] *Il procède à la vérification des registres, fait des observations sur les contraventions relevées et prescrit la conduite à tenir. Art. 102 à 103 de la loi n°87-010 du 1er août 1987 portant Code de la famille zaïrois, J.O., n° spécial, août 1987.*

[57] *Art. 105 à 108 du C.F.*

ou en contrôlant l'Administration en matière d'actes de l'état civil, le juge judiciaire « administre » carrément.

Aussi, la compétence judiciaire relativement à l'état des personnes s'étend également aux litiges concernant le changement de nom. Le nom, en Droit, incarne la personnalité de l'individu. Il est constaté dans l'acte de naissance, dressé par l'officier de l'État civil. Mais pour procéder au changement de nom, l'Administration doit d'abord s'adresser au Président de Tribunal de paix du ressort de la résidence du demandeur pour son autorisation. Il y a là un contrôle préventif de l'activité administrative par le juge judiciaire.

Même dans les cas où il est admis que l'Administration puisse accorder d'office un nom[58], toute personne justifiant d'un intérêt légitime peut s'opposer au nom qui aura été attribué par l'officier de l'État civil. Le recours est porté devant le juge de paix, quoique après un recours administratif préalable avéré non satisfaisant.

La compétence judiciaire en matière d'état des personnes touche enfin la tutelle des mineurs. En effet, les décisions relatives à l'admission des mineurs comme pupilles de l'État peuvent être attaquées en annulation. Il en est de même des décisions mettant fin à cette tutelle. Les recours susceptibles d'être engagés en ce sens sont portés devant le Tribunal de Grande Instance[59].

Il semble que la solution ne puisse en fait être différente, tant il est vrai que la nature administrative de ces décisions est discutable. Elles sont l'œuvre du conseil de tutelle, organe mixte composé de l'administrateur du territoire ou son délégué, d'un représentant de l'autorité judiciaire et de quatre personnes désignées par le Gouverneur de province.

Une certaine jurisprudence a, sous d'autres cieux, extrêmement étendu la notion d'état des personnes en y incluant les questions de nationalité et de capacité électorale[60]. Le législateur congolais, tout en traitant de la question de nationalité dans le code de la famille, renvoie le contentieux des décisions y relatives à la section administrative de la Cour Suprême de Justice.

La décision émane en fait du ministre de la Justice, une autorité administrative centrale. Du reste, aussi bien la question de la nationalité que celle de la capacité électorale ne constituent point des actes de l'état « civil » des personnes mais ce qu'on pourrait à juste titre qualifier d'état « politique » des personnes.

Notons toutefois que tous les actes des autorités administratives relatives à l'état des personnes ne sauraient relever de la compétence judiciaire. De

---

[58] *Cas des enfants trouvés, qui n'ont ni père ni mère connu. Art. 60 Code de la .Famille.*

[59] *Art. 246* de la loi 87-010 du 1/08/1987 portant Code de la Famille in *J.O.Z.* numéro spécial août 1987

[60] Tel est le cas en France. Cf. G. PEISER, *Contentieux administratif, pp. 70-71.*

manière générale, il pourrait se concevoir que la compétence judiciaire n'a paru justifier au législateur que par la circonstance que l'Administration ne pose pas d'actes administratifs (unilatéraux) à proprement parler ; elle ne fait que constater dans les conditions de solennité et d'authenticité requises, des situations privées, déclarées devant elle par les intéressés.

Une distinction doit donc toujours être opérée entre les actes purement administratifs tels que les décrets et arrêtés et les simples actes de l'Administration (elle n'use pas de ses prérogatives exorbitantes du droit commun, comme le pouvoir de décision unilatérale).

De plus, le juge est compétent en matière des libertés individuelles et de propriété privée.

2° La protection de la propriété privée contre l'Administration

Les atteintes que l'administration pourrait porter à la propriété privée sont multiples. Elles résultent essentiellement des procédures par lesquelles la puissance publique peut contraindre les particuliers à lui céder temporairement ou définitivement tout ou partie de la propriété ou de l'usage de leurs biens mobiliers ou immobiliers.

Comme la liberté individuelle, la propriété privée est souvent présentée comme étant protégée par le juge judiciaire. Le principe a été formulé par la jurisprudence mais en réalité, celle-ci n'a fait qu'interpréter extensivement des textes particuliers conférant compétence aux tribunaux judiciaires dans des matières relatives au droit de propriété[61].

La solution a d'abord été établie en matière d'expropriation pour cause d'utilité publique. L'expropriation pour cause d'utilité publique est la procédure par laquelle un particulier est contraint de céder la propriété de son immeuble à une personne publique dans un but d'intérêt général et moyennant une indemnité équitable et préalable[62].

Dans plusieurs systèmes de droit, le contentieux de cette atteinte légale est partagé entre les juridictions administratives, et judiciaires, selon que l'objet de la contestation se situe dans la phase administrative ou judiciaire de la procédure[63].

---

[61] La protection de la propriété privée rentre essentiellement dans les attributions de l'autorité judiciaire. (T.C. 17 mars 1949, Société Hôtel du Vieux Beffroy) : Le Conseil constitutionnel y voit pour sa part, un principe fondamental reconnu par les lois de la République » (25 septembre 1981, TGV Nord) principe remontant notamment à la loi du 8 mars 1910 sur l'expropriation pour cause d'utilité publique. *Cf. G. LEBRETON, op. cit., pp.360-361.*

[62] G. DUPUIS et M.J GUEDON, *op.cit.*, p.322.

[63] Dans la phase administrative, l'Administration prononce l'utilité publique des travaux à entreprendre et prend un arrêté de cessibilité de l'immeuble visé. Dans la phase judiciaire, un magistrat du tribunal de grande instance, le juge de l'expropriation, prend l'ordonnance d'expropriation qui opère alors le transfert de la propriété à l'expropriant et fixe le montant de l'indemnisation.

Le droit congolais ignore, pour sa part, ces deux phases. L'expropriation est entièrement l'œuvre de l'Administration. Au moment où interviennent les Cours et Tribunaux, écrit Kalambay Lumpungu, l'expropriation est consommée. Leur action, poursuit l'auteur, reprenant une précision de l'exposé des motifs de la loi sur l'expropriation, est « postopératoire »[64].

En effet, le juge n'intervient pas dans la procédure, comme en France, en tant qu'organe de l'expropriation. Sa décision n'est pas nécessaire à l'opération. Elle n'est qu'éventuelle : « à défaut d'entente amiable, précise la loi, assignation est donnée aux parties à exproprier, à la requête de l'expropriant, pour voir vérifier par les tribunaux la régularité de la procédure administrative et procéder au règlement des indemnités »[65].

Il ressort de la lecture de cette disposition qu'elle laisse entendre qu'en droit congolais, le même juge statue aussi bien sur la régularité de la procédure que sur le règlement des indemnités. La nouvelle loi sur l'expropriation aurait-elle donc purement et simplement reconduit l'ancien système[66] sur cette question ? C'est malheureusement ce qui ressort du texte légal.

Il y a là une entorse sérieuse aux règles attributives de compétence au juge administratif. Il est seulement déplorable que le législateur n'ait pas, jusqu'à ce jour, tiré les conséquences des règles attributives de compétence au juge administratif pour harmoniser la loi sur l'expropriation pour cause d'utilité publique avec celle sur l'organisation et la compétence judiciaires[67].

De l'expropriation on peut rapprocher les réquisitions mobilières ou immobilières, les atteintes résultant de la procédure d'alignement (servitude de reculement, par exemple), l'établissement des servitudes administratives

---

[64] *Gaston KALAMBAY LUMPUNGU,* "La nouvelle loi zaïroise sur l'expropriation pour cause d'utilité publique", *in Pendant, n°764, 1979, p.178.*

[65] *Art. 13 de la Loi n°77-001 du 22 février 1977 sur l'expropriation pour cause d'utilité publique.*

[66] *Le tribunal de première instance était compétent non seulement pour fixer l'indemnité en cas de désaccord de l'exproprié mais encore pour connaître de la régularité de la procédure administrative et même pour connaître de l'action en annulation de l'expropriation si les indemnités n'étaient pas payées dans le délai de quatre mois de la date du jugement les arrêtant. Art. 16 et 22 du Décret du 24 juillet 1956, cité par A. RUBBENS, op. cit. n°256, p.290.*

[67] *Le contrôle de la régularité des actes des autorités administratives étant en cause, seules les sections administratives pourraient être saisies. On peut bien penser que le législateur (art. 13 ci haut) ait utilisé le terme "tribunaux" dans le sens large de "juridictions" et donc que le contentieux soit partagé selon l'objet de la demande. Si elle tend à l'annulation de la procédure et à la réparation des dommages éventuellement causés, le juge administratif devrait être compétent. En revanche, si elle tend seulement à faire fixer le montant de l'indemnisation, le juge judiciaire pourrait en connaître. En l'absence d'une stipulation en ce sens, il ne s'agirait là que d'une interprétation inspirée de la solution française présentée plus haut.*

sur les fonds privés (par exemple la pose de tuyau de la Regideso ou l'installation de poteaux ou de canalisations pour le transport du courant électrique).

Dans toutes ces hypothèses, il faudra s'en référer au texte qui les prévoit pour déterminer la compétence contentieuse. À l'égard des réquisitions civiles, par exemple, aucun recours judiciaire n'est expressément prévu, ni par l'ordonnance-loi du 11 juin 1940 ni par l'arrêté-loi du 20 mai 1943 qui les organise. Cette fois, la compétence administrative ne peut être écartée, sauf si l'objet du recours rend le juge judiciaire compétent[68] ou en vertu des théories jurisprudentielles de l'emprise irrégulière et de la voie de fait.

En sus, il existe d'autres attributions légales de compétence au juge judiciaire.

En effet, le juge exerce la fonction pénale lorsque, entre autres il tient à la protection de la vie de l'homme en réprimant sévèrement le meurtre, l'assassinat, l'empoison-nement ; il assure la protection de la liberté de mouvement en sanctionnant l'arrestation arbitraire et la détention illégale ;il protège la propriété d'autrui en réprimant le vol, l'escroquerie, l'abus de confiance, le cel frauduleux, le recel frauduleux..., protège la foi publique en sanctionnant la contre façon, l'usurpation des fonctions publiques, le faux en écriture, l'usage de faux, le faux témoignage..., protège l'ordre de famille en sanctionnant l'avortement, l'attentat à la pudeur, le viol commis sur une personne, les outrages publics aux bonnes mœurs...

Il nécessite de mentionner que le juge pénal protège le droit garanti aux particuliers en réprimant sévèrement les atteintes à la liberté des cultes commises par les fonctionnaires publics ou une personne ; il assure la protection de l'État en réprimant toute atteinte à la sûreté extérieure et intérieure de l'État[69].

Sa mission s'est agrandie lorsque le juge tient à la sauvegarde de l'humanité tout entière en réprimant les crimes de guerre, les crimes contre le génocide, les crimes contre l'humanité et les crimes de terrorisme.

Le caractère contraignant des sanctions que le juge pénal est appelé à infliger aux contrevenants impose le respect des lois qui sont indispensables dans un État de droit.

Aussi, le juge civil permet aux particuliers d'être rétablis dans leurs droits patrimoniaux lorsque ceux-ci ont été l'objet de violation ou tout au moins de troubles pouvant provenir de plusieurs sources.

---

[68] *"Il n'est pas dérogé aux règles du droit commun en ce qui concerne la compétence des tribunaux pour connaître des contestations soulevées par l'indemnisation des réquisitions"*

[69] LIKULIA BOLONGO , Le rôle et la contribution du droit pénal dans l'émergence d'un État de droit ,*in Participation et responsabilité des acteurs dans un contexte d'émergence démocratique en République Démocratique du Congo* sous la direction de BAKANDEJA WA MPUNGU et consorts, Kinshasa, P.U.K., 2007, p. 322

C'est ainsi qu'il est compétent pour connaître des actions en réparation résultant des atteintes illégales à la liberté.

En outre, la Constitution renvoie à la loi la compétence de création de nouveaux ordres de juridictions[70].

C'est ainsi qu'il est institué des Tribunaux en matière du Travail et des Tribunaux du commerce dans le but toujours de protéger les droits et libertés des citoyens dans l'optique d'émergence d'un État de droit.

Il est alors important de souligner que le domaine de compétence du juge judiciaire est vaste et les conditions dans lesquelles s'exerce son contrôle sur l'activité administrative sont encore mal connues.

Sa compétence porte sur le litige relatif au fonctionnement du service judiciaire et sur certains litiges relatifs aux activités de l'Administration[71].

Pour l'essentiel, la compétence du juge judiciaire découle non seulement de la loi, mais aussi des théories jurisprudentielles.

Pour l'élucidation, nous pouvons mentionner notamment le cas de la responsabilité de dégâts et de dommages résultant de crimes commis par des attroupements armés ou non armés, soit envers des personnes, soit contre des propriétés publiques et privées et cette compétence judiciaire s'étend également à l'égard des actes de gestion privée de l'Administration.

De même, certaines théories jurisprudentielles justifient le domaine de compétence du juge judiciaire ; c'est notamment le cas de l'emprise[72] et de la voie de fait.

Cette dernière vise une atteinte portée par l'Administration, en court d'une activité matérielle, à la propriété privée mobilière ou immobilière ou à une liberté fondamentale.

Il est à noter que l'intervention de circonstance exceptionnelle fait perdre ce caractère à la voie de fait[73].

Ces cas sont à ranger dans la rubrique des compétences du juge judiciaire en matière administrative en ce sens que la nature de ces litiges est administrative alors que la compétence est explicitement reconnue au juge judiciaire.

Le cas peut également être élucidé quant à la compétence du juge pénal en matière d'appréciation de la légalité.

---

[70] Article 122 point 6 de la Constitution du 18/Février/2006

[71] BIBOMBE MUAMBA, La protection du citoyen, en cas de conflit avec l'Administration congolaise, par le juge administratif, in *Participation... op. cit.*, p. 37.

[72] L'emprise est une théorie jurisprudentielle bien connue en droit français et belge ; le droit congolais ne connaît pas encore cette théorie de l'emprise. Toutefois, il y a *emprise* lorsque l'Administration porte atteinte à une propriété privée immobilière, sous forme de prise de possession, régulière ou irrégulière momentanée ou définitive.

[73] LOMBARD M., *op. cit. , p. 331 :* La *voie de fait* n'est constituée que si deux conditions sont réunies : l'Administration doit avoir porté une atteinte grave à une liberté fondamentale ou à la propriété privée ; l'action de l'Administration doit être manifestement illégale.

En effet, lorsque l'appréciation de la légalité d'un acte administratif est nécessaire pour résoudre un litige porté devant le juge judiciaire, celui-ci doit en principe surseoir à statuer sur cette question préjudicielle tenant à la légalité de cet acte.

La doctrine a évolué sur cette question et a admis le principe selon lequel le tribunal statuant en matière répressive a compétence non seulement pour interpréter les actes administratifs, qu'ils soient réglementaires ou individuels, mais aussi pour en apprécier la légalité lorsque, de cet examen, dépend la solution du procès pénal qui lui est soumis.

En revanche, le domaine traditionnel du juge judiciaire demeure essentiellement sa compétence en matière de responsabilité de l'Administration publique en cas d'accidents causés aux particuliers soit par ses véhicules soit par certains de ses biens en vertu de l'article 258 du Code Civil congolais Livre III.

Ceci démontre à suffisance le caractère mixte du contentieux administratif congolais en ce sens qu'il est mi-administratif et mi-judiciaire[74].

Toutefois, il nécessite de mentionner que certains litiges échappent à la censure du juge judiciaire, voire à tout juge. Il s'agit des actes des autorités étrangères établies en République Démocratique du Congo, les actes relevant du pouvoir législatif, les actes dits de gouvernement et les actes de démocratie directe.

En effet, concernant les actes des autorités étrangères, le principe est que sur base de la compétence personnelle et territoriale étatique, la justice de l'État se limite aux seuls ressortissants et aux faits poursuivables commis sur son territoire.

Ainsi, l'agent diplomatique jouit de l'immunité de juridiction pénale. Cette immunité est absolue, que l'agent soit ou non dans l'exercice de ses fonctions.

Cet agent bénéficie également de l'immunité de juridiction civile et administrative pour les actes accomplis dans l'exercice de ses fonctions. Cette immunité s'étend aussi aux mesures d'exécution[75].

Quant aux litiges relatifs aux actes relevant du pouvoir législatif, l'article 87 alinéa 3 de la Procédure devant la Cour Suprême de Justice dispose que « *La Cour ne contrôle pas les actes législatifs* ». Il s'agît des lois et des actes de l'Exécutif ayant valeur de loi ainsi que des actes parlementaires ou actes d'assemblée accomplis dans le cadre de l'exercice de la fonction parlementaire.

---

[74] VUNDUAWE te PEMAKO, *op. cit. ,p. 36*

[75] DAILLIER P. et PELLET A., *Droit international public,* Paris, L.G.D.J., 7è éd. ,2002 , p.752

Il sied également de souligner que les actes de démocratie directe échappent au contrôle de tout juge congolais.

La raison en est que le pouvoir constituant institué ou constitué ne peut pas contrôler le pouvoir constituant originaire car le peuple est lui-même le titulaire du pouvoir souverain primaire.

Quant aux **actes de gouvernement**, tout juge congolais est incompétent de les connaître car cette catégorie particulière touche aux relations des institutions constitutionnelles ainsi qu'aux relations internationales et diplomatiques.

Par ailleurs, le juge administratif se distingue du juge constitutionnel de par sa mission.

§2. Le juge administratif se distingue du juge constitutionnel

De même que le juge administratif, le juge constitutionnel est un contrôleur de la légalité.

Il s'érige en censeur des actes législatifs contraire à la Constitution, laquelle s'avère une loi fondamentale pour ne pas dire une charte fondamentale dans laquelle se trouvent consignées les clauses du contrat social liant les gouvernants et les gouvernés.

Ce vérificateur de la conformité des actes législatifs à la constitution a vu sa mission s'affirmer à travers le temps car elle s'est heurtée à une résistance farouche soutenue par un argument consistant à ne pas voir un organe institué contrôler les actes émanant des représentants du peuple, détenteur de la souveraineté.

Toutefois, c'est par l'autodétermination que l'État se soumet aux lois qui le dirige.

Or, sans un contrôle des actes que posent les dirigeants, l'État serait absolument le siège de l'arbitraire. Et C'est dans ce sens que se fonde la mission sacro-sainte de contrôle de la légalité qu'incarne le juge en général et le juge constitutionnel en particulier, étant entendu que tout juge exerce des compétences spécifiques[76].

C'est pourquoi l'analyse de la mission du juge constitutionnel ainsi que son institutionnalisation en droit congolais s'avère indispensable.

La compétence du juge constitutionnel a connu une évolution depuis son institution dès l'accession du pays à l'indépendance.

En effet, le juge constitutionnel est compétent pour connaître du contrôle de la constitutionnalité des lois et des actes ayant force de loi.

---

[76] BRONDEL S, FOULQUIER N. et HEUSCHLING L., *Gouvernement des juges et démocratie,* Paris, Publications de la Sorbonne, 2001, p.45. Lire aussi BEAUD O. et PASQUINO P., *La controverse sur « le gardien de la Constitution » et la justice constitutionnelle. Kelsen contre Schmitt,* Paris, L.G.D.J. Diffuseur, 2007, p. 45 ; JAN P., *Le procès constitutionnel,* Paris, L.G.D.J., 2001, p. 41.

Ceci veut dire que le juge exerce un contrôle qui intervient soit *a priori* soit *a posteriori.*

En plus, le juge constitutionnel peut être chargé de régler des contentieux principaux qui sont le contentieux de l'interprétation de la constitution, le contentieux des élections et des consultations populaires, le contentieux de la division horizontale des pouvoirs ou le règlement des conflits d'attributions entre organes, le contentieux de la division verticale des pouvoirs ainsi que le contentieux des droits et libertés fondamentaux.

Tous ces contentieux se rattachent à l'idée selon laquelle la justice constitutionnelle est chargée de veiller à ce que l'ordre constitutionnel soit respecté sous tous ses aspects mais avec une intensité plus ou moins grande.

Il va sans dire que c'est l'article 161 de la Constitution qui détermine la quintessence de ces contentieux.

À cet effet, le contentieux de l'interprétation vise non seulement la détermination du sens exact de l'acte, mais aussi la demande qui tend à voir le juge se prononcer sur sa légalité.

Et c'est la Cour constitutionnelle qui est compétente pour connaître des recours en interprétation de la Constitution sur saisine du Président de la République, du Gouvernement, du Président du Sénat, du Président de l'Assemblée Nationale, d'un dixième des membres de chacune des Chambres parlementaires, des Gouverneurs de Province et des Présidents des Assemblées provinciales.

En sus, l'alinéa 2 de l'article 161 renchérit que la Cour constitutionnelle juge du contentieux des élections présidentielles et législatives ainsi que du référendum.

À cet égard, il sied de noter que le peuple peut s'exprimer en désignant des représentants ou en prenant position sur une question qui lui est posée.

Dans les deux cas, il est essentiel, en démocratie de pouvoir faire vérifier éventuellement, que la volonté ainsi exprimée l'a été de manière authentique.

Par ailleurs, le contentieux des élections peut être réglé soit par les assemblées élues elles-mêmes selon le système traditionnel de la vérification des pouvoirs, soit par les tribunaux ordinaires, soit par des tribunaux électoraux spécialement institués à cette fin, soit enfin par la justice constitutionnelle.

Ce dernier mode de règlement est adopté par la République Démocratique du Congo en ce sens que la Cour constitutionnelle connaît du contentieux des élections des députés et des sénateurs ainsi que du Président de la République.

Enfin, la Cour constitutionnelle est un juge chargé de veiller à une préparation et à un déroulement correct des opérations de référendum.

Aussi, l'exception d'irrecevabilité visée à l'article 128 de la Constitution du 18 février 2006 relève de la compétence de la Cour constitutionnelle.

Un autre contentieux important qui rentre dans la compétence de la Cour constitutionnelle est le contrôle du pouvoir ou tout au plus, la justice constitutionnelle des pouvoirs.

Ce contentieux tend de plus en plus à se développer en ce sens que la plupart des Constitutions modernes instituent désormais une procédure de règlement des conflits d'attributions entre organes, qui permet de faire trancher par la Cour constitutionnelle les divergences d'interprétation de la Constitution quant aux compétences respectives des organes de l'État.

Cette fonction est prévue dans les textes constitutionnels allemand, espagnol, italien, portugais[77] et congolais.

En effet, l'article 161 alinéa 3 de la Constitution du 18 février 2006 dispose que « *La Cour constitutionnelle connaît des conflits de compétences entre le pouvoir exécutif et le pouvoir législatif ainsi qu'entre l'État et les provinces.* »

Cette disposition de la Constitution démontre un rôle combien important que la Cour constitutionnelle est appelée à jouer dans la mise en place de la nouvelle architecture constitutionnelle, en instituant un équilibre entre le pouvoir central et les provinces[78].

Aussi, la Cour constitutionnelle est compétente pour connaître du contentieux des droits et libertés fondamentaux. La protection de droits fondamentaux qu'assure la Cour constitutionnelle est soit directe soit indirecte et elle se matérialise par le contrôle de la constitutionnalité des lois par voie d'action ou par l'exception d'inconstitutionnalité.

Par ailleurs, la Cour constitutionnelle connaît, aux termes de l'alinéa 4 de l'article 161 de la Constitution, des recours contre les arrêts rendus par la Cour de cassation et le Conseil d'État, uniquement en tant qu'ils se prononcent sur l'attribution du litige aux juridictions de l'ordre judiciaire ou administratif. Ce recours n'est recevable que si un déclinatoire de juridiction a été soulevé par ou devant la Cour de cassation ou le Conseil d'État.

Il nécessite de noter que la compétence de la Cour constitutionnelle a évolué et son évolution s'inscrit dans la dynamique de l'institutionnalisation de la juridiction constitutionnelle elle-même.

---

[77] FAVOREU L., *op.cit.*, p. 233

[78] Il est à noter que la forme de l'État prévue par la Constitution du 18 février 2006 est la forme d'État régional.

Dans l'État régional, les provinces bénéficient d'un véritable droit à l'autonomie consacré par la Constitution et que l'État doit s'attacher à mettre en œuvre. C'est la Cour constitutionnelle qui est compétente pour statuer sur les litiges pouvant survenir entre le pouvoir central et les provinces.

L'État régional se caractérise également par une dualité de pouvoirs législatifs, mais il reste indivisible en ce sens que l'autonomie des provinces est relative et l'existence de leurs compétences législatives permet d'assurer le respect du caractère unitaire de l'État.

En effet, la Cour constitutionnelle a été prévue dans la Loi fondamentale du 19 mai 1960 sur les structures du Congo en ses articles 226 à 236.

Elle devrait comprendre une Chambre de constitutionnalité, une Chambre des conflits et une Chambre d'administration.

La Chambre de constitutionnalité avait entre autres compétences de se prononcer sur la conformité de la constitution provinciale aux Lois Fondamentales du 19 mai 1960 sur les Structures du Congo et du 17 juin 1960 sur les Libertés publiques.

Elle était compétente pour se prononcer sur la conformité des projets de loi avant leur promulgation, aux Lois Fondamentales ainsi que des édits.

Elle était investie du pouvoir d'émettre des avis motivés sur les projets de loi avant leur promulgation ainsi que, sauf une urgence spéciale dûment constatée, sur les ordonnances-lois avant leur signature par le Chef de l'État. Et la conséquence était que toute loi ou ordonnance-loi ainsi que tous édits déclarés non conformes ou contraires aux Lois Fondamentales étaient abrogés de plein droit.

La deuxième Chambre était appelée Chambre des conflits ; et elle était chargée, aux termes de l'article 232 de la Loi Fondamentale du 19 mai 1960 sur les Structures du Congo, de trancher les conflits de compétence survenant entre le pouvoir central et le pouvoir provincial ainsi que ceux relatifs aux actes du pouvoir exécutif si elle est saisie par le Chef de l'État, le Président des Chambres, le premier ministre, les Présidents des Assemblées provinciales, les Présidents des Gouvernements provinciaux, les Commissaires d'État.

La troisième Chambre appelée Chambre d'administration connaissait des demandes d'indemnité relatives à la réparation d'un dommage exceptionnel résultant d'une mesure prise ou ordonnée par l'État, la Province ou l'autorité locale, soit que l'exécution en ait été normale soit qu'elle ait été défectueuse ou différée.

Cette Chambre devrait statuer par voie d'arrêts sur les recours en annulation pour violation des formes substantielles, excès ou détournement de pouvoir, formés contre les actes et règlements des diverses autorités administratives ou contre les décisions contentieuses administratives.

Il importe de souligner que la Cour constitutionnelle n'a pas été organisée et que conformément à l'article 253 de la Loi Fondamentale du 19 mai 1960 sur les Structures du Congo, c'est le Conseil d'État de Belgique qui a transitoirement exercé les compétences réservées à la Cour constitutionnelle.

Cette situation s'est réitérée sous la Constitution du 1er août 1964 dite de Luluabourg qui, en ses articles 165 à 169, a déterminé les missions assignées à cette institution juridictionnelle.

En effet, sous cette Constitution, la Cour constitutionnelle avait pour compétence de connaître des recours en appréciation de la constitutionnalité des lois et des actes ayant force de loi, des recours en interprétation de la constitution formés à l'occasion des conflits de compétence portant sur l'étendue des pouvoirs attribués et des obligations imposées par la constitution aux organes nationaux ou provinciaux.

Également, la Cour constitutionnelle était compétente pour veiller à la régularité de l'élection du Président de la République et des Gouverneurs des Provinces.

Cependant, une brèche était ouverte pour régler la transition avant la création de la Cour constitutionnelle. Ainsi, aux termes de l'article 196, « *en attendant la création de la Cour constitutionnelle, la Cour d'Appel de Léopoldville exerce les attributions dévolues par la Constitution à la Cour constitutionnelle* ».

Cette fois-ci, c'est une juridiction interne qui est choisie plutôt que de recourir à une juridiction extérieure telle que le Conseil d'État comme ce fut le cas sous l'empire de la Loi Fondamentale du 19 mai 1960 sur les Structures du Congo.

Sous la Constitution du 24 juin 1967, la situation n'a pas tellement changé. L'article 71 de cette Constitution reconnaissait la compétence à la Cour constitutionnelle de connaître des recours en appréciation de la constitutionnalité des lois et des actes ayant force de loi, des recours en interprétation de la Constitution, formés à l'occasion des différends portant sur l'étendue des pouvoirs attribués et des obligations imposées par la Constitution respectivement au Président de la République, à l'Assemblée Nationale ou aux Cours et Tribunaux.

Ainsi, pour assurer la Transition, l'article VII des dispositions transitoires de la Constitution du 24 juin 1967 dispose que « *en attendant la création de la Cour constitutionnelle et de la Cour Suprême de Justice, la Cour d'Appel de Kinshasa exerce les attributions dévolues à des Cours par la présente Constitution.*

Si la Cour Suprême de Justice est créée avant la Cour constitutionnelle, elle exercera, en attendant la création de celle-ci, les attributions de la Cour constitutionnelle... »

La suite des événements a démontré que c'est la Cour Suprême de Justice qui fut créée avant la Cour constitutionnelle et, de par la Constitution, c'est bien elle qui a exercé les compétences dévolues à la Cour constitutionnelle. À ce sujet, c'est l'article 160 de l'Ordonnance-loi 82-020 du 31 mars 1982 portant Code d'organisation et de compétence judiciaires qui attribue à la Cour Suprême de Justice, siégeant toutes sections réunies, les compétences de la Cour constitutionnelle.

Cette compétence persiste jusqu'à l'installation définitive de la Cour constitutionnelle créée par la Constitution du 18 février 2006 en ses articles 157 à 169.

Par ailleurs, le juge administratif est appelé à entretenir des rapports non seulement avec les pouvoirs législatif et exécutif parce lui-même fait partie du pouvoir judiciaire, mais aussi avec les autres juges au sein de l'État.

Étant la bouche qui dit le droit, le juge est soumis à la loi qui limite la sphère de ses interventions.

Ceci n'est pas seulement le propre du juge ; c'est une exigence qui incombe à tous les organes qui incarnent le pouvoir au sein de l'État.

Ainsi, tous les Pouvoirs de l'État doivent être limités par le droit, et c'est ce qui constitue le substrat de l'État de droit, objet du troisième chapitre de ce travail.

CHAPITRE III

LE SUBSTRAT DE L'ÉTAT DE DROIT

Dans les sociétés contemporaines, l'État de droit se présente comme une véritable contrainte axiologique dont dépend la légitimité politique. L'État de droit est devenu depuis les années quatre-vingt-une des références majeures du discours politique[1], tous les acteurs politiques sont tenus de sacrifier au culte de l'État de droit, en s'efforçant de capitaliser les ressources qu'il offre aux fins de légitimation. Argument d'autorité dans le débat politique, la référence à l'État de droit permet de parer le discours tenu d'un bien-fondé incontestable[2]

Ce thème s'est mondialisé en gagnant progressivement l'ensemble des systèmes politiques.

En effet, tout État qui se respecte doit désormais se parer des couleurs avenantes de l'État de droit, qui apparaît comme un label nécessaire sur le plan international.

Le thème « État de droit » est la traduction littérale du mot « Rechtstaat », qui devient d'usage courant dans la seconde moitié du XIXe siècle. La doctrine s'affirmera à la fin du XIXe siècle avec les écrits de Ihering, Laland, Jellinek avant d'être développée par René Carré de Malberg.

L'objectif poursuivi est d'encadrer et de limiter la puissance de l'État par le droit.

Par ce fait, la théorie de l'État de droit exprime une volonté de renforcement de la juridicité d'un État entièrement coulé dans le moule du droit[3]. Cet objectif commun recouvre cependant des visions assez différentes du rapport entre l'État et le droit : l'État de droit c'est, tantôt l'État qui agit

---

[1] Lors de la rencontre de la Baule en France, le Président François MITTERAND avait insisté sur l'impératif de l'État de droit qui devenait une conditionnalité pour l'aide aux pays qui la sollicitait à la France.

[2] CHEVALIER J., *op. cit.*, p.11

[3] CHEVALIER J., *op. cit.*, p.11.

au moyen du droit, tantôt l'État qui est assujetti au droit, tantôt encore l'État dont le droit comporte certains attributs intrinsèques

Cette amphibologie du terme nous pousse à scruter davantage la notion, à en déterminer le fondement et à en analyser les implications. C'est ainsi que deux axes sous-traitent ce point dont le premier examine les diverses acceptions de l'État de droit tandis que le second analyse les implications de l'État de Droit.

SECTION 1. LES DIVERSES ACCEPTIONS DU TERME « ÉTAT DE DROIT » ET LEUR FONDEMENT

Le concept de l'État de droit est riche en signification. Il entretient des rapports étroits avec la réalité juridico- politique.

C'est ainsi que plusieurs doctrines se sont forgées autour de ce thème parmi lesquelles celle allemande, française et de Hans Kelsen.

Dans la conception allemande, l'idée de puissance est mise au centre des réflexions ; dans celle française, l'attachement à la légalité est la traduction logique de la théorie de l'État Nation et de la suprématie de la loi posée à la Révolution.

Hans Kelsen soutient, quant à lui, que l'aménagement d'un ordre juridique hiérarchisé n'a, en effet, de sens que dans la mesure où il repose sur un ensemble de valeurs sans lesquelles il ne serait que formalisme vain et, à l'inverse, il est indispensable pour transcrire de manière tangible l'exigence de limitation de l'État et de cristalliser la conception du droit dominante par un système de garanties appropriées.

L'étude de cette section s'articule autour de deux points. Le premier analyse les conceptions de l'État de droit tandis que le second en détermine le soubassement.

§1. Les conceptions de l'État de droit

Ce paragraphe est subdivisé en trois sous points dont le premier traite de la doctrine allemande du Rechtsstaat, le deuxième examine la conception française de l'État de droit et le troisième décortique la théorie kelsenienne de l'État de droit.

I. La doctrine allemande du Rechtsstaat

L'analyse de ce point tournera autour de deux points dont l'un traite du fondement de cette doctrine tandis que le deuxième s'attellera à l'examen de la question de l'autolimitation de l'État.

1° La quintessence de la doctrine du Rechtsstaat

Cette doctrine s'est construite à partir d'une série d'apports doctrinaux, qui eux-mêmes ont évolué en fonction du contexte politique de l'époque, à savoir, la réalisation de l'unité allemande et le passage de l'État prussien à l'Empire. Ces déterminants ont exercé une forte influence notamment en contribuant à infléchir la théorie juridique de l'État.

Au départ deux conceptions coexistent : celle de R. Von Mohl et celle de F.J. Stahl.

R. Von Mohl s'inscrit dans une perspective libérale et cherche, en réaction contre l'État autoritaire, à limiter la sphère d'action de l'État et à mieux protéger les libertés individuelles à travers l'affirmation de la suprématie de la loi, à la formation de laquelle les citoyens participent par l'élection du Parlement (L'État de droit étant associé à l'idée de représentation nationale et de parlementarisme)[4].

L'autre conception est celle de F.J. Stahl. Cet auteur conçoit le droit, moins comme un dispositif de limitation du pouvoir de l'État que comme un moyen d'organisation rationnelle de l'État et de normalisation de ses rapports avec les administrés[5].

Ces deux conceptions renvoient aux deux versions autour desquelles gravitera toute l'histoire de l'État de droit, l'une substantielle, qui s'attache au contenu du droit en vigueur, l'autre formelle, qui privilégie l'aménagement de l'ordre juridique étatique.

Cependant, la conception formelle tendra à s'imposer progressivement : définissant avant tout le statut de l'Administration, le Rechtsstaat deviendra l'État dans lequel l'Administration est assujettie à la loi et où les voies juridictionnelles existent contre elle ; et la théorie de l'autolimitation, dans laquelle la doctrine allemande place le fondement du Rechtsstaat, renforce ce formalisme, en plaçant le droit dans l'orbite de l'État et en excluant toute interrogation sur son contenu intrinsèque.

En effet, aux yeux de ses théoriciens, la caractéristique essentielle du Rechtsstaat est que, dans ses rapports avec les administrés, et pour ce qui concerne leur statut individuel, l'État agît sur la base de normes préexistantes. Cette exigence prend son véritable sens à l'égard de l'Administration et constitue le principe fondamental de différenciation entre l'État de droit et l'État de police.

La doctrine du Rechtsstaat conduit en pratique à l'affirmation de la suprématie de la loi sur l'Administration : non seulement celle-ci doit s'abstenir d'agir contra legem, mais encore elle est tenue de n'agir que secundum legem, en vertu d'une habilitation légale.

Cette affirmation ne prend toute sa portée qu'au regard de la conception matérielle de la loi professée par la doctrine allemande et qui contraste avec la conception purement formelle de la doctrine française qui considère que la loi recouvre toute édiction de normes à destination des assujettis ; l'objet de la loi est de limiter les droits et les devoirs mutuels des individus ou de

---

[4] CHEVALLIER J., *op. cit.*, p.15

[5] CHEVALLIER J., *op. cit.*, p.15

délimiter la sphère de la libre activité des personnes dans leurs rapports mutuels[6]

En sus, le Rechtsstaat signifie donc que l'Administration, non seulement ne peut imposer proprio motu d'obligations juridiques aux assujettis, mais encore doit se borner à faire application particulière et individuelle des règles légales, en s'en tenant à l'exécution des lois : créer des normes, ce serait en effet empiéter sur la fonction législative.

Cependant, l'Administration dispose, a contrario, d'un pouvoir de décision et d'action initial en ce qui concerne ses affaires propres, son organisation interne-domaine dans lesquels elle peut prendre toutes les mesures particulières ou générales qui s'imposent, sans avoir à s'appuyer sur aucun texte législatif. On mesure dès lors la portée politique de la théorie du Rechtsstaat qui, à la fois constitue un rempart contre l'arbitraire, en imposant l'intervention de l'État pour tout ce qui touche aux droits individuels et préserve les prérogatives de l'Exécutif, en mettant l'État lui-même hors la sphère de la loi.

Cette analyse est adossée à une vision plus générale du rapport entre le droit et l'État qui conforte le point de vue formel. Cette idée, c'est celle de l'autolimitation de l'État.

2° L'autolimitation de l'État

Née en Allemagne, la théorie de l'autolimitation de l'État se présente comme une conception exclusivement juridique[7] qui rejette toute légitimation du pouvoir par l'origine dans le champ politique ou sociologique. Cette volonté de se situer sur le seul terrain du droit, et plus précisément du droit positif, est sans ambages, l'une des raisons de son influence sur les juristes.

En effet, la théorie de l'autolimitation est née d'une révolution doctrinaire[8].

Cette circonstance explique assez correctement la théorie du *Herrscher* de Seydel d'après lequel l'État est objet de droit, droit dont le *Herrscher* est le sujet et qu'il tient du simple fait de sa plus grande force, non d'un droit supérieur.

La conséquence logique de cette conception, c'est que le droit public n'est qu'un ensemble de règles arbitraires par lesquelles les gouvernants ne sont pas liés ; son principal défaut est de souligner la division de la

---

[6] LABAND P., *Le Droit Public de l'Empire allemand,* Paris, 1900-1904

[7] REDOR M.-J., *De l'Etat légal à l'Etat de droit : l'évolution des conceptions de la doctrine publiciste française 1879-1914,* Paris, Economica , 2000, p.80

[8] KANT et HEGEL cités par JELLINEK G., *L'Etat moderne et son droit, I*ère *Partie, Théorie générale de l'Etat, livres* I et II, éd. Fr., trad. G. Fardis, Paris, Giard et Brière, 1911, p.576.

communauté en gouvernants et gouvernés et de légitimer le pouvoir des premiers par la force[9].

C'est, en grande partie, en réaction contre cette théorie qu'est née la doctrine de l'autolimitation.

Ihering est sans doute le premier à l'avoir développée, et, cela, à partir d'une réinterprétation de la théorie de Seydel.

Il importe de souligner que d'après Ihering, en effet, le droit est la politique bien entendue de la force et l'autolimitation résulte d'une large compréhension de ses intérêts par l'État qui sait que ses lois seront mieux obéies si les gouvernés ont la certitude qu'il les respecte lui-même.

D'après Esmein[10], Ihering ne fait qu'exposer, de façon naïve, les ressorts de toute théorie de légitimation du pouvoir.

C'est avec Jellinek que la théorie de l'autolimitation s'affine pour devenir une construction juridique parfaitement cohérente.

L'explication provient de ce que l'État est titulaire de la puissance publique, sujet de droit, il se détermine par sa seule volonté et cette volonté toute puissante peut aussi bien se décider de s'autolimiter car l'autodétermination est en même temps une autolimitation.

L'État appartenant au monde du droit en tant que personne juridique est obligé de se soumettre aux normes en vigueur, sauf à cesser d'être une personne juridique[11], donc à se nier lui-même.

À cet effet, Jellinek martèle en écrivant que « *l'État est soumis au droit, il est lui-même gardien et principe de développement du droit, il doit nécessairement avoir sa place au milieu du droit ; il faut donc qu'il y ait une idée juridique de l'État* »[12].[13].

Par cette démonstration, l'auteur prouve que l'État, conçu comme personne juridique, est nécessairement soumis à l'idée de droit ; il ne prouve pas que, dans la réalité, l'État soit effectivement une personne juridique ni qu'il soit effectivement soumis au droit.

Certes, la soumission de l'État au droit est vue comme la condition logique qui permet de parler de l'État comme d'un sujet de droit et non comme d'un pur fait.

Mais la théorie qui présente l'État comme une personne juridique dans toutes ses manifestations fait aussi de cette qualification la condition

---

[9] REDOR M.-J. *op. cit.*, p.80

[10] ESMEIN A., *Eléments de droit constitutionnel français et comparé*, Ière éd. 1896, Paris, Larousse, 2e éd.1899, 760 p. ; 5e éd. 1909, p.163

[11] SARIPOLOS N., *La démocratie et l'élection proportionnelle,* Thèse, Paris, Rousseau, 1899, pp.274-275

[12] JELLINEK G., *op. cit.*, p.268

[13] REDOR M.-J. , *op. cit., p. 81*

nécessaire à la soumission effective de l'État au droit et notamment aux contrôles juridictionnels.

Ainsi, l'autolimitation de l'État est à la fois la conséquence pratique de la théorie de l'État-personne juridique et sa condition logique, son point de départ[14].

Ce système, qui a pour mérite de conserver la cohérence du concept de souveraineté, n'institue cependant qu'une limite purement formelle. À supposer qu'il y parvienne effectivement, il ne démontre en effet qu'une chose : l'obligation pour l'État de respecter le droit qu'il crée mais il ne dit rien du contenu de ce droit. C'est pourquoi Jellinek a voulu parfaire sa doctrine en assignant à l'État une finalité, celle de développer la civilisation.

À cet égard, si on assimile ordre juridique et civilisation[15], cette finalité devient la justification de l'extension du rôle de l'État.

Par ailleurs, l'idée qui constitue un fil d'Ariane de cette théorie d'autolimitation peut se résumer en ce que l'État doit être considéré comme une personne juridique dans toutes ses manifestations.

Étant sujet de droit, l'État est susceptible d'être actionné comme n'importe quelle personne juridique devant ses propres tribunaux qui pourront annuler l'acte illégitime par simple confrontation avec le droit en vigueur, et sans avoir à rechercher ce que peut signifier concrètement le principe supérieur de solidarité ou de justice.

La pensée philosophique allemande a analysé de façon différente la relation droit-État. Alors que pour Emmanuel Kant, le seul vrai droit est le droit naturel, l'idée de droit précédant l'expérience politique (conception métaphysique) et renvoyant à un ordre juridique fondé a priori sur la Raison et placé au service de la liberté, pour Fichte et Hegel, il n'y a de droit qu'étatique.

La relation juridique suppose pour Fichte que le peuple se soit constitué en État : « il n'y a aucun droit naturel, c'est-à-dire qu'il n'est pas de relation juridique possible entre les hommes, si ce n'est dans une communauté et sous des lois positives » ; dès lors, le droit naturel se confond avec les lois positives de l'État[16].

De même pour Hegel, l'État ne saurait être soumis à des limites externes, puisqu'il réalise l'unité, la synthèse de l'intérêt général et des déterminations particulières.

Néanmoins, cette opposition apparente doit être fortement nuancée.

En faisant de l'État la condition nécessaire de traduction de l'idée de droit et de réalisation de la liberté, Kant introduit les germes d'un positivisme

---

[14] *Idem*, p.81

[15] JELLINEK G., *op. cit.*, p. 399.

[16] DUBOUCHET P., « La doctrine du droit public de Fichte », in *Revue du droit public*, Paris, 1994, p.675

juridique, voire d'un légalisme intransigeant. Et à l'inverse, le refus de l'idée d'un droit naturel précédant l'État ne signifie pas absence de limitation de la puissance étatique : l'État reste responsable pour Fichte devant la communauté qui lui a délégué le pouvoir de faire la loi et qui demeure son juge suprême ; et la théorie hégélienne est fondée sur l'idée que l'État est en permanence, en tant que principe de totalité, travaillé par la négativité, par le va-et-vient du général au particulier, ce qui introduit un élément d'autolimitation.

À cet égard, les deux penseurs rejoignent ainsi Thomas Hobbes, pour qui l'État, s'il dispose, par le jeu du pacte qui lui a donné naissance, d'une entière maîtrise sur la loi, n'en est pas moins tenu de respecter la finalité même de son institution, et Spinoza, pour qui la Raison doit pousser l'État à observer les règles qu'il a édictées.

Dans la doctrine allemande, le postulat est que l'État est une personne juridique, titulaire originel et unique de la souveraineté et qu'il dispose du pouvoir de domination, véritable droit subjectif qui demeure son apanage et son signe distinctif.

En effet, l'État détient seul la puissance de contrainte, c'est-à-dire le pouvoir de formuler des ordres qui s'imposent, par eux-mêmes, de manière irrésistible.

À ce sujet, Jellinek affirme que « le pouvoir de l'État est un pouvoir auquel on ne peut pas s'opposer. Gouverner signifie commander sans condition et avoir la faculté de faire exécuter ses ordres par la contrainte »[17].

Et à Ihering de renchérir que la conséquence logique en est que l'État apparaît comme l'unique source du droit : seul l'État peut donner au droit sa force obligatoire ; il ne saurait donc y avoir de droit qui lui soit antérieur ou supérieur.[18]

À partir de la réalisation de l'unité allemande, la doctrine retient que même si le droit tire son origine de la vie du peuple, c'est dans l'État seul qu'il trouve la condition de son existence : il implique en effet, non seulement la norme, mais aussi la contrainte. Dès lors, seules les prescriptions édictées et sanctionnées par l'État peuvent avoir le caractère de normes juridiques. Aussi l'idée de limitation de l'État par le droit apparaît-elle illusoire.

Quoi qu'il en soit, c'est dans l'idée hégélienne d'autolimitation que la doctrine allemande trouvera la clef du rapport entre État et droit. Puisque l'État est à l'origine du droit, puisque c'est de lui que dépend le contenu de l'ordonnancement juridique, le droit ne saurait constituer pour lui une contrainte externe, une limite objective : non seulement c'est à lui de fixer les règles applicables à ses activités et régissant son organisation interne

---

[17] JELLINEK G, *L'Etat moderne et son droit*, Paris, 1911.

[18] IHERING Von R, *L'évolution du droit*, Paris, 1901.

(pouvoir d'auto-organisation), mais encore ces règles ne s'imposent à lui que de sa propre volonté : cela ne signifie pas que la puissance de l'État soit illimitée, mais que celui-ci a le privilège de se fixer à lui-même les règles encadrant l'exercice de ses pouvoirs, et éventuellement de les modifier.

Cette position spécifique de l'État par rapport au droit explique qu'il ne puisse être régi par les mêmes règles que les simples particuliers : il doit être assujetti à un droit spécial, le droit administratif, qui repose tout entier sur l'idée d'autolimitation.

Néanmoins, et à la différence de la doctrine de l'État puissance, pour qui le droit ne serait fait que pour lier les sujets et ne s'imposerait pas à l'État, les théoriciens de l'autolimitation considèrent le droit comme une véritable contrainte pour l'État : non seulement celui-ci ne pourrait supprimer l'ordre juridique lui-même sans saper les fondements de son institution, mais encore il serait amené à respecter spontanément les lois.

Il reste que le droit ne constitue pas dans cette conception une limite extrinsèque, une contrainte hétéronome pour l'État : la limitation n'est qu'intrinsèque et découle seulement du processus d'objectivation de sa volonté dans un ordre juridique caractérisé par la stabilité, la cohérence et la hiérarchisation ; elle apparaît dès lors bien fragile et dépend moins de la puissance même du droit que du réseau de croyances sur lesquelles repose l'organisation politique[19].

De ce qui précède, il sied de souligner que cette théorie allemande du Rechtsstaat sera considérée avec beaucoup de méfiance par la doctrine française qui la perçoit comme un moyen de légitimation du régime politique allemand contrariant la conception française de l'État Nation héritée de la Révolution.

Il en est de même de la thèse de l'autolimitation de l'État par le droit.

Néanmoins, elle sera transposée, notamment à travers l'œuvre de Carré de Malberg sous le label de l'État de droit.

II. La thèse française de l'État de droit

La théorie française de l'État de droit a été forgée par Carré de Malberg[20]. Elle va venir se greffer sur une tradition politique et institutionnelle spécifique, héritée de la Révolution.

À ce propos, il importe de souligner que les révolutionnaires avaient pour ambition de reconstruire le système juridique sur des bases nouvelles. Ils ont adopté une démarche déductive qui les a conduits à dégager différents paliers qui s'emboîtent et s'articulent logiquement.

Au sommet de la pyramide, ils ont placé les droits naturels, inaliénables et sacrés de l'homme que l'Assemblée Nationale reconnaît et déclare

---

[19] CHEVALLIER J., *op. cit.*, p.21

[20] CARRE DE MALBERG, *Contribution à la théorie générale de l'Etat*, Paris, 1920-1922

lesquels droits sont contenus dans la Déclaration des droits de l'homme et du citoyen.

Au-dessous de la Déclaration se situe la Constitution, qui a pour objet d'assurer la garantie de ces droits, qu'elle transforme ainsi en droits civils et de réaliser la séparation des pouvoirs.

Puis, la loi, adoptée par le corps législatif, qui, si elle ne saurait porter atteinte et mettre obstacle à l'exercice des droits naturels et civils garantis par la constitution, dispose d'une autorité supérieure.

Enfin, au bas de la pyramide, les actes émanant de l'Exécutif qui, s'il représente lui aussi la Nation et est chargé d'assurer la promulgation et l'exécution des lois, ne dispose pas d'un véritable pouvoir normatif mais a seulement la possibilité de faire des proclamations, conformes aux lois, pour en ordonner ou en rappeler l'exécution.

La pyramide est donc formellement d'une totale rigueur.

L'édifice connaît pourtant quelques failles. La confiance mise en la loi est attestée déjà dans la Déclaration elle-même, qui renvoie systématiquement à la loi pour la détermination concrète des conditions d'exercice des droits proclamés et la délimitation de leur étendue, rendant ainsi factice la prééminence accordée aux droits de l'homme et leur mise hors d'atteinte des pouvoirs institués. En fait, la logique du gouvernement représentatif aboutit à transférer la souveraineté de la Nation sur la tête de ses représentants, seuls chargés d'exprimer sa volonté.

La pyramide se trouve ainsi d'emblée déséquilibrée : la hiérarchie[21] des normes tendra de plus en plus à être interprétée comme l'expression de la simple prééminence de la loi et assimilée au principe de légalité. En cela apparaît, dans la doctrine française, la démarcation entre la conception de l'État de droit et de l'État légal.

1° La démarcation entre État de droit et État légal dans la conception française

L'État légal est un État du règne de la loi[22], un État dans lequel tout acte de puissance administrative présuppose une loi à laquelle il se rattache et dont il est destiné à assurer l'exécution.

Pour Carré de Malberg, l'État légal se différencie de l'État de droit à trois points de vue :

- D'abord, l'État légal se rattache à une conception politique ayant trait à l'organisation fondamentale des pouvoirs, conception selon laquelle l'autorité administrative doit, dans tous les cas et en toutes matières, être subordonnée à l'organe législatif, l'État de droit au contraire serait, selon lui,

---

[21] CHEVALLIER J., *op.cit*, p.25

[22] Carré de Malberg R., *Contribution à la théorie générale de l'Etat,* 2 vol. , Paris, Sirey ,1920-1922, p. 490

uniquement établi pour la sauvegarde des citoyens dans la mesure où il assure à ces derniers un pouvoir juridique d'agir devant une autorité juridictionnelle.

- Ensuite, l'État de droit peut se concilier avec toutes les formes gouvernementales, alors que l'État légal constitue par lui-même une forme spéciale de gouvernement.
- Enfin, l'État légal tend purement et simplement à assurer la suprématie du Corps législatif alors que le régime de l'État de droit exige la subordination de l'administration aussi bien aux règlements administratifs eux-mêmes qu'aux lois[23].

En outre, le développement naturel du principe sur lequel repose l'État de droit impliquerait que le législateur lui-même ne peut point, par les lois faites à titre particulier, déroger aux règles générales consacrées par la législation existante.

Et il serait pareillement conforme à l'esprit de ce régime que la Constitution détermine supérieurement et garantisse aux citoyens ceux des droits individuels qui doivent demeurer au-dessus des atteintes du législateur.

A cet effet, il conviendrait de soutenir que le régime de l'État de droit est un système de limitation, non seulement des autorités administratives, mais aussi du Corps Législatif c'est-à-dire, du Parlement.

En fait, ces trois différences se résument en une seule qui est la suprématie du législateur organisée par l'État légal et d'où découlent les deux autres points soulevés par Carré de Malberg.

Et il est étonnant que le penseur oppose à ce sujet l'État de droit et l'État légal, puisque, en réalité, l'État légal constitue une première version de l'État de droit[24] tant par les raisons qui ont conduit à son établissement que par l'organisation qu'il institue et qui vise à subordonner les actes des gouvernants à la loi pour éviter l'arbitraire des actes particuliers.

Toutefois, ce que Carré de Malberg désigne sous le nom d'État légal correspond à ce Marie-Joëlle Redor[25] appelle État légicentrique, c'est-à-dire un État qui organise la suprématie du législateur à travers le règne de la loi au sens formel, et non plus au sens matériel et qui, par conséquent, n'offre aucune garantie sérieuse contre l'éventuel arbitraire du législateur.

La critique acerbe formulée par Marie-Joëlle Redor contre la pensée agencée par l'auteur de la *Contribution* en est que Carré de Malberg entretient une certaine ambiguïté quant à cette notion d'État légal dans la mesure où il le définit à la fois comme l'État du règne de la loi et comme

---

[23] *Idem*, p.490

[24] *Idem loco*

[25] REDOR M.-J. ,*op. cit.* , *p.*14

l'État de la suprématie du législateur, comme si l'un et l'autre étaient nécessairement équivalents.

Or, c'est moins l'État du règne de la loi qu'il oppose à l'État de droit que le règne du législateur.

En outre, sa conception s'apparente étroitement à celle du *Rechtsstaat*, à l'État de droit conçu stricto sensu puisque par État de droit, il faut entendre un État qui, dans ses rapports avec ses sujets et pour la garantie de leur statut individuel, se soumet lui-même à un régime de droit, et cela en tant qu'il enchaîne son action sur eux par des règles, dont les unes déterminent les droits réservés aux citoyens, dont les autres fixent par avance les voies et moyens qui pourront être employés en vue de réaliser les buts étatiques : deux sortes de règles[26] qui ont pour effet commun de limiter la puissance de l'État, en la subordonnant à l'ordre juridique qu'elles consacrent.

Il est à noter que ces divers contenus peuvent se ramener à deux conceptions de l'État de droit : d'une part, un État de droit formel, d'autre part un État de droit libéral caractérisé par une certaine conception politique de l'organisation du pouvoir et qui débouche pour partie sur des techniques juridiques (la promulgation de la Constitution, la suprématie de la loi expression de la volonté générale).

Quant à l'État légal, au sens où l'entend Carré de Malberg, celui de la suprématie du législateur (et de la loi formelle), il résulte de la transformation de l'État de droit libéral.

Cet État légal est un État de droit en ce qu'il implique la subordination de l'administration et du juge à la loi.

Mais c'est un État de droit inachevé[27] puisque, la loi formelle étant la seule norme de référence, le législateur reste incontrôlé.

Aussi, l'objectif de la théorie de l'État de droit n'est donc pas toujours la liberté des gouvernés. En revanche, il est nécessairement celui de l'effectivité du droit.

En s'assurant que la norme sera toujours obéie, même par l'État, on augmente ainsi la sécurité du commerce, et du commerce juridique en particulier, sécurité d'autant plus nécessaire que les activités de l'État se développent.

Aussi, la théorie de l'État de droit peut-elle justifier aussi bien la limitation de ses activités (c'est le cas de la conception initiale de l'État de droit libéral fondé sur le droit naturel) que leur développement (en équilibrant les interventions étatiques par l'assurance que l'État respectera ses engagements).

Enfin, en sanctionnant toute violation du droit, quel que soit l'auteur, la théorie de l'État de droit contribue à maintenir la cohérence de l'ordre

---

[26] CARRE DE MALBERG, *op. cit,* pp. 488-489

[27] REDOR M.-J. *op.cit.,* p. 15

juridique, en même temps que celle de l'ordre social, dès lors que sont exclues les sanctions de type politique. À cet égard, protection des libertés et protection de l'ordre juridique ne sont pas nécessairement des objectifs contradictoires.

Par ailleurs, s'il appartient à la nation d'obliger l'État à respecter le droit, la sanction des violations réside essentiellement dans le droit de résistance à l'oppression, sanction éminemment politique dont l'efficacité peut être mise en doute quand on sait que l'État dispose du monopole de contrainte.

D'autres variantes sont envisageables : ainsi la non réélection, voire la révocation des gouvernants qui auraient violé le droit ; mais dans tous les cas, il s'agit des sanctions politiques fondées sur une certaine conception du pouvoir et de sa légitimité et qui limite l'indépendance des gouvernants à l'égard des gouvernés.

Elles ne peuvent donc s'appliquer à tous les régimes politiques ; elles conduisent aussi à la négation de l'État de droit formel, d'une part parce qu'elles impliquent un certain contenu du droit, d'autre part parce qu'elles font échapper l'État de droit au droit par le caractère de la sanction attribuée à la norme.

Dans sa version limite, la politique est même la négation du droit, au moins du droit positif, puisque la résistance à l'oppression c'est la désobéissance aux normes en vigueur qui peut conduire à l'insurrection.

Dangereuses pour l'ordre juridique positif, les sanctions politiques peuvent ainsi s'avérer également dangereuses pour l'ordre social qu'il consacre.

Aussi, la sanction juridique se contente quant à elle d'une remise en l'état du droit par suppression de l'acte illégal, dans la forme juridictionnelle.

La question du respect du droit par l'État reste ainsi une question purement juridique ; elle exclut l'intervention active des gouvernés, sauf par l'éventuelle saisine du juge.

Certes, l'État légal est pour partie la négation de l'État de droit, mais cette fonction de légitimation est inhérente à la théorie de l'État de droit puisque c'est précisément la soumission de l'État au droit qui définit l'État légitime[28].

On peut se demander pourquoi cet État est a priori plus légitime qu'un autre.

Si l'on se contente d'opposer État de droit et État de police, la réponse est évidente : en limitant l'arbitraire, l'État de droit assure une plus grande sécurité, élément de liberté, en même temps qu'une plus grande rationalité dans l'exercice du pouvoir ; c'est en quelque sorte un État de la raison.

---

[28] NIETZCHE F., *Par-delà le bien et le mal* ,Paris, éd . Aubier- Montaigne, coll. Bilingue, 1951, pp. 201-203

Mais, la soumission de l'État au droit suffit-elle à légitimer le pouvoir ? La question est d'autant plus importante dans le cas de la conception formelle de l'État de droit puisque le droit auquel est soumis l'État est le droit positif créé par l'État sans que celui-ci soit lié par aucune obligation de contenu, sans qu'il soit tenu non plus d'observer aucune concernant l'organisation politique du pouvoir.

À cet égard, on peut avoir affaire à un État dictatorial qui soit pourtant un État de droit au sens formel. Par quel tour de passe-passe en arrive-t-on à considérer abstraitement un tel État comme légitime ?

Concrètement, la question de légitimité met en jeu celle de l'acceptation du pouvoir par les gouvernés, donc celle de leur obéissance[29] c'est-à-dire ce qu'on appellerait l'effectivité du droit à leur égard. En ce sens, tout État est réellement soumis au droit, à cette condition d'effectivité de ses commandements.

Ainsi, la théorie de l'État de droit commande que pour que l'État soit légitime, c'est-à-dire que ses commandements soient acceptés, il doit lui-même obéir à ses propres commandements. Et l'on pourrait appliquer à l'État de droit la pensée de Nietzsche : « Plus d'un moraliste, dit-il, cherche à exercer, aux dépens de l'humanité, sa puissance et son imagination créatrice ; plus d'un, et Kant peut-être est du nombre, donne à entendre par sa morale : « Ce qui est respectable en moi, c'est que je sais obéir, et il ne doit pas en être autrement chez vous »[30].

Reste à savoir pourquoi l'État doit être soumis au droit. Est-ce pour l'obliger à respecter la liberté de ses citoyens ou pour donner une assise plus solide à son pouvoir sur eux ? Est-ce pour limiter ses activités ou au contraire pour les étendre ? Est-ce dans un but de liberté ou souci d'ordre ?

En effet, La référence à la théorie de l'État de droit fait ressortir la singularité du cas français. Pour Carré de Malberg, la France n'appliquerait pas le régime de l'État de droit mais le système de l'État légal, qui s'en différencie au moins sur deux points essentiels : d'une part, la loi n'est pas seulement la limite de l'activité administrative mais aussi sa condition, la fonction administrative se ramenant à l'exécution des lois ; d'autre part, la primauté de la constitution sur la loi n'est pas assurée puisque celle-ci ne peut faire l'objet d'aucun recours.

Ces particularismes recouvriraient une opposition plus fondamentale : alors que l'État de droit est établi simplement et uniquement dans l'intérêt et pour la sauvegarde des citoyens, dont il place les droits au-dessus de toute atteinte, même du législateur, l'État légal se rattache à une conception

---

[29] ESMEIN A. *Eléments de droit constitutionnel français et comparé,* Paris, Larose, 2e éd., 1899, pp. 163-164

[30] NIETZSCHE F. *op. cit.* , p. 181

politique ayant trait à l'organisation fondamentale des pouvoirs et tend purement à assurer la suprématie du corps législatif.

D'un côté, l'État légal va plus loin que l'État de droit, puisqu'il implique la subordination aux lois de l'ensemble des actes administratifs, même ceux qui n'intéressent pas directement les citoyens ; mais d'un autre côté, il est en retrait par rapport à l'État de droit, dans la mesure où il exclut tout mécanisme de limitation du législateur lui-même. En réalité, le système de l'État légal tel qu'il est établi en France ne concerne et ne régit, outre la justice, que l'Administration.

Sous cet angle, la théorie de l'État de droit apparaît comme une machine de guerre contre le système de l'État légal : remettant en cause le privilège d'incontestabilité dont bénéficiait jusqu'alors la loi en droit français, elle vient légitimer l'institution d'un contrôle de constitutionnalité des lois.

Par ailleurs, la théorie de l'État de droit sert aussi d'appui solide dans la construction doctrinale d'un droit administratif en plein essor : favorisant l'élargissement du contrôle du juge administratif sur les actes administratifs, par le biais d'un recours pour excès de pouvoir dont la nature contentieuse et le caractère objectif sont désormais indiscutés, elle justifie aussi le développement de la responsabilité d'une administration tenue de répondre de ses actes ; plus profondément, elle entraîne une véritable refondation d'un droit administratif conçu, non plus comme un privilège pour l'Administration, mais comme un moyen de renforcer les garanties offertes aux administrés : aussi le critère de la puissance sera-t-il très logiquement relayé par celui de service, qui traduit mieux la volonté d'assujettissement de l'Administration au droit[31].

Néanmoins, refusant de considérer l'État comme un sujet autonome, doté d'une volonté propre, la doctrine française la soude à la Nation, dont n'est censé être que la personnalisation juridique ; et le rapport de l'État au droit est conçu de manière assez différente.

2° Le rapport entre l'État et le droit

L'adhésion à la problématique de l'État de droit a conduit la doctrine française à être confrontée à son tour à la question difficile de la relation entre l'État et le droit, en se situant notamment par rapport à la théorie allemande de l'autolimitation.

Sur ce point les positions sont tranchées.

Carré de Malberg s'attache à montrer que c'est précisément dans la mesure où elle est de nature juridique que la puissance de l'État est soumise au droit, et donc limitée : toute puissance qui ne peut naître et subsister que moyennant l'établissement et l'application d'une règle juridique est en effet forcément une puissance limitée par le droit.

---

[31] CHEVALLIER J. « Les fondements idéologiques du droit administratif français », in *Variations autour de l'idéologie de l'intérêt général,* Paris, P.U.F., 1979

D'une part, la puissance de l'État, parce qu'elle s'exprime à travers la norme juridique est une force régie par le droit et s'exerçant dans les formes et selon les conditions fixées par l'ordre juridique. D'autre part, cet ordre juridique ne lie pas seulement les sujets mais aussi l'État : tant que subsiste le doit en vigueur, l'État est tenu de s'y conformer et s'il a la possibilité de l'abroger, il ne peut le faire qu'au prix de la création d'un nouvel ordre qui continuera à limiter sa puissance.

Ainsi, l'État est-il par essence même et constitutivement limité par le droit. Carré de Malberg souligne à ce sujet que c'est au moment où s'institutionnalise dans une organisation durable, régie par des principes juridiques que la puissance de l'État devient par-là même limitée[32].

En substance, il s'agit, pour la doctrine française, de fonder l'État de droit sur des bases plus solides, en faisant du droit une réalité distincte de l'État.

En effet, dès l'instant où l'on conçoit le droit comme un dispositif extrinsèque de limitation de la puissance étatique, on est amené à quitter le terrain du strict positivisme juridique. La norme juridique est censée prendre naissance, non plus dans l'État, mais dans un principe qui lui est antérieur et supérieur : Dieu, la Nature, l'Homme, la Société ; elle s'appuie sur un ordre préexistant, tantôt divin, tantôt naturel, tantôt humain, tantôt social.

L'État n'est conçu que comme un scribe, ou mieux comme un interprète, et la norme juridique existe indépendamment de son intervention : le fait générateur du droit se situe en dehors de l'État. Ainsi, le droit naturel a pendant longtemps servi de référence à tous ceux qui entendaient dégager le droit de l'emprise de l'État.

La proclamation en 1789 des droits naturels inaliénables et sacrés de l'homme s'inscrit tout à fait dans cette perspective, qu'elle prolonge et amplifie : contre la dérive absolutiste, les révolutionnaires cherchent à ancrer le droit dans un principe supérieur et transcendant. Prétendant à l'universalité, la Déclaration érige les droits de l'homme en impératif catégorique s'imposant à tout pouvoir.

Cette conception a été appuyée par Léon Duguit qui démontre que c'est l'état de conscience de la masse des individus composant un groupe social donné qui est la source créatrice du droit : il y a en effet droit quand cette masse comprend et admet qu'une réaction contre les violateurs de la règle peut être socialement organisée ; c'est à ce moment précis que la simple norme sociale, fondée sur la solidarité et l'interdépendance, se transforme en norme juridique.

Le droit n'est nullement une création de l'État et l'expression de sa suprématie, mais un fait social ; il se forme spontanément dans l'esprit des hommes, sous l'influence de deux sentiments : celui de la sociabilité, qui pousse à ce que soit sanctionné tout acte attentatoire à la solidarité sociale, celui de la justice qui incite à ce que soit préservée l'égalité de tous à la fois dans leurs rapports mutuels (justice commutative) et dans leurs rapports avec le groupe (justice distributive).

[32] CARRE DE MALBERG, *op. cit.*

C'est la double conscience qu'une règle est essentielle pour le maintien de la solidarité sociale et qu'il est juste de la sanctionner qui provoque sa transformation en règle de droit ; existant ainsi en dehors de l'État, et sans que soit requise son intervention, cette règle s'impose à lui objectivement, comme elle s'impose à tous les individus[33].

Quant à Georges Burdeau, l'État est limité par le droit dans la mesure où sa puissance est juridiquement conditionnée par l'idée de droit qui la légitime : comme toute institution, l'État est en effet une entreprise au service d'une idée ; sa formation repose sur une certaine image de l'avenir collectif, la volonté de former avec les autres une communauté.

Le concept d'idée de droit traduit cette représentation de l'ordre désirable, qui est d'ores et déjà placée sous le signe du droit puisqu'elle implique un ensemble de règles destinées à la réaliser.

L'État n'est donc pas le fondement du droit : il ne se limite point ; il naît limité, et les gouvernants ne sauraient aller à l'encontre de l'idée de droit à laquelle le groupe se réfère.[34]

Il est important de mentionner que toutes les théories qui visent à faire du droit une réalité extérieure, antérieure et supérieure à l'État ne sont pas parvenues à atteindre véritablement leur but.[35]

D'abord, leurs fondements sont fragiles en ce sens que, en réalité, dès l'instant où l'on ramène la norme sociale à un fait social générique et diffus, on est inévitablement conduit, soit à l'assimiler à la norme sociale, soit à placer son fondement dans une conscience sociale, individuelle ou collective, hypostasiée et placée dans l'ordre du vouloir.

Ensuite, l'assujettissement de l'État au droit est plus apparent que réel. La théorie duguiste du droit objectif devrait frapper les actes des gouvernants d'une extrême précarité : ces actes ne devraient pas être valables de plein droit, mis seulement après vérification de leur conformité au droit objectif ; et il faudrait admettre, en cas contraire, la possibilité de refus d'obéissance. Or, Duguit recule devant ces conséquences, en craignant qu'elles ne paralysent l'autorité et fassent sombrer la société dans l'anarchie et le désordre.

Comme l'ensemble de la doctrine de droit public, il admet le privilège du préalable et affirme qu'obéissance est due à tout acte émanent des gouvernants : il y a une véritable présomption que les commandements du pouvoir sont conformes au droit objectif et légitime. La résistance à l'oppression n'est admise que de manière purement théorique : les conditions rigoureuses qui l'entourent excluent son usage effectif.

---

[33] PISIER, *Les fondements de la notion de service public dans l'œuvre de Léon Duguit*, Paris, L.G.D.J., 1972, p.54

[34] BURDEAU G., *La démocratie,* Paris, Seuil, 1966

[35] CHEVALLIER J., *op. cit.,* p.42

La validité des actes des gouvernants ne peut être réellement discutée qu'a posteriori, dans le cadre du débat contentieux.

Enfin, et paradoxalement, les théories de l'hétéro-limitation aboutissent à renforcer l'État en lui conférant une nouvelle légitimité : elles donnent en effet à voir un État tenu, lié par le droit et, de ce fait, mis à l'abri de toute contestation ; le culte de la norme s'étend par projection à l'État, qui est censé n'être que son fidèle transcripteur.

L'image du juge occupe une place centrale dans ce dispositif idéologique : considéré comme le garant de la primauté du droit, le juge devient la caution ultime de sa légitimité.

Ainsi, en construisant sa propre version de l'État de droit, la doctrine française en vient-elle à buter, elle aussi, sur le problème de la limitation de l'État par le droit : la soumission des organes de l'État aux contraintes d'un ordre juridique hiérarchisé donne sans doute à voir un État régi par le droit ; elle laisse en revanche en suspens la question de la position de l'État par rapport à ce droit.

En montrant la vanité de cette question, l'approche kelsénienne va mener jusqu'à son terme la construction formelle de l'État.

III. La pensée kelsénienne de l'État de droit

En coupant court à toute interrogation sur la relation droit-Etat et en assimilant purement et simplement les concepts d'État de droit et d'ordre juridique, Hans Kelsen tire toutes les conséquences de la rationalité formelle qui a été au départ de la théorie de l'État de droit.

Il sied d'analyser la thématique de l'ordre juridique avant de scruter celle de l'État de droit telle que perçue par Kelsen[36].

1° L'ordre juridique dans la conception de Kelsen

La conception formelle de l'État de droit repose sur le principe de hiérarchie des normes ; elle suppose que le droit étatique se présente comme un édifice formé de niveaux superposés et subordonnés les uns aux autres : une norme n'est valide que si elle satisfait, par ses conditions d'émission et dans son contenu, aux déterminations inscrites dans d'autres normes de niveau supérieur ; et des mécanismes de régulation de nature juridictionnelle sont prévus pour vérifier cette conformité et éventuellement retirer de l'ordonnancement les normes indûment posées.

Dans cette optique, le droit est conçu comme un système de normes liées les unes aux autres et articulées, non seulement d'un point de vue statique, mais encore d'un point de vue dynamique : alors que la théorie statique du droit envisage le droit à l'état de repos comme un système de normes en vigueur, la théorie dynamique du droit s'interroge sur les processus de

---

[36] KELSEN H., *Théorie pure du droit*, Paris, Dalloz, 1962

création et d'application du droit ; il s'agit pour Kelsen de deux points de vue, de deux manières différentes d'appréhender l'ordre juridique.

Chaque norme trouve en effet le fondement de sa validité dans une autre norme hiérarchiquement supérieure, qui règle sa création et dont elle n'est que l'application, tout en étant elle-même la condition de validité de normes de niveau inférieur ; si l'on fait abstraction des cas limites, entre lesquels se déroule le processus de création du droit, tout acte juridique est à la fois application d'une norme supérieure et création, réglée par cette norme, d'une norme inférieure.

On est donc en présence d'une série de normes en cascade qui s'enchaînent et s'engendrent successivement, en prenant appui les unes sur les autres : au sommet, une norme positive suprême, supérieure à toutes les autres et qui définit leurs conditions de production et à la base, des normes strictement encadrées par celles qui sont placées au-dessus d'elles.

L'ordre juridique apparaît ainsi comme un édifice à plusieurs étages superposés, une pyramide formée de couches de normes juridiques hiérarchiquement subordonnées et tirant leur validité de leur appartenance à cet ordre.

Dans les sociétés modernes, l'ordre juridique étatique a imposé progressivement sa suprématie, en se substituant, ou du moins en se superposant, aux ordres juridiques préexistants et en devenant le seul cadre juridique de référence pour l'ensemble de la collectivité.

Dans l'espace territorial étatique, il n'y a plus qu'un seul ordre juridique légitime, et souverain, celui de l'État : toutes les normes juridiques sont censées émanées directement ou indirectement de l'État ; et elles ne sont valides que si elles s'insèrent dans son ordre juridique en respectant strictement ses déterminations.

Cette promotion de l'ordre juridique étatique s'est doublée de profondes modifications dans la configuration même de l'ordre juridique : poussant la rigueur formelle beaucoup plus loin que les autres, l'ordre juridique étatique se caractérise par une rationalisation du processus de production du droit, confié à des organes spécialisés, aux compétences bien définies ; et surtout, l'exécution des normes est désormais garantie par l'intervention d'appareils de contrainte chargés de réprimer les manquements éventuels.

L'État est devenu l'ordre juridique total qui intègre et ramène à lui tous les autres ; son droit, en tant que suprême, est le seul vrai droit[37].

Ce point de vue normativiste s'inscrit bien dans la logique d'un État de droit, conçu comme police des normes juridiques et qui vise à la rationalisation et à la mise en ordre de la production juridique.

Ainsi, Kelsen va plus loin en ramenant la question de l'État de droit au simple constat de l'existence d'un ordre juridique hiérarchisé.

---

[37] KELSEN H., op. *cit.*, p.393

2° La thèse kelsénienne de l'État de droit

De prime abord, Kelsen affirme l'absolue identité de l'État et du droit, qui constituent un seul et même ordre de contrainte.

En tant qu'organisation politique, l'État ne peut être pensé que comme ordre juridique et réciproquement, l'ordre juridique est un État dès l'instant où il atteint un certain degré de centralisation.

Par ailleurs, pour Kelsen, l'État n'est pas une entité mystique qui dissimulée derrière le droit, commanderait sa création et lui donnerait force obligatoire : c'est l'ordre juridique qui règle les conditions de production des normes juridiques et fait exister l'État, notamment en en définissant ses éléments constitutifs, en tant que personne juridique à qui ces actes seront imputés – ce qui signifie que le droit règle sa propre création ; quant à la puissance de l'État, elle n'est rien d'autre que l'efficacité de l'ordre juridique[38].

À cet effet, Kelsen ramène donc et assimile l'État à l'ordre juridique, en en faisant la pure et simple personnification de cet ordre et le produit de ses déterminations : ce n'est plus que l'autre nom de l'ordre juridique[39].

Dès lors, le problème de l'État de droit peut être envisagé d'un point de vue strictement positiviste et en excluant tout jugement de valeur implicite et toute préoccupation de légitimation sous-jacente : chaque fois que l'on se trouve face à un ordre de contrainte relativement centralisé, offrant toutes les caractéristiques d'un véritable ordre juridique, on est ainsi en présence d'un État, et donc d'un État de droit ; ce qui importe n'est pas le contenu des normes juridiques, le degré variable de démocratie et de sécurité juridique qu'elles comportent, mais le seul constat de l'existence d'un ordre de contrainte efficace.

Plus généralement, l'analyse kelsénienne de l'État de droit appelle un certain nombre d'objections de fond.

Sans doute, elle a le mérite de montrer que droit et État ne peuvent être envisagés indépendamment l'un de l'autre : il s'agit de deux phénomènes simultanés, indissolublement liés et qui se présupposent réciproquement.

De même que le droit implique un processus d'extériorisation des disciplines collectives, traduit par l'émergence de l'État, la puissance étatique s'exprime par la norme juridique : tout comme le droit prend appui sur l'État, l'État se présente comme une entité juridique, gouvernée et régie par le droit.

Cependant, droit et État ne sauraient pour autant être identifiés.

D'une part, l'État ne se réduit pas au droit. En considérant l'État comme un simple ordre juridique formel, Kelsen aboutit à en faire une totalité

---

[38] *Ibidem*

[39] CHEVALLIER J., *op. cit.*, p.48

cohérente et stable, en ignorant la dynamique sociale et politique dont il est le produit et les forces qui l'agitent en permanence et le font évoluer.

D'autre part, et à l'inverse, le droit ne se réduit pas à l'État.

À cet effet, il ressort que le principe kelsénien de l'identité de l'État et du droit signifie, non seulement que l'État et le droit sont un seul et même ordre de contrainte, mais aussi, que l'État est devenu l'ordre juridique total qui intègre et ramène à lui tous les autres.

Si elle traduit bien la volonté de l'État d'imposer sa suprématie juridique et de contrôler l'ensemble des flux sociaux, cette conception néglige la complexité de la vie sociale et la diversité consécutive du droit : malgré ses prétentions totalisantes et sa recherche de l'exclusivité, l'ordre juridique étatique ne parvient pas à ramener à lui et à condenser l'intégralité des phénomènes juridiques ; il se trouve pris à revers et court-circuité par des règles juridiques qui se forment en de multiples lieux et échappent au moins partiellement à sa médiation.

Poussant la conception formaliste de l'État de droit jusqu'à sa logique ultime, Kelsen fait en même temps ressortir ses limites.

Il admet d'ailleurs lui- même que si, en théorie, tout État est un État de droit, en fait l'expression est utilisée pour désigner un type particulier d'État, qui répond aux postulats de la démocratie et de la sécurité juridique[40] : la juridiction et l'Administration y sont liées par des lois ; les membres du gouvernement y sont responsables de leurs actes ; les tribunaux y sont indépendants ; et les citoyens s'y voient garantir ses droits fondamentaux. C'est en cela que se traduit le substrat de l'État de droit.

§2. Le fondement de l'État de droit

L'État de droit présuppose une vision de l'État, entité abstraite et collective distincte de la société civile, et du droit, perçu comme exprimant l'idéal de justice ; il repose sur une conception libérale et démocratique du pouvoir et des libertés individuelles.

Aussi, l'État de droit apparaît comme une organisation politique et sociale destinée à mettre en œuvre les principes de la démocratie libérale.

C'est ainsi que l'examen du soubassement libéral et juridique de l'État de droit s'avère impérieux.

1° Le fondement libéral de l'État de droit

L'État de droit s'inspire d'une méfiance de principe vis-à-vis d'un État dont on cherche à encadrer et à corseter la puissance pour éviter qu'elle ne devienne oppressive.

Il entend encadrer l'exercice du pouvoir et garantir les libertés individuelles.

---

[40] KELSEN H., *op. cit.* , p.411

À cet égard, l'épanouissement de la théorie de l'État de droit coïncide avec l'avènement d'un État libéral qui entend contenir les interventions de l'État dans la vie sociale, au nom du primat accordé à l'individu et des bienfaits présumés de l'ordre naturel.

Il va sans dire qu'au cœur de l'État de droit, il y a donc fondamentalement l'idée de limitation du pouvoir, par le triple jeu de la protection des libertés individuelles, de l'assujettissement à la Nation et de l'assignation d'un domaine restreint de compétences : la structuration de l'ordre juridique n'est qu'un moyen d'assurer et de garantir cette limitation, à travers les mécanismes de production du droit[41].

Ainsi, l'État de droit recouvre une conception au fond des libertés publiques, de la démocratie et du rôle de l'État, qui constitue le fondement sous-jacent de l'ordre juridique.

A. La conception des libertés publiques

Le premier aspect de limitation du pouvoir réside dans la référence aux droits de l'homme. L'État de droit implique en effet une certaine conception des rapports entre l'individu et l'État, qui sous-tend tout l'édifice juridique : non seulement la puissance de l'État trouve ses limites dans les droits fondamentaux reconnus aux individus, ce qui crée ainsi la possibilité d'une opposition au pouvoir fondée sur le droit mais encore elle a pour justification la garantie de ces droits.

À ce propos, L. Ferry et A. Renaut notent que l'État de droit repose sur l'affirmation de la primauté de l'individu dans l'organisation sociale et politique, ce qui entraîne à la fois l'instrumentalisation de l'État, dont le but est de servir les libertés, et la subjectivisation du droit, qui dote chacun d'un statut, lui attribue un pouvoir d'exigibilité et lui confère une capacité d'action[42].

En tout état de cause, il sied de souligner que l'individu préexiste à l'État, que celui-ci n'est que le fruit d'un contrat social, conclu dans l'intérêt et pour l'utilité de chacun ; l'individu est détenteur en tant qu'homme des droits que l'État est tenu de garantir.

Dans la conception libérale, les droits de l'homme constituent le fondement de la construction sociale et politique de l'État.

Partant en effet de l'homme, les révolutionnaires ont défini les droits qu'il tient, en tant qu'homme, droits antérieurs à toute vie sociale et auxquels il ne saurait renoncer en entrant dans la société : le but de l'organisation sociale est la sauvegarde de ces droits naturels et imprescriptibles ; les lois

---

[41] CHEVALLIER J., *op. cit.*, p.55

[42] FERRY L. et RENAUT A., *Philosophie politique, III Des droits de l'homme à l'idée républicaine*, Paris, P.U.F., 1985, p. 72

positives ne sont que le moyen d'assurer la protection de ces droits subjectifs, historiquement et ontologiquement premiers[43].

Ainsi, l'État de droit demeure celui dans lequel les droits fondamentaux sont reconnus et garantis. La démocratie n'en demeure pas moins un de ses éléments caractéristiques.

B. La vision de la démocratie dans un État de droit

La théorie de l'État de droit implique une certaine conception de la démocratie, dans laquelle la volonté que la Nation exprime par l'intermédiaire de ses représentants se trouve contrebalancée par d'autres exigences : à ce titre, elle apparaît comme un compromis entre l'idéologie démocratique et les valeurs libérales ; tout en enregistrant la poussée démocratique, elle entend l'encadrer et la canaliser par le droit.

Il est à noter que la théorie de l'État de droit ne remet pas en cause la conception de la souveraineté nationale.

Ce qui veut dire que, d'après cette conception, l'État n'est pas considéré comme le fait politique originaire, mais comme le simple prolongement de la Nation, à laquelle il est génétiquement lié. D'origine consensuelle, l'État est créé par voie d'accord.

Cette origine consensuelle contient en germe un principe de limitation politique et juridique de l'État, en légitimant la résistance à l'oppression : la disparition du consensus indispensable à son existence et à sa survie frappe d'État d'illégitimité.

Aussi, l'idée que la loi est l'expression de la volonté générale est en effet un soubassement fondamental de l'État de droit ; et c'est sur elle que vient s'appuyer la structure de l'ordre juridique.

Ainsi, les théoriciens de l'État de droit sont restés fidèles à la conception de la démocratie représentative qui postule que l'élu représente la Nation et prend des décisions en ses lieux et place.

Pour Carré de Malberg, la promotion du thème de l'État de droit s'inscrit dans une problématique plus générale d'adaptation des régimes libéraux corrodés par la poussée démocratique : l'objectif est de diminuer les prérogatives du Parlement, par la revalorisation d'un Exécutif paré de toutes les vertus, et peut-être par l'introduction de quelques éléments de démocratie semi-directe.

La théorie de l'État de droit apporte une caution théorique et offre une voie pratique à cette réévaluation du rôle des assemblées[44].

Plus profondément, en mettant l'accent sur les contrôles juridiques plus que sur les garanties politiques, elle tend à infléchir sensiblement la conception de la démocratie : la démocratie, ce n'est plus seulement la loi de

---

[43] BARRET-KRIEGEL, *Les droits de l'homme et le droit naturel*, Paris, P.U.F., 1989, p. 103

[44] CARRE DE MALBERG, « Referendum et parlementarisme »in *Revue du droit public*, Paris, 1931, p. 255

la majorité, c'est aussi le respect de règles du jeu et de valeurs inscrites dans des normes supérieures.

En outre, investi d'une fonction essentielle de régulation, le droit devient un élément constitutif de la démocratie. Revue à travers le prisme de l'État de droit, la démocratie acquiert des couleurs nouvelles.

Au-delà de ce socle de valeurs d'inspiration libérale, l'État de droit repose sur la croyance profondément ancrée dans les vertus de la dogmatique juridique.

C'est entre autres la vision idéale de la démocratie qui sous-tend cette marche.

À ce sujet, la démocratie idéale peut s'entendre d'un régime dans lequel le pouvoir est exercé par ceux qui lui sont assujettis, de telle sorte que ne s'impose à eux aucune volonté étrangère à la leur[45].

La démocratie directe est la traduction la plus fidèle de l'idéal démocratique : aux citoyens, elle confie non seulement le principe, mais encore l'exercice effectif de la souveraineté.

À eux et à eux seuls, de définir la règle à laquelle ils acceptent de se soumettre. Ceux qui auront à traduire la règle dans le concret[46], ou à l'appliquer au jugement des litiges, ne font, dans cette analyse, qu'exécuter la volonté du souverain : ils sont les serviteurs des citoyens, ils ne disposent d'aucun pouvoir autre que celui de faire passer leurs décisions dans les faits.

Ainsi si la souveraineté réside dans le peuple, elle ne peut, sauf exception, pas s'exprimer sous la forme de la démocratie la plus directe. Cette constatation ne condamne pas le principe même de la démocratie directe.

En effet, divers systèmes ont été mis au point pour que le peuple puisse avoir le dernier mot et, partant, exercer la souveraineté qui lui appartient, même s'il ne peut se réunir en un seul et même endroit.

Cependant, cette forme de démocratie a subi des fléchissements à travers le temps ; et c'est le concept de représentation qui a tenté de contourner l'utopie de la démocratie directe sans rompre avec l'idéal démocratique.

Il importe également de noter que dans la démocratie représentative, la totalité du pouvoir appartient aux citoyens. Mais ils ont décidé d'en confier l'exercice à des hommes choisis par eux, qui seront les interprètes de leur volonté.

À cet effet, les élus, maîtres de la loi, ne disposent d'aucun pouvoir propre. À travers eux, ce sont les citoyens qui décident. En obéissant à la loi, et à ceux, administrateurs et juges, qui en assurent la mise en œuvre, c'est encore à eux-mêmes qu'ils obéissent.

---

[45] RIVERO J., « Introduction aux travaux des XII[ès] Journées d'études juridiques Jean Dabin » in *La participation directe du citoyen à la vie politique et administrative, Travaux des XII[ès] Journées d'études juridiques Jean Dabin*, Bruxelles, Bruylant, 1986, p.8

[46] *Idem,* p.8

Ainsi l'adéquation des gouvernants et des gouvernés se réalise à travers la délégation que ceux-ci consentent à ceux-là.

L'analyse de la participation directe des citoyens à la vie tant politique qu'administrative s'avère indispensable dans la nouvelle optique de l'État de droit.

1° La participation directe des citoyens à la vie politique comme soubassement de la démocratie

Les citoyens participent à l'exercice du pouvoir par des mécanismes variés. En effet, participer évoque la possibilité donnée à des personnes de prendre elles-mêmes une certaine part à l'exercice du pouvoir, cette part pouvant aller de l'information et du dialogue jusqu'à l'association à la prise de décision.

Dans l'ordre politique, c'est principalement à l'élaboration de la règle par les représentants élus que la participation associe les citoyens. Selon Blaise Knapp, la démocratie directe ne peut s'exercer que dans un cadre juridique[47].

Elle est une option politique fondamentale, mais elle n'est rien si ses conséquences ne sont pas déterminées par la législation.

La démocratie directe sous la forme d'une participation du peuple, peut se borner au processus d'adoption et de révision de la Constitution suivant la procédure constitutionnelle.

À cet effet, la démocratie directe s'enkyste sur deux piliers fondamentaux à savoir l'initiative populaire et le référendum.

L'initiative consiste en une demande adressée à l'autorité compétente de faire quelque chose ou de poser une règle. Cette demande est impérative [48]et l'autorité saisie doit lui donner une suite et pas se borner à la classer tandis que le référendum[49] suppose qu'un texte de nature législative ou une décision ait été adopté par les organes compétents.

Le but de la démocratie directe est essentiellement de faire exercer une partie du pouvoir par le peuple afin qu'il se sente concerné par le pouvoir et lié par les décisions prises par celui-ci : le peuple devient ainsi co-responsable de la politique nationale. Et cette dimension est d'autant plus importante dans l'optique d'instauration d'un État de droit.

---

[47] Blaise KNAPP, « Principes et modalités de la démocratie directe » in *La participation... op. cit.,* p. 79

[48] LEJEUNE Y. et REGNIER J., « L'introduction du référendum en droit belge » in *La participation... op.cit...,* p. 178

[49] KNAPP B., op. cit., p.83 ; FROWEIN J., « Les référendums. Aspects de droit comparé », in *La participation... op.cit...* p.98 ; PATERNAUDE P., La réglementation du financement des campagnes référendaires in *La participation... op.cit...,* p. 124 ; REYNDERS D., « L'introduction dans la constitution du référendum législatif d'initiative populaire » in *La participation... op.cit...* p.159 ; DE VISSCHER P., « Débat sur les élections, les référendums et les consultations populaires en Belgique « in *La participation... op.cit...* p.199 ; LEWALLE P., Le référendum local in *La participation... op.cit...* p.228

Aussi, la participation directe des citoyens à la vie politique et juridique de la nation sert d'exutoire aux mécontentements comme aux vœux populaires.

De plus, une des conditions d'implantation de l'État de droit s'articule autour de la liberté des citoyens[50].

Certes, les citoyens doivent être libres, ceci veut signifier que la démocratie n'est possible et ne peut fonctionner que si les citoyens peuvent exprimer librement et sans entrave leurs opinions. Cette liberté implique notamment que les citoyens reçoivent des informations leur permettant de se former un avis et qu'ils puissent se déterminer sur la base des informations dont ils disposent.

Elle exige dès lors que les citoyens puissent exprimer leurs opinions, puissent se réunir[51] pour en converser et s'associer pour les promouvoir. La démocratie exige donc la reconnaissance des libertés d'opinion, d'expression, de réunion, et d'association[52].

Il en résulte aussi que la démocratie exige le pluralisme des opinions et des partis politiques.

Il faut que les citoyens libres aient le droit de voter. Un tel droit suppose, à l'évidence, que les conditions dans lesquelles s'exerce le vote soient telles, que la volonté exprimée par le peuple soit authentique et ne soit ni faussée ni manipulée.

En particulier, toutes les précautions doivent être prises pour que la volonté populaire ne puisse être induite en erreur quant à l'objet du scrutin, quant à sa portée et quant à ses conséquences.

Surabondamment, les citoyens doivent s'instruire des affaires publiques. Ceci signifie qu'une véritable démocratie exige que des citoyens libres et votants aient un niveau d'instruction leur permettant de pouvoir comprendre les questions sur lesquelles ils sont appelés à s'exprimer. À cet égard, on ne peut pas parler de la démocratie véritable lorsque le sens du scrutin échappe totalement à ceux qui s'expriment.

Par ailleurs, une autre forme de participation du citoyen se rencontre également dans la vie administrative[53].

2° La participation des citoyens à la vie administrative comme nouvelle vision de la démocratie

La question de la participation du citoyen à la vie administrative est une des questions les plus actuelles et en même temps les plus controversées de

---

[50] KNAPP B., *op.ci.*, p.87

[51] TURPIN D., *Les libertés publiques*, Paris, Gualino éditeur, 4è éd., 1998, p 294

[52] HEYMANN-DOAT A., *Libertés publiques et droits de l'homme*, Paris, L.G.D.J ., 6è éd., 2000, p. 24

[53] DELPEREE F. (dir.), *Citoyen et administration*, Bruxelles, Cabay - Bruylant, 1985, p. 288

l'administration contemporaine car cette participation du citoyen ne s'exerçait donc pas sur le terrain administratif mais uniquement sur le terrain politique d'autant plus que c'est le modèle de la démocratie politique qui prétendait la réaliser[54].

Cette dernière est conçue comme une technique de représentation politique[55] qui, à travers le suffrage, tente de faire exprimer la volonté générale au sein du Parlement, considéré comme l'autorité centrale et souveraine.

En partant de cette idée, l'État tout entier se gouverne, tantôt à travers les lois, tantôt à travers l'investiture d'un gouvernement qui doit répondre de sa gestion devant les chambres.

Ainsi, les lois comme les actes de l'exécutif, trouvent leur légitimité démocratique dans leur origine même[56], de telle sorte qu'il n'est pas nécessaire d'ajouter d'autres éléments démocratiques dans le processus de décision ou dans l'exécution de celle-ci ; celui qui agit au nom de la loi et en utilisant la force de la loi n'a pas besoin d'un supplément de légitimité démocratique dans l'exercice de ses fonctions.

L'unique façon d'assurer l'exécution efficace d'une loi générale et commune est de disposer d'un pouvoir administratif, unitaire dans sa structure et uniforme dans son action. Ces conditions ne peuvent être remplies que si ce pouvoir est tout entier concentré en un seul centre et s'il agit comme un instrument obéissant et discipliné sous impulsion unique de ce centre.

À ce sujet, Eduardo Garcia de Enterria prend une position [57] d'autant plus ferme en soutenant que toute nouvelle insertion dans l'appareil administratif d'initiatives ou d'actions d'origine populaire, en dehors de celles qui figurent dans la loi et dans les rapports entre l'exécutif et le Parlement souverain, perturberait gravement les bases du système.

Toutefois, le thème de la participation du citoyen à la vie administrative s'inscrit dans une remise en question de ce système qui paraissait pourtant clairement justifié. L'auteur fait également remarquer que l'administration centrale est une administration autocratique[58] et l'administration autocratique devient par la force des choses, une administration bureaucratique.

Dans cette structure, il importe de souligner avec insistance que l'élément politique qui agit comme délégué du peuple, est celui qui est au sommet de la pyramide hiérarchique ; en dessous, une subordination à l'autorité

---

[54] GARCIA DE ENTERRA E., « Principes et modalités de la participation à la vie administrative »in *La participation directe*…op. cit., p.252.

[55] *Idem*, p.252

[56] *Idem*, p. 252

[57] *Idem loco*

[58] Idem loco

politique est imposée à tous les agents qui en dépendent ; ceux-ci sont déconnectés de toute velléité représentative ; ils ont à agir selon les instructions venues d'en haut.

La critique du modèle bureaucratique de l'administration a lancé le thème de la participation du citoyen dans une perspective nouvelle : il s'agit en quelque sorte de rompre les chaînes des agents enfermés dans le système bureaucratique ; il s'agit également de prendre en charge des centres d'intérêts qui n'ont pas été introduits dans le processus apparemment neutre d'exécution de la loi et dans les instructions de ceux qui dirigent.

De cette assertion, il échet de souligner à la suite de Eduardo Garcia qu'introduire dans les structures administratives la participation des citoyens, c'est rompre avec ce système d'imperméabilité malvenue[59] qui ignore le milieu social dont les besoins cherchent pourtant à se faire entendre et qui, pour le surplus, conduit la bureaucratie[60] à se complaire dans des dysfonctions visibles.

En outre, le changement du sens de l'administration a fait également que le pouvoir cesse d'être seulement le garant de l'ordre public et le garant des réglementations objectives[61] pour devenir un prestataire actif de service[62], un acteur de la vie économique, un stimulateur des activités privées, qui intervient, sollicite et apporte normalement son aide[63].

Cette métamorphose de la mission de l'État implique alors que le pouvoir administratif cesse d'être une autorité située au-dessus des citoyens mais, par la force des choses, une autorité qui fait de ces citoyens ses collaborateurs qui participent activement à une mission grandissime, celle de gérer les activités d'intérêt général, notamment par la conclusion des contrats de divers types.

À cet effet, l'administration renonce, d'une certaine manière, à faire prévaloir impérativement et unilatéralement ses prérogatives [64]et arrive à se mettre d'accord avec les particuliers qui sont les destinataires d'une application concrète de ses décisions.

Elle bénéficie ainsi, non pas de prestations pécuniaires, mais simplement d'une collaboration active que lui offrent les particuliers ; celle-ci lui est plus bénéfique que la soumission passive et résignée.

---

[59] Idem loco

[60] WEBER M., *Essai sur la théorie de la science*, tr. fr. , 1965

[61] AUBY et DUCOS- ADER, *Grands services publics et entreprises publiques,* T. 1, Paris, P.U.F. , 1969, p. 13

[62] KABANGA NTABALA, *Grands services publics et entreprises publiques en droit congolais, Etudes monographiques*, Kinshasa, Université de Kinshasa, 1998, p. 16

[63] GENY B., *La collaboration des particuliers avec l'administration*, Thèse de doctorat de l'Université de Nancy, 1930.

[64] GARCIA DE ENTERRIA E., *op. cit.* , p. 256

Cette intervention des particuliers ne peut s'expliquer à partir des principes démocratiques de la participation, mais s'inscrit dans la perspective des relations juridiques bilatérales qui se projettent dans le domaine administratif.

La justification du principe de participation se réfère donc au souci d'inclure dans la décision et dans l'action de l'administration des références à l'intérêt général que les citoyens peuvent faire valoir dans la relation directe qu'ils ont avec l'administration, intérêt général qui ne remet pas en question celui qui est déjà exprimé dans la loi et dont il convient de procurer application ; pour cette raison, nous ne sommes pas en présence d'une démocratie politique alternative ou corrective[65] de celle qui s'exprime au cours de la formation de la loi.

Par conséquent, il n'est donc pas question d'utiliser la participation du citoyen aux fins de légitimer une décision administrative et de la rendre souveraine et irrésistible ; au contraire, dans les systèmes politiques, cette fonction revient exclusivement à la représentation nationale, et non à l'administration en ces différents centres, autorités, niveaux.

Il s'agit uniquement d'insérer dans le processus d'application de la loi, et sans prétendre exclure l'entière subordination que l'administration lui doit, les exigences sociales effectives dont la connaissance est requise pour prendre une meilleure décision ou pour susciter des phénomènes limités d'auto-administration.

À cet égard, Céline Wiener et Francis Hamon soulignent que l'administration participative[66] reste donc une organisation subalterne dont la source de légitimation se trouve toujours dans la loi qui est l'unique manifestation juridique souveraine et irrésistible dans le cadre constitutionnel.

Il est à noter que les formes de participation des particuliers à la vie administrative sont multiples et variées.

Trois modes de participation peuvent être envisagés.

La première forme de participation est dite organique.[67] Elle suppose l'insertion des citoyens comme tels dans les organes proprement dits des autorités administratives. L'hypothèse la plus caractéristique est celle de la participation dans les organes ou institutions de l'administration d'État, en ce compris les organisations ou les services qui, dans le cadre d'administrations locales, ne sont pas pris en charge par des représentants des intérêts généraux.

---

[65] *Idem,* p.256

[66] WIENER C. et HAMON F., « La participation et les activités sociales et culturelles » in *La participation... op. cit.* , p.329

[67] GARCIA DE ENTERRIA E., *op. cit.* p.260

Il est fréquent de formaliser la participation dans des organes spécialisés d'assistance, de propositions, de conseils et de contrôles.

Cette fonction se réalise fréquemment à travers des associations d'intérêt[68] qui sont, pour la plupart du temps, créées de manière officielle à ces fins et qui ne sont pas toujours le fruit d'une véritable initiative associative.

Dans d'autres hypothèses, cependant, la participation des intéressés ne se limite pas à l'intervention dans des organes d'assistance extérieure, mais se réalise par l'introduction de représentants des intéressés dans les organes collégiaux de gouvernement.

En de rares occasions, cette représentation sert à composer l'autorité tout entière ; c'est le cas de bureaux électoraux.

En sus, la participation des experts constitue une forme très caractéristique de collaboration du citoyen à des institutions publiques, même si elle ne cadre pas avec la technique de la représentation des intérêts.

C'est le cas des professeurs qui ne s'intègrent pas de manière définitive et professionnelle dans l'appareil administratif mais ce sont des citoyens qualifiés en raison de leurs techniques- une technique libre et critique, une technique qui n'est pas intégrée à un service administratif concret – parce que la fidélité à ce service et aux consignes et directives qui en émanent pourrait mettre en péril leur objectivité.

Pour cette raison, ces citoyens ne se présentent pas comme des serviteurs de quelques intérêts déterminés [69] mais ils tendent à exprimer un jugement objectif et neutre.

Par ailleurs, cette forme de participation se réalise fréquemment lorsqu'on souhaite obtenir des jugements objectifs sur des questions controversées, particulièrement importantes ou simplement complexes, ce qui contrarie avec la deuxième forme de participation.

Cette deuxième forme de participation est dite fonctionnelle. Elle ne suppose pas l'intervention des citoyens au sein des autorités publiques pour y apporter leur perspective propre, mais plutôt une action qui, si elle est extérieure à l'appareil administratif, va se manifester par l'exercice de fonctions publiques, au sens matériel de l'expression, qui contribuent au développement des tâches de l'administration.

Ici, le citoyen adopte une position purement individuelle de collaborateur de l'administration.

Deux cas peuvent élucider cette forme participative : la participation par voie d'enquêtes publiques[70] et les dénonciations de divers types qui facilitent la connaissance des faits dont l'administration doit se saisir.

---

[68] *Idem,* p.260

[69] *Idem,* p.260

La dernière forme de participation est dite coopérative en ce sens qu'il s'agit d'une coopération réalisée du dehors de l'administration, tant sur le plan organique que sur le plan fonctionnel, mais qui suppose une collaboration volontaire au programme et aux activités que l'administration protège ou promeut.

C'est, comme le souligne Maurice Hauriou, une collaboration par la voie parallèle[71] que les particuliers apportent ainsi à l'administration.

Dans ce mode de participation, pourvu que la loi l'y habilite expressément, l'administration peut imposer aux administrés des conduites ou des activités précises, elle peut prévoir des interdictions à la liberté de choisir ; mais, dans certains cas, elle choisit d'exclure ce mode impératif et se limite à adresser des invitations, à conseiller des directions et à formuler des critères déterminés dans l'exercice de la liberté individuelle.

De ce qui précède, il est impérieux de noter que l'idée d'une participation administrative cherche à mêler les intérêts de l'administration et ceux des particuliers. C'est la faculté reconnue à un ou plusieurs citoyens de poursuivre, seul ou de concert avec les autorités publiques, des activités d'intérêt général ; cette collaboration insuffle ainsi un dynamisme nouveau dans la conception de la démocratie en tant que pouvoir du peuple, exercé par le peuple pour son intérêt qui s'avère l'intérêt général.

2° Le socle juridique de la théorie de l'État de droit

L'expression « État de droit » projette plusieurs représentations concernant l'exercice du pouvoir. Postulant une conception idéalisée du droit, qui est le produit de tout un héritage historique, elle donne à voir un pouvoir coulé dans le moule du droit, placé sous son empire ; elle contribue à en asseoir la légitimité.

La théorie de l'État de droit suggère l'existence d'un pouvoir limité, parce qu'assujetti à des règles : il implique que les gouvernants comme les simples citoyens, sont tenus par les normes juridiques en vigueur ; ils ne sont pas placés au-dessus des lois, mais exercent une fonction totalement encadrée et régie par le droit[72].

Cette dimension symbolique donne à l'État de droit une portée équivoque : si elle a contribué à doter la règle de droit d'une force

---

[70] La participation par voie d'enquêtes publiques s'avère être un mode de participation selon lequel l'administration rend public un projet déterminé et invite de manière explicite les citoyens à le juger, à l'apprécier et à lui adresser leurs observations et leurs propositions avant même que le projet soit définitivement approuvé. Il s'agit donc d'une procédure permettant de susciter l'expression de demandes sociales sur la matière traitée, de connaître à l'avance les acceptations ou les refus que le projet peut engendrer et même de faire apparaître des alternatives qui seraient susceptibles de l'améliorer ou de le corriger.

[71] HAURIOU M., *Précis de droit administratif, XIIe éd.*, Paris, P.U.F., 1933

[72] CHEVALLIER J., *op. cit.*, p. 63

particulière et ancrer chez les gouvernants comme dans l'ensemble de la société le respect du droit, elle a, en retour, constitué un puissant vecteur de légitimation de leur autorité.

Ce constat nous pousse à examiner le fétichisme du droit ainsi que la quintessence de la légitimation du pouvoir.

3° Le culte du droit

L'État de droit implique une confiance absolue placée dans le droit, la croyance dans les vertus de la dogmatique juridique pour atteindre les objectifs que l'on s'assigne, faire prévaloir les valeurs auxquelles on est attaché.

L'État de droit repose sur le fétichisme de la règle : la norme juridique tend à être prise pour la réalité même, capable de faire advenir ce qu'elle énonce.

Cette confiance placée dans le droit n'est pas seulement d'ordre rationnel ; elle relève d'un jeu de croyances plus profondes : au-delà de son contenu concret et de sa portée pratique, la norme juridique est investie d'une dimension sacrée.

L'État de droit ne se ramène pas en effet à une construction rationnelle mais s'appuie sur un investissement affectif ; c'est une mystique qui fait qu'il n'est pas seulement un leurre, mais bien une contrainte effective, pour les destinataires comme pour les producteurs de la norme.

L'État de droit tend à la juridicisation intégrale de l'ordre social et s'appuie sur le juge et le juriste qui ont pour mission d'éclairer et de guider les gouvernants.

À cet effet, le droit tend de plus en plus à s'imposer comme le seul savoir légitime, et le seul réellement utile pour gérer l'État[73].

Surabondamment, l'État de droit porte en lui une symbolique du pouvoir, qui constitue un puissant vecteur de légitimation de son exercice.

4° La légitimation du pouvoir

L'État de droit implique la représentation d'un pouvoir encadré et limité par le droit : alors que dans l'État de police, fondé sur le bon plaisir du Prince, il n'y a ni véritable limite à l'action du pouvoir, ni réelle protection des individus contre lui, les gouvernants se trouvent enchaînés par des règles, qui s'imposent à eux de façon contraignante : le pouvoir qu'ils détiennent se présente désormais comme une puissance soumise et assujettie au droit.

Ramenant les autorités publiques au même niveau que les autres citoyens, le principe de légalité montre que les gouvernants sont eux-mêmes susceptibles d'être gouvernés en tant que gouvernants[74].

---

[73] CHEVALLIER J., » Le droit administratif entre science administrative et droit constitutionnel »in *Le droit administratif en mutation*, Paris, P.U.F., 1993, p.11

La juridicisation intégrale qui est au cœur de l'État de droit entraîne en effet au niveau symbolique l'effacement du phénomène de pouvoir, qui tend à se transformer en une compétence, entièrement régie par le droit.

L'État de droit, ce n'est pas le gouvernement des hommes, c'est le règne des normes.

Le pouvoir n'est autre chose qu'exécution subordonnée, réalisation de ce qui doit être selon les normes.

Cet effacement est explicite en ce qui concerne les organes exécutifs, dont la fonction est censée se réduire à l'application des lois : les gouvernants ne peuvent agir qu'en vertu d'un titre légal ; et leur action s'inscrit nécessairement dans le cadre tracé par les lois en vigueur.

Nous pouvons affirmer que ce qui est poursuivi dans l'idéal de l'État de droit, c'est la suppression de tout pouvoir discrétionnaire par un contrôle piloté par le juge : figure centrale, personnage-clé de l'État de droit, le juge se voit assigner la fonction de garantir le respect des lois.

En se conformant au droit, l'État se place de lui-même sous l'empire de l'ordre objectif dont le droit est le produit ; de même en s'effaçant derrière le droit, les gouvernants transfèrent sur leur personne les attributs éminents dont il est doté, en mettant leur pouvoir à l'abri de toute contestation l'État de droit apparaît, sous cet angle comme indissociable d'un mode de légitimation dans lequel l'autorité des gouvernants, et plus généralement de l'ensemble des organes de l'État, est fondée sur un statut légal[75].

L'État de droit a incontestablement progressé, au moins au niveau formel. L'accent était également mis sur le contenu du droit en ce sens qu'il n'évoque plus seulement l'existence d'un ordre juridique hiérarchisé, mais encore un ensemble de dispositifs de garantie des droits et libertés individuelles. De ce fait, il tend à acquérir un caractère substantiel dans certaines de ses implications.

SECTION 2. LES IMPLICATIONS DE L'ÉTAT DE DROIT ET LEUR CORRÉLATION AVEC LE POUVOIR JURIDICTIONNEL

L'État de droit implique une trilogie qui s'étend de l'affirmation de la séparation des pouvoirs en passant par la subordination de l'Administration au droit pour s'appesantir sur la consécration des droits fondamentaux ainsi que leur protection.

L'État de droit sous-tend la séparation des pouvoirs en ce que la confusion des pouvoirs annihile toute possibilité d'affirmation du contrôle de

---

[74] AMSELEK P., « L'évolution générale de la technique juridique dans les sociétés occidentales », in *Revue du droit public*, 1982, p. 278

[75] CHEVALLIER J., *L'Etat de droit*, *Op. Cit*, p.70

la légalité étant entendu que la seule volonté du détenteur du pouvoir, dans ce régime, a force de loi.

De plus, les pouvoirs séparés et spécialisés constituent une des conditions permissives de l'implantation des bases d'un État régi par le droit et obéissant au contrôle de la légalité.

De même, un État dans lequel l'Administration est soumise au droit demeure une garantie pour une fondation solide de l'État de droit. Et on ne peut pas prétendre construire un État de droit sans la consécration des droits fondamentaux ainsi que leur protection efficace.

Aussi, dans la mesure où la doctrine croit trouver dans les mécanismes juridictionnels l'efficacité perdue par le législateur pour la protection des libertés et la conservation de l'ordre, le juge est logiquement amené à occuper une place centrale dans la conception de l'État de droit et des garanties données aux administrés contre les abus de pouvoir.

En effet, obliger l'État à se soumettre au droit qu'il édicte impose le recours à un tiers. Or ce tiers doit nécessairement être choisi dans l'État lui-même, sauf à remettre en cause sa souveraineté, son autorité sur les gouvernés. À ce niveau, Législateur et gouvernement sont a priori exclus en tant qu'ils participent à l'édiction du droit[76].

À cet effet, le juge est donc seul à pouvoir assumer ce rôle.

Mais pour la crédibilité du système ainsi mis en place, pour l'effectivité de la soumission de l'État au droit, encore faut-il que ce tiers offre des garanties d'impartialité, du moins qu'il en présente les apparences.

Il importe de noter que le rôle du juge trouve ainsi rapidement des limites : il ne doit pas s'immiscer directement dans des conflits trop manifestement politiques à moins d'intégrer le champ politique au domaine juridique.

Ces postulats nécessitent une dissection pour leur examen approfondi.

C'est ainsi qu'il importe d'étudier ce point en décryptant les implications de l'État de droit ainsi que la position axiologique du juge dans l'avènement de l'État de droit.

§1. Les implications de l'État de droit

L'État de droit implique la séparation des pouvoirs, ainsi que la subordination administrative.

L'analyse de ce paragraphe s'articule autour de ces deux points.

A. La séparation des pouvoirs

La notion de séparation des pouvoirs suppose l'existence de plusieurs organes gouvernementaux, spécialisés chacun dans l'existence d'une fonction[77].

---

[76] REDOR M.-J.,*op.cit.*,252

[77] MPONGO BOKAKO, *op. cit.*, p.290

En effet, la théorie de la séparation des pouvoirs a été agencée par Montesquieu et elle postule que tout homme qui a le pouvoir est porté à en abuser. Il va jusqu'à ce qu'il trouve des limites. Et par la force des choses, il faut que le pouvoir arrête le pouvoir.

Le Professeur Mpongo Bokako voit dans la séparation des pouvoirs, la spécialisation fonctionnelle et l'indépendance organique.

En effet, chaque organe de l'État est spécialisé dans l'exercice d'une fonction ; le plus souvent, les assemblées se voient ainsi attribuer la fonction législative et l'Exécutif, la fonction exécutive ; le pouvoir judiciaire étant, en principe marqué par son indépendance.

Chaque organe n'accomplit que les actes de sa fonction ; l'organe législatif ne fait que des lois ; l'organe exécutif, que des actes juridiques individuels ou des actes matériels.

À l'inverse, chaque organe accomplit tous les actes de sa fonction ; toutes les lois sont l'œuvre de l'organe législatif, tous les actes individuels et tous les actes matériels, l'œuvre de l'organe exécutif.

Quant à l'indépendance organique, il est à noter que cette rigoureuse spécialisation ne suffit pas. Il faut de plus, que chaque organe de l'État soit absolument indépendant des autres, ce qui exige comme dans le régime présidentiel, l'absence de tous les moyens d'action réciproques entre les Assemblées et l'Exécutif[78].

L'empiétement d'un pouvoir sur l'autre est sanctionné par le contrôle de la constitutionnalité, sous réserve, en pratique de la collaboration fonctionnelle entre ces pouvoirs.

Par le respect de la séparation des pouvoirs et le contrôle de la constitutionnalité qui en demeure la garantie, les jalons de l'État de droit sont posés.

Ce pilier de l'État de droit n'est pourtant pas unique. D'autres s'amoncellent et appellent une analyse quasi profonde, tel que le cas notamment de la subordination de l'Administration.

B. La subordination administrative

Le contrôle de l'activité administrative permet de garantir le respect par l'Administration de la hiérarchie des normes et de l'intensité du contrôle exercé dépendra le degré de soumission de l'Administration au droit.

Jacques Chevallier note à ce propos que les modalités de ce contrôle restent variables selon les pays libéraux, qui oscillent entre trois grands modèles, tous compatibles avec la logique de l'État de droit : le modèle anglo-saxon, dans lequel, conformément aux préceptes du Rule of law qui impliquent que l'Administration soit traitée comme les simples particuliers, le soin de trancher les litiges administratifs est confié au juge ordinaire ; le modèle français, qui se caractérise à la fois par l'existence d'une juridiction

[78] MPONGO BOKAKO, *op.cit.*, p. 291

spécialisée dans le contentieux administratif et par le statut particulier de cette juridiction par rapport à l'Administration active ; le modèle allemand où il existe aussi une juridiction administrative spécialisée, mais qui forme une branche de l'organisation judiciaire[79].

L'évolution va dans le sens du rapprochement de ces trois modèles dont les traits spécifiques tendent à s'atténuer.

Par ailleurs, l'approfondissement de l'État de droit résulte d'un double mouvement de renforcement de l'indépendance des juges appelés à statuer sur les litiges administratifs, par la transposition des garanties dont bénéficient les juges ordinaires, et l'élargissement progressif du contrôle exercé sur l'activité administrative.

Ceci nous pousse à examiner l'opportunité de l'élargissement de la légalité d'une part, et le renforcement du contrôle juridictionnel d'autre part pour la consolidation de l'État de droit.

I. L'élargissement de la légalité

Cet élargissement de la légalité peut être perçu sur base d'un constat.

En effet, si le juge administratif reste comme par le passé le juge de la légalité de l'action administrative, c'est au prix d'un profond infléchissement dans la conception même de la légalité et des normes de référence.

De même, l'intégration progressive dans le bloc de la légalité de la Constitution et des traités, mais aussi des principes généraux du droit d'origine jurisprudentielle permettra au juge de maintenir la subordination juridique de l'Administration, en comblant les failles de la législation.

En sus, le juge administratif s'est efforcé de dégager certaines règles, dont il imposera, même sans texte, à l'Administration le respect : ainsi la hiérarchie des normes est complétée par des normes d'origine jurisprudentielle.

Ce pouvoir normatif du juge administratif prend trois aspects essentiels : un pouvoir d'interprétation assez libre des lois existantes, pouvant aller, dans certains cas, jusqu'à contredire la lettre même de leurs dispositions (jurisprudence contra legem) ; la création en l'absence de textes écrits de règles jurisprudentielles (jurisprudence praeter legem) ; la consécration de principes d'application très générale.

Il est à noter que la détermination de la place occupée par les normes d'origine jurisprudentielle a conduit à l'approfondissement de la théorie de l'ordre juridique.

Aussi, la thèse de la valeur législative, conforme à la vision classique de l'ordre juridique et à la problématique kélsenienne s'est heurtée à la nouvelle conception de la loi.

Après avoir hésité à donner aux principes généraux du droit force constitutionnelle, la doctrine se ralliera à l'analyse de René Chapus, selon

---

[79] CHEVALLIER J., *op. cit.* , p.77

laquelle la valeur d'une norme dépend, conformément aux enseignements de Carré de Malberg, du rang qui l'édicte : comme le juge administratif a un rang inférieur à celui du pouvoir législatif mais supérieur à celui de l'autorité administrative la plus élevée, les principes généraux du droit ont donc valeur infra législative et supra décrétale[80].

L'impact de cette jurisprudence sur l'ordre juridique est ambigu.

D'un côté, les principes généraux du droit, en renforçant l'assujettissement du pouvoir réglementaire, confortent la hiérarchie des normes. De l'autre cependant, ils contredisent les impératifs de sécurité, prévisibilité et de stabilité sur lesquels elle repose en fin de compte.

Une évolution s'est vite produite. En effet, le constituant a intégré ces principes dans le texte de la constitution et ils sont devenus des principes à valeur constitutionnelle[81].

Ainsi, la hiérarchie des normes s'est renforcée d'autant que le juge administratif s'est efforcé de resserrer son contrôle.

II. Le renforcement du contrôle juridictionnel

De prime à bord, la confirmation de la position juridiquement subordonnée de l'Administration est une condition indispensable de préservation de l'État de droit ; elle n'est cependant pas à elle seule suffisante : encore faut-il que des mécanismes efficaces de contrôle permettent d'en assurer concrètement le respect.

Le contrôle juridictionnel apparaît dans cette perspective comme la garantie effective de l'État de droit.

Et c'est de l'exercice concret du contrôle juridictionnel sur les actes administratifs que dépend au fond l'efficacité de la protection de l'État de droit.

Le renforcement de ce contrôle s'accompagne également du renforcement de l'indépendance du juge.

En effet, le juge vérifie que les mesures prises par l'Administration étaient nécessaires, compte tenu des buts de la loi, et proportionnées à la situation : et les atteintes portées aux droits et libertés individuelles seront illégales dès l'instant où elles apparaîtront comme superflues ou excessives eu égard à la finalité de l'action administrative[82].

Et si le juge administratif a étendu son contrôle aussi loin, c'est en effet pour censurer les décisions arbitraires et déraisonnables émanant des autorités administratives, excepté une certaine catégorie d'actes qui échappent à son contrôle et que l'on qualifie d'actes de gouvernement. Ces

---

[80] CHAPUS R., *Droit constitutionnel et Institutions politiques*, Paris, Dalloz, 1966, p.99

[82] BRAIBANT G., « Le principe de proportionnalité » in *Mélanges Waline,* Paris, L.G.D.G., 1974

actes touchent aux relations entre les institutions constitutionnelles telles que les actes posés par l'Exécutif dans ses rapports avec les autres Pouvoirs publics et les actes qui se rattachent à la conduite des relations internationales, lesquels bénéficient d'une immunité juridictionnelle. Ces actes traduisent en effet, de quelque façon, la survivance de la raison d'État, difficilement admissible dans un État de droit.

Par ailleurs, en ce qui concerne la portée du contrôle, c'est tout le problème de l'efficacité du contrôle qui se trouve posé.

La séparation avec l'Administration active a en effet conduit, le juge administratif à marquer ses distances, en s'interdisant de se substituer à elle ou de lui donner des ordres ; la difficulté de suspendre l'application des décisions administratives illégales et surtout l'absence de moyen de contraindre l'Administration à exécuter les décisions rendues à son encontre, compromettent gravement les fondements mêmes de l'État de droit[83].

Certes, la séparation des pouvoirs et la subordination de l'Administration à la loi garantie par un contrôle juridictionnel efficace constituent un soubassement de l'État de droit, mais la consécration des droits fondamentaux dans des textes de base ajoute un plus à ce soutènement.

C. La consécration des droits fondamentaux

Le constat est qu'au-delà de la hiérarchie des normes, l'État de droit va désormais être entendu comme impliquant l'adhésion à un ensemble de principes et de valeurs qui bénéficieront d'une consécration juridique explicite et seront assortis de mécanismes de garantie appropriés.

À cet égard, la conception formelle se trouve donc relayée par une conception matérielle ou substantielle, qui l'englobe et la dépasse : et la hiérarchie des normes devient elle-même une des composantes de l'État de droit substantiel[84].

En outre, dans tous les pays libéraux, le socle de l'État de droit est maintenant constitué par un ensemble de droits fondamentaux, qui sont inscrits dans des textes de valeur juridique supérieure.

Désormais, les droits fondamentaux bénéficient d'une consécration juridique explicite en étant placés aux étages les plus élevés de l'ordre juridique : la hiérarchie des normes devient ainsi un moyen de protection des droits ; et les deux dimensions, formelle et matérielle, de l'État de droit prennent appui l'une sur l'autre.

Ces droits ont bénéficié d'un processus de constitutionnalisation et ce fait a constitué une de leurs garanties efficaces.

---

[83] RIVERO J., « Le Huron au Palais Royal ou réflexions naïves sur le recours pour excès de pouvoir », in *Dalloz*, Paris, 1962

[84] CHEVALLIER J., *op. cit.* , p. 108

Aussi, il reste à noter que le processus d'internationalisation des droits fondamentaux a, dans tous les cas, favorisé leur consolidation ainsi que leur homogénéisation progressives.

Quant à leur contenu, il échet de mentionner qu'en dépit de la diversité des traditions politiques, le bloc des droits fondamentaux comporte désormais, notamment, sous l'influence du processus d'internationalisation, sensiblement les mêmes aspects d'un pays à l'autre.

Il s'est constitué à partir de différentes strates, au noyau originaire des libertés individuelles et politiques étant venu s'ajouter un ensemble de droits économiques et sociaux. Le droit à la paix, le droit à un environnement sain, le droit au développement… constituent autant des droits collectifs de la troisième génération dont bénéficie également le citoyen.

De ce qui précède, l'État de droit a actuellement mis l'accent sur l'individu face au pouvoir et sur la défense de ses droits et libertés fondamentales contre la dictature des majorités démocratiques. Cette protection est agencée par le juge, qui exerce un contrôle de la légalité des actes des autorités administratives pour enfin contribuer à l'émergence de l'État de droit. C'est cette position du juge administratif qu'il importe d'analyser dans l'optique de l'émergence de l'État de droit.

§2. La position axiologique du juge dans l'avènement de l'État de droit

Le juge, et notamment le juge administratif, fait figure de pièce maîtresse dans la construction de l'État de droit : rouage de l'État, le juge doit se constituer comme tiers à son égard pour lui imposer le droit[85].

Ce tiers impartial et désintéressé est une condition sine qua non de l'État de droit.

En effet, l'étude de la fonction juridictionnelle occupe nécessairement une place de choix dans la réflexion sur l'État de droit.

Le juge a pour rôle de faire respecter l'ordre juridique qui s'avère être en même temps un ordre social, tout en se présentant comme le défenseur des administrés contre la puissance publique.

Toutefois, il ne peut évidemment remplir cette tâche que dans la mesure où il offre des garanties suffisantes d'indépendance et de compétence.

À ce propos, Léon Duguit note que « *ce qui caractérise la fonction de juger, c'est que l'État est lui-même lié par la constatation du droit subjectif ou du droit objectif et que la décision qu'il rend doit être la conclusion syllogistique de la constatation qu'il a faite* »[86].

---

[85] KOJEVE A., *Esquisse d'une phénoménologie du droit : essai provisoire,* Paris, Gallimard, 1981

[86] DUGUIT L., « L'acte administratif et l'acte juridictionnel »in *R.D.P.* , Paris, 1906, p. 456

En d'autres termes, l'acte juridictionnel se définirait par la mise en œuvre d'une logique impartiale ayant par elle-même force contraignante, et par l'absence de choix sur la décision possible. La fonction juridictionnelle dépend de moins d'une comparaison avec la fonction exécutive que de la seule confrontation avec le droit et la logique qu'il est censé contenir.

Elle gagne ainsi à la fois son autonomie et la suprématie sur les autres fonctions dans la mesure où la décision du juge, ainsi définie, exclut toute volonté et donc tout arbitraire. C'est ainsi le seul acte de l'État qui ne puisse être contesté ; c'est aussi le seul qui paraisse relever exclusivement du champ juridique sans rien devoir à une volonté politique, donnant ainsi au juge le statut de tiers impartial[87].

Il est également à souligner que la spécificité purement organique de la fonction juridictionnelle ne suffit pas à faire du juge un tiers impartial et désintéressé ; il faut aussi une spécificité matérielle qui est difficile à établir dès lors que le juge crée lui aussi du droit et que l'administrateur se prononce sur des recours administratifs.

À cet égard, assigner au juge la mission d'agir pour le rétablissement de l'ordre juridique et (non simplement pour la protection de l'intérêt général) et selon une procédure spécifique devient ainsi la seule façon d'en faire un tiers impartial dont l'existence est indispensable à l'État de droit.

Ainsi s'opère-t-il un déplacement dans les positions respectives qu'occupent le législatif, l'exécutif et le judiciaire : dans la théorie de l'État légal, c'était le législatif qui avait la prééminence sur les autres fonctions en tant que fonction initiale, exécutif et judiciaire étant confondus dans une place secondaire, voire accessoire. Avec l'État de droit, c'est désormais la fonction juridictionnelle qui est définie comme spécifique, alors que législatif et exécutif se confondent dans un même rôle, plus politique, celui de l'édiction des normes.

Par ailleurs, le juge se voit assigner une mission unique dans l'État dès lors qu'on a établi la spécificité de sa fonction. Seul dans l'État à dire le droit, il est celui qui protège à la fois l'administré contre les abus de pouvoir, et l'ordre juridique contre les atteintes qui pourraient lui être portées par la toute puissante Administration.

Depuis de longues dates, les tribunaux judiciaires sont traditionnellement considérés comme les gardiens des droits individuels ; mais avec le développement de la juridiction administrative, cette tâche ne leur est plus exclusivement dévolue[88].

---

[87] CARRE DE MALBERG R., *op.cit.*, tome I, p.766

[88] BERTHELEMY H., *Traité élémentaire de droit administratif 7è éd.*, Paris, 1913, p.107

Avec cette évolution, il appartient au juge administratif de protéger les libertés de l'administré contre les illégalités et les agissements de l'Administration[89].

En effet, le développement des recours contre les mesures de police et leur annulation fréquente pour détournement de pouvoir, la diminution du nombre des actes de gouvernement, la multiplication des dédommagements pour préjudices causés aux particuliers par l'Administration conduisent la doctrine à faire du juge administratif le garant des libertés.

La doctrine soutenue par Ducrocq pense que « telle qu'elle est, la justice administrative, et surtout le Conseil d'État, forme la seule garantie efficace qui puisse être donnée à l'administré contre l'administrateur. Elle contrôle l'Administration, et offre aux droits privés la plus sérieuse protection contre ses abus de pouvoir ».[90]

Il importe de mentionner que cette garantie serait parfaite si le justiciable était assuré de voir la sentence exécutée. C'est toute la quintessence de l'État de droit qui se trouve épinglée.

Ainsi, à travers la protection des administrés, le juge remplit une mission autrement plus importante, une mission vitale pour l'État, celle du maintien de l'ordre social et juridique.

Le juge incarne également un autre rôle, celui de la protection de l'ordre juridique et de l'ordre social.

L'idée sous-jacente est que le juge constate le droit et rétablit l'ordre juridique perturbé par l'illégalité ou l'agissement dommageable. Chargé de préserver la cohérence et l'intégrité de cet ordre, le juge est indispensable à l'effectivité du droit[91].

À cet effet, le rôle du juge ne s'arrête donc pas à la simple constatation de la lettre du droit, il consiste aussi à faire respecter l'esprit, et au besoin, à créer pour cela du droit. Le juge doit parfaire l'ordre juridique en trouvant à chaque problème qui lui est posé une solution juridique, même là où les textes sont muets.

Pour éviter le déni de justice, il faut qu'il comble les lacunes éventuelles et qu'il ordonne les multiples règles qu'il doit appliquer en leur donnant un sens et un but. Il n'est donc pas seulement chargé de conserver l'ordre juridique, il doit aussi le construire en organisant les règles qui le composent.

---

[89] JEZE G., « De la responsabilité des patrimoines administratifs à raison du préjudice causé par l'exécution de mesures administratives prises en violation d'une décision des tribunaux judiciaires » in *R.D.P., 1914,* pp. 583-595, p. 583 : « Le Conseil d'Etat est le défenseur des droits des individus contre les abus de pouvoir de l'Administration ».

[90] DUCROCQ Th., *Cours de droit administratif,* Paris, Thorin, 1905, p.229

[91] MARIE L., « De l'avenir du recours pour excès de pouvoir en matière administrative » *R.D.P., 1901, tome XVI,* pp.265-296, p. 280

Appréciation

Il importe de noter que le juge est le pivot de l'État de droit[92]. C'est le juge administratif qui est concerné au premier chef surtout pour l'épineuse question de la soumission de l'Administration au droit et il nécessite d'affirmer que la réussite de l'État de droit dépend de la qualité de ses juges.

Par ailleurs, il est à signaler que le juge demeure, quelle que soit la faiblesse de ses moyens de contrainte à l'égard de l'Administration, l'un des médiateurs sinon les plus efficaces, du moins les plus impartiaux.

La substance de son intervention consiste en ce que le juge se permet de demander des comptes à l'Administration, la contrôler, la condamner au nom des principes de droit, et cela au profit d'un simple citoyen.

Le juge s'avère un médiateur plus efficace. Cette efficacité s'explique en ce que la procédure de son intervention étant formellement réglementée, il ne peut pas se complaire à renvoyer la requête à l'autorité auteur ou responsable de l'acte attaqué pour que celle-là lui fournisse les éléments de réponse.

Quelle que soit l'importance du litige, le juge est dans l'obligation de se prononcer, c'est-à-dire de dire le droit sur la requête, de peur qu'il ne soit accusé du chef du déni de justice.

Sa décision découle d'une confrontation des prétentions aux preuves et après un débat contradictoire, ce que les autres médiateurs ne peuvent pas faire[93].

Il peut même arriver que le juge utilise d'autres techniques pour débloquer une situation : il peut négocier une solution. Son plus grand mérite consiste à prononcer des sentences qui sont obligatoires pour les parties.

La force qu'il a d'annuler certains actes de l'Administration ou de la condamner au paiement destiné à couvrir un dommage subi, n'existe auprès d'aucun autre médiateur auquel le citoyen peut s'adresser.

Cependant, malgré toute cette ovation de la mission que remplit le juge dans la protection des droits du citoyen, ce dernier ignore que le juge peut lui assurer une protection efficace car, non seulement il en a la capacité mais aussi et surtout parce le juge – et surtout le juge administratif –est un artisan de l'État de droit.

---

[92] La vision de l'Etat de droit postule la construction d'un système dans lequel toutes les relations s'organisent de façon juridique, où le droit triomphe définitivement sur la force et l'arbitraire.

[93] BIBOMBE MUAMBA, *op.cit.*,p.21

PARTIE II

LE JUGE ADMINISTRATIF, ARTISAN DE L'ÉTAT DE DROIT

Le juge administratif incarne le rôle d'artisan dans la construction de l'État de droit.

Il remplit cette mission soit par le contrôle de la légalité qu'il exerce sur les actes des autorités administratives, lesquels doivent être conformes au droit (telle est la substance ou tout au plus la quintessence de l'État droit), soit par la protection qu'il exerce sur les droits fondamentaux de l'homme, soit par les sanctions qu'il prend contre les agissements répréhensibles constatés.

En effet, le contrôle juridictionnel de l'activité administrative est le procédé à la fois le plus démocratique et le plus énergique de contrôle de l'Administration[1].

Encore faut-il qu'un tel contrôle se révèle en même temps efficace. Cela signifie que le contrôle doit être assez soucieux des libertés et des droits individuels afin de protéger les particuliers contre les injustices ou les excès de l'Administration, mais à l'inverse, qu'il doit être aussi assez soucieux de l'intérêt général, afin d'éviter l'investissement ou l'exploitation des intérêts collectifs par les appétits ou les intérêts privés.

Le juge de l'Administration doit donc être à la fois apte à protéger les particuliers contre les entreprises irrégulières des autorités administratives, et apte aussi à sentir les impératifs et les nécessités de l'Administration. Il doit être capable d'instituer et de maintenir un équilibre entre les intérêts particuliers et l'intérêt général[2].

Aussi, comme l'Administration sous-tend la puissance publique et agit dans l'intérêt de tous c'est-à-dire dans l'intérêt général, les règles de droit qui vont s'appliquer à elle, devront tenir compte de cette spécificité de l'action administrative et permettre à l'Administration d'être supérieure aux

---

[1] MOREAU J., *Droit Public*, Tome 2, Paris, Economica, 3e éd., 2000, p. 699.

[2] Idem

individus. Il convient donc de dégager l'Administration des règles du droit civil, de manière à éviter que n'importe quelle volonté individuelle puisse faire échec à l'action des autorités administratives. C'est ce qui explique que l'Administration est soumise à un droit particulier, capable de protéger les citoyens contre l'arbitraire, certes, mais capable en même temps de garantir l'indépendance des autorités administratives et d'assurer l'efficacité de l'activité administrative.

De ce fait, le juge capable d'appliquer le droit particulier de l'Administration lors des procès administratifs insuffle un dynamisme nouveau qui nivelle les aspirations de l'Administration et celles des citoyens pour l'avènement de l'État de droit.

Surabondamment, lorsque le juge administratif tranche un procès entre un particulier et l'Administration, il participe encore à la définition de l'intérêt général par le fait et, en ce sens, il remplit la mission d'artisan de l'État de droit par le fait qu'il dit le droit auquel l'Administration et les particuliers sont soumis.

Par ailleurs, dans le fonctionnement de l'État se remarque une corrélation entre diverses fonctions de l'État qui en déterminent même l'existence. Cette dialectique est d'autant plus importante dans l'explication des tâches essentielles qui s'accomplissent au sein de l'État.

Ainsi, pour être artisan de l'État de droit, le juge administratif remplit certaines missions dont notamment celle du contrôle de la légalité administrative, celle de la protection des droits fondamentaux du citoyen et celle de sanctionnateur.

Ce rôle d'artisan de l'État de droit, le juge administratif ne l'accomplit pas sans difficulté. Il rencontre des obstacles non moins importants pouvant asphyxier ses missions.

A cet effet, l'étude du juge administratif comme artisan de l'État de droit sera subdivisée en trois chapitres dont le premier circonscrit les missions du juge administratif, le deuxième examinera les difficultés rencontrées par le juge administratif dans l'accomplissement de sa tâche d'artisan de l'État de droit tandis que le troisième étudie le contrôle de l'activité du juge ou le contrôle du contrôleur.

CHAPITRE I

LES MISSIONS DU JUGE ADMINISTRATIF

L'analyse des missions du juge administratif constitue le point culminant de l'étude du rôle qu'il incarne dans la construction de l'État de droit.

La raison est tirée de ce que c'est sur le juge que l'on compte pour protéger tout à la fois l'administré contre les abus du pouvoir et l'ordre juridique contre les atteintes qui pourraient lui être portées. Aussi il est avéré que la théorie de l'État de droit légitime la montée en puissance du pouvoir juridictionnel, dans l'immédiat du juge administratif[1].

En outre, le juge demeure en tout cas, quelle que puisse être la faiblesse de ses moyens de contrainte à l'égard de l'Administration, l'un des médiateurs sinon les plus efficaces du moins les plus impartiaux[2].

La question que l'on peut se poser est celle de savoir quel est ce juge qui peut – dans le système administratif congolais – se permettre de demander des comptes à l'Administration, la contrôler, la condamner le cas échéant, au nom des principes, de droit, et cela au profit d'un simple citoyen ?

À cet égard, les missions que doit remplir le juge administratif sont à circonscrire avec minutie.

Ainsi, pour démontrer le rôle d'artisan de l'État de droit qu'accomplit le juge administratif, il échet de scruter d'abord le contrôle de la légalité qu'il exerce sur les actes des autorités administratives – ce qui constitue la première section – d'examiner ensuite la protection des droits fondamentaux de l'homme, tâche qu'il accomplit pour l'émergence de l'État de droit – ce sera l'objet de la seconde section et circonscrire enfin son rôle de sanctionateur dans une troisième section.

---

[1] CHEVALIER J., *Op. cit*, p. 66.

[2] BIBOMBE MUAMBA, *La protection juridictionnelle du Citoyen à l'égard de l'Administration du Zaïre*, Thèse de doctorat d'Etat en droit, Université de Paris I (panthéon Sorbonne), 1975, p. 19.

SECTION 1. LE CONTRÔLE DE LA LÉGALITÉ DES ACTES DES AUTORITÉS ADMINISTRATIVES PAR LE JUGE ADMINISTRATIF

Dans leur activité quotidienne, dans l'exercice de leurs compétences, les autorités administratives vont être parfois amenées à commettre des erreurs ou des irrégularités ; ou bien elles vont se laisser aller à des désobéissances par rapport aux directives reçues. Dans leurs rapports avec les administrés, ces autorités peuvent amener également à mettre en cause les intérêts, ou elles pourront porter atteinte à des droits véritables de certains de ces administrés. Enfin, les diverses autorités administratives peuvent parfois s'opposer directement entre elles, dans le cadre de conflits de compétence ou de rivalités d'intérêts.

Que ce soit pour assurer le respect des ordres et directives imposés par les supérieurs hiérarchiques, que ce soit pour assurer le bon fonctionnement interne de l'Administration et la rectitude de l'action des diverses autorités administratives les unes par rapport aux autres, ou que ce soit pour protéger les administrés contre les erreurs, les empiétements, les injustices ou les excès de pouvoir possibles de l'Administration, un contrôle de l'ensemble de l'activité administrative s'impose.

En vertu du principe bien connu que tout détenteur d'un pouvoir quelconque a souvent tendance à en abuser[3], les détenteurs du pouvoir administratif, à quelque niveau d'autorité et de responsabilité qu'ils se situent, doivent donc être soumis à un système de contrôle capable de repérer et d'identifier les auteurs d'éventuelles fautes ou irrégularités et, autant que possible, capable d'ordonner, au profit des victimes de ces comportements, une réparation suffisante ou concevable.

Dans un État démocratique, la conception de l'État de droit constitue l'un des principes les plus fondamentaux de la société politique. Elle seule permet de dépasser le stade d'une Administration qui ne se contrôle que dans son propre intérêt.

Dans un État de droit, l'Administration doit respecter le droit, comme les particuliers doivent le faire. Et les rapports des particuliers avec l'Administration sont soumis à la même exigence de rectitude que les rapports des particuliers entre eux. Dans cette conception, le contrôle de l'Administration n'aura pour seule raison d'être que la satisfaction des supérieurs hiérarchiques ou des responsables politiques, il aura également pour finalité la satisfaction des administrés.

Le contrôle de l'Administration y sera orienté vers une authentique protection des administrés contre l'arbitraire administratif et vers le respect de la légalité administrative. C'est-à-dire que, de la même façon que les particuliers peuvent se défendre contre les entreprises injustes ou irrégulières

---

[3] MONTESQUIEU, *Esprit des lois*, Editions Belles Lettres, 1950, 1958.

d'autres particuliers, afin de protéger leurs droits et leurs biens, les administrés pourront se défendre également contre les entreprises injustes ou irrégulières de l'Administration, afin de protéger leurs droits ou leurs libertés.

Dans un État démocratique, l'Administration n'est pas toute puissante, les détenteurs du pouvoir administratif ne peuvent pas agir selon leur plaisir, l'Administration y est contrôlée par les administrés et éventuellement sanctionnée par un juge spécial.

Ceci explique que l'Administration est à la fois puissance, force et action, tandis que les administrés sont individualisme, diversité et indépendance. Mais l'Administration est aussi organisation, continuité et services, alors que les citoyens sont souveraineté, besoins et financement. De plus, les administrés sont bénéficiaires de l'Administration, mais ils sont aussi des maîtres d'ouvrages. De là, dans un État démocratique, l'Administration pourra disposer de légitimes prérogatives, mais les citoyens, eux, devront exercer un nécessaire et indispensable contrôle[4].

À cet égard, le juge administratif est à la fois le gardien de la légalité et source de légalité.

La présente section sera subdivisée en trois sous-sections dont la première analyse le fondement du contrôle de légalité, la deuxième sous-section examine la compétence discrétionnaire reconnue par la loi au juge administratif congolais tandis que la troisième sous-section étudie le rôle socio-juridique du juge administratif dans le contrôle de légalité.

Sous section 1. Le fondement du contrôle de légalité

Le contrôle de légalité constitue la pierre angulaire de tout l'édifice juridique.

Son examen permet de stigmatiser les piliers de l'État de droit en ce qu'il postule la soumission et des administrés et de l'Administration au droit.

Il importe d'étudier la quintessence du contrôle de légalité dans un premier paragraphe avant d'analyser les moyens de ce contrôle dans un deuxième paragraphe.

§1. La quintessence du contrôle de légalité

Dans tous les États quels qu'ils soient, l'Administration doit nécessairement être contrôlée. Ce contrôle est toutefois susceptible de correspondre à des finalités différentes. Une première finalité se manifeste dans tous les États, qu'ils soient démocratiques ou autoritaires, voire totalitaires : il s'agit alors du contrôle des autorités administratives effectué en vue de l'efficacité de l'institution administrative considérée comme

---

[4] MOREAU J. , *op.cit.* , p.684

l'instrument du pouvoir, c'est-à-dire le contrôle dans l'intérêt des responsables politiques et administratifs.

Une seconde finalité, qui se manifeste dans de nombreux États libéraux, correspond au contrôle des autorités administratives dans l'intérêt de la protection des droits des administrés : dans ces pays, lorsqu'un administré a été lésé dans l'un de ses droits par un acte ou un agissement de l'Administration, il doit pouvoir trouver une autorité qui le restituera dans son droit originel.

Enfin, une troisième finalité se manifeste aussi dans un certain nombre d'États de droit, ceux qui considèrent que l'État ne doit pas seulement respecter ses propres lois dans l'intérêt bien précis de tel ou tel des citoyens, mais qu'il doit respecter le droit en lui-même, parce que la loi est faite pour être respectée : dans ces pays, les citoyens pourront se défendre, non seulement contre les actes courants de l'Administration qui portent atteinte à leurs droits, mais ils pourront en outre se défendre contre les actes les plus importants des plus hautes autorités administratives, et ils pourront le faire non seulement en invoquant la violation d'un *droit* authentique, mais aussi en invoquant l'atteinte à un simple intérêt.

On se trouve alors devant la plus large soumission d'un État au principe de la légalité administrative.

Il échet d'examiner le principe de légalité ainsi que toutes ses implications.

A. Le principe de légalité

La légalité est la qualité de ce qui est conforme à la loi. Le terme « loi » doit être entendu dans son sens large qui est celui de « droit ». La légalité exprime donc la conformité au droit et est synonyme de régularité juridique[5].

Le principe de légalité appliquée à l'Administration exprime la règle selon laquelle l'Administration doit agir conformément au droit. Ce qui caractérise ce principe de légalité appliquée à l'Administration, c'est qu'il n'exprime pas seulement la soumission de celle-ci à des règles de droit qui lui seraient extérieures, mais sa soumission à des règles qu'elle a elle-même élaborées – les règlements par exemple – et aux principes posés par le juge administratif[6].

Par ailleurs, la hiérarchie des règles juridiques est de nature formelle et reproduit celle des autorités administratives. Ainsi, chacune de ces autorités est soumise à une légalité de contenu variable.

En tout état de cause, les actes de l'autorité inférieure doivent être conformes à ceux de l'autorité hiérarchiquement supérieure. C'est en cela

[5] VEDEL G., o*p.cit*, p. 266.

[6] *Ibidem*

que consiste la quintessence du principe de légalité qui commande tout l'arsenal administratif.

Cet arsenal s'articule en ordre de grandeur décroissante de manière telle qu'au sommet de la pyramide de légalité se trouvent placés la constitution, les traités, les lois et actes ayant force des lois, les règlements, la jurisprudence, les principes généraux du droit.

À ce propos, le Professeur Mpongo Bokako note que dans les sociétés politiques, les gouvernants sont soumis au droit. Cela implique qu'ils doivent non seulement respecter le contenu même de la constitution mais aussi la hiérarchie des normes établies. Il en découle l'obligation pour les lois de se conformer à la constitution, la supériorité de la loi sur les actes édictés par l'exécutif, l'existence d'une hiérarchie interne aux actes pris par l'exécutif correspondant à celle des autorités administratives[7].

a. La Constitution

La Constitution peut être définie du point de vue matériel et du point de vue formel.

Matériellement, la Constitution est l'ensemble de normes juridiques régissant le fonctionnement des pouvoirs publics c'est-à-dire ensemble des règles relatives à l'organisation publique d'un État. Formellement, la Constitution désigne le document qui réglemente les institutions et qui ne peut être élaboré ou modifié que selon une procédure différente des autres formes des libertés d'établissement des règles de droit[8].

Outre qu'elle réglemente l'exercice de pouvoir, la Constitution détermine également le statut des gouvernés par l'agencement des droits et libertés fondamentaux des citoyens qui y sont prévus.

La suprématie matérielle de la Constitution tient à ce que l'ordre juridique tout entier repose sur la Constitution. Étant à l'origine de toute activité juridique qui se déploie dans l'État, elle est nécessairement supérieure à toutes les formes de cette activité puisque c'est elle, et d'elle seulement, qu'elles tiennent leur validité.

Ainsi, la Constitution se veut la règle fondamentale, la source de toutes compétences au sein de l'État.

La conséquence en est le renforcement de la légalité car tout acte contraire à la loi doit être comme dépourvu de valeur juridique, *a fortiori* doit-il en aller de même pour un acte qui viserait la constitution[9].

Quant à la suprématie formelle, elle postule que les règles constitutionnelles ne peuvent être élaborées ou modifiées que dans des conditions et suivant des procédures spéciales qui sont plus strictes que

---

[7] MPONGO BOKAKO, o*p.cit*, p. 104.

[8] *Ibidem,* p.104

[9] *Idem.,* p.104

celles qui sont prévues pour l'élaboration ainsi que la modification des lois ordinaires.

La Constitution actuelle qui régit la République Démocratique du Congo a été adoptée au referendum populaire organisé du 18 au 19 décembre 2005 et promulguée à la date du 18 février 2006 ;

b. Les traités et accords internationaux

Aux termes de l'article 215 de la Constitution du 18 février 2006, les traités et accords internationaux régulièrement conclus ont, dès leur publication, une autorité supérieure à celle des lois, sous réserve pour chaque traité ou accord, de son application par l'autre partie.

Il nécessite de souligner que les traités sont des actes plurilatéraux faisant l'objet d'un formalisme important et impliquant une procédure[10] assez longue : conclus au nom du Chef de l'État, ils sont soumis à ratification et n'entrent en vigueur qu'après l'échange des instruments de ratification. Il en existe aussi en forme simplifiée qui sont des actes plurilatéraux à procédure courte. Ils ne sont pas soumis à ratification et entrent en vigueur dès leur signature.

Quoi qu'il en soit, les modalités de conclusion des traités couvrent la notification, la ratification ou l'approbation des engagements internationaux.

Si la négociation est menée par les pléni-potentiaires, c'est à eux qu'incombe également l'obligation d'authentifier le texte des traités par une signature apposée au nom du Président de la République[11].

La ratification ou l'approbation couronnent la procédure de conclusion des traités et accords internationaux.

La ratification est à la fois un acte de droit interne par lequel l'autorité investie du pouvoir de décision en la matière confirme la signature déjà donnée par ses représentants plénipotentiaires et un acte de droit international par lequel un État exprime son consentement à être lié par le traité.

Quant à l'approbation, elle est surtout un acte de droit interne résultant, dans certains cas, d'une exigence constitutionnelle. C'est ce que renferment les dispositions de l'art. 216 de la Constitution du 18 février 2006.

Le contrôle de la conformité des engagements internationaux à la Constitution ne concerne que le cas de traités et accords qui ne peuvent pas être ratifiés ou approuvés qu'en vertu d'une loi (art. 214 de la Constitution du 18 février 2006).

De toute façon, il ressort clairement que le contrôle ne peut porter que sur des engagements internationaux qui, appelant une intervention du

---

[10] ROUSSEAU (Ch.), *Droit international public,* 7è éd., Paris, Dalloz, 1973, p. 22

[11] PACTET P., *Institutions Politiques et Droit Constitutionnel*, Paris-Milan-Barcelone-Mexico, Masson, 9e éd., 1989, p. 492.

législateur, ne sont pas encore introduits dans l'ordre interne. Une fois introduit, tout contrôle de Constitution est exclu[12].

Par ailleurs, aux termes de l'article 216 de la constitution du 18 février 2006, « si la Cour constitutionnelle, consultée par le Président de la République, par le Premier Ministre, le Président de l'Assemblée Nationale ou le Président du Sénat, par un dixième des députés ou un dixième des sénateurs, déclare qu'un traité ou accord international comporte une clause contraire à la présente Constitution, la ratification ou l'approbation ne peut intervenir qu'après la révision de la Constitution ».

Cette formule est à la fois habile et souple[13]. Elle est habile car en évoquant une éventuelle révision de la Constitution pour que celle-ci soit mise en harmonie avec le projet d'engagement international litigieux, elle semble faire référence au principe de la primauté du droit international sur le droit interne.

Elle est souple car elle laisse la liberté aux autorités étatiques pour procéder à cette révision ce qui implique, dans la réalité des choses, la supériorité de la Constitution. Les autorités constitutionnelles peuvent donc choisir le moment qu'elles estiment le plus opportun, le projet d'engagement demeurant en sommeil aussi longtemps qu'il est nécessaire. Elles peuvent aussi s'abstenir de toute révision et, dans cette hypothèse, le projet de convention ne sera jamais mis en application[14].

Quant à l'autorité des engagements internationaux en droit interne, elle est conditionnée par l'introduction des traités ou accords en droit interne d'une part et elle est fonction de la place qui leur est attribuée par la Constitution elle-même dans la hiérarchie des normes juridiques d'autre part.

En effet, les engagements en forme solennelle lient les États signataires les uns envers les autres à partir de l'échange des instruments de ratification et que les accords en forme simplifiée entrent en vigueur dès leur signature. Mais encore faut-il qu'ils puissent faire l'objet d'une application effective sur chaque territoire national qu'ils soient introduits dans le droit interne de manière à avoir force obligatoire à l'égard des autorités administratives et à être opposables aux citoyens[15].

Il résulte, en effet, des dispositions de l'article 215 de la Constitution du 18 février 2006 que les traités ou accords régulièrement ratifiés ou approuvés font dès leur publication partie de droit interne congolais, et s'imposent et aux autorités et aux citoyens sous réserves pour chaque traité ou accord de

---

[12] PACTET P., *op. cit.*, p. 494.
[13] *Ibidem,* p.494
[14] *Idem,* p.494
[15] NGUYEN QUOC DINH, DAILLER P. et PELLET A., *Droit International Public,* Paris, L.D.G.J, 7e éd., 2002, p. 105

son application par l'autre partie. C'est ce que l'on désigne sous le terme de réserve de réciprocité.

Outre les traités et accords internationaux, il existe dans la hiérarchie des normes, la loi.

c. La Loi

Expression de la volonté générale, la loi se définit du point de vue organique et formel ou du point de vue matériel.

Selon le critère purement organique et formel, la loi se reconnaît à son auteur et, accessoirement, à son mode d'élaboration. C'est l'acte voté par l'organe législatif c'est-à-dire par le Parlement, selon leur procédure législative et régulièrement promulgué par le Président de la République[16].

À ce critère organique, s'ajoute celui matériel c'est-à-dire touchant au contenu de la loi.

Ainsi, la loi apparaît comme l'acte voté par le Parlement selon la procédure législative et portant sur l'une des matières énumérées par les articles 122 et 123 de la Constitution du 18 février 2006.

En outre, il existe des actes ayant force de loi. Ce sont des textes organiquement réglementaires parce qu'ils ont été pris par une autorité exécutive (le Gouvernement), mais matériellement législatifs parce qu'ils portent sur des matières législatives et modifient d'ailleurs les lois existantes.

Il s'agit des ordonnances-lois prévues à l'article 129 de la Constitution du 18 février 2006. Elles sont prises à la suite de la loi d'habilitation, entrent en vigueur dès leur publication mais deviennent caduques si le projet de loi de ratification n'est pas déposé sur le Bureau de l'Assemblée Nationale au plus tard à la date de promulgation de la loi d'habilitation.

Quant au domaine de la loi, il reste à souligner que le constituant l'a confirmé dans les dispositions des articles 122 et 123.

Par ailleurs, s'agissant de la primauté de la loi, il importe d'agencer que la loi qui est un acte adopté par le Parlement et régulièrement promulgué dans les conditions déterminées par l'article 140 de la Constitution du 18 février 2006, présente des caractères spécifiques qui la classent dans la hiérarchie des règles juridiques après la Constitution et les normes inscrites dans les traités et accords internationaux.

D'une part, elle est soustraite au contrôle des juridictions administratives et judiciaires, qui ne sont pas autorisées à se prononcer sur sa validité. En d'autres termes, elle est, à leur égard, irréprochable et incontestable : s'il est évident que la loi doit être considérée comme conforme à la Constitution, on doit considérer qu'après la promulgation cette exigence a été reconnue satisfaite, expressément ou implicitement[17].

---

[16] CARRE DE MALBERG R., *La loi, expression de la volonté générale*, Paris, 1931, ch. II n° 34 et 24.
[17] PACTET P., o*p. cit.,* p. 519.

D'autre part, la loi ne peut être remise en question, sauf par le Parlement lui-même : le Gouvernement se trouve pour sa part dans l'impossibilité d'y apporter la moindre modification.

Toutefois, l'autorité de la loi n'est pas absolue car la Cour Constitutionnelle connaît de la constitutionnalité des lois et des actes ayant force de loi (art.160 de la Constitution du 18 février 2006). Transitoirement, la Cour Suprême de Justice, statuant toutes sections réunies comme juge constitutionnel, connaît, par voie d'action et par voie d'exception de la constitutionnalité des lois et des actes ayant force de loi[18]. Ceci ne demeure vrai qu'aussi longtemps que la Cour constitutionnelle n'est pas instituée.

Cette juridiction peut être saisie d'un recours visant à faire déclarer une loi non conforme à la Constitution par le Président de la République, le Premier Ministre, le Président de l'Assemblée nationale ou le Président du Sénat, un nombre de députés ou de sénateurs au moins égal à un dixième des membres de l'Assemblée Nationale ou du Sénat dans les quinze jours qui suivent son adoption définitive et ce, conformément aux prescrits de l'article 139 de la Constitution du 18 février 2006.

Le contrôle de la constitutionnalité des lois et actes ayant force de loi est organisé par l'ordonnance-loi[19] n°82-017 du 31 mars 1982 relative à la procédure devant la Cour Suprême de Justice puisque l'organisation, la compétence des Cours et Tribunaux ainsi que la procédure à suivre sont fixées par la loi (article 122 de la Constitution du 18 février 2006).

Aux termes de cette Ordonnance-loi, la Cour Suprême de Justice, toutes sections réunies, est saisie du recours en appréciation de la constitutionnalité par requête du Procureur Général de la République agissant soit d'office, soit à la demande :

- du Président de la République pour les lois et règlements intérieurs du Parlement ;
- du Bureau du Parlement, pour les actes du Président de la République ayant valeur de loi ;
- des juridictions de jugement, lorsqu'une exception d'inconstitutionnalité est soulevée devant elle pour les lois et les actes du Président de la République ayant valeur de loi.

Le contrôle de constitutionnalité des lois qu'exerce la Cour Suprême de Justice est un contrôle *a posteriori* qui n'est pas ouvert aux citoyens. Seul le Procureur Général de la République en constitue la pièce maîtresse car c'est lui qui déclenche le mécanisme de contrôle par sa requête[20].

---

[18] Article 150 de la Constitution de la Transition.

[19] GICQUEL J., *Droit Constitutionnel et Institutions politiques,* Paris, Montchrestien, 14 e éd., 1995, p. 767.

[20] MPONGO BOKAKO, *Op. Cit.*, p. 116.

Sous l'empire de la Constitution du 18 février 2006, la saisine de la Cour constitutionnelle pour inconstitutionnalité de lois est ouverte à toute personne y ayant intérêt. Ceci est d'autant marquant car le contrôle de constitutionnalité des lois donne un éclairage démocratique transparent[21].

d. Le règlement

Les règlements émanent du pouvoir exécutif ou des autorités administratives qui lui sont rattachées.

La définition du règlement associe un élément organique parce que le règlement est une décision unilatérale des autorités exécutives ou rattachées et un élément matériel parce que le règlement comporte obligatoirement des dispositions visant anonymement une catégorie de personnes ou des situations déterminées.

Le règlement peut être donc défini comme un acte pris unilatéralement par des autorités exécutives ou administratives, présentant un caractère exécutif et comportant des dispositions à portée générale et impersonnelle[22].

Quant aux autorités investies du pouvoir réglementaire, il s'agit du Premier Ministre, du Président de la République et des autorités administratives indépendantes.

En effet, l'article 92 de la Constitution du 18 février 2006 dispose que « le Premier Ministre assure l'exécution des lois et dispose du pouvoir réglementaire sous réserve des prérogatives dévolues au Président de la République par la Constitution. Il statue par voie de décret. Il nomme, par décret délibéré en Conseil des ministres, aux emplois civils et militaires autres que ceux pourvus par le Président de la République. Les actes du Premier Ministre sont contresignés, le cas échéant, par les ministres chargés de leur exécution ».

Quant au Président de la République, il exerce le pouvoir réglementaire général par la signature des ordonnances. Aussi, il promulgue les lois et ses actes doivent être contresignés par le Premier Ministre[23] conformément à l'article 79 de la Constitution du 18 février 2006.

---

[21] BONNET J., *Le juge ordinaire français et le contrôle de la constitutionnalité des lois,* Paris, DALLOZ, 2009, p.531.

[22] PACTET P., O*p. Cit,* p. 520.

[23] Certaines Ordonnances du Président de la République ne sont pas soumises au contreseing du Premier Ministre : c'est le cas de l'Ordonnance nommant le Premier Ministre (article 78 alinéa 1 de la Constitution), celle prise en vue de l'investiture des Gouverneurs et des Vice-Gouverneurs des Provinces (article 80 de la Constitution), celle conférant des grades dans les ordres nationaux (article 84 de la Constitution) et de celle déclarant la guerre (article 143 de la Constitution).

Le ministre ne possède pas le pouvoir réglementaire, mais y participe[24]. En tant que chef de service, il réglemente l'organisation et le fonctionnement de son ministère. C'est ainsi que le ministre, sur base de l'article 93 de la Constitution, applique le programme gouvernemental dans son ministère, sous la direction et la coordination du Premier Ministre.

Il est à noter que des dispositions législatives peuvent confier à un ministre un pouvoir réglementaire ou l'investir d'un pouvoir réglementaire d'exécution. Aussi, le Premier Ministre peut prendre un décret d'exécution d'une loi, contenant l'essentiel des mesures d'application, et renvoyer pour le reste à des arrêtés ministériels[25].

De plus, les ministres sont responsables des départements ministériels qui leur sont confiés. Ils appliquent, par voie d'arrêté, le programme fixé et les décisions prises par le Gouvernement. Outre le fait que les ministres tirent leur pouvoir réglementaire de leur qualité de chef responsable des départements, cette qualité vient aussi d'un texte législatif leur conférant certaines compétences dans un secteur précis.

Par ailleurs, certaines autorités administratives indépendantes chargées de la régulation de certains secteurs viennent en concurrence avec les ministres, autorités traditionnelles.

La plupart sont dotées d'un pouvoir réglementaire qui ne peut permettre une remise en cause de la capacité du gouvernement pour définir la politique nationale dans les domaines considérés. C'est le cas par exemple d'une Autorité de régulation telle que la Commission Electorale Nationale Indépendante, le Conseil Supérieur de l'audiovisuel et de la communication…

En sus, des compétences réglementaires sont attribuées à tous les chefs de services et directeurs d'établissement public, pour l'organisation et le fonctionnement de leurs services, aux ordres professionnels, pour l'accès et la réglementation de la profession, et même à des personnes privées chargées de l'exécution d'un service public[26].

Il va sans dire que les autorités locales détiennent le pouvoir de statuer par voie générale sur tout le territoire où leur compétence s'exerce et en matière de police. C'est ainsi que le Gouverneur de province et le maire[27]

---

[24] ROUAULT M.-Ch., *L'essentiel du droit administratif général,* Paris, Gualino éditeur, 6è éd., 2007, p. 37.

[25] *ibidem*

[26] Le cas d'école souvent invoqué à ce sujet est celui jugé par le Tribunal des conflits français dans l'affaire Compagnie Air France contre l'époux Barbier, jugée le 15 janvier 1968 in BIBOMBE MUAMBA et BIBOMBE ILUNGA, *op.cit.,* p. 89.

[27] Le Gouverneur de province prend un arrêté provincial tandis que l'acte que prend le Maire s'appelle arrêté urbain.

disposent aussi d'un pouvoir réglementaire qui leur vient soit de délégation soit de leur qualité de Chef responsable de services dont ils ont la charge.

Par ailleurs, le domaine réglementaire est réservé aux autorités exécutives surtout dans les matières où le législateur n'est pas, ou pas encore, intervenu.

À cet effet, l'article 128 de la Constitution dispose que les matières autres que celles qui sont du domaine de la loi ont un caractère réglementaire.

Les textes à caractère de lois intervenus en ces matières peuvent être modifiés par décret si la Cour constitutionnelle, à la demande du Gouvernement, a déclaré qu'ils ont un caractère réglementaire.

En outre, les règlements ont force exécutoire et s'imposent donc aux autorités administratives chargées de les appliquer, ainsi qu'aux citoyens lorsque ceux-ci sont les destinataires directs.

À la différence des lois, outre le fait que les règlements font l'objet d'une publication et non d'une promulgation, il existe entre eux une hiérarchie qui n'existe pas entre les lois ordinaires. Cela tient à ce que les lois sont toujours l'œuvre d'un même auteur, le Parlement, alors que les règlements émanent d'autorités exécutives très diversifiées et très hiérarchisées.

Cette hiérarchie a pour conséquence que les règlements émanant d'autorités situées à niveau inférieur de la hiérarchie doivent, en principe, ne pas contrevenir aux dispositions réglementaires prises par une autorité supérieure, à condition évidement que les uns et les autres se situent dans une même matière ou dans un même secteur de compétences.

Enfin, il importe de noter que les décisions exécutoires s'imposent à l'Administration et ce, en vertu du principe « *Tu patere legem quam ipse fecisti* ».

Ce principe impose à l'auteur d'un règlement de respecter celui-ci à l'occasion des décisions individuelles qu'il est amené à prendre. Cependant, l'autorité qui a pris un règlement peut l'abroger ou le modifier, mais elle ne peut le violer par voie de décisions individuelles[28].

Le règlement peut toujours faire l'objet d'un recours devant la juridiction administrative, tout administré y ayant intérêt pouvant déférer à la Section Administrative de la Cour Suprême de Justice par voie du recours pour excès de pouvoir et actuellement au Conseil d'État, les ordonnances du Président de la République, les décrets du Premier Ministre et des arrêtés des ministres en tant qu'autorités administratives centrales.

D'autre part, les administrés peuvent aussi, si un règlement est invoqué à leur encontre au cours d'un procès, soulever devant la juridiction saisie, une exception d'illégalité visant ce règlement. Quoi qu'il en soit, les règlements sont des actes contestables dont le contrôle est efficacement assuré par le juge sur l'initiative des citoyens.

---

[28] VEDEL G., *op. cit.*, p. 298.

Outre la légalité écrite, il existe une autre qui n'est pas écrite. On range sous cette lancée la coutume.

e. La coutume

La coutume appelée également loi coutumière est une source de droit.

Elle constitue en effet l'infrastructure sur laquelle le droit est édifié et elle guide la manière dont il est appliqué et développé par le législateur, juges et doctrine[29].

Elle permet de découvrir une solution juste.

Mis à part les termes de l'article 153 alinéa 4 de la Constitution de la République démocratique du Congo qui disposent que « les Cours et Tribunaux, civils et militaires, appliquent les traités internationaux pour autant qu'ils soient conformes aux lois ainsi que la coutume pour autant que celle-ci ne soit pas contraire à l'ordre public ou aux bonnes mœurs », il échet de souligner que la coutume définie comme l'usage considéré comme obligatoire joue un rôle important en droit congolais.

Aussi, dans la pratique, la loi a souvent besoin du supplément qu'apporte la coutume pour être comprise, les notions auxquelles recourt le législateur demandant à être éclairées au vu de la coutume *secundum legem.*

Quant à la coutume *praeter legem,* elle a vu son domaine très réduit, surtout avec le progrès de la codification et la primauté reconnue à la loi dans les régimes démocratiques.

En Allemagne, en Suisse, en Grèce, on s'attache à présenter loi et coutume comme deux sources de droit qui sont sur le même plan[30].

Ce dualisme apparemment paradoxal entre la loi et la coutume mérite un éclaircissement.

En effet, le principe selon lequel « la loi est l'expression de la volonté générale » explique l'origine formelle et conventionnelle de la loi écrite qui est l'œuvre de quelques individus qui sont investis du pouvoir de représenter le sentiment de la communauté, du moins dans sa grande majorité.

C'est un produit synthétique de l'activité parlementaire[31], car la loi se « fabrique » suivant des techniques déterminées, en vue de faire face à des situations données.

---

[29] DAVID R. et JAUFFRET- SPINOSI C., *Les grands systèmes de droit contemporains,* Paris, Dalloz, 1988, p.139

[30] FORSTHOFF E., Traité de droit administratif allemand, traduit de l'allemand par M. FROMONT(1969) p. 239. ZEPOS P. J., « Quinze années d'application du Code civil hellénique »in *Revue internationale de droit comparé,* 1962, pp. 281-308.

[31] CARNELUTTI F., « Droit coutumier et droit légal »in *Revue judiciaire congolaise, 1963,* n°4, pp. 81-86 ; RUBBENS A., « Les dimensions de la coutume » in *R.J.C.*1962, 3è trim., pp. 44-54 ; OLEWALE ELIA T., *La nature du droit coutumier,* trad. Découflé et Desseau, Paris, 1961

Lorsque ces situations disparaissent, la loi n'a plus de raison d'être ; ou elle est expressément abrogée par le législateur, ou elle tombe en désuétude.

Par contre, la coutume est semblable à un produit naturel.

La règle coutumière se forme au fur et à mesure que se forme la société. Elle pénètre, de manière répétée et au contact des réalités des hommes, dans leur mode de vie et leur arrache un certain consensus.

Sa pérennité n'est pas liée aux incidences conjoncturelles de la vie, mais à la permanence de la communauté qu'elle régit.

Les membres de la communauté concernée connaissent les rapports qu'elle entend régler, ainsi que les conséquences rattachées à sa violation. Le juge coutumier, qui est le chef même de cette communauté, n'a que le rôle de participer à son imprégnation par les jugements qu'il rend.[32]

Par ailleurs, l'axiome « nul n'est censé ignorer la loi » montre la contradiction qui existe dans la société où se mêlent les classes sociales et leurs intérêts contradictoires, et où la loi est au service d'une certaine classe sociale au détriment du citoyen moyen qui ne peut pas suivre le rythme auquel les lois se font et se défont.

Or, en ce qui concerne la coutume, l'homme naît avec elle, s'initie à ses mécanismes d'adaptation et règle son comportement sur elle.

Son expérience lui indique dans quelles circonstances la règle coutumière est flexible et dans quelles autres elle est rigide.

Cette constatation a poussé Pierre- François Gonidec à souligner que l'africain, malgré tout, restera soumis à deux systèmes juridiques contradictoires et perpétuellement en conflit tant qu'existeront des communautés coutumières, paysannes et rurales, aux côtés des communautés urbaines[33].

De toute manière, la loi écrite et la loi coutumière ont en commun d'être reconnues par les membres de la collectivité concernée comme obligatoires, c'est-à-dire, d'être assorties de la force contraignante.

Et la loi coutumière ou tout simplement la coutume, bien que subordonnée à la loi écrite, comme d'ailleurs à l'ordre public et aux bonnes mœurs, est également source de la légalité.

Dans la mesure où la coutume est conforme, sa violation par un acte des autorités administratives pourrait faire l'objet d'un recours pour excès de pouvoir et entraîner l'annulation de l'acte attaqué[34].

Outre la notion de la coutume source de droit, deux autres notions restent à décortiquer ; il s'agit de l'ordre public et les bonnes mœurs.

---

[32] CARNELUTTI F., *op.cit.,* p. 85

[33] GONIDEC P.F., *Les droits africains,* Paris, L.G.D.J., 1968, T. 1, les caractères des droits africains, p. 11

[34] KALONGO MBIKAYI, « Le juge zaïrois et l'interprétation des principes généraux du droit » in *Revue Zaïroise de droit,* numéro spécial, 1971, ONRD, Kinshasa, 1971, pp. 152-160

L'ordre public, d'après Jean Dabin, désigne les institutions et les normes fondamentales qui, à tous les plans (politique, économique, social...) gouvernent la vie d'une nation et auxquelles, à ce titre, aucune volonté particulière n'est admise à déroger tandis que les bonnes mœurs, en réalité sorties de l'ordre public, désignent les requêtes de l'ordre public sur le plan de mœurs ; c'est-à-dire du comportement des individus au regard de la morale en cours dans la société.[35]

e. La jurisprudence

Les juridictions ont mission de dire le droit, elles ne peuvent s'y dérober, lorsqu'elles sont saisies, sous peine de commettre un déni de justice.

On ne saurait donc s'étonner que leurs jugements soient une source de droit mais il peut paraître surprenant qu'ils constituent une source normative.

En réalité, on ne peut bien comprendre l'élaboration des normes juridictionnelles que si on n'oublie pas que, dans chaque cas d'espèce, le juge doit rechercher la règle de droit applicable pour apporter une solution à la situation litigieuse. Parfois, il peut arriver que le juge ne trouve pas cette règle parmi celles précédemment évoquées.

Et comme il est obligé de statuer, il n'a d'autres ressources que de créer lui-même la règle qu'il appliquera ensuite[36].

Aussi, ce serait une erreur, d'après le doyen Vedel, de voir dans la création du droit par le juge administratif une opération purement arbitraire[37].

Il va sans dire que le juge découvre le droit plus qu'il ne l'invente.

À ce sujet, le juge administratif, dans cette découverte a un guide dans le fait que, si le législateur n'a pas expressément tranché la question même soumise au juge, il a, de façon concordante, donné une solution des cas plus ou moins analogues.

Ce qui sous-tend ce fait, c'est l'autorité de chose jugée qui s'attache à la décision de justice qui a acquis un caractère définitif c'est-à-dire qu'elle n'est plus susceptible de recours, soit que les voies de recours aient été épuisées, soit qu'il n'en ait pas été fait usage dans le délai voulu.

Cette autorité de chose jugée évoque la force de vérité légale qui s'attache à la décision de justice[38].

Et à cet effet, il importe de noter que l'autorité de chose jugée est normalement relative, ce qui signifie qu'elle ne s'applique qu'aux parties qui ont été à l'instance.

---

[35] DABIN J., « Droit et politique » in *Mélanges Savatier,* Paris, Dalloz, 1965, pp. 183-218

[36] PACTET P., O*p. Cit*., p.528.

[37] VEDEL G, o*p.cit.,* p. 289.

[38] FAYOLLE, *La force exécutoire des décisions de Justice vis-à-vis des administrations publiques*, thèse, Nancy, 1926.

Cependant, exceptionnellement, certaines décisions ont force *erga omnes* à l'égard de toute personne même non-partie à l'instance. C'est le cas des juridictions répressives et le cas des annulations d'actes administratifs prononcés par le juge administratif, ce qui, définitivement, ne peut plus être remis en question, ni directement ni indirectement, ni par voie d'action ni par voie d'exception. Et l'Administration est soumise à l'autorité de chose jugée qui constitue à son égard une source de légalité.

La jurisprudence congolaise en matière administrative se caractérise par une certaine faiblesse résultant entre autres de la nature autocratique du régime dans lequel elle a principalement évolué.

Il est cependant à noter que cette jurisprudence a connu une certaine cohésion depuis le discours de démocratisation des institutions étatiques du 24 avril 1990.

Une autre source de légalité se trouvent être les principes généraux du droit.

f. Les principes généraux du droit

Les principes généraux du droit sont une source de légalité. Cependant, cette source de légalité peut être classée dans la catégorie des sources non écrites de la légalité à l'instar de la coutume notamment.

Ceci ne peut se justifier qu'en droit français, car en droit congolais, la plupart de ces principes sont déjà intégrés dans la constitution.

Aussi, dès le début de la colonisation, l'Ordonnance du 14 mai 1886 avait, dans son article premier, imposé l'obligation de recourir à ces principes chaque fois qu'il y avait un vide dans la législation : « Quand la matière n'est pas prévue par un décret, un arrêté ou une ordonnance déjà promulgués, les contestations qui sont de la compétence des tribunaux du Congo, seront jugées d'après les coutumes locales, les principes généraux du droit et l'équité »[39].

En droit français par contre, le doyen Vedel enseigne à ce propos qu'il arrive que le juge administratif fonde certaines de ses solutions sur des règles qui ne résultent directement d'aucune source écrite, Constitution, loi ou règlement, et dans lesquelles il voit des principes généraux du droit[40].

Le juge se refuse à reconnaître qu'il les crée mais en les formulant, il les amène à l'existence juridique.

La violation de principes généraux du droit entraîne comme celle de la loi, l'annulation des actes administratifs irréguliers[41]. Et étant donné leur

---

[39] CATTIER, *Droit et Administration de l'Etat Indépendant du Congo, Bruxelles,* Larcier, 1888, 341p.

[40] VEDEL G., *Op. Cit.,* p. 278.

[41] L'Arrêt « Trans -TSHIKEM »est à épingler dans ce cadre. En effet, la Cour Suprême de Justice, Section administrative a pris en date du 2 novembre 1998 sous R.A. 381 et R.A. 410 la décision d'annuler l'arrêté ministériel n°CAB/MIN/AFF/E/272/95 du 18 septembre 1995

nature, ils couvrent un principe d'égalité sous ses multiples formes (égalité devant la loi, devant le service public, égalité de traitement entre agents d'un même corps...), principes consacrant les libertés publiques et les droits individuels, principes de non rétroactivité des actes administratifs, principe du respect des droits de la défense...

De tout ce qui précède, il importe de souligner, comme l'affirme avec raison René Chapus, que les principes généraux du droit ont valeur infra-législative mais supra décrétale. Ils peuvent être tenus en échec par la loi, à condition que celle-ci soit expresse[42].

Ainsi, ils s'imposent à l'autorité administrative qui ne peut pas y déroger ni dans l'exercice du pouvoir réglementaire ordinaire c'est-à-dire en application des lois, ni surtout dans l'exercice du pouvoir réglementaire autonome.

Le principe de légalité auquel est soumise l'activité administrative demeure le soubassement de l'État de droit. En effet, le respect de la légalité par l'Administration est lié de très près à celui du contrôle juridictionnel. Et le principe de légalité a ses implications qui nécessitent une certaine analyse.

B. Implications du principe de légalité

Le principe de légalité implique la soumission des actes des autorités administratives au droit, le respect de la hiérarchie des normes et l'annulation pour l'illégalité de tout acte ou décision de l'Administration.

Il peut arriver que l'illégalité d'un acte administratif soit invoquée par un administré victime de cet acte ou d'un agissement de l'Administration. Ce particulier peut toujours s'adresser directement aux autorités administratives pour leur demander de modifier, d'annuler ou de faire censurer la décision qui lui cause un certain préjudice.

Cela permet parfois d'éviter un recours au juge et d'obtenir ainsi une modification de la décision critiquée d'une manière beaucoup plus rapide que par le biais d'un recours contentieux. Le recours, en tant que la mise en œuvre de toute voie de droit qui permet d'obtenir une décision conforme au droit[43], exercé par les particuliers leur permet donc de présenter à l'Administration leur propre situation personnelle, de développer leurs propres arguments et, par suite, d'éclairer le mieux possible l'autorité administrative sur l'atteinte portée à leurs droits ou à leurs intérêts.

---

motif tiré du non respect du principe de l'autorité de la chose jugée comme source de la légalité.

C.S.J., Section administrative, R.A. 381 et 410 du 2 novembre 1998, in MUSHIGO-a-GAZANGA GINGOMBE, *Le contentieux administratif dans le système juridique de la République Démocratique du Congo,* Bruxelles, Academia-Bruylant, 2004, pp. 248-252.

[42] CHAPUS R., *Chronique dc droit*, Paris, 1960, p. 119.

[43] MOREAU J., *op.cit.*, p. 689.

Ce recours est soit gracieux ou hiérarchique.

Le recours gracieux est porté devant l'autorité même qui a pris l'acte contesté. Ce recours existe toujours de plein droit, même en l'absence de texte.

Lorsque le recours est porté devant une autorité hiérarchiquement supérieure à l'auteur de l'acte, il est appelé recours hiérarchique. Il est aussi ouvert de plein droit.

Le recours gracieux et le recours hiérarchique peuvent être fondés sur tout moyen utile, soit sur des moyens juridiques, soit sur des moyens de pure opportunité, ou même des moyens moraux de demande d'indulgence ou de faveur[44]. Ces recours constituent un préalable nécessaire du recours contentieux[45].

Aussi, il nécessite de souligner que le principe de légalité implique également le contrôle qui peut fréquemment être celui exercé à l'intérieur de l'Administration dans l'intérêt de son bon fonctionnement. Ce contrôle exercé à l'initiative et au profit de l'Administration est essentiellement hiérarchique. À l'évidence, l'une des fonctions des différents responsables au sein des diverses autorités administratives, à quelque niveau de la hiérarchie qu'ils puissent se trouver, est bien de surveiller, l'activité de leur travail effectué par chacun des subordonnés.

Avant toute chose, la qualité d'une Administration résiste dans la qualité de chacun de ses rouages, de chacun de ses agents et de chacun de ses responsables.

Sur le terrain, et dans l'activité de tous les jours, la tâche de contrôle de chaque responsable administratif et de chaque supérieur hiérarchique se révèle d'une importance de premier ordre, et décisive pour l'institution d'une bonne administration.

En effet, le contrôle hiérarchique est exercé, à chaque échelon de la hiérarchie, par le supérieur sur l'inférieur.

Pouvoir naturel et inconditionné, le pouvoir des supérieurs hiérarchiques s'exerce sur l'ensemble de leurs subordonnés. Il implique à la fois un contrôle de légalité, un contrôle d'opportunité et un contrôle d'efficacité. Il comporte la faculté de diriger l'ensemble de la conduite du subordonné, sous la seule réserve du respect des lois et des règlements. Il comporte aussi le droit de donner des ordres ou des injonctions. Sur le plan strictement juridique, le pouvoir hiérarchique renferme également le pouvoir de réprimer ou d'annuler les décisions des subordonnés[46].

---

[44] *Ibidem*, p.689

[45] VEDEL G., *op. cit,* p. 448.

[46] MOREAU J., *op. cit.,* p. 687.

Toutefois, ce contrôle hiérarchique se différencie du contrôle de tutelle qui est un simple contrôle de légalité et ne comporte pas, normalement, de contrôle d'opportunité.

Il nécessite de noter que l'autorité chargée du contrôle tient de la loi le pouvoir d'annuler ou de faire annuler les actes des organes qu'elle contrôle, parfois même le pouvoir de se substituer à ces organes, mais ce pouvoir ne peut être mis en œuvre que pour des strictes raisons de manquement à des obligations légales et réglementaires.

Néanmoins, certaines considérations d'opportunité pourront parfois, intervenir, lorsque les autorités décentralisées risqueraient de manquer de la compétence ou de l'expérience nécessaires, de faire preuve de négligence ou de partialité, ou encore de se lancer dans des opérations incertaines ou aventureuses[47].

Par ailleurs, force est de constater que le contrôle administratif, entendu au sens large de contrôle interne à l'Administration, n'est pas un contrôle exercé à la seule initiative des autorités administratives et au seul profit de l'Administration. Il est susceptible, également, d'être mis en œuvre, toujours par l'Administration elle-même mais au profit des administrés pour sauvegarder évidemment leurs droits ou leurs intérêts. C'est cette forme de contrôle qui implique tout recours administratif.

De tout ce qui précède, il convient de souligner que le respect du principe de légalité est une des caractéristiques d'un État de droit. Le contrôle de légalité s'exerce efficacement par le juge. Et la voie juridictionnelle qui assure, par excellence, le respect de la légalité par l'Administration, est le recours pour excès de pouvoir.

§2. Le moyen de contrôle de la légalité

Une légalité sans garantie ressemblerait à un éléphant sans défenses.

En effet, le contrôle de la légalité est effectué par la voie de recours pour excès de pouvoir, instrument indispensable pour vérifier le respect des règles par l'Administration.

Ce recours équivaut à un signe de la suprématie du droit sur les velléités ou les tentatives d'arbitraire des détenteurs de la puissance publique.

Aussi, le recours pour excès de pouvoir constitue le meilleur exemple qui étaye le fonctionnement de la justice administrative[48].

Le recours pour excès de pouvoir est défini par la doctrine soutenue par Georges Vedel comme l'action par laquelle toute personne y ayant intérêt

---

[47] *Idem*, p.687

[48] KABANGE NTABALA, « Recours en annulation : leçons, l'équivoque et la confusion sciemment entretenues » in *Le journal Le Potentiel* n°443 du 23/03/1994, *Journal UMOJA* du 22/03/1994 pp.6,7,9,11 et 12, *Journal Le Phare* du 25/03/1994

peut provoquer l'annulation d'une décision exécutoire par le juge administratif en raison de l'illégalité de cette décision[49].

Il importe de noter que le recours pour excès de pouvoir aboutit normalement à l'annulation de l'acte attaqué pour l'écarter de la lignée des actes de l'Administration.

En outre, si le requérant entend obtenir d'autres résultats, il doit joindre à ses conclusions d'excès de pouvoir d'autres chefs de demandes et notamment celle de dommages intérêts.

Ainsi, le recours change de nature et devient un recours de plein contentieux qui est, quant à lui, l'instrument du respect par l'Administration des droits subjectifs des administrés[50].

Quant à son orientation, le recours pour excès de pouvoir est dirigé contre une décision exécutoire c'est-à-dire contre un acte administratif unilatéral et ce recours ne peut être fondé que sur l'illégalité.

Par corrélation avec l'État de droit, il échet de mentionner que la soumission de l'Administration au droit est assurée par des procédés variés, mais le moyen essentiel de garantir la légalité est le recours pour excès de pouvoir par lequel peut être anéanti tout acte administratif unilatéral contraire au droit[51].

Ce recours présente un caractère ouvert en vertu duquel toute personne y ayant intérêt peut saisir le juge administratif pour contrôler la légalité de l'acte attaqué.

Étant un recours essentiellement juridictionnel, il importe d'examiner les conditions qui doivent être remplies pour sa recevabilité. Une fois la recevabilité déclarée, le juge procédera à l'analyse du fondement de la requête en excès de pouvoir. Les effets de la décision rendue sur recours pour excès de pouvoir présentent également un intérêt particulier.

A. La recevabilité de la requête en excès de pouvoir

La recevabilité du recours renvoie à la question de savoir si le juge est ou non valablement saisi du litige. Avant l'examen du fond d'un litige, le juge doit se demander si l'action portée devant lui est recevable. Autrement dit, avant de se demander « comment juger », le juge doit se poser la question de savoir s'il faut juger ?

À cet effet, il se peut que le recours soit formé hors délai, porté devant un juge incompétent de telle sorte que le juge n'ait pas à se demander si l'argument au fond est pertinent.

---

[49] VEDEL G., *Op. Cit.*, p. 547.

[50] RIVERO J., *Le Huron au Palais Royal, ou réflexions naïves sur le recours pour excès de pouvoir*, Paris,
D. 1962, Chron. 37.

[51] De SITO J., "Caractère d'ordre public du recours pour excès de pouvoir", in *RDP*, Paris, 1953, 1052.

Par ailleurs, les conditions de recevabilité du recours pour excès de pouvoir se définissent par rapport à la nature de l'acte attaqué, à la qualité du requérant ainsi qu'aux formes et délais du recours.

1° La nature de l'acte attaqué

Les articles 146 et 147 de l'ordonnance-loi n° 82-017 du 31 mars 1982 relative à la procédure devant la Cour Suprême de Justice disposent que ne peuvent être attaqués par la voie du recours pour excès de pouvoir que les actes des autorités administratives. Ainsi, sont exclus de ce champ, les actes des autorités étrangères, les actes des autorités parlementaires, les actes des autorités judiciaires, les actes que le Gouvernement ou le Chef de l'État accomplit dans ses rapports avec le Parlement ou dans la conduite des relations internationales autrement désignés sous l'appellation d'actes de gouvernement.

Seules les décisions exécutoires peuvent être attaquées par la voie du recours pour excès de pouvoir. Ceci veut sous-entendre qu'il doit s'agir d'un acte juridique[52] et non d'une simple opération matérielle. Le recours pour excès de pouvoir ne peut être dirigé que contre les décisions faisant grief[53].

Il est aussi important de noter que ce recours ne peut être formé contre les contrats administratifs sauf contre les actes détachables de caractère matériel ayant concouru à la formation du contrat administratif tels que les délibérations autorisant le contrat, approbation des organes de tutelle et même décision de passer le contrat par l'organe représentant la personne publique contractante[54].

---

[52] * C.A. L'shi, Section administrative, R.A.095 du 29 octobre 1993, Arrêt « KAZADI MALENGA »contre le Chef de sous-division de l'Education nationale de Likasi in MUSHIGO-a-GAZANGA GINGOMBE, *Le contentieux administratif dans le système juridique de la République Démocratique du Congo,* Bruxelles, Academia Bruylant, 2004, p.132: Le demandeur en annulation voulait l'anéantissement de la lettre EDN/ Sous-Reged/1011/00/05/022 du 12 janvier 1993 par laquelle le Chef de la Sous-division de l'Education nationale à Likasi l'avait déchargé de ses fonctions de chef d'Etablissement public et l'avait mis à la disposition de la Sous-division.
Le juge administratif a relevé que la lettre ne constitue, en elle-même, qu'une simple notification et non une décision administrative et que le recours en annulation ne peut être exercé que contre une décision administrative.
C'est ainsi que la requête en annulation avait été déclarée irrecevable par le juge administratif.
*C.A. L'shi, Section administrative, R.A.094 du 29 octobre 1993, Arrêt « ODIMU LOLA » contre le Chef de la Sous-division de l'Education nationale de Likasi in MUSHIGO-a-GAZANGA GINGOMBE, *op.cit.,* p. 135 : Le cas d'espèce est identique à celui sous R.A.095 du 29 octobre 1993. Le juge administratif avait conclu à l'irrecevabilité de la requête.

[53] Une décision exécutoire est celle qui modifie l'ordre juridique existant, qui confère des prérogatives aux particuliers en matière des obligations à leur charge. C'est un acte créateur des droits.

[54] COLLIARD C.-A., "La notion d'acte détachable et son rôle dans la jurisprudence du Conseil d'Etat", *Mélanges Mestre,*, p. 115.

Ainsi, les effets directs de l'annulation par le juge de l'excès de pouvoir d'un ou des plusieurs actes unilatéraux ayant concouru à la formation du contrat se limitent à cette annulation. Cette annulation ne s'étend pas au contrat dont la validité ne peut être appréciée que par le juge du contrat.

Outre l'examen de la nature de l'acte attaqué, la qualité du requérant demeure un impératif pour la recevabilité du recours pour excès de pouvoir.

2° La qualité du requérant

Le requérant qui saisit le juge administratif pour excès de pouvoir dans le chef de l'Administration doit justifier non seulement de la capacité d'ester en justice mais aussi de son intérêt à agir.

Si par la capacité d'ester en justice le problème ne se pose pas tellement du fait que la loi reconnaît cette capacité à tout citoyen ayant atteint l'âge de dix-huit ans révolus, les faisceaux lumineux doivent être apportés sur l'intérêt à agir.

Si large que l'on puisse souhaiter le contrôle du juge sur la légalité des actes administratifs, on ne peut faire du recours pour excès de pouvoir une *action popularis* que tout citoyen serait autorisé à former : la malice, la passion politique en viendraient à soumettre au juge tous les actes de l'Administration. D'autre part, la règle « pas intérêt, pas d'action » est un principe général de procédure[55].

En effet, l'intérêt peut être purement moral, mais il suffit qu'il soit légitime et raisonnable. Il n'est pas nécessaire que l'intérêt soit direct et actuel car un intérêt indirect, même futur, peut, s'il est suffisamment caractérisé, justifier un recours pour excès de pouvoir. Aussi, l'intérêt doit être personnel à l'individu ou au groupement qui forme le recours ; c'est le cas d'un recours formé par un syndicat pour la défense de ses intérêts ou de ceux de ses membres.

3° Forme et délais

Aucune forme n'est exigée. Une simple lettre suffit. Le délai pour introduire cette requête est de trois mois à compter du jour de la notification ou publication de l'acte incriminé[56]. Ce qui importe plus, c'est l'examen du fond de cette requête après sa recevabilité par le juge administratif.

---

[55] LALIGANT M, LA notion d'intérêt pour agir et le juge administratif, *RDP*, 1971, 43.

[56] C.S.J., Section administrative, R.A .104 du 2 octobre 1994, Arrêt « IYELEZA » contre la République du Zaïre prise en la personne du Commissaire d'Etat au Portefeuille in MUSHIGO-a-GAZANGA GINGOMBE, *op.cit.*, p. 233 : monsieur IYELEZA OTUNG'UNKERE demandait l'annulation de la décision n° 00799/DSG/80 du 12 mars 1980 qui ordonnait son expulsion de la maison sise au n° 5 de l'avenue Shaba dans la Zone de la Gombe à Kinshasa.

Le juge administratif a déclaré ledit recours en annulation irrecevable pour tardiveté. En effet, le juge relève que « en tant qu'il vise la lettre n° 00799/DSG/80 du 12 mars 1980 du Commissaire d'Etat au Portefeuille, son recours administratif ayant été rejeté par ce dernier le 21 octobre 1980, la requête du 21 février 1981 a été déposée au greffe de la Cour Suprême de

B. Le fondement du recours pour excès de pouvoir

L'examen de conditions de forme aboutit à la recevabilité du recours pour excès de pouvoir. À cet instant le juge administratif doit procéder véritablement au contrôle de la légalité de l'acte administratif attaqué pour excès de pouvoir. Il se lance dans l'analyse des moyens que l'on peut faire valoir à l'appui d'un recours. S'agissant du recours pour excès de pouvoir qui tend à l'annulation d'une décision exécutoire, les ouvertures à ce recours se ramènent aux griefs, c'est-à-dire aux critiques qui peuvent être valablement faites à cette décision du point de vue de la légalité.

En contentieux administratif, l'excès de pouvoir est tout simplement synonyme de l'illégalité.

À cet effet, le juge de l'excès de pouvoir, saisi d'un recours recevable, doit annuler tout acte administratif illégal ; et ce juge de l'excès de pouvoir ne peut annuler un acte administratif que pour illégalité[57].

En d'autres termes, le recours pour excès de pouvoir tend au contrôle intégral de la légalité, mais au contrôle de la seule légalité. Cette légalité s'apprécie à la date de l'acte critiqué.

L'incompétence, le vice de forme, le détournement de pouvoir, la violation de la loi constituent les quatre cas d'ouverture du recours pour excès de pouvoir.

Les deux premiers cas tendent à la vérification de la régularité formelle de l'acte tandis que les deux derniers cas, en l'occurrence la violation de la loi et le détournement de pouvoir renvoient au contrôle de la conformité du contenu de l'acte.

Ainsi, il sera examiné tour à tour le contrôle formel de l'acte ainsi que le contrôle matériel de l'acte.

1° Le contrôle formel de l'acte

Ce contrôle consiste, pour le juge administratif à dénicher l'illégalité de l'acte administratif. L'illégalité, au sens général du terme, s'entend de la non conformité au droit, l'irrégularité juridique. Elle se définit donc par la violation de l'une des règles du droit dont le respect s'impose à l'Administration.

Ce type de contrôle traite de l'incompétence ainsi que de vice de forme.

a. L'incompétence

Elle se veut l'inaptitude d'un agent à accomplir un acte qui pouvait être fait, mais qui devait être fait par un autre agent[58].

Justice en dehors des délais prescrits par les dispositions des articles 88 et 89 du code de procédure devant la Cour Suprême de Justice… ».

[57] VEDEL G., *op.cit.*, p. 597.

[58] JEZE G., Essai de théorie générale de la compétence, *RDP,* Paris, 1923, p. 58.

L'incompétence *stricto sensu* est à distinguer de l'usurpation de pouvoir en ce sens que, dans le cas de l'usurpation de pouvoir l'acte est fait par une personne s'immisçant dans l'Administration sans titre ni qualité alors que l'incompétence[59] correspond à l'hypothèse où l'acte est fait à tort par un agent alors qu'il aurait dû être fait par un autre.

Théoriquement, l'acte fait par l'usurpateur n'est pas illégal mais plutôt inexistant.

Mais, pratiquement, les conséquences de l'usurpation sont assouplies par la théorie des fonctionnaires de fait qui visent en réalité trois hypothèses dont :

Dans certains cas, en vertu de la notion de circonstances exceptionnelles, des individus qui, sans titre normal, s'immiscent dans l'Administration dans un but d'intérêt général et pour des raisons de nécessité pressante, doivent être regardés comme ayant valablement exercé la compétence qu'ils se sont attribuée, avec toutes les conséquences que ceci comporte (responsabilité de l'Administration pour leurs actes, validité des engagements pris par eux au nom de l'Administration) ;

Dans d'autres cas, la théorie de fonctionnaires de fait n'a pas pour objet de légitimer l'action de l'usurpateur, mais de protéger les biens qui, de bonne foi, ont pu croître à la qualité dont il se prévalait ;

La théorie des fonctionnaires de fait a enfin une application particulière pour tenir en échec l'effet normal, mais indésirable, de l'annulation par le juge des nominations illégales d'agents publics[60].

Quant à l'incompétence proprement dite, elle s'analyse *ratione materiae*, *ratione temporis* et *ratione loci*.

Du point de vue matériel, le juge examine si l'acte incriminé quant à son objet, rentre dans le champ reconnu à l'autorité qui l'a pris.

L'incompétence *ratione loci* suppose qu'un agent prend une décision hors du ressort géographique qui lui est attribué tandis que l'incompétence *ratione temporis* vise l'hypothèse où l'agent prend une décision en dehors du temps où il était habilité pour le faire.

Il nécessite de mentionner que l'incompétence est la forme essentielle de l'illégalité. Cependant, il en existe une autre, c'est le vice de forme.

---

[59] C.A. Kin./ Gombe, Section administrative, R.A. 125 du 9 novembre 2002, Arrêt « C.M.E.C. », NDUNGUMA MBAYI et Caleb TCHYOMBO NKONGOLO contre la Ville de Kinshasa : les demandeurs avaient introduit un recours en annulation contre l'arrêté provincial SC/011/B.G.V/LM/C.C.J.V/99 du 20 janvier 1999 qui avait créé une servitude de passage sur un terrain loti par les services du cadastre.
Le juge administratif a annulé cet arrêté au motif d'incompétence de l'autorité administrative, en l'occurrence le Gouverneur de la Ville de Kinshasa qui a violé par ce fait l'article 180 de la loi dite foncière.

[60] VEDEL G., *Op. Cit.*, p. 587.

b. Le vice de forme

Le vice de forme vise l'inaccomplissement de certaines formalités jugées substantielles pour la régularité de l'acte.

Seule l'omission des formes substantielles justifie l'annulation de l'acte pour vice de forme. Et est considérée substantielle, toute forme qui a pour objet de garantir les droits des administrés ou tout au plus, toute forme dont l'accomplissement aurait pu changer le sens de la décision attaquée. C'est le cas par exemple du refus de requérir un avis consultatif pour l'accomplissement d'un acte.

Le juge administratif sanctionne la violation des formes substantielles par l'annulation de l'acte[61].

Aussi, le juge administratif procède également au contrôle des éléments matériels de l'acte.

2° Le contrôle matériel de l'acte

À ce sujet, il importe de souligner que tous les griefs qui peuvent être invoqués à l'appui d'un recours pour excès de pouvoir se ramènent à la violation de la loi.

En ce sens, toute irrégularité juridique ne se laisse ramener ni à l'incompétence ni au vice de forme mais elle constitue une violation de la loi.

a. La violation de la loi

Par violation de la loi, il faut entendre la violation de toute règle qui, en vertu du principe de légalité, s'impose à l'Administration[62].

Aussi, dans l'expression violation de la loi, il faut entendre la violation de toute règle qui, en vertu du principe de légalité, s'impose à l'Administration.

En effet, la violation de la loi peut s'analyser en refus d'application de la loi, en erreur de droit[63] ou en inexactitude des motifs de fait.

---

[61] C.A. Kin/Gombe, Section administrative, R.A.080 du 24 août 1995, Arrêt « NDAMBO MANDJAWANDU »contre l'inspecteur du Travail NGOKENE Arthur in MUSHIGO-a-GAZANGA GINGOMBE, *op.cit.,* pp. 111-114 : le demandeur en annulation qui était membre du Comité de gestion de l'Office Zaïrois de Contrôle était suspendu de ses fonctions par le Président délégué général.

Par sa décision n°22/279/DUT/PUT/MA/NA/95 du 29 avril 1995, l'inspecteur du Travail accorda au Président délégué général l'autorisation de mettre fin sans préavis au contrat de travail du demandeur en annulation, sans avoir entendu l'impétrant et dressé un procès-verbal d'audition.

Le juge administratif a soulevé que le fait de n'avoir pas procédé à l'audition du demandeur en annulation constitue un vice de forme ; celui-ci consiste dans l'omission ou l'irrégularité des formalités et procédures auxquelles était assujetti l'accomplissement de l'acte administratif.

C'est ainsi que la décision de l'inspecteur du Travail a été annulé pour vice de forme.

[62] AURY J.-M. et DRAGOR R., *Traité de contentieux administratif,* Paris, DALLOZ, 1994, p. 27.

L'erreur de droit se ramène en général à la fausse interprétation de la loi. Elle vicie l'acte, même lorsqu'il est établi que, sans commettre une erreur de droit, l'Administration eût pu prendre une décision identique à la décision attaquée[64].

De même, une erreur de fait peut très bien conduire à une violation de la loi.

Le juge de l'excès de pouvoir, étant un juge de légalité, exerce également son contrôle sur les faits formant la base des décisions administratives soumises à son appréciation.

Si le juge administratif est saisi d'une contestation, il doit contrôler l'exactitude tant de la qualification juridique que de la matérialité des faits qui sont à la base de la décision attaquée.

Aussi, le contrôle du juge de l'excès de pouvoir sur la qualification ou l'exactitude matérielle des faits ne doit pas conduire en principe à un contrôle sur l'opportunité attaquée, c'est-à-dire sur l'exercice par l'Administration de son pouvoir discrétionnaire. Une facette du contrôle matériel de l'acte se trouve être le détournement du pouvoir.

b. Le détournement du pouvoir

Le détournement de pouvoir fait penser à la subjectivité de l'auteur de l'acte ; ce sont les intentions que le juge va apprécier.

---

[63] C.S.J., Section administrative, R.A.456 du 25 août 2000, Arrêt « DERIKOYE » contre la République Démocratique du Congo prise en la personne du Ministre des Transports et Communications in MUSHIGO-a-GAZANGA GINGOMBE, *op.cit.,* pp. 264-267 : Le demandeur en annulation sollicitait la mise à néant des Arrêtés n° 409/CAB/MIN/T.C./006/98 et 409/CAB/MIN/T.C./007/98 du 26 janvier 1998 portant respectivement nomination des membres du Comité de Gestion provisoire de la s.a.r.l. AMI-CONGO et définition de la mission dévolue audit Comité de Gestion au motif que la désignation des organes des Sociétés commerciales ne peut résulter que du seul acte constitutif ou des actes postérieurs pris en exécution de celui-ci par l'ensemble des actionnaires.

Le juge administratif a relevé qu'en désignant d'autorité par Arrêté les personnes préposées à la direction de la société en dehors des mécanismes statutaires mis en place en vertu de l'article 7 du décret du 27 février 1887, l'Arrêté ministériel a violé la disposition légale. Il a annulé ledit Arrêté pour erreur de droit.

[64] C.S.J., Section administrative, R.A.398 du 13 août 2001, Arrêt « Docteur LONGO MBENZA »contre la République Démocratique du Congo, prise en la personne du Ministre de l'Enseignement supérieur, universitaire et de la Recherche scientifique in MUSHIGO-a-GAZANGA GINGOMBE *op.cit.,* pp.273-275 : le demandeur en annulation voulait l'anéantissement de l'Arrêté ministériel n°ESURS/CAB/MIN/148/95 du 18 octobre 1995 qui le relevait de ses fonctions de membre du Comité de Gestion et de Secrétaire Général Académique de l'Université de Kinshasa en sigle UNIKIN pour violation de la loi.

Le juge administratif a motivé que l'acte du Ministre a violé les dispositions des articles 15 et 78 de l'ordonnance n° 81-160 du 7 octobre 1981 portant Statut du personnel de l'Enseignement supérieur et universitaire qui exigent qu'un membre du personnel présumé coupable d'avoir commis une faute, peut être suspendu de ses fonctions et qu'une action disciplinaire doit être ouverte à son endroit.

Mais, le Ministre n'a pas respecté la procédure lorsqu'il a adopté la solution extrême de la révocation ; son acte tombe sous le coup d'excès de pouvoir et doit être annulé.

Le détournement de pouvoir consiste dans le fait d'une autorité administrative d'user de ses pouvoirs en vue d'un but autre que celui pour lequel ils lui ont été conférés[65].

En effet, le détournement de pouvoir existe, non seulement lorsque l'agent ne poursuit pas un but d'intérêt public mais encore lorsqu'il poursuit un but d'intérêt public étranger à celui que la loi lui imposait de poursuivre[66]. Aussi, l'hypothèse de détournement de pouvoir est envisageable lorsque l'agent public poursuit un but d'intérêt personnel. Le mobile politique constitue également un détournement de pouvoir.

Par ailleurs, le détournement de pouvoir comporte une variante qui est le détournement de procédure.

Il consiste dans le fait pour l'Administration d'utiliser une procédure administrative à des fins autres que celles auxquelles elle aurait dû légalement servir. C'est toujours un cas de l'usage par un agent public de ses pouvoirs dans un but autre que celui en vue duquel ils lui ont été conférés.

À cet effet, le doyen Hauriou a estimé que si l'incompétence, le vice de forme et la violation de la loi soumettaient l'Administration à un contrôle de légalité de la part du juge administratif, le détournement de pouvoir la soumet à un contrôle de moralité.

Il renchérit en soulignant que dans la définition de la légalité, le juge administratif, du fait qu'il peut créer des règles de droit, dispose de larges pouvoirs.

---

[65] VEDEL G., » L'évolution du détournement de pouvoir », *R.D.P.*, Paris, 1952, p. 275.

[66] C.A. de Kananga, Section administrative, R.A.025 du 2 janvier 1996, Arrêt « SAMBA TSHISEBA » contre le Gouverneur de Région du Kasaï-Occidental in BIBOMBE MUAMBA et BIBOMBE ILUNGA, *op.cit.*, pp. 57-68 : Le demandeur en annulation sollicitait l'annulation pour violation de la loi et détournement de pouvoir, de la commission n° 10-171/B1/0086/000111/94 du 4 juin 1994 prise par le Gouverneur de Région du Kasaï-Occidental en faveur de Monsieur MUYAYA KATUPA alors qu'à la suite de la vacance créée par la désertion de Monsieur KASUNZU KAMANA, ancien titulaire de la Division des Finances, il fut, par commission n°10-1799/F.P./B.4/075/000/79/93 du 14 juin 1993 du Gouverneur de Région du Kasaï- Occidental, désigné intérimaire à la Division des Finances.
Le juge administratif a démontré que les dispositions des articles 20, 36 et 60 de la loi n°81/003 du 17 juillet 1981 portant Statut des agents de carrière des services publics de l'Etat ainsi que l'article 6 de l'ordonnance n°82/031 du 19 mars 1982 portant Règlement d'administration relatif à l'intérim ont été violé en ce que l'intérim est assumé, en cas de vacance d'emploi de commandement, par un agent revêtu du grade immédiatement inférieur par rapport à celui correspondant au grade vacant en tenant compte des mérites et titres de cet agent.
L'intérim ne prend fin qu'en cas d'affectation du titulaire au grade au poste vacant ou de commission par l'intérimaire de faute administrative. Tel n'est pas le cas dans cette espèce. C'est ainsi que la commission faite en faveur de MUYAYA KATUPA a été annulée pour violation de la loi et détournement de pouvoir.

Il peut donc se faire que sous couvert de l'esprit de la loi ou sous couvert des principes généraux du droit, le juge administratif intègre des directives de moralité à la légalité[67].

Le recours pour excès de pouvoir entraîne certaines conséquences sur l'acte dont la légalité est contrôlée. Ceci constitue l'aboutissement de tout recours.

C. Les effets de l'arrêt en excès de pouvoir

L'étude des effets de l'arrêt rendu par le juge administratif en excès de pouvoir est d'une impérieuse nécessité.

En raison de la nature du recours pour excès de pouvoir, les pouvoirs du juge administratif gravitent autour de trois axes : Le juge administratif peut rejeter totalement la requête soit en raison de son irrecevabilité, soit en raison de son mal-fondé ; il peut annuler totalement l'acte attaqué ou annuler partiellement l'acte incriminé[68].

S'agissant de la décision de rejet, le juge rejette un recours parce qu'il n'a relevé aucun motif d'annulation parmi les moyens invoqués par le requérant ou parmi les moyens d'ordre public qu'il accepte de soulever lui-même. Il reste, cependant que l'acte attaqué peut quand même être illégal pour un motif différent, autre que ceux du requérant ou de l'ordre public.

Il suit de là, que tout à fait logiquement, tout individu intéressé peut parfaitement intenter un autre recours pour excès de pouvoir (à condition bien sûr de ne pas être forclos par l'expiration du délai), fondé sur d'autres moyens que ceux invoqués dans le premier recours.

C'est pourquoi, il est habituellement soutenu que l'arrêt de rejet d'un recours pour excès de pouvoir ne possède que l'autorité relative de la chose jugée, c'est-à-dire qu'il n'emporte de conséquence qu'à l'égard du seul requérant et à l'égard des seuls moyens qu'il a invoqués.

Un autre recours éventuel peut alors entraîner un complet changement de situation quant à la légalité de l'acte administratif.

Il est aussi impérieux de souligner que les hypothèses de recours nouveau sont évidemment très rares par suite de la brièveté des délais.

En sus, le juge administratif procède souvent à l'annulation de la décision incriminée.

Une décision d'annulation emporte, au contraire, des effets beaucoup plus énergiques qu'une décision de rejet.

En effet, un jugement d'annulation pour excès de pouvoir possède à la fois l'autorité absolue de la chose jugée et une portée rétroactive.

---

[67] HAURIOU M., *Précis de droit administratif*, Paris, P.U.F., 12 ème, éd., 1933, p .20.

[68] DE LAUBADERE, VENEZIA J.-C. et GAUDEMET Y., *Traité de droit administratif*, Tome I, Paris,
L.D.G.J., 1989, p. 439

L'effet absolu de chose jugée signifie que l'annulation de l'acte produit un résultat objectif, ce qui sous-tend que l'acte illégal est annulé pour tout le monde et ce, à partir de son origine ; il a, un effet *erga omnes* à l'égard de tous.

L'annulation joue, en effet, aussi bien à l'égard du requérant que de tout autre administré, ou envers l'Administration, ou même à l'égard du juge.

Seul le législateur n'est pas lié par l'arrêt d'annulation en ce sens que c'est lui qui confectionne les lois que le juge doit appliquer par le contrôle de légalité qu'il exerce sur les actes des autorités administratives.

L'une des conséquences importantes que tire le juge de cet effet absolu de l'annulation d'un acte administratif est le fait que même si le requérant bénéficiaire de l'annulation déclare renoncer à la décision du juge, cette circonstance ne saurait avoir pour effet de faire revivre l'acte annulé[69].

Par ailleurs, l'effet rétroactif signifie que l'acte illégal n'est pas annulé seulement pour l'avenir, à partir de la date de l'arrêt, il signifie que l'acte est annulé depuis le jour où il a été pris.

Aussi, un acte administratif annulé est réputé n'avoir jamais existé. Cette solution est tout à fait cohérente avec le fondement même du contentieux de la légalité. Il y a cependant lieu de préciser qu'elle ne manque pas de provoquer, lors de l'exécution de la décision d'annulation, de multiples difficultés juridiques et pratiques et de susciter de la part du juge administratif lui-même des règles qui sont quelquefois d'une extrême complexité.

La jurisprudence est abondante quant à ce qui concerne l'annulation des actes administratifs qui ont causé grief.

Quelques décisions prises par le juge administratif en matière d'annulation méritent d'être épinglées.

En effet sous :

1° RA 319/95 du 17 juin 1997 de l'Église de Noirs en Afrique représentée par le Révérend Pasteur Lulendu Bosekota Kitedika Mpandi Fils, coordinateur général, Représentant légal et Spirituel et les représentants légaux suppléants contre la République du Zaïre prise en la personne de ministre de la Justice et Garde des Sceaux, le juge administratif a annulé l'acte de l'autorité administrative centrale ayant causé grief, en l'occurrence l'ordonnance prise par le Président de la République.

In specie casu, l'Église des Noirs en Afrique a introduit un recours tendant à l'annulation pour excès de pouvoir de l'Ordonnance n° 94/74 du 18 octobre 1994 du Président de la République du Zaïre laquelle avait annulé l'Ordonnance n° 91-096 du 8 avril 1991 accordant la personnalité civile à l'Association sans but lucratif « Église des Noirs en Afrique ».

---

[69] MOREAU J., *op.cit.*, p. 785.

Examinant les conditions de recevabilité, la Section Administrative de la Cour Suprême de Justice siégeant en annulation a conclu à la recevabilité de la requête et a procédé à l'instruction de la cause.

Lors de cette instruction, le juge administratif qui contrôle la légalité, est arrivé à la conclusion que l'Ordonnance attaquée a été prise sur base des dispositions d'un acte abrogé, à savoir la loi n°93-001 du 2 avril 1993 portant Acte Constitutionnel Harmonisé relatif à la période de transition abrogée le 9 avril 1994.

C'est ainsi qu'il a annulé l'Ordonnance n° 94/74 du 18 octobre 1994 pour sanctionner l'illégalité dont a été entachée ladite ordonnance. Cette décision a été courageusement prise par le juge en ce qu'il était, à l'époque malséant de prendre une position contraire à celle du Président de la République.

2° Sous R.A. 307/315 du 25 juillet 1996 opposant Monsieur Abeli Tshite Sumbu et Monsieur Al'Hadji Rashidi Heradi, membres effectifs de la COMIZA à la République du Zaïre prise en la personne du Commissaire d'État à la Justice et Garde des Sceaux, les requérants sollicitent l'annulation des arrêtés du ministre de la Justice n° 005/91 , n° 062/94 et 087/94 des 5 février 1991, 22 mars et 7 avril 1994 par lesquels le Ministre de la Justice avait approuvé les résolutions des assemblées générales tenues par la COMIZA.

La Cour Suprême de Justice, Section Administrative a annulé les arrêtés susvisés pour violation de l'article 9 du décret-loi du 18 septembre 1965 relatif aux associations sans but lucratif en ce que les 75 membres effectifs qui ont siégé au mois de janvier 1994 ont changé les personnes chargées de l'administration sans que ce changement ait fait l'objet d'une déclaration signée par la majorité des membres effectifs adressée au Ministre de la Justice et que celle- ci a approuvé ce changement par les deux derniers arrêtés attaqués.

3° Sous R.A. 278 du 21 décembre 1995 opposant l'Archidiocèse de Kinshasa à la République du Zaïre prise en la personne de ses Commissaires d'État en charge des Terres, Mines et Énergie, et de la Justice.

La requérante sollicite l'annulation de l'arrêté départemental n° 1 .440/168/89 du 15 février 1989 par lequel, le Commissaire d'État aux Affaires Foncières, Environnement et Conservation de la Nature avait créé vingt parcelles de terre à usage résidentiel portant les numéros 8254 à 8273 du plan cadastral de la Commune de Limete, Quartier Mombele dans la Ville de Kinshasa alors que cette concession est occupée par la requérante depuis 1962 en vertu d'un Certificat d'enregistrement.

La Section Administrative de la Cour Suprême de Justice a annulé l'arrêté sus visé pour violation de la loi, en l'occurrence les articles 65 et 372 de la loi n° 80/008 du 18 juillet 1980 portant Régime Général des biens ; Régime Foncier et Immobilier et Régime des Sûretés.

Ces décisions osées du juge administratif prouvent à suffisance que ce juge remplit efficacement sa mission de gardien de la légalité.

Par ailleurs, la loi a doté le juge administratif congolais d'une compétence d'appréciation discrétionnaire de la nature d'actes à connaître.

Est ce qu'on peut penser, à cet égard, à l'existence d'un rôle quasi politique du juge administratif ?

Sous-section 2. La compétence discrétionnaire reconnue par la loi au juge administratif congolais

Le juge administratif congolais dispose d'une compétence discrétionnaire qui lui permet d'apprécier souverainement la nature des actes qu'il est appelé à connaître (article 87 alinéa 2 de la Procédure devant la C.S.J.).

Ce rôle presque politique que pourrait incarner le juge administratif congolais ne serait pas trop accusé. Il se dégagerait notamment de la pratique de la restriction volontaire du champ de ses compétences ou immunités qu'il accorde aux actes des autorités politiques.

Ces dernières sont, en certains de leurs actes, exonérées de la censure non seulement du juge administratif, mais aussi et surtout de tout juge.

Les raisons majeures qui sous-tendent cette exonération résultent de ce que les actes qui touchent aux rapports des institutions constitutionnelles échappent au contrôle de tout juge car ils traduisent, en quelque sorte, la matérialisation de l'impérium de l'État. Et que le juge, dont la mission est de dire le droit, n'est pas habilité à censurer lesdits actes.

Cette position du juge peut pousser à penser qu'il épargne à sa censure des actes matériellement illégaux pris par des autorités politiques et administratives et que aussi, par ce comportement, il protège en quelque sorte l'État et son Administration.

De plus, la liberté d'appréciation du juge administratif tirée des dispositions de l'article 87 de la Procédure devant la Cour Suprême de Justice résulte de la volonté du législateur.

Cet agissement du juge incite à examiner, de prime à bord, la ratio legis de cette soi- disante protection qu'il réserve à l'Administration et d'aborder ensuite la problématique que suscitent les actes de gouvernement.

Enfin, l'étude de cette section permet de se poser en premier lieu la question de savoir s'il s'agit de la protection de l'Administration par le juge et, en second lieu d'étudier la restriction volontaire du champ des compétences du juge administratif en droit congolais.

§1. Peut-on prétendre à la protection de l'Administration par le juge ?

Le constat de l'existence de divers mécanismes qui sont entre autres l'absence de voies d'exécution forcée contre l'Administration, l'inexistence d'injonction contre l'Adminis-tration… pousserait à conclure de prime à bord que le juge administratif protégerait l'Administration.

Mais, il importe de souligner que toutes ces contraintes qui pèsent sur le juge administratif résultent de la volonté du législateur.

En effet, il a été relevé que la grande faiblesse du contrôle juridictionnel de l'Administration est que les Tribunaux, en général, sont impuissants à contraindre celle-ci à exécuter ses obligations ou à réparer les dommages résultant de leur non-exécution…[70]

Beaucoup d'auteurs estiment que ce n'est pas le rôle des tribunaux ni à titre curatif ni de manière préventive, mais celui du Parlement, qui peut faire pression sur le gouvernement et adopter les lois nécessaires, et quand une collectivité est récalcitrante, elle devrait être ramenée à son devoir par le ministre compétent et par les électeurs[71].

Par ailleurs, Michel- Henri Fabre, préconise à cet effet, une antithèse en soutenant que « *dans la démocratie libérale, la politique tend à être absorbée par la justice tandis que dans la démocratie marxiste, c'est la politique qui absorbe la justice »*[72].

De ce fait, la tâche d'un « juge domestiqué par le pouvoir politique » est d'être plutôt « un instructeur de la bureaucratie d'État »[73]. En un pareil système, il est évidemment inconcevable qu'il y ait un véritable contrôle juridictionnel de l'administration.

Pour étayer davantage ces affirmations, il nécessite d'évoquer la constatation de René Cassin qui notait que « Par exemple, quand le Conseil d'État a déclaré injustifiée la révocation d'un fonctionnaire, le ministre met un long temps à réintégrer le fonctionnaire dans les cadres. Mais il subsiste quand même des garanties : le Conseil d'État, qui ne peut pas donner d'ordres directs à l'administration, a d'ailleurs trouvé un procédé indirect de pression : si le fonctionnaire révoqué à tort n'est toujours pas réintégré, l'intéressé peut agir en dommages-intérêts… »[74]

Tout ceci démontre à suffisance que l'administration a souvent été caressée par le juge dans l'optique de l'émergence de l'État de droit d'autant plus que les principes qui émaillent son fonctionnement traduisent bel et bien

---

[70] ROBSON W.A., « Le droit administratif en Angleterre de 1919 à 1950 », *Le Conseil d'Etat : Livre jubilaire publié pour commémorer son cent cinquantième anniversaire,* Londres, 1952, p. 670 ; TIXIER G., *Le contrôle judiciaire de l'administration anglaise,* Paris, 1954, L.G.D.J., pp. 175-176.

[71] TIXIER G., *op.cit.,* p. 176

[72] FABRE M.-H., « Justice politique libérale et justice politique marxiste »in *La Justice,* p. 156

[73] FABRE M.-H., *op.cit.,* p. 156

[74] CASSIN R., « Les grands principes de l'organisation et du fonctionnement de la Justice administrative en France » in *La Justice,* p. 303.

une certaine résistance à quelconque injonction qui pourrait lui être adressée. Ce qui pousserait plus à penser que le juge protégerait l'Administration[75] contre les invectives qui pourrait lui être lancée.

Cependant, le juge lui-même a vu son champ d'action rétréci par la force de chose.

§2. La restriction volontaire du champ des compétences du juge administratif

Le pouvoir politique est de par sa nature même un pouvoir incomplet qui ne s'actualise que par le pouvoir administratif.

À ce sujet, pense Georges Lavau[76], il est donc compréhensible que ce soit au stade de sa réalisation que se situe la zone des froissements les plus fréquents entre le pouvoir politique et le pouvoir judiciaire.

C'est pourquoi aussi, le juge irrite le pouvoir politique parce que, tout en ayant l'air de respecter scrupuleusement son indépendance, il apparaît, dans sa censure des actes administratifs, comme poursuivant un travail de sape pour miner l'édifice des décisions politiques.

Pour revenir à la situation du juge devant les actes émanant du gouvernement et déterminant sa spécificité d'organe d'impulsion, l'affirmation selon laquelle les actes de gouvernement sont des actes propres à la fonction gouvernementale semble percutante.

Ceci est d'autant vrai parce que l'une des caractéristiques de ces actes est de marquer une limite à l'exercice du contrôle juridictionnel à l'encontre d'actes de la fonction gouvernementale.

Cette question a suscité un débat, qui aujourd'hui est clos, car la doctrine est actuellement unanime sur la définition ainsi que la détermination d'actes de gouvernement.

C'est ainsi qu'il importe d'examiner cette thématique en doctrine avant de scruter la position jurisprudentielle congolaise quant à la question.

---

[75] A ce propos, il nécessite d'évoquer l'arrêt R.A. 459 et crts rendu par la C.S.J., Section administrative en date du 26 septembre 2001 dans l'affaire dite de la révocation des 315 magistrats. Bien que le décret n°144 du 6 novembre 1998 portant révocation des magistrats soit entaché d'irrégularité pour non- respect du droit de la défense et pour absence d'avis du Conseil Supérieur de la Magistrature, la Section administrative de la C.S.J. a soutenu qu'il s'agissait bel et bien d'un acte de gouvernement. Mais, sur base d'une résolution du Dialogue Inter-congolais, le Président de la République a été obligé de rapporter ce décret en signant un autre décret d'organisation judiciaire n°03/037 du 25 novembre 2003 rapportant le décret n°144 du 6 novembre 1998 portant révocation des magistrats, *J.O.R.D.C.*, n°23, 1èr décembre 2003.

[76] LAVAU G., « Le juge et le pouvoir politique »in *La justice,* Bibliothèque des Centres d'Etudes supérieures spécialisées, Centre de sciences politiques de l'Institut d'études juridiques de Nice, 1961, p. 90

A. La position doctrinale

Les actes de gouvernement constituent une catégorie d'actes, qui, par leur nature et leur particulière importance, échappent à tout contrôle juridictionnel, dans la mesure où ils sont insusceptibles de recours ; ce qui peut constituer une limite à l'effectivité du principe de légalité.

Aussi, ces actes sont insusceptibles d'être contestés devant le juge administratif, que ce soit par le biais d'un recours en annulation ou d'un recours en responsabilité en considération de leur objet et non de leurs motifs[77].

À cet effet, ils font, à leur façon, preuve de la primauté fonctionnelle du gouvernement qui établit à ce niveau son seuil de tolérance vis-à-vis du juge. En fait, et à condition de donner à la notion d'actes de gouvernement l'extension nécessaire de tous les actes relatifs à la fonction gouvernementale, il peut être tentant d'affirmer que ces actes forment une espèce de plaque tournante de la réversibilité des rapports entre le gouvernement et la juridiction et vice versa.

En sus, l'acte de gouvernement ne s'identifie pas strictement à l'acte discrétionnaire non soumis à un régime de légalité.

Initialement, le juge administratif avait refusé d'opérer un contrôle sur certains actes de l'Administration du fait des mobiles politiques sur lesquels ils étaient fondés.

Cette position a été abandonnée[78] et la théorie des actes de gouvernement s'applique, désormais, à certains domaines qui échappent de par leur nature au contrôle juridictionnel opéré par le juge administratif lui-même.

À ce sujet, Martine Lombard[79] enseigne que « sont considérés comme actes de gouvernement, insusceptibles de tout recours, les actes intervenus dans les rapports de l'exécutif avec les autres autorités politiques de l'État, ainsi que les actes intervenus dans le cadre de la politique internationale de l'État ».

En droit congolais, le juge administratif dispose d'une large opportunité d'appréciation quant à ce qui concerne les actes qui peuvent échapper à son contrôle.

Ce large pouvoir d'appréciation des actes, la Cour Suprême de Justice statuant en annulation des actes, décisions et règlement des autorités administratives centrales dans sa Section administrative, le tire de l'article 87 alinéa 2 de la Procédure devant la Cour Suprême de Justice qui dispose « *la Cour apprécie souverainement quels sont les actes du Conseil Exécutif (le Gouvernement) qui échappent à son contrôle* ».

---

[77] CE fr., 23 sept. 1992, *GISTI et MRAP*, Rec. P. 346

[78] C.E.fr., 19 févr. 1875, *Prince Napoléon, GAJA n° 3*

[79] Martine LOMBARD, *op.cit.*, p. 67

Cette disposition évoque une réflexion portant sur la catégorisation de ces actes.

Il est toutefois important de souligner que ces actes traduisent bien la raison d'État.

La liste de ces actes de gouvernement, de par la jurisprudence administrative française[80], va s'amenuisant en ce qu'elle touche aux actes concernant les rapports du Gouvernement avec le Parlement, aux actes se rattachant à la conduite des relations internationales d'un État ainsi qu'aux actes d'assemblée.

En effet, le juge refuse de connaître notamment des actes par lesquels le Gouvernement participe à la fonction législative tels que le refus de déposer un projet de loi par le Gouvernement, le refus de convocation du Parlement en session extraordinaire, la clôture d'une session, la dissolution de l'Assemblée nationale…

Aussi, le juge s'abstient-il également de connaître des décisions du Président de la République affectant les relations entre les pouvoirs publics constitutionnels en l'occurrence, la décision de recourir aux circonstances exceptionnelles, la nomination du Premier ministre et des membres du Gouvernement…

En outre, le juge s'interdit de faire entrer dans la sphère de sa compétence, les actes à caractère diplomatique au nombre duquel figurent les actes relatifs à l'élaboration, à la conclusion ou à l'exécution des traités ou accords internationaux, l'exercice de la protection diplomatique, refus de soumettre un litige à la Cour Internationale de Justice…

Enfin, les actes d'assemblée échappent également à la censure du juge administratif ; il s'agit notamment des votes sur les motions, sur l'élection de membres du gouvernement, les avis sollicités par l'Exécutif…

À voir la catégorisation de ces actes, une question mérite d'être posée : **le refus pour le juge de connaître les actes de gouvernement constitue-il une consécration de l'arbitraire de l'Administration ou tout au plus le sacre de l'illégalité au sein d'un État et quelle en est la conséquence sur l'avènement de l'État de droit ?**

Cette question multidimensionnelle est plus que complexe ; sa solution ne peut que plonger dans un débat doctrinal imposant.

À ce sujet, Gérard Bergeron se déchaîne en faisant remarquer que dans un régime d'État légal, l'acte de gouvernement est impossible et impensable : ou ce régime existe et l'on n'a pas à s'occuper de l'acte de gouvernement, ou l'acte de gouvernement existe-ce qui est un fait- et l'on ne saurait alors le combattre sur la base d'un régime de légalité qui n'existe pas[81].

---

[80] LOMBARD M., *op.cit.*, p. 67

[81] BERGERON G., *op.cit.*, p. 396

Il poursuit en indiquant qu'il est impossible de lui donner quelque rôle dans le mécanisme de la technique juridique puisqu'on ne peut en fournir un critère précis dans un système strictement formel et organique qui nie toute réalité à la fonction gouvernementale et à son organe d'action[82].

Martine Lombard[83], quant à elle, considère que les actes de gouvernement constituent une dérogation au principe de la légalité qui est certes considéré comme l'épicentre de tout système juridique cohérent.

L'analyse dialectique préconisée par Willibat Apelt[84] démontre que dans le champ d'exercice de la fonction gouvernementale, la légalité n'est pas la dimension première des processus en cause.

Le gouvernement doit s'assurer une latitude inviolable par un contrôle d'exécution comme le juridictionnel qui, n'est qu'a posteriori, neutraliserait les tâches d'impération qu'il est seul à pouvoir assumer.

Il est bon que ce ne soit pas lui, mais la fonction spécialisée de la légalité, qui détermine laquelle de ses opérations, ou quelle partie de ses opérations, n'est pas assujettie à un contrôle de légalité.

Cependant, la thématique des actes de gouvernement a été également analysée par la jurisprudence.

B. La position jurisprudentielle

La jurisprudence en matière d'actes de gouvernement a été plus revigorée par l'Arrêt « Prince Napoléon » rendu par le Conseil d'État français en date du 19 février 1875.

Ce n'est que de cet arrêt célèbre que date l'abandon de la théorie du mobile politique qui sous-tendait la qualification d'acte de gouvernement.

Par cet arrêt, la liste des actes de gouvernement a été rétrécie et ne comprend plus que deux séries de mesures dont les actes concernant les rapports du gouvernement avec le Parlement, et ceux qui se rattachent aux relations du gouvernement avec les puissances étrangères[85].

Cette jurisprudence a fortement influencé le juge congolais qui a pu adopter une position de principe quant à la question touchant aux actes de gouvernement.

C'est dans l'Arrêt R.A. 320 du 21 août 1996 rendu par la Section administrative de la Cour Suprême de Justice[86] dans l'affaire Union sacrée

---

[82] *Idem*, p.396

[83] LOMBARD M., *op.cit.*, p. 81

[84] APELT W., « L'acte de gouvernement dans la jurisprudence et la doctrine en France et en Angleterre », *Livre jubilaire*, p. 647

[85] C.E. fr. 19 février 1875, « Arrêt Prince NAPOLEON » in BRAIBANT G., LONG M.et WEIL P., *Les Grands Arrêts de la Jurisprudence administrative*, Paris, SIREY, 3è éd., 1961, p. 14.

[86] C.S.J., Section administrative, R.A.320 du 21 août 1996, Arrêt « USORAL et Etienne TSHISEKEDI WA MULUMBA »contre le Président de la République, le Président du HCR-

de l'Opposition Radicale et Alliés et Etienne Tshisekedi wa Mulumba contre le Président de la République, le Président du Haut Conseil de la République-Parlement de Transition, la République du Zaïre et le Procureur Général de la République, que la question a été abordée en droit congolais.

En effet, les demandeurs en annulation réclamaient l'annulation par la Cour des ordonnances présidentielles n° 94/039 du 16 juin 1994 et n° 94/042 du 6 juillet 1994 en tant qu'elles ont entériné les erreurs commises par le Haut Conseil de la République-Parlement de Transition en ce qu'il a élu et présenté à l'investiture du Président de la République, une personne autre que celle qui devait l'être et que l'élection intervenue n'est pas prévue par les dispositions de l'article 78 de l'Acte Constitutionnel de la Transition.

Aussi, en procédant comme il a, en l'espèce, agi le Haut Conseil de la République-Parlement de Transition s'est permis d'interpréter l'Acte Constitutionnel de la Transition alors qu'il n'est pas investi d'un tel pouvoir.

De son côté, en signant les ordonnances mises en cause, le Président de la République dont la compétence, en l'espèce était liée, a commis un excès et un détournement de pouvoir.

Le juge administratif a relevé qu'en vertu de l'article 87 alinéas 2 et 3 de la Procédure devant la Cour Suprême de Justice, « la Cour apprécie souverainement quels sont les actes du Conseil Exécutif qui échappent à son contrôle et elle ne contrôle pas les Actes législatifs ».

Il a motivé que les ordonnances mises en cause ont été prises par le Président de la République en exécution des actes et procédures accomplis par le Haut Conseil de la République-Parlement de Transition et à ce titre, sont destinées à doter le pays d'un gouvernement.

En espèce, ces actes sont considérés comme *Actes de gouvernement* à caractère politique, essentiels pour assurer le fonctionnement des pouvoirs publics. Il s'ensuit que ces ordonnances échappent au contrôle du juge administratif ; en conséquence, la Section administrative de la Cour Suprême de Justice a décliné sa compétence pour connaître de la légalité de ces ordonnances présidentielles.

Aussi, la Cour Suprême de Justice, Section administrative a également fait application de la thématique d'actes de gouvernement dans son arrêt R.A. 459 et crts du 26 septembre 2001 précité.

En effet, les 134 demandeurs en annulation, anciens magistrats révoqués sollicitaient l'annulation du décret n° 144 du 6 novembre 1998 portant révocation des magistrats pour violation de la loi.

La Cour Suprême de Justice, Section administrative a considéré ce décret comme étant un acte de gouvernement insusceptible de recours.

PT, la République du Zaïre et le Procureur Général de la République in BIBOMBE MUAMBA et BIBOMBE ILUNGA, *op. cit.*, pp. 35-44.

Voilà les cas d'école que la jurisprudence congolaise consacre en matière d'actes de gouvernement.

Cependant, il est à relever que le juge administratif accomplit certaines fonctions indispensables au maintien de la paix sociale, condition sine qua non de l'avènement de l'État de droit. Ceci constitue l'objet d'étude de la sous-section troisième.

Sous section 3. Le rôle socio-juridique du juge administratif congolais

L'ensemble des interventions de l'Administration tendant à imposer à la libre action des particuliers la discipline exigée par toute vie en société, dans le cadre fixé par le législateur, constitue la police administrative[87].

Celle-ci s'entend de l'ensemble des activités administratives ayant pour objet l'édiction des règles générales et individuelles nécessaires au maintien de l'ordre public[88].

A cet égard, il ressort que la finalité de la police administrative est d'imposer un climat de bienséance au sein de la société et d'éviter des désordres que peuvent engendrer des citoyens.

Ce qui suppose que la police administrative dispose d'une mission non moins importante, celle de maintenir l'ordre public avec tout ce qu'il comporte comme objectifs ; ce qui veut dire en d'autres termes que les buts de la police administrative consistent à prévenir les atteintes à l'ordre public.

Aussi, il appert de souligner que l'une des caractéristiques fondamentales de la police administrative est qu'elle est essentiellement préventive et qu'elle tend à éviter qu'un trouble se produise ou s'aggrave. Au sein de la société, l'ordre public constitue un des facteurs permissifs de tout développement.

À ce sujet, c'est le juge en général, et en particulier le juge administratif qui est compétent pour contrôler la légalité des mesures prises par l'Administration en vue de maintenir cet ordre public.

C'est ainsi qu'il importe de traiter de la préservation de l'ordre public en un premier paragraphe et de la répression des atteintes portées contre cet ordre public en un second paragraphe.

§1. La préservation de l'ordre public

La question que suscite ce sujet est for délicate. En effet, la police administrative tend à éviter les désordres visibles et qu'il importe d'affirmer que seules les manifestations extérieures du désordre justifient son intervention.

---

[87] ROUAULT M.- Chr., *L'essentiel du droit administratif général, 6è éd.*, Paris, Gualino éditeur, 2007, p. 75

[88] VEDEL G., *op.cit.*, p.784.

Elle n'intervient pas pour réglementer les activités se déroulant dans les domiciles privés[89], sauf si elles rejaillissent à l'extérieur (bruits, manque d'hygiène...).

De plus, l'important est d'encourager que l'autorité de police peut néanmoins agir afin d'empêcher une activité scandaleuse, amorale, risquant de provoquer des réactions sociales.

En effet, l'autorité de police appelée à intervenir pour le rétablissement de l'ordre public se retrouve à divers échelons de l'administration territoriale.

Dans la Constitution du 18 février 2006, les autorités de police générale agissant au nom de l'État sont le Premier ministre en ce qu'il assure l'exécution des lois et qu'il dispose du pouvoir réglementaire qu'il exerce par voie de décrets délibérés en conseil des ministres et contresignés par les ministres chargés de leur exécution (article 92) ; les ministres qui agissent par voie d'arrêtés en vertu de l'article 93 et exceptionnellement le Président de la République en vertu des articles 85, 86 et 145 de la Constitution.

Au niveau provincial, le Gouverneur dispose du pouvoir de police générale qu'il exerce par voie d'arrêté provincial en vertu des articles 28, 63 et 64 de la loi n° 08/012 du 31 juillet 2008 portant Principes Fondamentaux relatifs à la libre administration des Provinces ; le maire qui dispose de ce pouvoir de police l'exerce par voie d'arrêté urbain en vertu des articles 42 et 43 de la loi organique n° 08/016 du 07 octobre 2008 portant composition, organisation et fonctionnement des entités territoriales décentralisées et leurs rapports avec l'État et les Provinces ; le bourgmestre qui est également autorité de police exerce ce pouvoir par voie d'arrêté communal conformément aux articles 60, 61 et 63 de la loi n° 08/016 susvisée ; le chef de chefferie ou de secteur exerce le pouvoir de police par voie d'arrêté de chefferie ou de secteur en vertu des articles 86, 88 et 89 de la loi n° 08/016 susmentionnée.

Il convient également de préciser que toutes ces autorités exercent leur pouvoir de police d'abord par voie de réglementation, ensuite par la prise des décisions particulières, et enfin par la coercition.

Ceci nécessite une justification impérieuse ainsi que la limite de l'imposition de l'application exacte de la règle de droit.

A. Justification de la préservation de l'ordre public

L'ordre public a ceci de particulier qu'il est un facteur de limitation de l'extravagance des particuliers face aux impératifs de sécurité qu'imposent les textes.

En effet, la libre activité des particuliers, dans une société organisée, a nécessairement des limites, qu'il appartient à la puissance publique de tracer.

---

[89] ROUAULT M.- Chr., *op.cit.*, p.76

Elle le fait en définissant, par la loi, les garanties fondamentales accordées aux citoyens pour l'exercice des libertés.

Toutefois, il appartient au pouvoir exécutif de préciser et de compléter ces prescriptions essentielles, d'en assurer l'application concrète[90], et plus généralement, de prévenir les désordres de toute nature.

Il est à souligner que l'ordre public que la police administrative tend à assurer se reconnaît entre autres par son caractère limité. Ses éléments se décortiquent en tranquillité publique, en sécurité publique, en salubrité publique et en esthétique.

Il est admis que la sécurité publique ainsi que la tranquillité publique constituent des facteurs d'épanouissement et de développement de la communauté nationale.

Par ailleurs, lorsque ces atouts majeurs parviennent à faire défaut ou tout au moins sont troublés, les administrés risquent de penser à la démission de l'Administration dont la mission principale est le rétablissement de l'ordre et de la discipline au sein de la société.

Quant à la salubrité publique, elle évoque l'idée d'hygiène au sein de l'État.

Il va sans dire qu'une population malade est une des conditions de sous-développement ; ce qui ne permettrait nullement l'essor de l'État.

C'est ainsi que la santé de la population est rangée parmi les priorités de l'Administration et que cette dernière s'emploie préventivement à prescrire des mesures d'intérêt général.

L'esthétique s'avère également une préoccupation de l'Administration qui lutte, ce dernier temps, à faire triompher le « beau » dans les agglomérations.

Par ailleurs, comme toute l'action de l'Administration, l'exercice du pouvoir de police est soumis au principe de la légalité.

Et l'autorité responsable du maintien de l'ordre public dispose d'un ensemble de compétences et de moyens d'action[91] qui peuvent l'amener à prendre des décisions exécutoires de nature à porter atteinte aux droits et libertés fondamentales des citoyens et ainsi hypothéquer la légalité.

Il est à noter que l'autorité de police peut exercer son pouvoir de diverses manières, mais que somme toute, elle doit se plier au respect du principe sacro saint de la légalité.

Ceci constitue pour elle une imposition à laquelle elle ne peut pas se délecter outre mesure.

---

[90] RIVERO J., *op.cit.,* p.358

[91] C'est ce qu'on appelle « police générale » qui se distingue des « polices spéciales » qui sont des moyens précis de prévenir les désordres dans des domaines bien déterminés.

B. Exigence de l'application exacte de la règle de droit par l'autorité de police

Cette exigence est plus qu'impérieuse pour amener l'autorité de police à s'inscrire dans la droite ligne que trace le droit.

À cet effet, la police générale peut s'exercer par la réglementation qui pousse l'autorité de police d'imposer à tous des dispositions générales restrictives de liberté, et pénalement sanctionnés[92]. Et il est à noter que c'est cette sanction pénale qui confère au règlement de police son caractère propre.

De plus, l'autorité de police peut mettre en œuvre la force matérielle pour prévenir ou faire cesser un désordre ; c'est pourquoi ces mesures graves doivent faire l'objet de réglementation particulière afin d'éviter de brimer impunément les droits garantis aux citoyens.

À cet égard, certaines limites doivent être imposées au pouvoir de police.

C'est alors que ce pouvoir de police est soumis impérativement au principe de légalité et au contrôle juridictionnel.

Le principe de légalité postule, à ce sujet, que les mesures de l'autorité de police doivent être conformes aux exigences du droit.

Il va sans dire à ce propos que l'étendue des pouvoirs de police diffère selon qu'ils s'appliquent à une liberté garantie par la loi, qui en définit les conditions d'exercice ou à une activité quelconque des administrés.

Ces pouvoirs sont plus réduits à l'égard des libertés définies auxquelles l'autorité de police ne peut soumettre leur exercice à un régime d'autorisation, ni à un régime de déclaration préalable[93].

Aussi, les exigences de légalité sont variables en ce qui concerne les mesures considérées et il est indéniable de noter que la légalité des mesures de police est subordonnée à leur nécessité. C'est à ce sujet que s'applique l'expression « *la liberté est la règle, la restriction de police l'exception* ».

---

[92] A ce sujet, il est à noter que « *en cas d'urgence, et lorsque le Conseil urbain n'est pas en session, le Collège exécutif urbain prend des règlements de police et les sanctionne de peines ne dépassant pas sept jours de servitude pénale principale et 25.000 Francs congolais d'amende ou d'une de ces peines seulement ». (* Article 40 de la loi organique n°08/016 du 07octobre 2008).

Aussi, le Bourgmestre prend des règlements de police et les sanctionne des peines ne dépassant pas sept jours de servitude pénale principale et 5.000 Francs congolais d'amende ou d'une de ces peines seulement.(Article 61 de la loi organique n°08/016 du 07 octobre 2008 précitée).

Il en est de même de Chef de Secteur ou de Chef de Chefferie qui peut prendre, en cas d'urgence, et le Collège exécutif de Secteur ou de Chefferie entendu, des règlements d'administration et de police et en sanctionner les violations par des peines ne dépassant pas sept jours de servitude pénale principale et 2.500 Francs congolais d'amende ou de l'une de ces peines seulement. (Article 88 de la loi organique n°08/016 du 07 octobre 2008)

[93] Ce sont les articles 22 à 26 de la Constitution qui énumèrent ces libertés publiques dont l'exercice par les citoyens met l'Administration mal à l'aise surtout en cas de débordement.

De plus, la nécessité de la décision constitue sa justification ; et le juge entre en scène en ce qu'il doit vérifier la raison d'être de la mesure en vue du maintien de l'ordre public et rechercher par la même occasion, tout en examinant concrètement toutes les circonstances de l'espèce, si l'édiction de la décision était nécessaire pour assurer celui-ci.

Enfin d'examen, il échet d'avancer que la mesure est légale si l'ordre public ne pouvait être maintenu par une mesure moins rigoureuse ou moins contraignante ; tout dépend de l'appréciation qui doit être faite par l'autorité de police en tenant compte des circonstances de l'espèce. Ce qui est une tâche très ardue de la part de l'Administration.

Par ailleurs, l'exigence de l'application exacte de la règle de droit impose comme conséquence logique que tout excès, ou tout au moins tout manquement sera sanctionné par un juge[94] qui demeure le gardien naturel de toute atteinte portée contre l'ordre public.

§2. La répression des atteintes portées contre l'ordre public

Le maintien de l'ordre public exige que l'autorité de police doit appliquer les réglementations préétablies, prendre les mesures nécessaires à leur application, que cette réglementation provienne d'elle ou d'une autorité supérieure.

Aussi, l'obligation incombe également à cette autorité de police de prendre des mesures en cas de situation susceptible de troubler l'ordre public, lorsque ces mesures sont indispensables pour faire cesser un péril grave, résultant d'une situation particulièrement dangereuse pour l'ordre public[95].

À cet égard, le juge intervient pour contrôler la qualification juridique des faits et les porter à leur maximum ; en ce cas, il aura à prendre en considération les circonstances, le lieu, le moment et les moyens dont dispose l'autorité de police pour assurer l'ordre, lesquels ont une influence directe sur la légalité.

Il est de la mission du juge de pouvoir sanctionner les atteintes à l'ordre public car ces dernières sont généralement érigées en infraction et aussi le comportement de l'autorité de police peut paraître extravagant qu'il appelle l'intervention du juge administratif pour le sanctionner soit par l'annulation de la décision administrative qui a causé grief, soit par l'annulation de ladite décision doublée de l'allocation des dommages et intérêts à la victime.

A. Exécution de la mission traditionnelle du juge

Le juge contrôle juridictionnellement la police sous différentes formes.

---

[94] C'est soit le juge judiciaire en vertu de l'article 150 de la Constitution, soit le juge administratif, en vertu des articles 154 et 155 de la Constitution.

[95] ROUAULT M.- Chr., *op.cit.,* p. 82

En effet, le contrôle effectué par le juge administratif s'exerce sous la double forme du recours pour excès de pouvoir contre les décisions individuelles et réglementaires, et de la mise en jeu de la responsabilité pour dommages causés dans l'exercice du pouvoir de police.

Il est sans dire que le recours pour excès de pouvoir aboutit généralement à l'annulation de la mesure illégale qui demeure, certes une sanction efficace contre le comportement extravagant de la police.

Cette voie est importante, mais l'annulation intervient longtemps après que la mesure ait produit ses effets que l'on craignait lorsqu'on avait introduit le recours.

Aussi, l'action en responsabilité peut être intentée lorsque l'on sait que l'État peut bel et bien endosser sa responsabilité en la matière surtout lorsque les mesures employées ont nécessité l'emploi des moyens disproportionnés tels que des armes à feu ou des explosifs.

À cet effet, le juge procède à l'appréciation de la faute personnelle ou de service, examine s'il s'agit d'un cas de voie de fait.

Le juge peut aussi conclure à des cas des circonstances exceptionnelles et légaliser certaines mesures qui, en temps normal, peuvent paraître illégales. C'est entre autres le cas de couvre-feu restreignant la liberté de mouvement de citoyen et imposé pendant le temps de trouble ou de désordre.

Par ailleurs, en dehors des extensions que le juge autorise sur la base des circonstances exceptionnelles, le constituant a prévu et aménagé le renforcement des pouvoirs de police dans les hypothèses de l'état de siège et de l'état d'urgence.

À ce propos, la situation de l'état de siège est prévue en cas de survenance des circonstances graves qui menacent, d'une manière immédiate, l'indépendance ou l'intégrité du territoire national ou dans l'hypothèse qu'elles provoquent l'interruption du fonctionnement régulier des institutions.

L'état d'urgence vise essentiellement une situation de calamités naturelles ou d'atteintes graves à l'ordre public sur tout ou partie du territoire national.

L'état de siège ou l'état d'urgence est proclamé par ordonnance prise par le Président de la République après concertation avec le Premier ministre et les Présidents des deux Chambres et, l'obligation lui incombe d'informer la nation de la prise de cette décision importante pour sa survie[96].

Cette décision juridico-politique est limitée tant quant à sa portée temporelle que spatiale.

---

[96] Article 85 de la Constitution du 18 février 2006 in *Journal officiel de la R.D.C.*, numéro spécial, 47è année

En effet, l'état de siège ou l'état d'urgence peut, conformément aux dispositions de l'article 144 de la Constitution, être proclamé sur tout ou partie du territoire de la République pour une durée de trente jours.

Cette durée peut être prorogée pour des périodes successives de 15 jours par le Président de la République, après que ce dernier saisi par le Conseil des ministres n'en ait reçu autorisation des Chambres.

Pendant cette période de l'état de siège ou de l'état d'urgence, il se produit un effet de l'extension des pouvoirs de l'autorité de police. Cette dernière peut prendre diverses mesures qui lui sont normalement interdites telles que les perquisitions de jour et de nuit, l'éloignement de certains individus, interdictions des réunions et des publications susceptibles de troubler l'ordre public…

Un autre effet non négligeable de l'état de siège ou de l'état de siège se trouve être le transfert aux juridictions militaires de l'action répressive des Cours et tribunaux de droit commun mais sans suspension de droit d'appel[97].

Il importe également de mentionner que cette extension des pouvoirs de l'autorité de police, dans ces circonstances exceptionnelles, risque d'amener à l'arbitraire.

C'est ainsi que des garde-fous sont implantés par le constituant notamment à l'article 61 qui prescrit que même lorsque l'état de siège ou l'état d'urgence aura été proclamé, il ne peut être dérogé aux droits et principes fondamentaux qu'il détermine ; de même l'article 143 alinéa 3 de la Constitution exige que les droits et devoirs des citoyens pendant la guerre ou l'attaque du territoire national soient fixés par une loi tandis que l'article 145 de la Constitution impose que les ordonnances prises par le Président de la République en cas d'état de siège et d'état d'urgence, doivent, dès leur signature, être soumises à la Cour constitutionnelle qui, toutes affaires cessantes, déclare si ces ordonnances dérogent ou non à la Constitution.

Par ailleurs, la répression des atteintes portées contre l'ordre public rentre dans la compétence essentielle du juge.

C'est ainsi qu'il importe d'analyser la jurisprudence en la matière.

B. Extrapolation jurisprudentielle

La jurisprudence offre des cas qui nécessitent d'être épinglés pour étayer davantage notre assertion.

Nous pouvons, en l'espèce, évoquer l'arrêt rendu par la Cour Suprême de Justice, Section judiciaire siégeant en matière répressive toutes chambres réunies dans l'arrêt ministère public contre Bavela Vuadi et consorts.

En l'espèce, Messieurs Bavela Vuadi, Benjamin Mukulungu et Kibiswa Kwabene, tous trois membres du Haut Conseil de la République- Parlement

---

[97] Article 156 alinéa 2 de la Constitution du 18 février 2006 in *Journal Officiel de la RDC*, numéro spécial, 47e année

de Transition en sigle HCR-PT étaient poursuivis sur base de la procédure prévue par les dispositions de l'ordonnance-loi n° 78/001 du 24 février 1978 relative à la répression des infractions intentionnelles flagrantes pour avoir organisé une manifestation publique non autorisée et avoir participé à une telle manifestation, faits prévus et punis par l'ordonnance n° 025/505 du 5 octobre 1959.

Le juge saisi, en l'occurrence la Section Judiciaire de la Cour Suprême de Justice siégeant toutes Chambres réunies avait rejeté les exceptions soulevées par les prévenus en soutenant notamment qu'en l'absence de dispositions législatives ou réglementaires récentes abrogeant expressément et édictant les nouvelles mesures de police régissant les manifestations et réunions publiques, c'est l'ordre juridique ancien en la matière qui demeure d'application.

Ainsi, les actes administratifs ne s'usent pas par le temps : l'ordre public demeure toujours maintenu même par des textes datant d'une époque aussi reculée.

Ce cas a fait tâche d'huile dans la jurisprudence quant à ce qui concerne le maintien de l'ordre public face aux droits fondamentaux garantis par le constituant.

Mis à part son rôle de contrôleur de la légalité, le juge administratif protège également les droits et libertés fondamentaux du citoyen ; ce qui constitue une garantie suffisante pour l'émergence de l'État de droit.

SECTION 2. JUGE ADMINISTRATIF, PROTECTEUR DES DROITS ET LIBERTÉS FONDAMENTAUX[98] DU CITOYEN

Le citoyen est le destinataire de l'action de l'Administration[99]. Il voit en effet, autour de lui, un corps de fonctionnaires spécialisé dans différents domaines qui lui accordent un certain nombre de prestations ou lui prescrivent une conduite à tenir. Il est à noter que toutes ces règles qui lui

---

[98] NTUMBA MUSUKA, « L'aménagement du droit de vote dans l'ordre juridique congolais » in *Cahiers Africains de droits de l'Homme et de la Démocratie,* Kinshasa, n°19, vol. I, 5è année, janvier-décembre 2002, p.44. La liaison entre droits et libertés est consacrée par la Constitution en ses articles 11 à 61. Il sied cependant de préciser que les libertés apparaissent comme la prise en considération par le droit positif de droits reconnus à l'homme. Ainsi la notion de droit précède celle de liberté car il ne peut y avoir des libertés si l'existence des droits est méconnue.

Par ailleurs, Louis FAVOREU et *alii, Droit constitutionnel 8è éd.,* Paris, 2005, p.766 notent que les libertés publiques correspondent à l'Etat légal c'est-à-dire au règne de la loi tandis que les droits et libertés fondamentaux correspondent à l'Etat de droit et à la suprématie des normes supra-législatives. De surcroît, seuls les individus étaient titulaires des libertés publiques alors que les droits et libertés fondamentaux peuvent être invoqués également par les personnes morales de droit privé ou de droit public.

[99] BIBOMBE MUAMBA, o*p. cit.*, p. 5.

dictent la conduite ont été ordonnées ou prescrites par les organes supérieurs de l'État tandis que l'Administration reçoit de ces organes politiques des décisions et des directives qu'elle va à son tour, transmettre dans l'autre sens, aux citoyens.

À ce propos, les études du mécanisme cybernétique indiquent que l'Administration est effecteur, transducteur ou un médiateur, c'est-à-dire un organe intermédiaire, un appareil de pilotage qui transmet des consignes ou des ordres à effectuer, surveille et guide son fonctionnement conformément aux fins définies par le « gouverneur-régulateur ». Bref, l'Administration est un effecteur composé de plusieurs organes qui assurent la fonction de relais et de guidage, d'application...[100]

Cependant, dans l'accomplissement des fonctions sociales qui lui sont assignées par les gouvernants, l'Administration se met constamment en contact avec le citoyen. Et ce dernier est titulaire des droits fondamentaux liés à sa nature d'homme que l'Administration est tenue de respecter.

Aussi, dans leurs rapports quotidiens, le citoyen est placé dans une situation d'infériorité par rapport à son partenaire. L'Administration, quant à elle, grâce à ses nombreux et importants moyens (humains, matériels, financiers, juridiques), s'adjuge une place privilégiée. Puissance publique, le poids de l'Administration est à même d'écraser ce faible citoyen qui n'est qu'un administré.

En imposant des servitudes à charge du citoyen, lesquelles touchent parfois de manière assez flagrante à ses droits et libertés sacrés, l'Administration crée des conflits innombrables.

Le citoyen, victime de l'arbitraire ou de l'erreur de l'Administrateur peut recourir à des mécanismes qui garantissent ses droits fondamentaux.

Parmi ces mécanismes pouvant assurer la protection du citoyen contre les excès de l'Administration, il existe des moyens formels ainsi que des moyens informels qui sont entre autres la presse, le syndicat, l'intervention des hommes politiques.

En effet, le citoyen lésé ne pourra trouver un début de solution au conflit qui l'oppose à l'Administration qu'en s'adressant, soit à l'Administration elle-même par voie de différents recours administratifs, soit en s'adressant au juge. À ce sujet, le contrôle de l'Administration par le juge demeure cependant, une garantie efficace de protection des droits du citoyen[101].

---

[100] - MEHL L., "Pour une théorie cybernétique de l'action administrative", in *Traité de science administrative,*
Paris, Mouton, 1966, pp. 781-833.
- BERGERON G., *Fonctionnement de l'Etat*, Paris, Librairie Armand Colin, 1965, pp. 267-269.

[101] BRAIBANT G., QUESTIAU N. et WEINER C., *Le contrôle de l'Administration et la protection des citoyens*, Paris, Ed. Cujas, 1974, p. 395.

Ainsi, il importe de scruter la thématique des droits fondamentaux de l'homme et d'analyser leur protection juridictionnelle.

§1. La ratio legis des droits fondamentaux de l'homme et l'impérativité de leur protection

L'homme, en tant qu'être doué de raison, possède des droits qui sont attachés à sa nature d'homme, notamment la liberté individuelle qui est un ensemble composite des libertés, lequel intègre en son sein la liberté d'aller et de venir, le droit au respect de la vie privée comprenant lui-même l'inviolabilité du domicile et de la correspondance.

Ces droits humains sont qualifiés de fondamentaux parce qu'ils touchent à ce qu'il y a de vital, d'important qui est essentiellement reconnu à l'homme.

À cet effet, les droits et libertés fondamentaux sont des droits et libertés protégés par les normes de niveau constitutionnel ou international[102].

Généralement, il est un constat que les sujets sur les droits humains font peur aux gens et constituent la source des problèmes avec les gouvernants, surtout ceux des États à régime autoritaire. La thématique des droits fondamentaux est ambivalente, c'est ainsi qu'il est opportun d'en circonscrire les contours ainsi que la raison d'être.

En effet, l'expression « droits humains » est fort usitée qu'il soit indispensable d'en fixer les contours.

Yves Madiot considère que les droits de l'homme sont les droits de la personne, reconnus au plan national et international et dont le respect assure, dans un certain état de civilisation, une conciliation entre l'affirmation de la dignité de la personne humaine et sa protection et le maintien de l'ordre public.[103]

Pour Keba M'baye, les droits de l'homme se présentent comme un ensemble cohérent de principes juridiques fondamentaux qui s'appliquent partout dans le monde tant aux individus qu'aux peuples, et qui ont pour but de protéger les prérogatives inhérentes à tout homme et à tous les hommes pris collectivement en raison de l'existence d'une dignité attachée à leur personne et justifiée par leur condition humaine[104].

Aussi, les droits humains peuvent être perçus comme étant ces standards fondamentaux sans lesquels les gens ne peuvent pas vivre dans la dignité en tant qu'êtres humains. Ils sont donc le fondement de la liberté, de la justice et de la paix[105].

---

[102] FAVOREU L. et *alii*, *Droit constitutionnel 8è éd.,* Paris, Dalloz, 2005, p.765

[103] MADIOT Y., *Droits de l'homme et libertés publiques,* Paris, Masson, 1976, p.19

[104] M'BAYE K, *Les droits de l'homme en Afrique*, Paris, Pedone, 1992, p. 25.

[105] Les droits de l'homme se répartissent, selon la doctrine et le langage

Par ailleurs, cette définition met en exergue un aspect important qui caractérise les droits de l'homme : ces droits sont des droits naturels, inhérents à la nature même de l'homme en tant qu'être social. Ils ne peuvent pas être octroyés, achetés, gagnés ou obtenus par héritage. Ils sont universels parce qu'ils s'appliquent à tous dans le monde ; ils sont les mêmes pour tous les êtres humains sans considération de race, du sexe, de la religion, de l'ethnie, de l'opinion politique ou autre, de l'origine sociale ou nationale.

Les droits humains emportent également la caractéristique d'être inaliénables en ce qu'ils ne peuvent être enlevés et qu'ils sont attachés à l'homme ontologiquement parlant même si les lois de son pays ne les reconnaissent pas.

La conséquence en est que, d'une part, l'État ne peut les créer parce qu'ils lui sont antérieurs ; il ne peut cependant que les reconnaître puisqu'ils lui sont supérieurs. D'autre part, non seulement l'État doit les reconnaître, mais il doit également les garantir.

Aussi, les droits de l'homme se répartissent, selon la doctrine et le langage des organisations internationales en droits de la première génération qui sont les droits civils et politiques (articles 11 à 33 de la Constitution), en droits économiques, sociaux et culturels qui sont de la deuxième génération (articles 34 à 49 de la Constitution) et en droits de la troisième génération ou droits collectifs ou droits de la solidarité (articles 50 à 61 de la Constitution).

Par ailleurs, la protection des droits de l'homme demeure un impératif séculaire sous-tendant l'existence de l'État de droit.

Aussi, la garantie juridique des droits est généralement instituée dans un État de droit pour empêcher préventivement les organes étatiques d'y porter atteinte.[106]

---

[106] Les articles 143 et 144 de la Constitution prévoient la manière dont il pouvait être porté atteinte aux droits fondamentaux en cas de crise grave et de mise en œuvre de pouvoirs exceptionnels : ce sont les hypothèses de l'état de siège et de l'état d'urgence.

Il est à souligner à cet égard que ces textes encadrent au maximum l'exercice des pouvoirs exceptionnels dès lors qu'ils sont susceptibles de toucher aux droits fondamentaux, surtout aux droits-libertés.

Toutefois, l'article 61 de la Constitution du 18 février 2006 renchérit que « en aucun cas, et même lorsque l'état de siège ou l'état d'urgence aura été proclamé conformément aux articles 85 et 86 de la présente constitution, il ne peut être dérogé aux droits et principes fondamentaux énumérés ci-après :

1. Le droit à la vie
2. L'interdiction de la torture et des peines ou traitements cruels, inhumains ou dégradants ;
3. L'interdiction de l'esclavage ;
4. Le principe de la légalité des infractions et des peines ;
5. Les droits de la défense ;
6. L'interdiction de l'emprisonnement pour dettes ;
7. La liberté de pensée, de conscience et de religion. »

Cependant, les pouvoirs publics sont quelquefois tentés de s'affranchir du respect des normes supérieures ; alors, l'ordre juridique doit organiser les systèmes de protection permettant de dresser *a posteriori* les situations faussées par des gouvernants.

Surabondamment, comme la gestion des affaires d'intérêt national est confiée à l'Exécutif, celui-ci dispose de l'Administration, des services de sécurité... (Art. 91 de la Constitution du 18 février 2006).

Dans l'exercice de cette fonction, il arrive généralement que l'Exécutif empiète sur les droits garantis aux citoyens par la Constitution et les lois. Cet empiétement est d'autant plus prononcé si la tendance générale du régime en place avoisine la dictature.

Dans ce tourment, il est reconnu au citoyen des moyens qui justifient sa contestation contre l'offuscation de ses droits et libertés. À cet effet, le citoyen dispose, outre des moyens d'action politiques, des garanties juridictionnelles pouvant lui permettre d'obtenir, lorsqu'il est lésé dans ses droits individuels, soit l'annulation des mesures oppressives, soit à défaut, une indemnité réparatrice[107].

C'est la substance même de tout système protecteur des droits de l'homme. Celui-ci comporte, à l'occasion d'une allégation d'une ou des plusieurs violations d'un principe ou d'une règle relative aux droits de l'homme et édictée en faveur d'une personne ou d'un groupe de personnes, la possibilité de soumettre une réclamation, de déclencher l'examen de cette réclamation et éventuellement de provoquer une mesure tendant à faire cesser la ou les violations ou à assurer aux victimes une réparation jugée équitable[108].

Aussi, il importe de noter que l'intervention du juge s'avère indispensable pour le redressement de la situation en cas de l'éviction des citoyens titulaires de ses droits[109].

De plus, l'alinéa 2 de l'article 220 précise que « est formellement interdite toute révision constitutionnelle ayant pour objet ou pour effet de réduire les droits et libertés de la personne ... ».

[107] La garantie de la substance ou le respect du contenu essentiel des droits et libertés fondamentaux est une donnée majeure de l'avènement de l'Etat de droit. En effet, les droits fondamentaux bénéficient des garanties générales qui résultent du contrôle juridictionnel des lois que la juridiction constitutionnelle peut exercer mais aussi, les juridictions ordinaires non investies du pouvoir de contrôle des lois, peuvent très efficacement contribuer à assurer les garanties aux droits fondamentaux en appliquant les normes constitutionnelles protégeant ces droits.

[108] M'BAYE K., o*p. cit,* p. 76.

[109] NTUMBA MUSUKA, « Le sens de l'ubiquité de la liberté d'opinion : cas de la République Démocratique du Congo »in *Cahiers Africains des Droits de l'Homme et de la Démocratie,* Kinshasa, n°19 vol. I, 5è année, janvier-décembre 2002, p.32.

Ce juge, saisi soit des recours en annulation pour excès de pouvoir, soit de tout recours en confirmation de droit, statue en âme et conscience pour rétablir le citoyen lésé dans ses droits.

C'est là l'efficiente contribution du juge à la construction de l'État de droit.

§2. Étude de la protection juridictionnelle des droits et libertés fondamentaux des citoyens

La protection juridictionnelle des droits et libertés fondamentaux est une garantie indéniable pour le citoyen.

Ce dernier n'a pas choisi de vivre en société pour se trouver plus mal que précédemment, ni pour avoir moins de droits qu'antérieurement mais pour être assuré de ses droits[110].

Et beaucoup de pays ont choisi un contrôle technique pour combattre « la mal administration » ; c'est le contrôle juridictionnel[111].

À ce sujet, les mécanismes juridictionnels sont ceux qui permettent au citoyen victime de la violation de ses droits et libertés de porter devant la juridiction compétente une réclamation tendant au rétablissement de ce dernier dans son état antérieur.

Moyen de protection spectaculaire, le recours juridictionnel est prévu par l'article 8 de la Déclaration Universelle des Droits de l'Homme qui stipule : « Toute personne a le droit à un recours effectif devant les juridictions nationales contre les actes violant les droits fondamentaux qui lui sont reconnus par la Constitution ou par la loi ».

Outre qu'il se caractérise par la permanence dans son action, ce moyen sanctionne par un jugement toute violation des libertés publiques, qu'elle émane aussi bien du législateur que de l'exécutif.

Ainsi, il est bien entendu que tout juge, qu'il soit constitutionnel, judiciaire ou administratif, est protecteur des droits et libertés fondamentaux des citoyens.

I. La protection des libertés publiques par le juge constitutionnel

Généralement, le législateur n'apparaît pas être violateur des libertés publiques qu'il organise lui-même.

À cet effet, la théorie générale des droits fondamentaux enseigne qu'un des éléments essentiels de protection des droits fondamentaux est la constitution de la « réserve de loi »[112] c'est-à-dire d'une compétence constitution-nellement réservée au législateur pour apporter des limites aux droits fondamentaux. Et c'est l'article 122 point 1 de la Constitution qui classe dans le domaine de la loi

---

[110] HUMANA Ch., *Guide mondial des droits de l'homme,* Paris, Buchet/Chastel, 1985, p. 11.

[111] MUTOMBO MULEMBI, *Les droits humains et l'intérêt de leur protection spéciale en droit comparé et zaïrois,* UNIKIN, Fac. de Droit, 1993, p.66.

[112] TREMEAU J., *La réserve de loi,* Paris, Economica-PUAM, 1997, p. 414.

« les droits civiques et les garanties fondamentales accordées aux citoyens pour l'exercice des libertés publiques »

Pourtant, il a été remarqué de l'arbitraire dans certains comportements du législateur ; ce qui justifie évidemment l'opportunité de sanctionner les actes législatifs contraires au droit, spécialement en matière d'atteinte aux libertés publiques.

En plus, toute sanction contre le législateur pose un problème réel. Pour être efficace, elle doit émaner d'un organe assez puissant et respecté pour imposer une annulation ou un refus d'application d'une loi dans un cas déterminé. Cet organe ne peut être que de nature juridictionnelle et non pas politique.

Sur ce point, le contrôle de la constitutionnalité des lois ainsi que son application en République Démocratique du Congo mérite d'être mentionné.

Quant à ce qui concerne le contrôle de la constitutionnalité des lois, il importe de souligner que la supériorité des lois constitutionnelles serait un vain mot si elles pouvaient être impunément violées par les organes de l'État.

Ainsi, il importe de sanctionner cette suprématie constitutionnelle par un contrôle qui se veut de la super-légalité.

En effet, le principe qui guide le contrôle de la constitutionnalité postule que toutes les lois doivent être conformes à la constitution qui est un texte définissant les organes essentiels de l'État et proclamant aussi en général les libertés publiques[113].

Mais, il est à noter que cette supériorité de la constitution n'existe pas partout. Pour qu'elle existe, il faut d'abord que les dispositions de la constitution ne puissent pas être modifiées par le Parlement. Ici, intervient la distinction faite dans la doctrine entre les constitutions rigides et les constitutions souples[114].

Ce contrôle peut se faire par un corps politique, mais notre préoccupation demeure l'analyse du contrôle par un organe juridictionnel. En effet, pour que le contrôle de la constitutionnalité des lois assure aussi la protection des libertés publiques, il faut que les citoyens puissent le mettre en branle. Cela conduit à un contrôle juridictionnel exercé par un organe ayant qualité de tribunal. Dans ce système c'est un juge qui vérifie la constitutionnalité[115].

Gardien naturel de la légalité entre les particuliers, il devient aussi son protecteur à l'encontre des entreprises de l'État.

---

[113] DUVERGER M., *Institutions politiques*, *op. cit.*, p. 216.

[114] - Une constitution souple est celle qui peut être modifiée par le Parlement dans les mêmes conditions et formes que les lois ordinaires.

- Une constitution rigide est celle qui exige des majorités spéciales au Parlement pour sa révision. Pour elle, il faut faire élire une assemblée spéciale. Aussi, il nécessite l'adoption de cette révision au référendum populaire.

[115] BURDEAU G., *Droit constitutionnel*, *op.cit.*, p. 87.

Devant ces instances, la question habituellement posée est exclusivement juridique : le législateur a-t-il agi dans les limites de sa compétence constitutionnelle ?

Aussi, la procédure juridictionnelle avec sa publicité, l'exigence d'un débat contradictoire, l'obligation de motiver la décision, sont autant des garanties d'une solution équitable.

À ce titre, deux systèmes sont possibles. Celui dans lequel les citoyens peuvent faire un recours devant un tribunal spécial, exclusivement chargé de contrôler la constitutionnalité des lois (contrôle par voie d'action) ou celui dans lequel ils peuvent saisir les tribunaux ordinaires, en soulevant une exception d'inconstitutionnalité au moment où le tribunal devant lequel ils se trouvent pour une autre affaire veut leur appliquer la loi injuste.

Ainsi, il importe de noter à ce sujet que la protection des droits fondamentaux est désormais associée à l'institution de la justice constitutionnelle ; et la question qui peut se poser avec acuité est celle de savoir si la protection des droits et libertés fondamentaux peut être assurée directement par le juge constitutionnel ou bien si elle n'a d'effectivité qu'indirecte.

En effet, le contrôle par voie d'action est un procédé offensif qui permet d'attaquer une loi devant un tribunal déterminé auquel on demande d'examiner sa validité constitutionnelle et, le cas échéant, d'en prononcer l'annulation si son inconstitutionnalité est prouvée.

En République Démocratique du Congo, l'article 162 alinéas 2 et 3 de la Constitution dispose à ce sujet que *« Toute personne peut saisir la Cour constitutionnelle pour inconstitutionnalité de tout acte législatif ou réglementaire.*

Elle peut, en outre, saisir la Cour constitutionnelle, par la procédure de l'exception de l'inconstitutionnalité invoquée dans une affaire qui la concerne devant une juridiction ».

À ce propos, lorsqu'on ouvre le recours direct aux citoyens pour assurer la protection de leurs droits fondamentaux, on est nécessairement conduit à instaurer, tôt ou tard, un filtrage sévère des plaintes, et donc en définitive à autoriser le juge constitutionnel à choisir les quelques cas à propos desquels il veut rendre une décision de principe.[116]

En effet, l'exception d'inconstitutionnalité est soulevée devant toutes les juridictions ordinaires et c'est tout citoyen qui peut l'invoquer et ce, en tout état de cause. C'est pour autant dire que c'est un contrôle populaire de la légalité.

La conséquence juridique majeure qui en découle est que si le juge admet l'exception, sa décision ne bénéficie que de l'autorité relative de la chose jugée, c'est-à-dire que la loi n'est pas invalide ou annulée, mais seulement déclarée

---

[116] FAVOREU et *alii, Droit constitutionnel, op.cit.*, p.235

inapplicable à l'espèce ; si bien qu'une autre juridiction pourra parfaitement la faire jouer dans un cas analogue.

En pratique, le pays classique de l'exception d'inconstitutionnalité est les États-Unis d'Amérique (dans l'affaire Marbury contre Madison), et qu'actuellement le procédé de contrôle par voie d'exception déborde notablement le cadre des USA et se trouve répandu dans plusieurs États du monde dont la République Démocratique du Congo.

Il n'existe pas jusque-là des cas de contrôle de constitutionnalité des lois par voie d'action.

Seules paraissent fréquentes les exceptions d'inconstitutionnalité des lois, la raison est simple : elles peuvent être soulevées devant tout juge qui a compétence pour les connaître.

En matière de protection des libertés publiques, l'Arrêt du 04 juin 1973 rendu par la section administrative de la Cour Suprême de Justice bien que ne se rattachant pas directement aux droits politiques, mérite d'être mentionné en ce qu'il constitue une application classique et pratique de l'exception d'inconstitutionnalité des lois.

En effet, l'appréciation de la constitutionnalité d'un texte législatif doit être faite par référence à la Constitution en vigueur au moment où ce texte a été écrit ; ne peut dès lors être prise en considération une exception d'inconstitutionnalité reposant sur un texte de loi qui serait contraire à une disposition de la Constitution actuellement en vigueur, alors que ledit texte de loi avait été pris sous l'empire d'une constitution antérieure abrogée[117].

Dans l'affaire Congo-Motor Limited S.a.r.l. contre l'État Congolais, la requérante soulève l'exception d'inconstitutionnalité de l'ordonnance-loi n° 66/343 du 07 juin 1966 au motif que « Cette ordonnance-loi est en opposition formelle avec l'article 14 de la Constitution congolaise qui garantit le droit de propriété individuelle ou collective » et qu'en vertu de ces dispositions, « il ne pouvait être porté atteinte aux droits de la requérante que pour motifs d'intérêt général et en vertu d'une loi, sous réserve d'indemnité équitable à verser au titulaire de ces droits ».

Par ailleurs, l'ordonnance-loi n° 66/343 susvisée ne conférait pas ces garanties aux propriétaires des biens fonciers qui avaient fait l'objet d'une cession avant 1960.

---

[117] C.S.J., Section administrative, R.A. 5 et R.A. 33 du 14 juin 1973, Arrêt « Congo Motors Limited » in *Bulletin des arrêts de la C.S.J.*, 1973, p.110.
La demanderesse en annulation avait soulevait l'exception d'inconstitutionnalité de l'ordonnance-loi n° 66/343 du 7 juin 1966 et exigeait l'annulation de l'arrêté n° 00535/CAB/MAF/69 pris par le Ministre des Mines et Affaires foncières pour excès et détournement de pouvoir.
Le juge administratif a motivé que l'appréciation de la constitutionnalité d'un texte législatif doit être faite par référence à la Constitution en vigueur au moment où ce texte a été écrit ;
Ainsi, l'exception d'inconstitutionnalité soulevée par la demanderesse n'a pas été prise en considération.

Toutefois, cette ordonnance-loi a été prise avant l'entrée en vigueur de la Constitution de 1967. Sa constitutionnalité devrait être appréciée en se référant à la constitution alors en vigueur et non à celle abrogée.

Ainsi, la Cour a arrêté que l'exception d'inconstitutionnalité soulevée ne pouvait être prise en considération.

II. La protection juridictionnelle des droits et libertés des citoyens par le juge judiciaire

La gestion des affaires d'intérêt national est confiée à l'Exécutif.

À cet effet, celui-ci dispose de l'Administration, des services de sécurité…

Dans l'exercice de cette fonction, il arrive généralement que l'Exécutif empiète sur les droits garantis aux citoyens par la constitution et les lois. Cet empiétement est d'autant plus prononcé dans un régime autocratique.

Néanmoins, il existe un moyen de garantir les libertés publiques contre toute atteinte : qu'elle provienne de l'Administration ou de tout autre organe. Et en cas de l'éviction des citoyens titulaires de ces droits, l'intervention du juge s'avère indispensable pour le redressement de la situation.

Cette protection est assurée soit par le juge administratif, soit également par le juge judiciaire compte tenu de l'objet du litige à connaître.

En effet, le juge judiciaire est le juge naturel des atteintes aux libertés publiques. Et l'article 8 de la Déclaration Universelle des Droits de l'Homme précité l'atteste à suffisance. Il en est de même de l'article 150 de la Constitution congolaise du 18 février 2006.

L'explication est tirée de ce que la position qu'il occupe et le crédit dont il jouit généralement parmi les citoyens, l'incitent à l'impartialité, si bien que toute victime de la violation de ses droits, une fois devant lui, se veut sécurisée.

De ce fait, le juge est compétent pour connaître toute contestation surgissant entre les citoyens et les gouvernants au sujet des libertés publiques.

Sa tâche consiste, à ce titre, à réconfirmer le particulier victime d'une éviction dans ses droits et à exiger en outre, l'indemnisation de ce dernier pour tous les préjudices subis.

De par ce fait, il convient d'admettre inéluctablement que le pouvoir reconnu au juge est de par sa nature protecteur des droits du Citoyen tant en amont qu'en aval.

En amont, il redresse la situation d'infortune dans laquelle se trouvait le citoyen victime de l'atteinte à ses droits et libertés. En aval, il permet la réparation des préjudices que le citoyen a subis.

Ainsi, le citoyen congolais est alors assuré de la réconfirmation de sa dignité humaine par la condamnation de tout acte attentatoire à ses droits humains en général.

Cependant, ce juge se trouve doté de par la volonté du législateur des titres particuliers de compétence judiciaire à l'égard de l'Administration.

À cet égard, la protection de la liberté individuelle a traditionnellement été considérée comme réservée au juge judiciaire, quand bien même serait en cause une activité publique. Comme à l'égard de l'état des personnes, les circonstances historiques de la naissance des juridictions administratives expliquent que l'esprit libéral ait considéré ces dernières avec suspicion pour la protection des droits fondamentaux des particuliers contre l'Administration.

De plus, le principe de la protection de la liberté individuelle contre l'Administration est classiquement présenté comme étant jurisprudentiel.

Aussi, pour appréhender la portée de ce principe, nous le situerons dans le contexte du droit français où il a été formulé et où, à l'heure actuelle, il est consacré par deux textes de valeur constitutionnelle et légale[118].

Une des questions que l'on pourrait se poser à propos de ces textes est celle de leur portée. Entend-on rendre le juge judiciaire compétent pour connaître de toute activité de l'Administration attentatoire aux droits et libertés essentiels garantis aux particuliers ?

Malgré les termes généraux employés dans les textes, leur application n'a jamais été aussi générale qu'on pourrait l'imaginer. Le tribunal des conflits a en effet arrêté que « le juge civil est incompétent, sauf voie de fait, pour apprécier la légalité de l'acte administratif qui est à l'origine de l'atteinte à la liberté individuelle ainsi, d'ailleurs, que pour en opérer l'interprétation. Si le juge ne sursoit pas, le Préfet peut, malgré les termes très explicites de l'article 136, utiliser la procédure du conflit positif pour l'y contraindre »[119].

Cette intervention du Tribunal des conflits n'est pas unanimement admise, mais l'on peut se demander si elle n'est pas en voie de l'être puisque le Conseil constitutionnel lui-même choisit de laisser au juge administratif le contentieux de l'annulation des actes administratifs unilatéraux relatifs à l'entrée, au séjour, à l'éloignement des étrangers, bien qu'il s'agisse là d'actes mettant en jeu la liberté individuelle des personnes[120].

---

[118] *Le texte constitutionnel dispose que « Nul ne peut être arbitrairement arrêté. L'autorité judiciaire, gardienne de la liberté individuelle, assure le respect de ce principe dans les conditions prévues par la loi » Art. 66 de la Constitution française de 1958.*
Le texte légal énonce quant à lui que : « ... dans tous les cas d'atteinte à la liberté individuelle et à l'inviolabilité du domicile, le conflit ne peut jamais être élevé ... et les tribunaux judiciaires sont toujours exclusivement compétents, que l'action soit dirigée contre la collectivité publique ou contre ses agents »
Art. 136 du Nouveau Code de procédure pénale de 1957.

[119] T.C. 16 novembre 1964, Clément, *A.J.D.A*, 1965, cité par G. LEBRETON, *op. cit.* pp.264-265.

[120] *C.C. 28 juillet 1989, Loi Joxe,* A.J.D.A, *1989, 619,cité par G. LEBRETON, op. cit,, p.264.*

À l'heure actuelle, l'on s'accorde à interpréter la disposition constitutionnelle comme imposant au juge judiciaire d'intervenir dans un laps de temps assez court pour prévenir contre les détentions arbitraires et les violations de domiciles de la part de l'Administration[121]. Quant au contentieux objectif, si les juridictions judiciaires se reconnaissent compétentes pour apprécier la légalité des actes attentatoires à la liberté individuelle, elles ne sont pas compétentes pour annuler pareils actes[122].

La solution qui découle du droit positif congolais s'écarte quelque peu de cette solution française. La liberté des citoyens est constitutionnellement garantie[123]. Le libellé de la disposition prévoit le recours au Tribunal mais il ne traite que des arrestations et de la mise en détention. Sa formulation en termes généraux permet toutefois à l'autorité judiciaire non seulement de statuer sur la légalité de la détention mais encore de faire cesser cette dernière en ordonnant la libération si la détention est illégale, quelle que soit l'autorité de laquelle émane la décision de mise en détention, puisque le texte ne le précise pas.

D'autres dispositions légales du code de procédure pénale reconnaissent au Président du Tribunal de Grande Instance le droit d'intervenir aussi bien préalablement que postérieurement à certaines mesures attentatoires à la liberté individuelle des citoyens. Il autorise la mise en détention préventive et, dans les conditions prévues par la loi, il autorise également les visites et perquisitions domiciliaires, la saisie des correspondances et objets de toute nature confiés à la poste ainsi que les explorations corporelles[124].

On ne peut enfin dénier au juge judiciaire la compétence répressive à l'égard des agents ou fonctionnaires publics qui se sont rendus coupables d'actes attentatoires aux libertés garanties aux particuliers.[125] Également, le juge judiciaire congolais est toujours compétent pour réparer les conséquences dommageables résultant de l'exécution d'un acte administratif.

Toutefois, à l'occasion de ces procès devant le juge judiciaire, une difficulté pourrait surgir. Il se peut, par exemple, que l'Administration ou son agent prétende exciper en arguant avoir agi conformément à un acte

---

[121] *Cf. Arlette* HEYNMANN-DOAT, *Libertés publiques et droits de l'Homme, L.G.D.J., 1990, p.177.*

[122] *A. de LAUBADERE, Traité de Droit .Administratif, n°578, p. 390.*

[123] Article 17 de la Constitution du 18 février 2006

[124] Art. 21 à 29 du Décret du 6 août 1951 portant Code de procédure pénale, mis à jour au 31 janvier 1986.

[125] Une disposition particulière du code pénal réprime pareils actes : Art. 180 du Décret du 6 août 1959 portant Code pénal congolais, mis à jour en 1983. Mais les infractions aux droits des particuliers peuvent aussi résulter d'autres dispositions, par exemple celles relatives à la violation de domicile ou à la destruction méchante.

administratif. Le juge devra-t-il subsidiairement annuler l'acte et donc en constater d'abord l'illégalité ? Il est à noter à cet égard que les juges congolais se sont toujours reconnus compétents pour apprécier la légalité des actes administratifs invoqués devant eux[126].

En somme, si le juge judiciaire peut, en droit congolais, être considéré comme le gardien de la liberté individuelle, c'est d'abord en tant qu'il est compétent pour statuer sur la régularité des actes de détention et pour rétablir l'administré lésé dans son droit constitutionnel de ne pas être arbitrairement arrêté ou détenu[127]. Il est aussi habilité, toujours par la Constitution, à apprécier la légalité des actes administratifs invoqués devant lui[128].

En dehors de ces hypothèses, le juge judiciaire protège la liberté individuelle en ce qu'il est également compétent pour connaître des actions civiles dirigées contre l'État notamment en matière de responsabilité et, bien entendu, des actions pénales contre les fonctionnaires et agents publics.

Toute autre compétence judiciaire qui découlerait de la théorie jurisprudentielle est celle de la voie de fait.

Mais, que dire de la protection des libertés publiques par le juge administratif ?

III. La protection des administrés et de leurs libertés par le juge administratif

L'étude de cette question comporte deux points dont le premier est relatif à l'analyse de la thématique tandis que le second aborde la protection des droits fondamentaux par le juge administratif dans le recours de pleine juridiction.

A. Le juge administratif et la protection des libertés

La protection des libertés par le juge administratif paraît trop osée d'autant plus que les tribunaux judiciaires sont traditionnellement considérés comme les gardiens des droits individuels[129].

Mais, avec le développement de la juridiction administrative, cette tâche ne leur est plus exclusivement dévolue[130].

---

[126] *Cass.* 14 juin 1948, *R.J.C.B,* 1949, p.85 ; 1ère Institut. Elis. 31 décembre 1942, R. c/Colonie R.J.C.B., 1946, p.130. Aujourd'hui, la compétence judiciaire repose sur l'article 153 al.4 de la Constitution du 18 février 2006.

[127] A ce sujet, le constat est que le magistrat du parquet jouit dans la phase préjuridictionnelle du procès d'un large pouvoir d'appréciation qui le pousse souvent à meconnaître la loi notamment par une prolongation effrénée de la détention en application de l'article 31 alinéa 1 du Code de Procédure Pénale qui dispose : « *...proroger la détention aussi longtemps que l'intérêt public l'exige* ». C'est ainsi que le juge intervient conformément à l'article 32 du Code de Procédure Pénale pour statuer sur la régularité de la détention opérée par l'Officier du Ministère public.

[128] Article 153 de la Constitution du 18 février 2006

[129] Article 150 de la Constitution du 18 février 2006

Désormais et c'est le doctrinaire Jèze qui souligne qu'il appartient également au Conseil d'État de protéger les libertés de l'administré contre les illégalités et les agissements de l'Administration[131].

Or, constate Marie-Joëlle Redor, la comparaison des jurisprudences opérée par les publicistes tourne à l'avantage du juge administratif considéré comme un meilleur défenseur de la liberté que ne le sont les tribunaux judiciaires[132].

Ceci est de plus en plus perceptible lorsque le Conseil d'État exerce un contrôle plus ou moins important des mesures de police et des actes des autorités administratives qui touchent à une liberté publique[133].

À ce sujet, le Conseil d'État protège-t-il, au début de siècle, la liberté des cultes, en appréciant lui-même dans quelle mesure les restrictions apportées aux processions ou aux sonneries de cloches, sont requises par les nécessités de l'ordre public, se comportant, à l'égard des autorités municipales, comme un « supérieur hiérarchique », selon les termes d'un commissaire du gouvernement[134].

Toujours sous cette lancée, en période normale, le Conseil d'État a exercé un contrôle minimum sur les mesures de police concernant les étrangers.

En effet, comme l'affirme Arlette Heymann-Doat, depuis 1991, l'expulsion des étrangers fait l'objet d'un contrôle de proportionnalité quant au respect de l'article 8 de la Convention européenne des droits de l'homme, qui protège le droit au respect de la vie privée et, surtout familiale (C.E. Ass. 19 avril 1991, Belgacem), de même que le refus de délivrance d'un titre de séjour (C.E. Sect. 10 avril 1992, Marzini) ou le refus de visa (C.E. 10 avril 1992, Aykan)[135].

Aussi, il est remarquable que le développement des recours contre les mesures de police et leur annulation fréquente pour détournement de pouvoir, la diminution du nombre des actes de gouvernement, la multiplication des dédommagements pour préjudices causés aux particuliers par l'administration conduisent, en effet la doctrine à faire du Conseil d'État le garant des libertés[136].

---

[130] BERTHELEMY H., *Traité…, 2è éd.*, p. 107 ; REDOR conteste cet axiome à la page 268.

[131] JEZE G., « De la responsabilité des patrimoines administratifs à raison du préjudice causé par l'exécution de mesures administratives prises en violation d'une décision des tribunaux judiciaires », *R.D.P.*, 1914, pp.583-595, p.583 : « Le Conseil d'Etat est le défenseur des droits des individus contre les abus de pouvoir de l'administration ».

[132] REDOR M.-J., *op.cit.*, p.269

[133] REDOR M.-J., *op.cit.*, p. 116

[134] Concl. Chardenet sur C.E. 19 février 1909, Abbé OLIVIER, S. 1909.3.34.

[135] HEYMANN-DOAT A., *op.cit.*, p. 117.

[136] REDOR M.-J., *op.cit.*, p. 268.

C'est en ce sens que le doctrinaire Ducrocq martèle : « Telle qu'elle est, la justice administrative, et surtout le Conseil d'État, forme la seule garantie efficace qui puisse, en France, être donnée à l'administré contre l'administrateur.

Elle contrôle l'administration, et offre aux droits privés la plus sérieuse protection contre ses abus de pouvoir »[137].

Toutefois, il est admis que cette garantie serait parfaite si le justiciable était certain de voir la sentence exécutée. Or, l'exécution des décisions judiciaires par l'Administration dépend du bon vouloir de l'Administration elle-même et pose un problème très sérieux lorsqu'il s'agit de l'hypothèse de l'exécution forcée.

À cet effet, la seule explication à fournir est que la séparation des pouvoirs est à la limite devenue un obstacle à la protection des individus contre l'État, puisqu'en vertu de ce principe, le juge ne peut obliger l'Administration à exécuter les décisions qu'il prend.

Il reste cependant, comme l'affirme Barthélemy, que par cette défense des droits des administrés, le juge est en situation d'intermédiaire entre l'Administration et les particuliers et même d'intermédiaire obligatoire puisque l'Administration ne peut, en principe, recourir à l'exécution forcée sans passer par le juge[138].

Néanmoins, ce principe, destiné à la protection des droits des administrés contre l'arbitraire, doit, selon la doctrine et la jurisprudence, être écarté lorsque l'ordre est en cause.

Et à travers la protection des administrés, le juge administratif remplit une mission vitale pour l'État, celle du maintien de l'ordre social et juridique.

Ceci se remarque également dans le recours de plein contentieux.

B. Le juge administratif et la protection des droits fondamentaux dans le recours de pleine juridiction

Le juge administratif s'emploie à protéger les droits des citoyens lorsqu'il se trouve saisi d'un recours. Celui- ci peut être intenté par un citoyen qui se trouve lésé dans ses droits par l'action d'une autorité administrative. Ce recours peut avoir pour finalité d'annuler la décision administrative qui cause grief ou peut consister en l'annulation de l'acte incriminé suivie de la condamnation de l'Administration au paiement des dommages et intérêts. C'est là la quintessence du recours de pleine juridiction.

Ayant déjà examiné l'opportunité du recours en annulation pour excès de pouvoir ainsi que ses effets sur la décision entreprise, il importe d'approfondir le mécanisme du recours de plein contentieux.

---

[137] DUCROCQ Th., *op.cit., Tome I,* pp.228-229.

[138] BARTHELEMY J. « L'obligation de faire et de ne pas faire et son exécution forcée en droit public », *R.D.P.,* 1912, p. 538.

En effet, à côté du recours pour excès de pouvoir, qui se présente comme un recours relativement facile à délimiter et à exposer, le recours de plein contentieux – ou encore recours de pleine juridiction – apparaît, lui comme beaucoup plus difficile à définir et à présenter.

Cela est dû essentiellement à la nature particulière de ce recours qui est le plus proche des actions intentées devant le juge judiciaire et qui, comme le contentieux judiciaire, comprend une variété d'actions différentes, dans des domaines différents, qu'il est par suite difficile de ramener à des principes communs.

Par rapport au recours pour excès de pouvoir, qui est l'instrument normal du respect de la légalité par l'Administration, le recours de plein contentieux, lui, apparaît comme l'instrument essentiel du respect par l'Administration des droits subjectifs des administrés. Et certains des plus grands auteurs, d'ailleurs, préfèrent l'étudier sous cette appellation de « contentieux des droits »[139].

Dans le recours de pleine juridiction, en effet, le juge ne se contente pas de contrôler la régularité d'un acte administratif pour éventuellement faire disparaître cet acte ; ainsi qu'il procède en matière d'excès de pouvoir ; mais il apprécie et mesure les droits subjectifs des requérants lésés lors d'une opération administrative pour replacer ces requérants dans l'entier exercice de leurs droits, pour leur restituer, autant que possible, la plénitude de ces droits.

Cela explique aussi l'apparition très rapide du recours de plein contentieux à l'époque révolutionnaire. Ce recours a été institué, en effet, de manière presque concomitante, au moment où les révolutionnaires de 1790 dessaisissaient le juge judiciaire des affaires contentieuses administratives par le principe de la séparation des autorités administratives et judiciaires.

Ainsi, il est indispensable de définir ce recours de plein contentieux, de circonscrire les pouvoirs du juge dans ce contentieux, de déterminer le domaine et la procédure ainsi que les effets de ce recours quant à la protection des droits fondamentaux des citoyens.

1. Définition et caractères généraux du recours de plein contentieux

Le recours de plein contentieux, appelé également recours de pleine juridiction, est le recours par lequel un requérant invoque devant le juge administratif la violation de l'un de ses droits par l'autorité administrative et lui demande d'ordonner le rétablissement de ce droit par une condamnation de l'Administration[140].

À ce stade se remarque tout de suite la différence entre le recours de plein contentieux et le recours pour excès de pouvoir. Alors que le recours pour

---

[139] AUBY et DRAGO , *op. cit*, p.73

[140] MOREAU J. *op. cit.* ,753

excès de pouvoir apparaît essentiellement comme une opération de vérification d'un acte unilatéral de l'Administration par rapport au principe de la légalité administrative, c'est-à-dire comme une opération de contrôle, le recours de plein contentieux apparaît comme un recours tout à fait différent sur le plan d'office du juge et sur le plan de ses pouvoirs.

Sur le plan de l'office du juge, la pleine juridiction dépasse largement la simple opération de contrôle. Ici, le juge ne se borne pas à examiner la conformité d'une décision administrative avec la légalité générale ; son rôle est plus complexe et plus étendu, car il doit constater la situation juridique du requérant, puis apprécier l'existence et la portée des droits invoqués par ce dernier, et enfin fixer définitivement la réalité des droits du requérant par rapport aux droits de l'Administration.

C'est l'activité classique de *juris dictio*, comme le disent les civilistes, c'est-à-dire une activité qui consiste à « dire le droit » entre deux plaideurs aux prétentions opposées, à peser des droits diversement prétendus et à consacrer le droit légalement défini.

Sur le plan des pouvoirs du juge, la pleine juridiction dépasse largement la simple opération d'annulation, caractéristique du contentieux de la légalité. Ici, le recours aboutit à une véritable condamnation de la partie perdante, condamnation qui permet au juge de ne pas se limiter à faire disparaître un acte administratif contraire aux prétentions du requérant, mais qui lui permet de réformer ou de remplacer l'acte contesté.

Cette définition du recours de plein contentieux tirée du droit français contraste quelque peu avec celle donnée en droit congolais.

En effet, en droit congolais, le contentieux de pleine juridiction est le contentieux où le juge administratif est saisi de deux requêtes à la fois : l'une, en annulation pour excès de pouvoir et, l'autre, en réparation pour préjudice subi, introduite en même temps par le requérant à titre principal[141]. C'est, en réalité, la combinaison du contentieux de l'annulation et du contentieux de l'indemnité[142].

En ce qui concerne les origines, la situation est à la fois simple et évidente : le recours de pleine juridiction est apparu avec l'institution même de la justice administrative à l'époque révolutionnaire, à savoir avec la fameuse loi des 6, 7-11 septembre 1790 qui créait les premières catégories

---

[141] VUNDUAWE te PEMAKO, *Traité de droit administratif*, Bruxelles, Ed. Larcier et Afrique Editions, 2007, p.889.

[142] Article 149 du Code d'Organisation et de Compétence Judiciaires. Il est également à noter que les deux requêtes sont à introduire en même temps, à titre principal dans le délai de trois mois à dater du rejet total ou partiel du recours préalable de l'administré. Cet **article 149** dispose que « *L'action en réparation du préjudice causé par un acte, un règlement ou une décision illégale peut être portée en même temps que la demande en annulation devant la même Cour, lorsque le préjudice subi ne peut être entièrement réparé par l'acte d'annulation.* »

de recours contentieux en matière administrative devant les directoires de district et les directoires de département.

À cette époque, le recours de plein contentieux était même pratiquement le seul recours existant en matière administrative. Bien entendu, le XIXe siècle devait, développer de plus en plus considérablement le domaine du contentieux de pleine juridiction.

Il nécessite de mentionner que le recours de plein contentieux est ainsi l'équivalent des procès que tout particulier peut intenter contre un autre particulier devant le juge judiciaire. Un juge différent, un droit différent, des plaideurs différents, mais, dans les deux cas, une opération juridictionnelle identique, une activité « judiciaire », au sens de Montesquieu, c'est-à-dire un arbitrage du juge entre deux parties qui se disputent sur la réalité ou l'étendue d'un droit.

C'est pourquoi le juge se montre d'ailleurs plus exigeant pour la mise en œuvre d'un recours de plein contentieux que pour le recours pour excès de pouvoir. Pour déclencher une action de plein contentieux, il ne faut pas invoquer la violation d'un simple droit subjectif. Et l'objet de la demande au juge doit alors porter sur la protection de ce droit, tout comme la demande qui est formée devant le juge judiciaire dans les litiges entre particuliers.

Enfin, s'agissant de la protection de véritables droits, le recours de plein contentieux admettra une liberté beaucoup plus grande du requérant à l'égard des moyens utilisés à l'appui de la demande. Alors que, en excès de pouvoir, les moyens invoqués doivent être limités à la légalité de l'acte attaqué, soit des moyens de droit, soit des moyens de fait mais à la condition que ces faits conditionnent la légalité de la décision, au contraire, en plein contentieux le requérant pourra invoquer tous les moyens estimés utiles qu'il lui plaira.

Des moyens de droit, bien sûr, tirés de toute disposition législative ou administrative, de principes juridiques fondamentaux, ou même d'actes juridiques particuliers tels que les contrats… mais aussi tous les moyens de fait possibles, tous recevables en tout état de cause, dès lors qu'ils seront susceptibles d'exercer une influence sur l'issue du litige. Ces moyens sont beaucoup plus utilisés dans les affaires de responsabilité.

D'une manière plus générale, et toujours sur le plan des moyens invoqués, nous dirons que, dès qu'un moyen est relatif, même indirectement, non plus à des questions de stricte légalité mais à des problèmes de responsabilité, le juge administratif exige aussi un recours de plein contentieux et rejettera un recours pour excès de pouvoir.

Toutefois, pour le recours de plein contentieux, les deux requêtes doivent être introduites en même temps.

2. Domaine du recours de plein contentieux

Étant donné que le recours de plein contentieux regroupe, à peu près, tous les litiges administratifs à des droits subjectifs ou pour lesquels le juge dispose de très larges pouvoirs de jugement, il n'est pas étonnant que le domaine de ce recours soit très vaste.

Ce domaine s'étend, en effet, d'abord à toutes les situations dans lesquelles le requérant invoque l'atteinte à un droit subjectif, mais il s'étend aussi, à des catégories de litiges à propos desquels l'intervention du juge apparaît un peu plus objective.

1°. Les litiges relatifs à des droits subjectifs

Selon les enseignements des différentes doctrines civilistes, on parle de droit subjectif lorsqu'un sujet actif de droit dispose d'un pouvoir personnel d'action à l'égard d'autrui. Le contentieux des droits subjectifs résulte donc d'une situation juridique bien précise, dans laquelle un sujet actif de droit s'oppose à un sujet passif qui conteste le pouvoir du premier. C'est entre autres les cas :

a. Des litiges en matière de responsabilité administrative

Il s'agit du cas le plus typique des recours de pleine juridiction. Le recours permet alors aux requérants d'obtenir la réparation des dommages causés par l'Administration dans le cadre des travaux publics ou des ouvrages publics, ainsi que dans le cadre du fonctionnement de l'ensemble des services publics.

Ainsi, dans ce dernier cadre, l'arrêt sous R.A. 235 du 19 février 1993 opposant la Commission de Liquidation de l'ancienne association sans but lucratif dénommée « Témoins de Jéhovah » à la République du Zaïre prise en la personne du Commissaire d'État à la Justice est plus qu'éloquent.

En effet, la requérante a sollicité et obtenu de la Section Administrative de la Cour Suprême de Justice l'annulation de la décision du Président de la République n°SPR/DP/2811/88 du 12 octobre 1988 portant expropriation[143] de l'Association sans but lucratif « Témoins de Jéhovah » de son domaine de la Mikonga et de toutes les constructions y érigées en faveur de la Garde Civile ainsi que la réparation du préjudice matériel et moral subi du fait de cette expropriation.

En réponse, le juge administratif a non seulement annulé cette décision présidentielle pour violation de loi mais aussi condamné la République du Zaïre à payer à l'Association la somme de 1.000 milliards de Zaïres à titre des dommages et intérêts et déclaré que cette somme sera réajustée au taux de l'évaluation du jour de paiement.

---

[143] En principe, la procédure visée en ce sens n'est pas l'expropriation comme l'avait prétendu la Section administrative de la C.S.J., mais plutôt « l'emprise irrégulière », certes, formule non reprise en droit congolais. Elle vise à protéger le droit de propriété sur les immeubles exclusivement, qu'il y ait dépossession définitive ou simplement occupation temporaire d'un immeuble. Cfr LOMBARD M., *op. cit..*, p. 335

b. Des litiges en matière de contrats administratifs

C'est également une catégorie traditionnelle et importante de recours de plein contentieux. Chaque fois qu'une difficulté survient entre l'Administration et l'un de ses cocontractants en matière d'interprétation ou d'exécution d'un contrat, ainsi qu'en matière de responsabilité contractuelle, le recours de pleine juridiction est l'instrument normal de défense des droits des parties intéressées.

En outre, les recours peuvent être relatifs à toutes les catégories de contrats administratifs : marchés de travaux publics, marchés de fournitures, marchés de transport, concessions de service public, concessions de travaux publics, contrats de prestations de services personnels, contrats relatifs à l'occupation du domaine public, auxquels s'ajoute toute une série de contrats plus particuliers ou spéciaux...

Le cas jurisprudentiel sous R.A.182, 186 et 191 du 1er janvier 1990 étaye davantage ce propos.

En effet, les citoyens Ngbenzi Nzombi M'okoba et consorts avaient introduit une requête auprès de la Section Administrative de la Cour Suprême de Justice tendant à l'annulation de l'Ordonnance présidentielle n°86-001 du 03 janvier 1986 les ayant révoqués de leurs grades et fonctions et à la condamnation de la République du Zaïre prise en la personne de son Commissaire d'État à l'Enseignement Primaire et Secondaire au paiement des dommages et intérêts pour préjudice subi.

La Cour Suprême de Justice Section Administrative a examiné le moyen et annulé l'Ordonnance présidentielle aquo pour violation des articles 60, 61 et 62 de l'Ordonnance-Loi n°81-003 du 17 juillet 1981 portant Statut du Personnel de Carrière des Services Publics de l'État.

Elle a, en outre, condamné l'Administration Publique à payer à chacun des requérants à titre des dommages et intérêts moraux un million de Zaïres et huit cents milles Zaïres respectivement au citoyen Ngbenzi et à chacun des autres requérants.

Cette jurisprudence démontre à suffisance la mission protectrice qu'incarne le juge administratif quant à la garantie des droits fondamentaux de l'homme[144].

2° Les litiges relatifs à des situations de caractère plus ou moins objectif

Dans certaines catégories de litiges, le juge ne se trouve pas toujours placé face à une situation purement subjective. Certes, des éléments se rattachant, de près ou de loin, à un droit subjectif pourront se retrouver dans

---

[144] C.S.J., Section administrative, R.A. 182, 186 et 191du 1 janvier 1990, Arrêt NGBENZI et consorts contre la République du Zaïre prise en la personne du Commissaire d'Etat à l'Enseignement Primaire et Secondaire in BIBOMBE MUAMBA et BIBOMBE ILUNGA, *op.cit.*, p. 2-6.

ce type de contentieux, mais on y décéléra également dans des proportions plus ou moins variables, des éléments de contrôle objectif qui ressemblent peu ou prou à un contrôle de légalité.

Néanmoins, dans toutes ces hypothèses de contentieux en quelque sorte « mixte », sur le plan de l'office du juge, le recours devra toujours être un recours de plein contentieux, parce que le juge y détient toujours, à l'égard de sa sentence, les pouvoirs étendus de la pleine juridiction.

Le cas à évoquer est celui de l'arrêt R.A. 266 du 8 janvier 1993 opposant les Anciens Membres effectifs de l'Association sans but lucratif « Témoins de Jéhovah » à la République du Zaïre prise en la personne du ministre de la Justice et Garde des Sceaux.

En effet, les requérants ont sollicité à la Section Administrative de la Cour Suprême de Justice l'annulation de l'Ordonnance n° 86-086 du 12 mars 1986 prise par le Président de la République abrogeant l'Ordonnance n° 124 du 30 avril 1980 ayant accordé la personnalité civile à cette association ainsi que le paiement des dommages et intérêts pour tout préjudice subi.

Statuant sur le cas, le juge administratif a annulé l'Ordonnance présidentielle sus visée pour violation des articles 17 et 18 de la Constitution, l'article 24 du décret du 18 septembre 1965 relatif aux associations sans but lucratif, et l'article 10 alinéa 1er de la loi n°71-012 du 31 décembre 1971 réglementant l'exercice des cultes et condamné la République du Zaïre à payer à l'Association sans but lucratif »Témoins de Jéhovah » la somme de 20.000,00 de Zaïres à titre des dommages et intérêts[145].

3. Procédure du recours de plein contentieux

Nous avons déjà examiné les règles les plus générales de la procédure contentieuse en matière administrative. Cependant, certaines de ces règles doivent être précisées quelque peu ici, car elles vont accuser un particularisme parfois très net en ce qui concerne le recours de plein contentieux. C'est le cas de l'existence de la décision préalable.

En effet, c'est en matière de contentieux de pleine juridiction que la règle de la décision préalable va exercer le plus son plein et entier effet. C'est ici que la décision préalable est la plus caractéristique, parce que, en matière d'excès de pouvoir, la décision n'est pas préalable, elle est évidente : elle existe inévitablement, puisque c'est celle qu'on attaque ; elle arrive toute seule, en quelque sorte.

---

[145] * C.J.J., Section administrative, R.A. 235 du 19 février 1993, Arrêt « Témoins de JEHOVAH » : La Commission de liquidation de l'ancienne association sans but lucratif dénommée « Témoins de JEHOVAH » ;
* C.S.J., Section administrative, R.A. 266 du 8 janvier 1993, Arrêt « Les membres effectifs de l'Association sans but lucratif dénommée « Témoins de JEHOVAH »contre la République du Zaïre prise en la personne du Ministre de la Justice et Garde des Sceaux in BIBOMBE MUAMBA et BIBOMBE ILUNGA, *op. cit.*,pp. 7-14 ; 18-22.

Tandis qu'en matière de plein contentieux, bien souvent, il faut soi-même aller chercher cette décision préalable ; et si l'on oublie de le faire, le recours sera impitoyablement rejeté.

Par exemple, en matière de responsabilité, ou même en matière contractuelle, la cause du litige est fréquemment un acte matériel, qui porte préjudice à un individu. Dans ce cas, la personne lésée ne peut pas citer directement l'Administration devant le juge administratif, comme un particulier peut citer directement un autre particulier devant le juge judiciaire.

En plein contentieux, l'intéressé doit d'abord s'adresser à l'administration active et lui faire part de ses prétentions. Et c'est la décision qui intervient alors, préalable à la phase contentieuse, qui constitue la décision préalable.

Si cette décision fait droit aux prétentions du requérant, le recours n'a plus d'objet. Si elle rejette, en tout ou en partie, les prétentions du requérant, celui-ci pourra alors la déférer au juge.

Presque toujours écrite, la décision préalable peut parfaitement être aussi une simple décision verbale, même notifiée par voie de communication téléphonique, dès lors qu'elle peut apparaître comme indiscutée et non équivoque.

Il arrive que des requérants restent passifs, s'imaginant ne pas avoir de décision alors qu'en fait l'Administration s'est prononcée et ne manquera pas d'invoquer la forclusion lors d'un éventuel recours tardif.

Souvent expresse, la décision préalable pourra être aussi une décision implicite de rejet, lorsque l'Administration aura gardé le silence pendant quatre mois sur la demande de décision préalable.

Le cas français est éloquent à ce sujet. Depuis le décret du 28 novembre 1983, le point de départ du délai de quatre mois est la date de transmission, par l'administration à l'auteur de la demande, d'un accusé de réception mentionnant notamment le délai de décision implicite et les délais et voies de recours contre cette décision implicite.

À défaut d'accusé de réception, le délai de quatre mois commence à courir dès la date de réception de la demande par l'autorité administrative, mais dans ce cas, le délai, s'il est opposable à l'administration par l'administré, n'est en revanche pas opposable à l'administré par l'administration.

Cette règle complexe mais protectrice des droits des citoyens, ne joue toutefois que pour les services administratifs de l'État, à l'exception des actes des services judiciaires et des actes concernant les relations des services avec leurs agents.

Pour les autres actes, la règle traditionnelle demeure : la décision implicite de rejet est acquise quatre mois après la réception de la demande par l'administration, et elle est opposable aussi bien par l'administré que l'administration. Cette date de réception doit alors être établie par le requérant.

Celui-ci peut le faire par tous moyens, dit la loi, mais la forme la plus efficace reste la lettre recommandée à la poste avec avis de réception. L'absence de preuve d'envoi de la demande de décision préalable, en cas de décision implicite, rend le recours contentieux irrecevable[146].

Il est à noter que dans les litiges où elle est exigée, la demande de décision préalable ne doit pas être rédigée à la légère. Car c'est elle qui va délimiter, du point de vue du requérant, le cadre futur de l'instance contentieuse éventuelle, de la même façon que la réponse de l'administration délimitera le champ contentieux en ce qui la concerne. La demande préalable doit donc être complète, claire et précise.

Elle joue en quelque sorte pratiquement. Éventuellement, elle doit être soulevée par l'Administration, elle n'a pas à être soulevée d'office par le juge.

Cette exigence est analysée avec minutie par le juge administratif avant de statuer sur l'espèce lui déférée.

4. Les pouvoirs du juge administratif en matière de plein contentieux

L'examen des pouvoirs du juge en ce domaine, peut concerner trois problèmes distincts : les pouvoirs du juge quant aux moyens, les pouvoirs du juge quant au jugement, l'efficacité de la sentence.

1° Les pouvoirs du juge quant aux moyens

Comme en matière d'excès de pouvoir, le juge du plein contentieux ne se cantonne pas dans un arbitrage passif entre le requérant et l'Administration, mais il se réserve la faculté d'intervenir personnellement dans le litige, en particulier par le procédé des moyens d'ordre public qu'il s'autorise à soulever d'office.

Dans le domaine du recours de plein contentieux, on retrouve un certain nombre de moyens d'ordre public de droit commun en matière administrative, en matière de compétence, en matière procédurale ou en matière de légalité.

2° Les pouvoirs du juge quant à la décision de la pleine juridiction

Le juge administratif, statuant sur recours de plein contentieux, dispose de pouvoirs nettement plus étendus que le juge de l'excès de pouvoir. Toutefois, ses pouvoirs ne sont tout de même pas toujours aussi complets que ceux qui sont reconnus aux tribunaux judiciaires.

C'est ainsi que le juge du plein contentieux dispose non seulement du pouvoir d'annuler un acte administratif irrégulier, mais il possède aussi le pouvoir de condamner l'Administration au versement de sommes d'argent à la victime à titre des dommages et intérêts pour préjudice causé. (*cf.*

---

[146] MOREAU J., *op. cit.*, 754

notamment tout le contentieux en matière de responsabilité ou le contentieux contractuel). Pareillement, le juge pourra constater des obligations à la charge de l'Administration[147].

Dans le détail, tous ces pouvoirs peuvent encore être affinés, précisés, perfectionnés ; mais il s'agira alors de problèmes beaucoup plus difficiles et techniques. Il suffira, ici, de constater que le juge du plein contentieux – tout comme le juge de l'excès de pouvoir – ne cesse jamais de développer ses facultés d'investigation, de contrôle ou de réparation, en recherchant le plus possible la proportionnalité entre la protection de l'action administrative et la protection des droits des administrés.

Cette donne est plus qu'importante surtout dans l'optique de l'émergence de l'État de droit.

3° L'efficacité de l'arrêt

En ce qui concerne l'autorité de l'arrêt de plein contentieux, la caractéristique essentielle est que cette décision possède l'autorité relative de la chose jugée. C'est-à-dire que, contrairement aux décisions rendues sur recours pour excès de pouvoir, lesquelles possèdent une autorité absolue à l'égard de tous, notamment en ce qui concerne les décisions d'annulation, les décisions rendues par le juge du plein contentieux n'entraînent d'effet qu'entre les parties au procès, en ce qui concerne leur qualité précise dans le recours et eu égard à l'instance.

Notamment, en application de ce principe de l'autorité relative de la chose jugée, l'Administration ne sera tenue d'exécuter une décision de plein contentieux que lorsqu'elle aura figuré dans l'instance.

SECTION 3 : LE JUGE CONGOLAIS EST SANCTIONNATEUR

La force du droit se trouve cachée dans les sanctions qu'inflige la règle de droit en cas de sa violation.

A cet égard, la sanction a un lien de nature et non d'essence avec le droit en ce qu'elle se trouve être une conséquence possible d'un contrôle d'exécution.

---

[147] C.S.J., Section administrative, R.A.188 du 29 avril 1988, Arrêt « BUKI ITOKI »in MUSHIGO-a-GAZANGA GIGOMBE, *op.cit.*, pp.207-208.
Le demandeur en annulation, alors qu'il était agent de 1ère classe affecté à la 2è Direction du Département de la Fonction publique fut révoqué en date du 22 avril 1986 de ses grade et fonction par arrêté ministériel n° BCE/F.P./091/086 pour avoir tenté de se faire payer des déclarations de créance auxquelles il aurait joint de faux documents.
Il a saisi le juge administratif pour l'annulation de l'arrêté ministériel sus indiqué et l'allocation des dommages-intérêts pour préjudice résultant de son chômage.
Le juge administratif a conclu que la révocation n'est prononcée qu'après avis du Conseil de discipline. Il a ainsi annulé l'arrêté du Ministre et condamné la République à allouer la somme de 20.000 zaïres des dommages-intérêts au demandeur en annulation.

C'est pourquoi la sanction a un rapport à l'efficacité d'exécution des normes.

Et c'est le juge qui les applique pour faire respecter le droit auquel doit être soumis et l'Administration et les administrés pour l'émergence de l'État de droit.

À ce propos, évoquant le philosophe Pascal, le Président du Conseil français Bennes soutient que « la justice sans la force est impuissante, la force sans la justice est tyrannique ; la justice sans la force est contredite parce qu'il y a toujours des méchants, la force sans la justice est accusée d'arbitraire. Il faut donc mettre ensemble la justice et la force et pour cela, faire en sorte que ce qui est juste soit fort et ce qui est fort soit juste »[148].

Cette position pousse à retenir que l'idée de sanctions se trouve dans tout système de sécurité ; et elle est en relation directe avec la société dont elle donne la mesure d'organisation[149].

Elle comporte trois éléments fondamentaux qui nécessitent d'être décortiqués de la manière suivante. D'abord, la sanction revêt avant tout un caractère répressif en ce sens qu'en imposant une sanction, on cherche à atteindre plusieurs résultats ainsi résumés par Cavaré : faire disparaître les troubles apportés à l'ordre juridique et social par la violation de la règle de droit, infliger une peine à celui qui a méconnu le principe dominant la société où il fait partie ou obliger à une réparation celui qui a causé un dommage, effacer les effets d'un acte juridique ou atténuer ses effets[150].

Ensuite, il est à noter que dans l'idée de sanction se trouve également l'intervention éventuelle d'une contrainte non pas nécessairement matérielle, mais aussi d'ordre psychologique se cristallisant dans la sanction morale, la réprobation sociale, le blâme, la protestation...

À cet effet, l'expérience prouve que pour être efficaces les sanctions supposent la mise en œuvre de la contrainte matérielle.

Enfin, la fin dernière de la sanction, sa ratio legis, est essentiellement la sauvegarde du droit positif. Ainsi, grâce à la menace d'une sanction, le droit positif a beaucoup de chance d'être moins troublé. À ce niveau, la sanction remplit un rôle préventif qui coexiste logiquement avec son caractère répressif.

Sur ce point, force est d'affirmer que le juge congolais, par le fait qu'il est appelé à incarner un rôle primordial dans la construction de l'État de droit, est obligé de s'assumer et de faire preuve d'efficacité en la matière

---

[148] BENNES cité par P.F. BRUGIERE, *La sécurité collective 1919-1945,* Paris, Pédone 46, p.7

[149] CAVARE L., *Les sanctions dans le cadre de l'O.N.U., Paris, Recueil de l'O.N.U. Tome 80, 1952.*

[150] CAVARE L., *idem*

d'autant plus que le respect du droit par tous les sujets – l'Administration et les administrés – est fonction de son dynamisme.

Ainsi, il importe d'analyser dans les lignes qui suivent, les sanctions spécifiques qu'inflige le juge dans la mise en branle de sa mission d'édification de l'État de droit.

§1. Annulation des actes et décisions illégaux des autorités administratives

La question se résume en ce que le contrôle du juge de la légalité est évidemment lié à la nature des pouvoirs de l'Administration.

Ce qui veut dire que tout manquement de l'Administration aux obligations pour lesquelles sa compétence est liée constitue une illégalité que le juge de l'excès de pouvoir ou de l'exception d'illégalité doit censurer. Au contraire, le juge ne peut porter d'appréciation sur l'usage fait par l'Administration de son pouvoir discrétionnaire. S'il entrait dans cette voie, en effet, il abandonnerait son rôle de juge chargé de veiller au respect de la légalité et se mettrait en position de supérieur hiérarchique[151].

À cet égard, il est à noter que le juge administratif contrôle la légalité de l'action administrative. Et la légalité dont question n'est pas seulement un appareil extérieur bornant l'action de l'Administration par le jeu des règles constitution-nelles ou législatives ; elle est aussi une entreprise d'auto-limitation institutionnelle[152] puisqu'elle implique la soumission de l'Administration à ses propres décisions et au droit élaboré par le juge administratif sorti de son sein et qui est comme sa conscience et qu'elle ne comporte pas seulement des interdictions ou des limitations, mais une inspiration permanente et positive, celle de l'intérêt public.

Par ailleurs, le problème du respect de la légalité par l'Administration est lié à celui du contrôle juridictionnel. La voie juridictionnelle qui assure le respect de la légalité par l'Administration est le recours pour excès de pouvoir tandis que l'exception d'illégalité constitue un autre moyen par lequel le contrôle juridictionnel est mis en œuvre.

Ainsi, il importe d'étudier l'étendue des pouvoirs du juge face aux actes et décisions inconstitutionnels des autorités administratives et la portée des pouvoirs du juge de droit commun face aux actes législatifs constitutionnels.

1. Les pouvoirs du juge face aux actes et décisions inconstitutionnels des autorités administratives

Le juge administratif est un contrôleur de la légalité. Celle-ci sous-tend la conformité des actes des autorités administratives au droit c'est-à-dire à l'ensemble de normes supérieures qui transcendent la loi. À ces normes,

---

[151] VEDEL G., *op. cit.*, p.320

[152] HAURIOU A., Le pouvoir discrétionnaire et sa justification, in *Mélanges Carré de MALBERG, Paris, 1958,* p.233

nous évoquons la Constitution et les traités internationaux régulièrement conclus.

Dans sa mission, le juge s'assigne la mission de vérifier si les actes et décisions des autorités administratives sont réguliers ; dans le cas contraire, il procède à l'annulation de ces actes pour illégalité en ce qu'ils violent la norme supérieure, c'est-à-dire la Constitution.

La conséquence en est que les actes illégaux des autorités administratives cessent alors leurs effets au prononcé de l'annulation. Il nécessite de souligner que l'acte illégal ne perd ses effets qu'à dater du jour où l'arrêt prononçant l'annulation est coulé en force de chose jugée, c'est qui est logique car le juge administratif prononce l'annulation et il ne constate pas la nullité.

Si ce pouvoir est d'autant affirmé pour le juge administratif qui se retrouve, certes, dans la sphère de ses compétences conformément à l'article 155 alinéa 1 de la Constitution du 18 février 2006 qui dispose « *sans préjudice des autres compétences que lui reconnaît la Constitution ou la loi, le Conseil d'État reconnaît, en premier et ressort, des recours pour violation de la loi, formés contre les actes, règlements et décisions des autorités administratives centrales. Il connaît en appel des recours contre les décisions des Cours administratives d'appel* », il n'en demeure pas pour autant pour le juge judiciaire.

En effet, si le juge administratif annule les actes administratifs contraires à la loi, les autres juges (civil, commercial, de travail, juge répressif) ne faisaient pas plutôt application des actes réglementaires contraires à la loi dans le cadre de la procédure d'exception d'illégalité.

Cette assertion est stigmatisée par l'article 153 alinéa 4 de la Constitution qui dispose que « *les Cours et Tribunaux, civils et militaires, appliquent les traités internationaux dûment ratifiés, les lois, les actes réglementaires pour autant qu'ils soient conformes aux lois, ainsi que la coutume pour autant que celle-ci ne soit pas contraire à l'ordre public ou aux bonnes mœurs* ».

Par ailleurs, il est strictement interdit aux juges judiciaires non répressifs d'apprécier la légalité des actes administratifs lorsque, dans un procès relevant de leur compétence, la solution du litige dépend de la régularité ou de l'irrégularité d'un acte administratif : que celui-ci soit réglementaire ou individuel, le juge judiciaire ne peut le déclarer lui-même illégal[153].

La justification peut provenir de ce qu'il est fréquent que les tribunaux répressifs de l'ordre judiciaire aient à résoudre des problèmes concernant la légalité des actes administratifs qui sont portés devant eux. Dans de nombreuses hypothèses, l'existence d'une infraction est déterminée par une contravention à un règlement ou un acte administratif tel le refus

[153] VEDEL G., *op. cit.*, p. 144

d'obtempérer à une réquisition, la désobéissance à des règlements de police…

Il est évident que les citoyens ne peuvent être condamnés pour avoir contrevenu à des dispositions administratives irrégulières. Mais la question reste de savoir à qui reviendra-t-il d'apprécier la régularité des actes administratifs en question : est-ce au juge répressif ou faudra-t-il renvoyer la question au juge administratif ?

À ce sujet, la solution en matière répressive n'est pas toujours celle préconisée en matière non répressive.

En effet, il faut invoquer à cet effet le principe général de droit selon lequel tout juge répressif a compétence pour statuer sur la légalité ou l'illégalité des règlements dont dépend l'application de la peine.

Aussi, par la nature de ses fonctions, le juge répressif a le pouvoir de porter atteinte aux droits fondamentaux de l'individu, à son honneur, à sa liberté et à son patrimoine. De tels pouvoirs impliquent qu'il ne punisse pas les individus qui auraient refusé de se conformer à des règlements illégaux et qu'il puisse préalablement, sans renvoyer au juge administratif, apprécier lui-même cette illégalité.

Une autre raison et la plus importante est d'ordre pratique en ce qu'il est certain que les lenteurs de la procédure pénale nuisent à l'innocent et profitent au coupable.

Sur la question, une distinction doit être faite entre les actes réglementaires et les actes non réglementaires[154].

Quant à ce qui concerne les actes administratifs de nature réglementaire, lorsque ces actes commandent l'existence de l'infraction ou l'application de la peine, le juge répressif peut en apprécier la légalité si celle-ci est contestée devant lui. Et pour les actes non réglementaires, le juge répressif peut désormais se prononcer aussi sur leur illégalité.

Outre le cas de la censure par le juge répressif, il existe des hypothèses d'exception d'illégalité comme moyens du contrôle juridictionnel soulevé devant le juge administratif.

L'exception d'illégalité consiste en ce que, à propos d'un procès intéressant l'application d'un acte administratif, l'intéressé invoque l'illégalité et donc l'inapplicabilité d'un acte administratif. En pareil cas, la doctrine soutient que le juge n'a pas la possibilité d'annuler l'acte parce qu'il n'est pas saisi d'un recours en annulation, mais il doit, dans l'espèce, en refuser l'application.

Ainsi, si l'exception d'illégalité est soulevée devant le juge administratif, il s'avère que toute juridiction administrative peut statuer sur la légalité d'un acte administratif contre lequel l'exception d'illégalité est invoquée, même si elle n'est pas compétente pour connaître du recours direct en annulation. Si

---

[154] VUNDUAWE te PEMAKO, *op.cit.*, p. 47

l'exception est invoquée devant les tribunaux judiciaires, il est à retenir que le juge judiciaire n'est pas compétent pour statuer lui-même sur l'exception d'illégalité, le principe du « juge de l'action est également juge de l'exception » ne pouvant pas jouer.

De ce qui précède, le juge administratif dispose du pouvoir d'annulation des actes illégaux des autorités administratives parce qu'il incarne le rôle de contrôleur de la légalité. Qu'en est-il alors des pouvoirs du juge de droit commun face aux actes législatifs inconstitutionnels ?

2. Les pouvoirs du juge de droit commun face aux actes législatifs inconstitutionnels

Sur la question, le principe est que le juge de droit commun est désarmé vis-à-vis des actes législatifs inconstitutionnels. Cette position est voulue par la Constitution elle-même à son article 153 alinéa 4.

Par ailleurs, du fait que seul le juge constitutionnel est compétent pour contrôler la constitutionnalité des actes législatifs, il importe d'affirmer avec le Doyen Antoine Rubbens, que dès lors que la loi est intervenue, les Cours et Tribunaux en leur compétence judiciaire ou administrative, n'ont aucun pouvoir de censurer des mesures d'exécution de cette loi, quand bien même il leur apparaîtrait que ces mesures vont à l'encontre de la Constitution ; si la violation de la Constitution se situe au niveau de l'acte législatif, seul le juge constitutionnel peut sanctionner cet excès ; les règlements pris en conformité avec une loi inconstitutionnelle sont à l'abri de l'annulation et doivent être appliqués, tant que l'arrêt de déclaration d'inconstitutionnalité n'est pas rendu[155].

En effet, la position du Doyen Rubbens est d'autant justifiée et la Constitution du 18 février 2006 renchérit à son article 162 que « *la Cour constitutionnelle est juge de l'exception d'inconstitutionnalité soulevée devant ou par une juridiction.*

Toute personne peut saisir la Cour constitutionnelle pour inconstitutionnalité de tout acte législatif ou réglementaire.

Elle peut, en outre, saisir la Cour constitutionnelle, par la procédure de l'exception de l'inconstitutionnalité invoquée dans une affaire qui la concerne devant une juridiction.

Celle-ci sursoit à statuer et saisit, toutes affaires cessantes, la Cour constitutionnelle. »

Cette disposition démontre clairement que le contrôle efficace que doit subir une loi pour attester de sa conformité ou non à la Constitution est celui qu'effectue le juge constitutionnel saisi par voie d'action ou tout au plus par celui d'exception d'inconstitutionnalité.

---

[155] RUBBENS A., *op.cit.* ,*T. I,* p. 286

À ce sujet, le procès qui est fait à la loi peut être déclenché par tout citoyen victime d'une loi inconstitutionnelle. Il formule sa demande conformément à la procédure instituée à cet effet.

En République Démocratique du Congo, tout juge n'est pas compétent pour connaître de la constitutionnalité de loi, mais il peut se prononcer sur l'exception d'inconstitution-nalité qu'un citoyen invoque au cours d'un procès qui le concerne devant une juridiction.

Les conséquences qui en découlent diffèrent selon que l'on se trouve dans le cas du contrôle par voie d'action ou de l'exception d'inconstitutionnalité.

Quant à ce qui concerne le contrôle par voie d'action, le juge constitutionnel peut déclarer par un arrêt l'inconstitutionnalité d'une loi. Et l'acte législatif non conforme à la Constitution sera nul et de nullité absolue et ce, conformément à l'article 168 de la Constitution du 18 février 2006 qui dispose que « *les arrêts de la Cour constitutionnelle ne sont susceptibles d'aucun recours et sont immédiatement exécutoires. Ils sont obligatoires et s'imposent aux pouvoirs publics, à toutes les autorités administratives et juridictionnelles, civiles et militaires ainsi qu'aux particuliers.*

Tout acte déclaré non conforme à la Constitution est nul de plein droit. »

Pour ce qui concerne l'exception d'inconstitution-nalité, le juge de droit commun saisi n'aura qu'à surseoir à statuer et saisir, toutes affaires cessantes, la Cour constitu-tionnelle de cette question préjudicielle. Ce qui veut dire qu'il n'a pas compétence pour annuler une loi pour laquelle l'exception d'inconstitutionnalité est déférée devant lui.

Tout compte fait, cette situation peut-elle alors faire basculer dans ce quc la doctrine qualifie de gouvernement des juges ?

La réponse est certes négative d'autant plus que par respect au principe de séparation des autorités au sein de l'État, le juge ne doit pas s'immiscer dans les affaires qui touchent à la gestion des activités gouvernementales.

§2. La condamnation de l'Administration et ses agents à la réparation du préjudice causé à la victime

L'activité de l'Administration comme toute activité est génératrice de dommages, d'autant plus fréquents qu'elle mette en œuvre des moyens puissants.

L'idée selon laquelle la puissance publique doit répondre des dommages qu'elle cause, si naturelle qu'elle paraisse, ne s'est pas installée sans rencontrer de résistance. À l'origine, elle se heurtait au principe selon lequel, l'État, étant souverain, ne pouvait mal faire, au moins lorsqu'il agissait par voie d'autorité.

En effet, la possibilité pour les administrés d'obtenir réparation des dommages imputables à la puissance publique constitue une pièce essentielle de l'État libéral et par delà sa valeur pratique, toute théorie de la responsabilité reflète une certaine forme de civilisation[156].

La responsabilité envisagée ici est exclusivement une responsabilité civile, qui se traduit par l'obligation pour l'État et les collectivités publiques de réparer les conséquences dommageables des faits dont elles doivent répondre, et non une responsabilité pénale.

La question qui se posait était celle de savoir s'il était possible d'appliquer à l'Administration le principe général posé par l'article 258 du Code civil congolais Livre III selon lequel celui qui cause injustement un dommage à autrui est tenu de le réparer.

Reconnue dans son principe, la possibilité d'engager la responsabilité de l'État était certes enfermée dans des conditions qui pouvaient apparaître restrictives, puisqu'il était énoncé dans le célèbre arrêt *Blanco* que « la responsabilité qui peut incomber à l'État pour les dommages causés aux particuliers par le fait des personnes qu'il emploie dans les services publics, ne peut être régie par les principes qui sont établis par le code civil, pour les rapports de particulier à particulier ;… cette responsabilité n'est ni générale ni absolue ; elle a ses règles spéciales qui varient suivant les besoins du service ».

La justification de cette responsabilité peut être cernée du point de vue théorique. À ce niveau, un grand nombre d'auteurs voient, dans la responsabilité de la puissance publique une conséquence nécessaire du principe de l'égalité des citoyens devant les charges publiques. L'action administrative s'exerçant dans l'intérêt de tous, si les dommages qui en résultent pour quelques-uns n'étaient pas réparés, ils seraient sacrifiés à la collectivité, sans que rien ne puisse justifier pareille discrimination ; l'indemnisation rétablit l'équilibre rompu à leur détriment.[157]

À cet effet, les faits dommageables dont doit répondre l'Administration résultent presque toujours de l'action ou de la carence de personnes physiques, qui agissent au nom et pour le compte de l'Administration, une difficulté se présente dès l'abord pour savoir qui, de l'Administration ou de ses agents, doit répondre de ces faits dommageables.

Aussi, il est à noter que tout dommage n'entraîne pas nécessairement, pour son auteur, l'obligation de le réparer. Celle-ci n'existe qu'autant que l'acte qui a causé le dommage présente certains caractères qui fondent la responsabilité. C'est l'idée de faute qui est sous-entendue. La responsabilité de la puissance publique est normalement liée à la faute ; exceptionnellement, elle peut exister en l'absence de faute. C'est l'idée de risque qui est visée.

---

[156] RIVERO J., *op.cit.*, p. 233

[157] BERLIA, « Essai sur les fondements de la responsabilité en droit public français » in *R.D.P.*, Paris, *1951*, p.685

Ainsi, il est accommodable d'analyser le cas où l'Administration engage sa responsabilité pour faute ainsi que celui dans lequel sa responsabilité est engagée en absence de faute.

1. Cas de responsabilité pour faute[158]

Si aujourd'hui le principe de la responsabilité de la puissance publique est presque universellement admis, il n'en a pas toujours été ainsi. Le principe général consacré par le code civil et selon lequel celui qui cause un dommage à autrui est tenu de le réparer n'a pas toujours été appliqué à l'Administration. Dans les pays qui, les premiers ont admis la responsabilité de la puissance publique, il avait d'abord été exclu que l'État pût voir sa responsabilité engagée.

Ainsi en France, tout au long du XIXe siècle, le principe a été celui de l'irresponsabilité de l'Administration. Sauf contractuelle, la responsabilité de l'État ne pouvait être engagée que sur base d'un texte législatif spécial[159]. C'est à partir du célèbre arrêt Blanco que sera consacré le principe de la responsabilité administrative.

Au Congo, les bases du principe ont été clairement posées dès 1920 à la faveur d'un arrêt de la Cour de cassation belge affirmant « la possibilité pour un acte administratif d'être fautif au sens aquilien des articles 1382 et suivants du code civil »[160].

La responsabilité administrative sera ainsi fondée sur l'idée de faute. Mais, même en l'absence de faute, les préjudices exceptionnels peuvent, on l'a vu, être indemnisés par l'Administration. Quant à la responsabilité pour risque, elle a été supprimée dans les domaines où elle était prévue[161], suite au nombre très élevé des condamnations prononcées contre l'État.

Toute autre est celle de l'imputabilité à l'Administration des fautes de ses agents. La faute d'un agent entraîne-t-elle toujours la responsabilité administrative ? La réponse repose sur la circonstance que l'agent ait agi ou

---

[158] KABANGE NTABALA, « Responsabilité de l'administration publique et des services publics décentralisés du fait des actes de leurs préposés et organes » in *Revue zaïroise de Droit, 1975.*

[159] Y. GAUDEMET et J.C. VENEZIA, *op. cit.* p.184.

[160] *Cass., 5 novembre 1920 Flandria in KALONGO MBIKAYI, La réparation des dommages en droit zaïrois, (Document polycopié), UNIKIN, S.D., p.14. Ces articles du code civil belge correspondant aux articles 258, et suivants du Code civil congolais, livre III.*

[161] *Responsabilité en cas d'émeutes, ou du fait des forces armées. Une faute des forces de l'ordre ou de l'Administration est désormais requise pour faire naître l »obligation de réparer dans le chef de l'Administration. cf. M. KALONGO, op. cit. p.19 ;* l'alinéa 1er de l'article 1er de l'O-L 69-044 du 1er octobre 1969 dispose « *Toute action fondée sur le droit commun en matière de responsabilité civile et tendant à faire condamner l'État à réparer les dommages causés soit par des émeutiers ou insurgés, soit par les forces de l'ordre agissant contre ceux-ci, sera déclarée non fondée par les cours et tribunaux.* »in *M.C.*, n° 19, 1er oct. 1969, p. 787.

non dans le cadre du service. À ce sujet, la doctrine soutenue par Georges Vedel distingue la faute de service de la faute personnelle de l'agent-organe ou de l'agent-préposé[162].

Pour que l'Administration soit responsable, il faut et suffit d'un rapport qu'il revient au juge d'apprécier, entre le domaine et l'activité administrative incriminée[163]. Toutefois, la force majeure, la faute de la victime ou celle d'un tiers pourront, en tout ou en partie, exonérer l'Administration.

Le principe de la responsabilité administrative étant ainsi sommairement admis, sa mise en œuvre est différemment dégagée ; il reste maintenant à déterminer le juge compétent.

En effet, en matière de responsabilité administrative, c'est le juge judiciaire qui est compétent pour procéder à l'examen du cas, déterminer la faute, analyser l'imputabilité et le lien de causalité.

C'est ce juge judiciaire, qui, une fois ces conditions réunies, condamnera l'Administration à indemniser la partie victime du comportement fautif de la toute puissante Administration[164].

C'est à mesure que l'Administration condamnée s'exécute volontairement que la preuve de l'État de droit sera invoquée sans tergiversation.

Aussi, la responsabilité de l'Administration peut également être engagée en l'absence de faute surtout à l'égard des victimes de dommages accidentels de travaux publics.

2. Cas de responsabilité sans faute

Il existe des cas de responsabilité de l'Administration que cette dernière endosse sans faute de sa part.

Ceci sous-tend une présomption de faute de sa part, soit que l'auteur du fait ayant généré la responsabilité se trouve être son agent, soit que le bien qui a causé dommage au tiers appartient bel et bien à l'Administration.

À ce sujet, la compétence exclusive est reconnue au juge judiciaire pour statuer sur les actions en responsabilité visées par les articles 258 et suivants du Code civil congolais livre III tendant à la réparation des dommages de toute nature causés aux tiers mêmes par un véhicule quelconque, mais à la

---

[162] VEDEL G., *op. cit.*, p. 350

[163] *La distinction classique entre faute de service et les fautes personnelles n'est utile chez nous qu'en tant qu'elle exclut ou au contraire justifie l'action récursoire de l'Administrations contre l'agent fautif.*

[164] A ce sujet, l'alinéa 2 de l'article 1 de l'O-L 69-044 du 1er octobre 1969 relative aux dommages causés par les troubles dispose : « Toutefois, dans le cas de dommages causés à des tiers par les forces de l'ordre, l'action pourra être déclarée fondée s'il est établi que le fait ou l'acte dommageable s'inscrit en dehors du déroulement même des opérations dirigées contre les émeutiers ou insurgés et qu'il constitue une faute des forces de l'ordre ».

condition que ce véhicule soit la cause déterminante du dommage ; à défaut d'existence de cette condition, la compétence revient au juge administratif.

Ceci constitue un régime de substitution de la responsabilité de l'État à celle de ses agents[165].

Aussi, la responsabilité de l'État peut être engagée pour déni de justice ou pour faute lourde.

Dans ce cas, l'État garantit les victimes des dommages causés par les fautes personnelles des juges et autres magistrats, sauf son recours contre ces derniers. Et c'est toujours le juge judiciaire qui est compétent pour connaître de l'action de la victime[166].

De plus, l'État engage sa responsabilité du fait des actes matériels préparant ou exécutant des décisions de justice. Cette responsabilité peut être engagée en cas de voie de fait c'est-à-dire que lorsque l'action de l'Administration est apparue d'une illégalité telle qu'elle en est, en quelque sorte, dénaturée et lorsque cette action manifestement illicite a gravement porté atteinte à une liberté fondamentale ou à la propriété privée[167].

L'hypothèse plausible est celle de l'exécution irrégulière d'une décision régulière de justice qui a porté gravement atteinte à une liberté fondamentale.

À cet effet, la victime est en droit de se pourvoir en justice contre l'Administration pour être indemnisée du fait de cette action irrégulière qui constitue la voie de fait.

La responsabilité sans faute est également retenue pour le risque généré par les travaux publics et est consacrée à l'égard des tiers par rapport aux travaux publics.

À l'égard des tiers, l'Administration ne peut s'exonérer de sa responsabilité en démontrant l'absence de faute.

Seules la faute de la victime ou la force majeure seront susceptibles d'atténuer ou de faire disparaître sa responsabilité. Enfin, les tiers peuvent bénéficier d'un régime de responsabilité sans faute lorsque l'ouvrage est exception-nellement dangereux.

De tout ce qui précède, c'est le juge judiciaire qui doit examiner ce type de responsabilité et qui doit condamner l'Administration, si les conditions étaient réunies, au paiement des dommages-intérêts à la victime des faits qui lui ont causé préjudice.

Par ailleurs, une chose est de condamner l'Administration au paiement des dommages-intérêts, une autre est d'obtenir effectivement cette réparation, qui, du reste, ne dépend que du bon vouloir de cette

---

[165] RICCI J.-C., *Droit administratif 5è éd.*, Paris, HACHETTE *Supérieur,* 2006, p. 44
[166] idem
[167] LOMBARD M., *op.cit.,* p. 331

Administration contre laquelle l'exécution forcée des décisions de justice n'est pas autorisée.

Devant cette situation, le juge qui s'évertue pour la construction de l'État de droit, se trouve, quelque peu désarçonné du fait que ses décisions se buttent à une résistance provenant du bon vouloir de l'Administration qui ne les applique que très rarement.

*** Appréciation**

L'avènement de l'État de droit s'inscrit dans une dynamique qui a comme support le juge.

Ce dernier, une fois saisi, doit actionner les mécanismes relevant de sa compétence.

De plus, le pouvoir judiciaire doit conjuguer des efforts afin de veiller à ce que l'État de droit puisse être établi et protégé.

Pour ce faire, les impératifs fondamentaux de l'État de droit tendent à parfaire un État équilibré et au service des citoyens notamment pour la défense de leurs droits et libertés fondamentaux. Cette protection se trouve être l'œuvre du juge qui sanctionne toute atteinte à ces idéaux, même si elle provient de l'Administration.

Cependant, cette mission est teintée d'embûches qui l'empêchent de se mouvoir efficacement.

Ce fait explique sans désemparer pourquoi le juge administratif congolais qui, certes, a exercé sa mission dans une atmosphère autocratique, n'a pas pu être à l'aise. Cette situation d'infortune retarde dans une certaine mesure l'avènement de l'État de droit en République Démocratique du Congo.

C'est en cela que consiste le deuxième chapitre de cette partie.

CHAPITRE II

LES DIFFICULTÉS LIÉES AU RÔLE INCARNE PAR LE JUGE ADMINISTRATIF DANS L'ÉDIFICATION DE L'ÉTAT DE DROIT

La mission d'artisan de l'État de droit dévolue au juge administratif ne peut être accomplie sans entraves. Des embûches jonchent ce cheminement du juge et l'empêchent d'incarner efficacement son rôle lui confié tant par les textes constitutionnel que législatifs.

Aussi, les difficultés que rencontre le juge dans la construction de l'État de droit foisonnent de partout. Les unes sont liées à son état de juge, manifestation sine qua non du pouvoir judiciaire qui demeure un des trois pouvoirs dans l'État, les autres s'attachent à son rôle de catalyseur de l'État de droit.

Ces difficultés sont la résultante d'un diagnostic posé pour revigorer la mission du juge administratif congolais qui a évolué pendant la période autocratique. Ceci explique même pourquoi ce juge était inconnu des citoyens qui sont des administrés.

De plus, après l'examen de ces embûches que rencontre ce juge administratif, il sera opportun de baliser son avenir surtout pendant la période post autocratique qui renomme ce juge en Conseil d'État, Cour administratif d'Appel et Tribunal administratif[1].

Par ailleurs, l'étude approfondie de ces obstacles s'avère indispensable en deux points.

SECTION 1. LES OBSTACLES LIÉS À LA QUALITÉ DE JUGE

La justice est censée être une institution indépendante. À cet effet, Rwals J. exige qu'elle doit être indépendante au sens que ceux à qui la Constitution a confié la tâche de décider sur la garantie des droits et la limite des devoirs,

[1] Article 154 de la Constitution du 18 février 2006 in *Journal Officiel de la RDC*, Numéro spécial, 47è année.

ou de l'innocence ou de la culpabilité des citoyens, doivent être à l'abri de toutes les pressions, d'où qu'elles viennent…

Ceux qui ont à cœur le respect de l'État de droit nourrissent l'espoir qu'une entorse aussi flagrante à l'indépendance de la justice ne se reproduira pas et que, si elle devait se reproduire, elle recevrait de la part des autorités concernées la condamnation exemplaire ; car si l'on venait à fermer les yeux sur une telle interférence et la laisser se perpétuer, la liberté de l'individu, dont le dernier bastion est une justice indépendante, serait gravement menacée[2].

À ce propos, dans l'accomplissement de sa tâche de dire le droit, le juge se bute à des obstacles résultant parfois de sa qualité de membre du Pouvoir judiciaire. Ceux-ci touchent principalement une des ses qualités essentielles, à savoir, son indépendance. Cette situation se remarque avec acuité dans le système judiciaire congolais.

C'est ainsi que nous dénombrons le manque d'indépendance et le manque de spécialisation du juge congolais.

§1. Le manque d'indépendance du juge congolais

Pour l'instauration d'un système judiciaire efficace, il faut miser sur l'affirmation du principe de l'indépendance de la justice[3].

L'article 149 de la Constitution du 18 février 2006 dispose à ce sujet que « *le pouvoir judiciaire est **indépendant** du pouvoir législatif et du pouvoir exécutif* ».

En effet, l'indépendance de la magistrature est la condition essentielle de la fonction de juger : la chute de cette indépendance entraînerait indubitablement celle de la liberté[4].

Ce principe suppose, au préalable, l'acceptation d'un autre, celui de la séparation des pouvoirs, dans l'aménagement des institutions étatiques. En effet, dans l'organisation de l'État, lorsque les trois pouvoirs qui en constituent le centre nerveux n'admettent la confusion ni dans le chef de leurs détenteurs respectifs, ni dans les sphères distinctes dans lesquelles se déroulent leurs différentes activités, la question de l'indépendance de la justice devient pertinente[5].

---

[2] RWALS J., *Théorie de la justice,* Paris, Seuil, 1987, p. 144

[3] WIDNER J.A., *Construire l'Etat de droit : Francis Nyalali et le combat pour l'indépendance de la justice en Afrique,* Paris, Nouveaux Horizons, 2005, p.329

[4] RENOUX T., *Le Conseil constitutionnel et l'autorité judiciaire*, Thèse de doctorat d'Etat en Droit, Université d'Aix- Marseille, Faculté de droit et science politique, Aix en- Provence, Juin 1982, p. 292.

[5] BOSHAB E., « La misère de la justice et justice de la misère en République Démocratique du Congo »in
Revue de la recherche juridique Droit prospectif 1998, Presses universitaires d'Aix-Marseille,

Aussi, par l'indépendance de la justice, d'après F. Delpérée, s'entend le fait de placer le pouvoir juridictionnel sur pied d'égalité avec les autres pouvoirs qui, comme lui émanent de la Nation[6].

Le pouvoir judiciaire ne doit être inféodé ni au pouvoir législatif ni au pouvoir exécutif. Cela résulte des dispositions constitutionnelles mais aussi des mécanismes qui mettent, de manière concrète, le pouvoir judiciaire à l'abri des pressions éventuelles d'autres pouvoirs.

Parmi ces mécanismes, figurent notamment la nomination à vie, l'inamovibilité et l'irrévocabilité.[7]

Cette trilogie garantirait, dans un État de droit, l'indépendance de la justice.

En effet, le juge, dont la mission est de « dire le droit » dans le cadre d'un litige doit accomplir sa fonction de manière impartiale, sans pression d'aucune sorte, réelle ou potentielle, susceptible de restreindre l'autonomie de sa pensée.

Les parties ne doivent pas avoir de motif raisonnable de questionner l'impartialité de la décision qui sera rendue dans le contexte d'un procès qui les concerne ; ce qui ne manquerait pas de survenir si le juge ne jouissait pas de garanties objectives d'indépendance le mettant à l'abri de toute influence indue.

Bien entendu, l'indépendance objective du juge n'assure pas son impartialité dans une cause donnée, mais l'absence de ces garanties, en revanche, peut faire naître chez les parties un doute raisonnable quant à sa neutralité dans le contexte de cette cause.

Les juges doivent non seulement être indépendants mais être perçus comme indépendants. Par ailleurs, il existe un rapport étroit entre l'indépendance d'un juge pris individuellement et celle du tribunal où il siège. Si la cour ou le tribunal n'est pas indépendant des organes exécutifs pour ce qui est essentiel à l'exercice de sa juridiction, le juge qui y exerce ses fonctions ne peut être lui-même perçu comme étant indépendant ce qui est susceptible de soulever des craintes raisonnables de partialité dans le contexte de toutes les affaires dont il connaît.

L'indépendance des juges et des tribunaux n'est pas un privilège octroyé dans leur intérêt propre mais elle leur est garantie dans l'intérêt des justiciables et elle est nécessaire pour maintenir la confiance du public dans l'impartialité de l'administration de la justice.

C'est en fin de compte la perception de l'indépendance de la justice, qui contribue à donner à la fonction judiciaire sa légitimité ; elle est la condition

---

N°XXIII-74, p. 1165

[6] DELPEREE F., « Administration et fonctionnement de la justice en Belgique », Rapport, *Annuaire Européen d'administration publique*, 1991, p.176.

[7] BOSHAB E., *op. cit.*, p.1165

essentielle du respect et de l'acceptation des décisions judiciaires par les justiciables.

Par ailleurs, contrairement aux autres fonctionnaires dont la révocabilité est le principe lorsque certaines conditions sont réunies, la nomination à vie laisserait l'impression d'un privilège en faveur des juges. Cependant, cette affirmation mérite une nuance car le Président de la République a déjà fait recours à ses prérogatives pour révoquer unilatéralement c'est-à-dire sans avoir consulté le Conseil Supérieur de la Magistrature les trois cent quinze magistrats. De même, il a déjà mis en retraite anticipée, et en méconnaissance de la procédure en la matière, les hauts magistrats sans avoir consulté le Conseil Supérieur de la Magistrature.

Le constat fait par la doctrine d'aujourd'hui est que la justice en Afrique est en « panne ». Parmi les causes de l'inefficacité de l'appareil judiciaire en Afrique, l'ineffectivité de l'indépendance des juges semble être un des facteurs les plus déterminants.

Les raisons de cette ineffectivité sont multiples, mais il est possible d'en dégager certaines dont des solutions à court ou moyen terme devraient être trouvées si l'on veut que le processus de démocratisation qui caractérise les régimes politiques africains aujourd'hui soit également encadré, accompagné par un appareil judiciaire crédible. L'indépendance de la justice en Afrique restera une utopie si ces réalités demeurent inchangées.

Par ailleurs, la nomination à vie est sous-tendue par un autre argument ; il s'agit plus de protéger la fonction de juger en mettant le juge à l'abri des pressions du pouvoir qui le nomme que d'assortir la fonction de juge d'un statut privilégié.

Quant à l'inamovibilité, il importe de souligner qu'elle constitue une garantie de l'indépendance du juge et une règle essentielle dans le déroulement de la carrière. Elle ne signifie cependant pas que le magistrat de siège demeure attaché au lieu de sa première affectation jusqu'à sa retraite, il s'agît, la fonction de juger exigeant que le magistrat ne puisse avoir la crainte ni pour son poste ni pour sa promotion du fait des jugements qu'il aura rendus, de le placer à l'abri des mutations punitives dictées souvent par des influences politiques, et d'assurer, par voie de conséquence, l'égalité des justiciables.

L'irrévocabilité, une garantie sans doute aussi critiquable que les autres, ne signifie pas, d'après le professeur Évariste Boshab, l'absolution pour l'avenir, de tous les actes que le juge viendrait à poser : cette garantie n'implique pas l'impunité du magistrat du siège, celui-ci n'est pas affranchi de toute sanction, mais celle-ci doit émaner d'une autorité juridictionnelle pour préserver la séparation des pouvoirs : et donc une décision juridictionnelle peut révoquer un juge sans porter atteinte au principe d'irrévocabilité. Rarement, les garanties de l'indépendance du juge se trouvent dans un état pur, ce qui veut dire qu'il existe des aménagements variant d'un pays à l'autre[8].

Cependant, c'est au niveau des rapports de force entre l'Exécutif et le Pouvoir judiciaire que l'indépendance des juges devient purement symbolique et c'est ici que s'institue une véritable relation de dépendance au détriment du pouvoir juridictionnel[9].

En République Démocratique du Congo, le principe de l'indépendance de la magistrature est, certes, constitution-nellement proclamé, mais les magistrats congolais se caractérisent plus par leur dépendance vis-à-vis du Pouvoir exécutif.

Outre le fait qu'ils sont nommés par l'Exécutif, ils reçoivent des injonctions de ce dernier, surtout quant à ce qui concerne les magistrats du Parquet qui doivent obtempérer aux injonctions du Ministère de la Justice tant pour l'instruction d'une affaire que pour l'opportunité de poursuite.

Aussi, moulés à l'école de la docilité, les magistrats de la République Démocratique du Congo ont plus peur d'arracher leur indépendance face à l'Exécutif. Ils protègent plus leurs postes qu'ils ne défendent les droits et les libertés des citoyens.

Cette situation constitue une pesanteur qui ne peut permettre au juge en général et au juge administratif en particulier de jouer efficacement son rôle d'artisan pour l'avènement de l'État de droit en République Démocratique du Congo.

Par ailleurs, le juge doit être protégé contre toute atteinte éventuelle, pour éviter que la partie perdante ne parvienne à se venger sur lui.

Sur ce plan, le juge congolais est suffisamment protégé au double point de vue de la législation et de la surveillance matérielle.

En effet, sur le plan de la législation, le juge est protégé par les dispositions du code pénal[10] qui prévoient des peines susceptibles de dissuader quiconque aurait l'intention de se rendre lui-même la justice en blessant un magistrat.

---

[8] *Ibidem*

[9] CONAC G., « Introduction »in *Les Cours suprêmes en Afrique*, t. III, la jurisprudence administrative, sous la direction de G. CONAC et J. de GAUDUSSON, Paris, Economica, 1988, p. IX

[10] Article 136 du Code Pénal dispose : « Sera puni d'une servitude pénale de 3 à 9 mois et d'une amende de trente zaïres au plus, ou de l'une de ces peines seulement, celui qui, par paroles, faits, gestes ou menaces, aura outragé soit un membre du cadre dirigeant du parti, soit un membre des cours et tribunaux, soit un officier du ministère public, soit un officier supérieur des forces armées et de la police, soit un gouverneur dans l'exercice ou à l'occasion de l'exercice de ses fonctions. »

[*L. 71-001 du 12 juin 1971, art. 4, 2o.* — Sera puni d'une servitude pénale de six à vingt-quatre mois et d'une amende de 20 à 100 zaïres, ou de l'une de ces peines seulement, celui qui, sans qu'il en soit résulté des blessures, aura frappé les personnes visées à l'article 136,2è alinéa, dans l'exercice ou à l'occasion de l'exercice de leurs fonctions.]

En ce qui concerne la protection matérielle, celle-ci est assurée par les forces de l'ordre qui veillent jour et nuit, non seulement devant leurs bureaux ou dans les salles d'audiences où elles sont prêtes à répondre à l'appel du Président de la juridiction concernée, mais aussi devant les domiciles de ces derniers.

En plus de cette situation protectrice, il y a lieu d'ajouter d'autres garanties dont bénéficie le juge congolais : le privilège de juridiction, celui de l'irresponsabilité d'après lequel la partie perdante n'a pas de possibilité de se retourner contre le juge et d'intenter contre lui une action fondée sur le fait que la solution que le juge a donné au litige lui a porté préjudice ; c'est la procédure spéciale en matière de prise à partie.

Surabondamment, le principe de l'indépendance de la magistrature est difficile à observer dans la conjoncture politique de la plupart des systèmes politiques, surtout dans les pays en voie de développement.

Cette difficulté résulte de deux sources[11] dont la première est que les dirigeants de ces pays ne supportent pas la contradiction tandis que la deuxième est que le personnel judiciaire qui constituerait ce pouvoir n'a pas la même puissance que le personnel politique.

En effet, étant donné que les magistrats sont nommés et révoqués par l'Exécutif, ils n'ont pas de support politique suffisant pour tenir tête au jeu des intrigues politiques qui caractérise les relations de l'Exécutif et du Législatif, deux organes issus des modes de désignation presqu'identiques.

En sus, l'indépendance du juge est battue en brèche par la modicité du budget alloué au Pouvoir judiciaire et du salaire des magistrats.

La première limite interne à l'indépendance du juge et des juridictions que l'on ne souligne pas assez souvent, mais qui est tout aussi réelle et importante que les autres, est d'ordre financier et matériel. S'y ajoutent d'autres facteurs qui matériellement proviennent de l'extérieur de l'appareil judiciaire, mais qui de manière latente et insidieuse, peuvent être en définitive perçus comme des menaces internes.

En ce qui concerne d'abord les moyens accordés aux juridictions, les études généralement faites sur leurs conditions matérielles et financières, notamment dans les pays africains, ont montré des insuffisances notoires pouvant affecter l'exercice d'une « bonne justice » et au-delà, entraîner une incapacité du juge à bien mener sa tâche. Une perte de crédibilité auprès des justiciables et de son indépendance vis-à-vis des autres pouvoirs de l'État peut en résulter.

Il a été noté, lors des rencontres précédentes entre les pays francophones sur les questions liées à la justice, que toutes les Cours constitutionnelles ont établi un lien direct entre indépendance et autonomie budgétaire. Or, seules

---

[11] BIBOMBE MUAMBA, *La protection juridictionnelle du citoyen à l'égard de l'Administration du Zaïre,* Thèse de doctorat d'Etat, Paris, 1975, p.121

quelques juridictions parmi elles étaient globalement satisfaites des conditions financières et matérielles dans lesquelles elles se trouvaient. Ce sont les Cours qui bénéficient d'une véritable autonomie budgétaire.

Une situation dans laquelle ne se trouve pas la majorité des autres Cours dont le budget est dans la plupart des cas fonction des disponibilités financières de l'État ; parfois il est le résultat d'une difficile négociation entre le gouvernement et l'Assemblée nationale avant son adoption. Dans certains pays, le budget alloué à la justice est le plus faible parmi les budgets de l'État. On peut imaginer la situation des juridictions inférieures et surtout celles éloignées de la capitale du pays et des grandes villes

En effet, le Chief Justice de la Tanzanie, Mister Nyalali s'exclamait en disant que partout dans le monde, le budget de la justice ne représente qu'une faible part des dépenses totales de l'État. Dans les pays industrialisés, la justice bénéficie en général de 3 à 4% du budget national, parfois légèrement plus. Dans les pays à faible revenu, les moyens devraient être normalement concentrés sur les postes vitaux : résolution des conflits, maintien de l'ordre, éducation et infrastructure. Il serait logique de penser que la part du budget national alloué à la justice est alors plus large, et non plus faible[12].

Ce constat a également été fait par Boigeol qui a affirmé que presque partout, la magistrature n'est pas une fonction bien rémunérée, mais, si l'on ne peut mettre à l'abri des tentations de l'argent, les personnes qui ont la charge de dire le droit, par un traitement décent, rien d'étonnant que les jugements soient rendus en fonction des moyens financiers du justiciable[13].

Certes, malgré une tendance à une timide amélioration, les magistrats congolais sont parmi les plus mal payés de l'Afrique noire ; mais l'argent peut-il résoudre tous les problèmes auxquels se trouve confronté ce corps ?[14]

Les outils mis à la disposition des magistrats pour dire le droit ne sont pas de nature à permettre aux magistrats de rendre justice. Tout ceci crée une démotivation.

Il s'ensuit un manque considérable de moyens matériels : les bureaux sont insuffisants, exigus et vétustes, les machines à écrire ne sont guère en nombre suffisant pour permettre la rédaction rapide des jugements et autres actes liés aux décisions de justice, ce qui contribue largement à la lenteur chronique de la justice et les conséquences qui s'ensuivent quant à l'exigence d'un « délai raisonnable » pour les jugements.

---

[12] WIDNER J. A., *op.cit.* , p. 214

[13] BOIGEOL A., « Les transformations des modalités d'entrée » in *Pouvoirs*, 1995, p. 35

[14] BOSHAB E., *op. cit*, p. 1183. Toutefois, ces deux dernières années, une amélioration se dessine quant à la rémunération des magistrats; et ce fait contribue, tant soit peu à rehausser le moral des magistrats.

Ensuite, c'est la situation financière et matérielle même des magistrats qui ne leur épargne pas d'éventuelles pressions. Ils reçoivent une rémunération souvent très faible pour la fonction qu'ils occupent, même si l'on note, dans certains pays, un effort des pouvoirs publics pour améliorer leur situation. La faible rémunération des magistrats en Afrique les met dans une situation de précarité telle qu'ils jouissent de moins en moins de la « notabilité » auprès de ceux qui les saisiraient éventuellement pour rendre la justice ou de ceux qu'ils auraient condamnés.

En effet, la démotivation des magistrats ne peut pas aussi s'ériger en condition permissive de l'indépendance du Pouvoir judiciaire. C'est non sans raison que le professeur Évariste Boshab s'est attelé à la démonstration de la misère de la justice et justice de la misère. Ce qui ne peut pas permettre au juge d'incarner efficacement son rôle d'artisan de l'État de droit.

Surabondamment, tel que le thème est formulé, on devrait se situer à l'intérieur même de la juridiction où évolue le juge pour identifier, exposer et analyser les éléments qui seraient susceptibles de menacer son indépendance. Cela est bien sûr possible et le sujet est bienvenu car rares sont les travaux qui sont consacrés à cet aspect de l'indépendance du juge.

Mais si l'on s'en tient de façon stricte, on méconnaîtrait le caractère complexe de l'appareil judiciaire où divers facteurs sont entremêlés ou inter liés de telle manière qu'un élément, supposé être à l'extérieur de la justice et n'ayant apparemment aucune incidence sur la marche de celle-ci, s'avérera déterminant par la suite sur le fonctionnement de l'appareil judiciaire, et même plus encore sur l'indépendance du juge.

Celle-ci se trouve en effet, au carrefour de plusieurs paramètres, pouvant aller de la simple autorité du chef hiérarchique de la juridiction à laquelle il appartient aux organes les plus importants de l'État, en passant par les syndicats ou des acteurs de la société civile.

Cela est d'autant plus vrai que l'indépendance de la justice, impliquée par une séparation des pouvoirs (qui ne peut s'interpréter comme une rupture totale), ne signifie pas un isolement du juge vis-à-vis des autres institutions : indépendant doit être celui-ci, mais il doit continuer à exercer sa fonction essentielle qui est celle de juger.

Il est reconnu que l'indépendance du juge n'est pas une fin en soi ; elle est plutôt un moyen par lequel on parviendrait à une « bonne justice », c'est-à-dire une justice impartiale qui assurerait une égalité de tous les justiciables devant la loi.

Cette notion d'indépendance a fait l'objet de nombreuses tentatives de définitions dont le mérite est de chercher à déterminer le sens et la portée, et dont il faut admettre la complexité malgré son apparente simplicité. La place que l'on a voulu assigner à la justice et l'évolution que celle-ci a suivie par la suite dans l'organisation et le fonctionnement de l'État, à côté d'autres organes constitués, ne sont pas étrangères à cette complexité[15].

À cette litanie d'incomplétudes s'ajoute le manque de spécialisation du juge congolais.

§2. Le manque de spécialisation

Le système judiciaire congolais est caractérisé par le manque de spécialisation. Cette situation est due entre autres au monisme juridictionnel qui a marqué pendant longtemps le système congolais.

En effet, le magistrat congolais est multi-dimensionnel. Après sa nomination et son affectation, il est appelé, dans le cadre de sa carrière, à gravir les échelons jusqu'à se retrouver à la Cour de cassation ou au Conseil d'État.

Surtout au niveau de la Cour d'appel, il doit siéger et dans la Section Judiciaire et dans la Section Administrative, étant donné le manque de spécialisation.

Ce fait influe davantage sur la qualité de décision judiciaire en matière de contentieux administratif.

Aussi, étant souvent dans la routine quant à ce qui concerne la procédure civile, le magistrat de la Cour éprouve des difficultés sérieuses quant au contentieux administratif par sa complexité et sa rareté.

Pour parer à cette incomplétude, il est impérieux que le magistrat soit formé en matière non seulement de contentieux administratif mais aussi et surtout en droits de l'homme car il en est le meilleur protecteur.

Certes qu'il possède des connaissances générales de par sa formation universitaire, mais une spécialisation en matière administrative et en droits de l'homme s'avère indispensable pour rendre sa carrière fructueuse. Ce qui aura un impact certain sur la qualité des décisions qui seront rendues et l'administration d'une bonne justice surtout dans la garantie des droits fondamentaux du citoyen.

Il est aussi accommodable que l'enseignement de droits de l'homme soit obligatoire non seulement au niveau universitaire, mais aussi dans toutes les filières de l'enseignement national.

À ce sujet, Robert Kisanga, un des collègues de Chief Justice Nyalali, et membre de la Commission Africaine des Droits de l'homme s'expliquait en ces termes : » *Lorsque j'étais à l'université, les droits de l'homme ne faisaient pas partie du programme. Leur enseignement gagne aujourd'hui du terrain. Ce qui est sûr, c'est que les juges de ma génération qui siègent à la Cour d'appel n'ont pas une très bonne connaissance du sujet* »[16].

---

[15] Boshab E., idem loco

[16] WIDNER J. A., *op. cit.* , p. 250

Outre la formation des magistrats pour l'amélioration de la qualité des décisions que rend cette instance en matière administrative, la Constitution de la République Démocratique du Congo a prévu en ses articles 149 et 154 la création d'un ordre de juridictions administratives composé du Conseil d'État et des Cours et Tribunaux administratifs.

Ces nouvelles juridictions administratives vont relayer les anciennes Sections administratives de la Cour d'Appel et de la Cour Suprême de Justice, qui, jusque-là et en dépit des obstacles rencontrés, remplissent le rôle de juge administratif de droit commun conformément aux articles 223 et 224 de la Constitution du 18 février 2006.

C'est une des solutions à l'amélioration de la qualité d'une bonne justice, gage de l'implantation de l'État de droit.

Cependant, certaines difficultés surgissent et elles sont liées au fonctionnement de la juridiction administrative.

SECTION 2. LES DIFFICULTÉS LIÉES AU FONCTIONNEMENT DE LA JURIDICTION ADMINISTRATIVE

Dans l'exercice de ses fonctions de contrôleur de la légalité et de protecteur des droits et libertés du citoyen, le juge administratif congolais rencontre maints obstacles liés effectivement à cette mission.

Au nombre de ces difficultés, nous épinglons entre autres l'ignorance des administrés, l'influence de la politique, les raisons d'ordre psychologique, les raisons d'ordre technique et la difficulté liée à l'exécution des décisions de justice.

§1. L'ignorance des administrés

Les administrés qui sont les destinataires de la protection du juge administratif ignorent non seulement leurs droits mais aussi la procédure de saisine de cette instance protectrice des droits de citoyens contre l'arbitraire de la toute puissante Administration.

De même que le citoyen ne connaît pas ses droits, de même il ne sait pas que le juge peut le protéger en cas de conflit avec l'Administration.

Il sied de noter que son ignorance provient du manque d'information et par le développement d'un certain mythe selon lequel « un bon citoyen ne peut pas traîner l'Administration de son État en justice ». Ajoutons à cela une cause générale dans les pays du tiers monde : l'analphabétisme qui caractérise une grande majorité de populations.

Une troisième cause, qui est aussi générale partout en Afrique, c'est le caractère étranger du droit qui est de plus en plus écrit, c'est-à-dire qui s'éloigne des coutumes et, le juge ajoute une difficulté supplémentaire par son langage assez ésotérique, qui n'est pas compris même par ceux qui ont fait des études supérieures autres que le droit[17].

Aussi, le citoyen ignore même que le juge peut le protéger en ce que face au juge, l'administré ne connaît que son rôle répressif.

Cela résulte du fait que lorsque l'on parle du juge, le citoyen ne voit que le magistrat du ministère public qui déclenche l'action publique, qui instruit, qui poursuit, et le cas échéant, qui arrête.

De plus, le juge est saisi par respect d'une certaine procédure établie par la loi.

Cette procédure est presqu'inconnue des citoyens de telle sorte que leurs requêtes en annulation de décisions des autorités administratives leur causant grief n'aboutissent pas par méconnaissance de la loi.

Toutes ces raisons expliquent clairement l'incomplétude des citoyens quant à la sauvegarde de leurs droits.

Ce fait se remarque entre autres par ces exemples.

1. Le défaut de la production de l'acte attaqué

Il est une obligation substantielle pour le requérant de joindre à sa requête l'acte faisant l'objet de contestation ou d'attaque.

Malheureusement, dans la démarche du citoyen Mulumba Kapepula tendant à obtenir l'annulation de l'arrêté du Commissaire d'État à l'Enseignement Primaire et Secondaire n°D. M/D.E.P.S./811/B.C.E./098/82 du 26 mai 1982 l'ayant révoqué, la Cour note que ce dernier a omis de joindre à sa requête l'acte querellé ; ainsi conformément à l'obligation prescrite à l'article 90 du Code de Procédure devant elle, par un avant dire droit, la Cour a ordonné que soit produit ledit acte.[18]

2. Le défaut de réclamation préalable

La réclamation préalable, sous forme d'un recours administratif est l'une des conditions préalables pour introduire un recours contentieux.

Il s'agit pour l'administré de saisir d'abord l'autorité de décision pour obtenir le retrait de celle-ci en cas d'illégalité. C'est seulement à la suite de la réponse réservée à la réclamation et après avoir eu connaissance de la réponse que le requérant peut, alors saisir le juge compétent[19].

En effet, est irrecevable pour défaut de réclamation préalable par le demandeur telle qu'exigée par l'article 88 du Code de Procédure devant la

---

[17] BIBOMBE MUAMBA, *op.cit.,* p.23

[18] Cour Suprême de Justice, Section Administrative, R.A. 127 du 29 mars 1985 MULUMBA KAPEPULA c/ La République du Zaïre.

[19] MORAND-DEVILLER J., « Le contrôle de l'Administration : la spécificité des méthodes du juge administratif et du juge judiciaire » in *Le contrôle juridictionnel de l'Administration. Bilan critique,* Paris, Economica, 1991, pp.183-201.

Cour Suprême de Justice, la requête en annulation des décisions des autorités administratives.

Cette position a été explicitée clairement par le juge en ce qui concerne la requête en annulation introduite par le Citoyen Monanga Gegogesali contre l'arrêté du Président de la Commission Permanente de l'administration publique n° 213/0182 du 24 septembre 1978, ayant déclaré ce dernier inapte, circonstance ayant conséquemment conduit au licenciement.

Mais, la Cour constate que cette requête n'est pas précédée de la réclamation préalable exigée par les dispositions de la loi pré rappelées réglant la procédure devant elle ; et, en conséquence, elle l'a déclarée irrecevable.[20]

Dans le même ordre d'idées et sur les mêmes motifs de droit, la Cour a déclaré également irrecevable la requête en annulation introduite par le Citoyen Fataki Sanga contre l'arrêté du Commissaire d'État aux Affaires Foncières, tendant à voir rapporter ou modifier cet arrêté.

Il s'ensuit que cette requête ayant été introduite au mépris des dispositions légales, elle devrait être déclarée irrecevable[21].

3. Tardiveté

Il s'agit dans le cas précis d'un recours du Citoyen Ngoyi Kitoko, en annulation de la décision du Commissaire d'État aux Affaires Foncières attribuant un immeuble appartenant à ce dernier au citoyen Ntumba Mokundji.

Ayant introduit une réclamation préalable dont il confirmera les termes par la lettre n°2.446.1/073/79 du 2 février 1979, mais rejetée par ledit Commissaire d'État suivant sa lettre n°1.445.21/0781/80 du 16 février 1980, dont notification a été faite à l'intéressé le 16 juillet 1980 le Citoyen Ngoyi saisit la Cour le 07 février 1981, soit sept mois plus tard après qu'il ait eu connaissance de la décision du Commissaire d'État.

Il s'ensuit que la requête a été introduite largement en dehors des délais prévus aux articles 88 et 89 de la Procédure devant la Cour Suprême de Justice.

Le requérant a reconnu personnellement avoir eu connaissance des décisions attaquées par sa lettre n° 1199/80 du 12 mai 1980 émanée de la Sonan Kananga ; et par le Conservateur des titres immobiliers de Kananga qui avait reçu l'original de la lettre de rejet n°1.115.21/0781/80 du 16 juillet 1980 du Commissaire d'État aux Affaires Foncières.

---

[20] C.S.J., R.A.102 du 22 novembre 1985, MONANGA GEGOGESALI c/ La République du Zaïre.

[21] C.S.J., R.A. 111 du 13 juin 1986, FATAKI SANGWA c/ La République du Zaïre.

Pour toutes ces raisons :

La Cour Suprême de Justice, Section Administrative statuant en annulation au premier et dernier ressort a déclaré la requête du citoyen Ngoyi irrecevable pour cause de tardiveté[22]

4. Défaut de preuve

Par sa requête du 11 août 1986 signée par l'avocat Kisimba Ngoy , porteur d'une procuration spéciale, le Citoyen Lundunge Kahadi sollicite l'annulation de l'arrêté n° 1440/000416/81 du 24 septembre 1981 pris par le Commissaire d'Etat aux Affaires Foncières, qui avait déclaré abandonnée et faisant retour au domaine privé de l'Etat, la parcelle résidentielle sise au n°29, avenue Kabare, Zone d'Ibanda inscrite au plan cadastral de la Ville de Bukavu, Sous le n°S.U.56.

Ladite parcelle revenait aux Mrs. Mets Maximilien et Dun Charles mais attribuée au requérant par le Commissaire d'État aux Affaires Foncières et enregistrée à son nom sous vol. 76 Folio 34 le 16 février 1982.

Cependant, la Cour a relevé dans la démarche du requérant que la procuration spéciale donnée à l'Avocat Kisimba Ngoy a été établie à New York le 03 novembre 1985 et qu'elle n'a pas été légalisée par les autorités diplomatiques ou consulaires zaïroises en service dans cette Ville alors que les dispositions de l'article 20 de l'Ordonnance-Loi n°66/344 du 9 juin 1966 relative aux actes notariés l'exigent[23].

5. Défaut de procuration spéciale

Par son recours déposé au greffe de la Cour Suprême de Justice le 30 septembre 1983, la société SOFIGICA poursuit, d'une part, l'annulation de la décision prise le 29 mars 1983 par le Commissaire d'État à la Justice suspendant l'exécution de l'arrêt R.C.A.10.780 de la Cour d'appel de Kinshasa ayant condamné la Société SOCOBELAM à lui payer 195.000 zaïres et, d'autre part, la demande en indemnité pour réparation d'un préjudice exceptionnel.

Ce dernier moyen n'a pas rencontré l'assentiment de la Cour qui note que la demande d'indemnité pour réparation d'un préjudice exceptionnel est irrecevable ; la requête n'ayant pas respecté l'article 95 du Code de Procédure devant la Cour Suprême de Justice, qui subordonne la recevabilité de cette demande à une réclamation préalable d'équitable réparation en forme d'une réclamation contenant estimation du préjudice.

En outre, le mémoire en réponse de la défenderesse a été écarté des débats pour défaut de preuve dans le chef de l'Avocat conseil Siala qui n'a pas justifié de son pouvoir d'agir en justice.

---

[22] C.S.J., R.A.101 du 27 juin 1986, NGOYI KITOKO c/ La République du Zaïre.
1. R.A.187 du 30 octobre 1987, LUNDUNGE KAHADI c/ La République du Zaïre.

En effet, ledit Avocat n'a pas produit la procuration spéciale l'habilitant à agir au nom de la défenderesse.

Dès lors, la Cour Suprême de Justice dira droit pour avoir :

Déclaré irrecevable le mémoire en réponse ;

Déclaré sans objet la requête en annulation introduite par la Société SOFIBICA ;

Dit irrecevable la requête en ce qui concerne la demande d'indemnité pour réparation d'un dommage exceptionnel[24].

Outre cette extrapolation de l'ignorance des administrés, plusieurs autres raisons peuvent être évoquées ; au nombre desquelles figurent celles d'ordre psychologique.

§2. Les raisons d'ordre psychologique

Les administrés ont peur d'attaquer les décisions des autorités administratives devant le juge. Ce qui explique la faiblesse de la jurisprudence congolaise en matière administrative.

Cette peur résulte de la confusion que l'on observe, généralement, entre la personne de l'autorité et la fonction que celle- ci est appelée à exercer.

Ce qui fait que, dans l'entendement des administrés, quereller par voie juridictionnelle un acte administratif équivaudrait, en fait, à mettre directement en cause l'auteur de l'acte[25].

Cependant, le peu d'engouement que l'on peut constater vis-à-vis du contentieux administratif tient d'une part au processus de démocratisation[26], et d'autre part, de ce que la population est convaincue que les pouvoirs publics ont toujours raison et que, dès lors, il serait vain de les traduire en justice.

De plus, le citoyen a peur de s'attaquer à l'Administration afin d'éviter des représailles, surtout à la suite d'un échec.

D'ailleurs bon nombre de citoyens ne distinguent pas ce qui est Administration et ce qui ne l'est pas. Pour la plupart, les juges sont des fonctionnaires comme les autres ; ils appartiennent à l'État, donc à la même Administration.

Ainsi, porter le différend qui oppose le citoyen à l'Administration devant le juge, c'est aller s'accuser soi-même, car c'est porter l'affaire devant la même personne qui change de costume selon les circonstances.

---

[24] C.S.J., R.A.132 du 25 mars 1988, Société SOFIBICA s.p.r.l. c/ La République du Zaïre et la Société SOCOBELAM

[25] MABANGA MONGA MABANGA, *Le contentieux constitutionnel congolais*, Kinshasa, E.U.A., 1999, p.80

[26] Il résulte des informations fournies par le service de documentation du Ministère de la Justice que cette période de démocratisation connaît un taux assez élevé de saisine du juge administratif par rapport à d'autres périodes précédentes.

§3. Les raisons d'ordre politique

L'intrusion de la politique dans le fonctionnement de la justice est toujours dénoncée. Le système juridictionnel congolais vit cette triste expérience à des degrés très prononcés.

D'abord, les magistrats sont nommés et relevés de leurs fonctions par les organes administratifs.

Ensuite, l'indépendance de ces magistrats n'est pas suffisamment garantie.

Enfin, l'absence de démocratie s'observe par la méfiance de l'administration d'être contrôlée.

Pour étouffer les ardeurs d'un juge qui dérange, parfois, l'autorité réglementaire procède soit à des révocations, soit à des mutations qui ne permettent aux juges de développer un esprit d'autonomie face à un pouvoir Exécutif qui les contraint à la misère sociale et à la misère de droit ou de la justice.

§4. Les raisons d'ordre technique

Au nombre de raisons d'ordre technique, il importe de citer la pauvreté de la législation congolaise.

En effet, la législation congolaise sur les cours et tribunaux, en général, et sur les juridictions administratives, en particulier, est caractérisée par une pauvreté sans précédent.

Au niveau de la Cour d'appel, par exemple, il n'y a pas de règle de procédure appropriée applicable devant la Section Administrative. Dans la pratique, ce juge administratif recourt à la procédure civile et aussi à la procédure applicable devant la Cour Suprême de Justice, au titre de principes généraux du droit.

Il importe également de relever la déliquescence de la plupart de textes de lois.

En effet, certains de ces textes relatifs aux cours et tribunaux sont vieux et datent de l'époque du M.P.R., Parti- État, soit encore d'une époque plus vieille.

Il convient soit de les adapter soit de prendre de nouveaux textes pour une bonne administration de la justice, facteur permissif de l'émergence de l'État de droit.

Une autre difficulté résulte dans l'exécution de la décision de justice.

§5. La difficulté dans l'exécution des décisions de justice rendues contre l'Administration

Cette difficulté est plus pratique que théorique.

En effet, obtenir un jugement d'une instance juridictionnelle est bien. S'entendre dire que ce jugement bénéficie de ce que l'on appelle l'autorité de la chose jugée est rassurant.

Mais, si l'on ne parvient pas à faire exécuter concrètement, et sur le terrain, la décision du juge, la justice est plus théorique que pratique, elle devient un faux semblant ou une parodie.

C'est pourquoi il est accommodable d'examiner l'état de la question par rapport au résultat que nous attendons, c'est-à-dire l'implantation de l'État de droit.

A. La position du problème de l'exécution des décisions judiciaires par l'Administration en droit français et congolais

Dans l'exécution de sa mission, le juge administratif peut annuler des décisions administratives et quelques fois les réformer ; il peut annuler des décisions pour illégalité et pour détournement de pouvoir, c'est –à- dire pour manquement à une règle de moralité administrative, il peut condamner l'Administration à des indemnités pour avoir exécuté des décisions injustifiées.

Mais il ne peut pas toucher à la prérogative de l'Administration en ce qui concerne la liberté de ses initiatives, il ne peut pas lui adresser des injonctions, ni la condamner à des obligations de faire[27].

Chaque fois que l'action aboutit à une décision en vue de restaurer ou de protéger le droit, le juge administratif, à l'instar du juge judiciaire, est évidemment requis que cette décision soit exécutée afin que le règne du droit soit respecté.

Si le problème ne se pose pas tellement dans la justice civile, c'est parce que la formule exécutoire des jugements rendus par les tribunaux judiciaires entre deux parties privées prescrit l'exécution forcée de ces jugements (avec le concours de la force publique). Tandis qu'en matière administrative, la formule exécutoire des arrêts est plus limitée : elle ne prescrit l'exécution forcée qu'à l'égard des seules parties privées. Elle ne prescrit pas l'exécution en ce qui concerne la partie habituellement la plus importante, à savoir, l'Administration[28].

De plus, l'exécution d'un arrêt ou jugement administratif n'est pourtant pas aisée puisque très souvent, les décisions du juge administratif restent lettre morte soit parce que l'Administration les exécute avec lenteur ou partiellement, soit encore parce qu'elle ne veut simplement pas les exécuter car elle se retrouve juge et partie de cette exécution.

Dans cette dernière hypothèse, l'exécution forcée du jugement apparaît comme la voie qui reste ouverte à la victime pour obtenir satisfaction[29].

---

[27] HAURIOU M., *Précis de droit administratif,* Paris, Sirey, 4e éd., 1938, p.238

[28] MOREAU, *op.cit.,* p.762

[29] Mercuriale du 10 novembre 1977 sur l'exécution des jugements prononcée par le Citoyen KENGO-wa-DONDO, Procureur Général de la République in *Bulletin des Arrêts de la Cour Suprême de Justice*, Kinshasa, Ed. de la Cour Suprême de Justice, 1978, p.251

La question reste de taille en ce que même le Procureur Général de la République Kengo wa Dondo s'est exprimé en disant que « sans aucun doute, pour accéder à un État de droit où l'arbitraire et la force n'ont pas de place, la première règle à observer est celle de la soumission de l'administration à la loi et au juge.

L'inexécution par elle des décisions de justice risquerait en effet de porter atteinte au prestige de la juridiction administrative et aux espoirs que les particuliers mettent en elle »[30].

La conclusion logique à tirer de cette exclamation est que la construction de l'État de droit débute par le respect de la légalité par l'Administration et aussi par le respect du juge en l'application des décisions qu'il édicte pour bannir l'arbitraire de l'Administration.

En République Démocratique du Congo, il est de règle que l'Administration exécute volontairement les jugements car c'est une obligation pour elle qui constitue bien évidemment un des aspects du principe de l'autorité de la chose jugée.

À cet effet, le Procureur Général de la République, a fait un constat combien malheureux en ce qui concerne surtout l'exécution volontaire des décisions de justice par l'Administration.

Il est tout à fait indiqué que l'Administration ne présente pas tellement un modèle à suivre dans ce cas d'autant plus que cette dernière reste sourde voire insensible à presque tous les appels lui lancés quant à l'exécution volontaire des décisions de justice rendues contre elle alors qu'étant partie au procès en matière civile et administrative, elle jouit de l'avantage de réunir en elle deux qualités essentielles et diamétralement opposées d'être en même temps partie au procès et agent d'exécution de la décision.

Sur la question, Monsieur Kengo-wa-Dondo affirme qu'« *il est indéniable que les tribunaux ont été institués dans le but de promouvoir un État de droit et de renforcer l'idée de justice. L'appareil judiciaire ne peut pleinement accomplir sa mission que si d'une part, les magistrats chargés de son administration rendent des jugements impartiaux et si d'autre part, les parties au procès, y compris l'administration, se soumettent à ses décisions. Cette dernière doit donc, eu égard à sa position privilégiée qui la met à l'abri de toute exécution forcée, s'exécuter volontairement pour servir d'exemple. Car, somme toute, elle est protectrice de la société. Toute attitude contraire de sa part tendant à l'inertie ou à l'inexécution pure et simple, risquerait de porter atteinte au prestige des tribunaux et aux espoirs que les particuliers mettent en eux, en même temps qu'elle donnerait malheureusement libre cours à la vengeance privée contraire à l'esprit de famille et de solidarité...* »

---

[30] KENGO-wa-DONDO, *L'exécution des jugements*, in *Cour Suprême de Justice, 1978,* p. 86

Le problème de l'exécution des décisions de justice par l'Administration est commandé par des données contradictoires.

L'Administration est tenue au respect de la chose jugée. Cette obligation est sanctionnée par une illégalité des décisions qui la méconnaîtraient[31] et par une responsabilité de l'Administration, et c'est pour lui donner plus de force que les décisions d'annulation sont publiées au journal officiel.

L'État a le monopole de la mise en œuvre de la force publique ; et cette seconde donnée permet de comprendre, si elle ne le justifie pas, le refus du juge administratif d'adresser à l'Administration des injonctions qui pourraient ne pas être suivies d'effets.

À cet égard, gardienne, sous réserve de la compétence du législateur, de l'intérêt public, l'Administration pourra se trouver dans le cas de devoir écarter les conséquences qui devraient normalement découler de la chose jugée.

Cette dernière considération illustre la diversité des raisons pour lesquelles parfois l'Administration n'exécutera pas ou n'exécutera que tardivement les décisions de justice[32]. Son attitude peut être commandée par des considérations d'intérêt général, elle peut procéder d'une mauvaise volonté de sa part, tenir enfin aux difficultés que soulève l'exécution de la décision de justice.

Toutes ces considérations démontrent à suffisance les difficultés que suscite l'exécution par l'Administration des décisions de justice. Cette situation est d'autant plus criante en République Démocratique du Congo où l'Administration condamnée fait souvent la sourde oreille et ce, volontairement pour refuser obstinément à exécuter des décisions de justice, pourtant claires et non susceptibles d'une éventuelle interprétation.

Cette attitude de l'Administration de se rebeller contre les décisions rendues à son encontre par le juge est lourde de conséquences en ce sens qu'elle peut aller jusqu'à hypothéquer l'émergence d'un État de droit démocratique en République Démocratique du Congo.

Ceci est vrai en ce que l'Administration jouit des certains privilèges en matière d'exécution des décisions de justice et que les pouvoirs du juge

---

[31] C.E. fr 17 févr. 1950, Ministère de l'Agriculture c. Dame Lamotte in *R.D.P.* 1951, 478, concl. Delvolvé : dans cette affaire, le refus d'exécution d'une décision de justice a entraîné une action pour excès de pouvoir en ce que le Préfet de l'Ain a réussi à tenir huit ans en échec le Conseil d'Etat français par cinq décisions successives.

[32] Pour contourner cette difficulté, le droit français a pu inventer de manière graduelle des solutions adaptées ; c'est ainsi que :

- Primo : le refus d'exécution entraîne une action pour excès de pouvoir ;
- Secundo : le défaut d'exécution entraîne la responsabilité de l'Administration ;
- Tertio : le retard dans l'exécution entraîne le paiement des intérêts moratoires ou compensatoires ;
- Quarto : le droit français a prévu l'injonction ainsi que l'astreinte comme moyen de persuasion.

administratif à son égard sont déterminés par certaines règles qui commandent aussi bien l'attitude de l'Administration que l'exécution elle-même.

C'est ainsi entre autres qu'il n'existe pas des voies d'exécution privées à l'encontre de l'Administration. Ceci veut dire que les décisions rendues à l'encontre des particuliers emportent à leur égard l'emploi possible de voies d'exécution par exemple la saisie-arrêt, la saisie-exécution... La règle est au contraire qu'il n'existe aucune voie d'exécution à l'encontre des personnes publiques.

À cet égard, aucune distinction ne doit être faite entre les diverses voies d'exécution, ni entre la nature des biens meubles ou immeubles.[33] Il n'y a même pas à distinguer entre les juridictions qui ont rendu la décision (juge administratif ou juge judiciaire), ni entre les divers fondements possibles de l'arrêt.

Il est à noter que cette règle s'applique à toutes personnes publiques, même gérant des services publics – sauf peut-être le cas où l'on aurait affaire à de véritables commerçants publics[34].

L'explication logique que peut sous-tendre ce fait est que l'Administration ne détient des biens qu'en vue de l'intérêt général et que, par suite, on ne saurait, dans l'intérêt privé du créancier, porter atteinte à ces biens.

Bien sûr que cette explication est valable pour les biens du domaine public de l'État qui sont par nature insaisissables, inaliénables et imprescriptibles, la justification ne rend pas compte de l'impossibilité d'user de voies d'exécution à l'encontre des biens du domaine privé qui ne sont affectés ni au public ni au service public.

La doctrine a tenté de chercher l'explication dans une autre direction.

En effet, l'Administration s'identifie au pouvoir exécutif, dont l'attribution principale est de prêter le concours de la force publique à l'exécution des décisions de justice. Ceci revient à dire que l'Administration exécute toujours volontairement les décisions de justice, puisqu'en cas de résistance de sa part, elle ne pourrait être contrainte par la force publique. De plus, l'exécution des décisions de justice résulte de la soumission spontanée de l'Administration aux règles constitutionnelles et, par ricochet, parce qu'elle émane de l'organe détenteur de la force publique, ne peut procéder d'une contrainte matérielle sur cet organe.

Outre le fait qu'il n'existe pas de voies d'exécution forcée contre l'Administration, une autre difficulté s'impose en ce que le juge administratif ne peut adresser d'injonctions à l'Administration.

---

[33] VEDEL G., *op.cit.*, p. 537

[34] *Idem*, p. 537

Cette règle veut dire que le juge administratif peut annuler les actes de l'Administration ; il peut la condamner à payer telle somme. Mais il ne peut lui prescrire ou lui interdire de faire tel ou tel acte ou opération, encore moins se substituer à elle. Cette règle n'a pas un fondement légal même en droit français, c'est une émanation prudente de la jurisprudence administrative.

Toutefois, deux points sur lesquels la règle a été assouplie sont d'une part l'option que, en certains cas, le juge donne à l'Administration entre la réparation en nature et la réparation en argent des dommages de travaux publics et d'autre part dans le contentieux de l'annulation. Aussi, ce principe ne vaut que pour le juge administratif ; elle ne vaut pas pour le juge judiciaire.

Mais l'Administration est cependant tenue au respect de la chose jugée à son encontre.

Ceci veut dire que si l'Administration n'est soumise ni aux voies d'exécution forcée, ni aux injonctions du juge administratif, elle n'a pas moins la stricte obligation juridique d'exécuter les décisions de justice rendues à son encontre : elle doit payer les indemnités ou les sommes dont elle est reconnue débitrice ; elle doit tenir pour n'ayant jamais existé la décision annulée.

Le non-respect de cette obligation entraîne des sanctions et les sanctions de l'obligation pour l'Administration de respecter la chose jugée sont au nombre de trois :

- D'abord, la violation de la chose jugée est assimilée à la violation de la loi et permet donc l'annulation pour excès de pouvoir de la décision prise en violation d'une décision du juge administratif.
- Ensuite, la violation de la chose jugée engage la responsabilité de l'Administration en ce qu'elle constitue une faute de l'Administration : la pratique révèle beaucoup de cas d'inexécution, surtout en matière de contentieux d'annulation, l'Administration se refusant à rétablir la situation telle qu'elle eut été si l'acte attaqué n'était pas intervenu. l ne reste à la victime que la ressource de demander au juge de l'indemniser du dommage qui lui a été causé par la faute que constitue l'inexécution.
- Enfin, la violation de la chose jugée pourrait, selon la doctrine, engager la responsabilité personnelle de l'agent qui refuse d'exécuter, dans toute la mesure où, par son entêtement et par sa mauvaise foi, celui-ci commettrait une faute personnelle.

Par ailleurs, la formule exécutoire utilisée pour les décisions rendues contre l'Administration[35] présente une particularité en ce qu'elle n'enjoint

---

[35] DELVOLVE P., L'exécution des décisions de justice contre l'administration, *EDCE, n° 35*, p. 111 ; COSTA J.-P., L'exécution des décisions de justice, *AJDA, 1995,* n° spécial, p. 227 ;

pas aux agents publics de prêter main-forte à l'exécution forcée contre l'Administration ; si elle se dérobe, le particulier ne peut la contraindre.

Aussi, l'Exécutif, qui, dans un État organisé, détient le monopole de la coercition, ne saurait la mettre en œuvre contre lui-même. L'absence de voies d'exécution résulte donc d'une impossibilité tout à la fois théorique et pratique. L'exécution des décisions, théoriquement obligatoire en vertu de l'autorité de la chose jugée, est donc, de la part de l'Administration, essentiellement volontaire : il est à noter que tout repose sur la conscience des autorités publiques, de la bonne foi présumée[36].

Vers une solution à l'inexécution de décisions de justice rendues contre l'Administration

Pour parer à cette incomplétude, le Projet de loi organique portant organisation, fonctionnement, compétence et procédure des juridictions de l'ordre administratif a institué **l'astreinte** afin de briser la récalcitrance de l'Administration dans l'exécution de décisions de justice rendues contre elle.

L'astreinte consiste en une pénalité financière pour obliger l'État, toute personne morale de droit public ou encore tout organisme de droit privé chargé de la gestion d'un service public à s'exécuter.

Et pour matérialiser l'existence de cette pénalité, le Projet de loi organique précité a créé **un fonds spécial destiné au payement des astreintes,** géré par le Conseil supérieur de la Magistrature.

L'imposition d'une astreinte au cas où un arrêt d'annulation n'est pas respecté s'effectue suivant une procédure déterminée.

La requête en matière d'astreinte doit être datée et signée par un avocat près le Conseil d'État et elle n'est recevable qu'après que l'autorité ait refusé de déférer à la mise en demeure de prendre une nouvelle décision ou, en cas de silence de l'autorité, après l'expiration d'un délai d'un mois suivant la mise en demeure.

Dans le mois de la réception de la note d'observation, le membre du Ministère public désigné fait rapport sur l'affaire. Au vu de ce rapport, le Président de la Chambre fixe par ordonnance la date de l'audience, laquelle doit avoir lieu dans les dix jours de la réception du rapport.

Le requérant ou son avocat et un représentant dûment habilité de la partie adverse doivent être présents à l'audience ou dûment appelés.

Après instruction, l'arrêt est prononcé en audience publique et notifié aux parties sans délai. L'arrêt n'est susceptible d'aucun recours.

La procédure est la même en ce qui concerne l'annulation, la suspension de l'échéance ainsi que la diminution d'une astreinte.

---

chron. GUETTIER, L'administration et l'exécution des décisions de justice, AJDA, 1999, n° spécial juil-août, p.66

[36] RIVERO J. et WALINE J., *Droit administratif*, 20è éd. , Paris, Dalloz, 2004, p. 567

Le Conseil d'État[37] doit fixer le montant de l'astreinte, dans chaque espèce, eu égard à son taux et à la durée du délai d'inexécution afin de briser la résistance de l'Administration quant à ce qui concerne l'exécution des décisions de justice la condamnant.

Par ailleurs, l'exécution de certains arrêts d'annulation du juge administratif peut poser de très graves problèmes en raison du vide juridique qu'ils créent, l'annulation prenant effet au jour où la décision est intervenue. C'est ainsi que l'Administration recourt à une espèce d'annulation différée[38].

L'Administration qui exécute presque difficilement les décisions de juridictions administratives est parfois confortée dans cette attitude par le Parlement qui intervient pour valider des dispositions annulées au contentieux.

En effet, la validation législative est parfois le seul moyen de résoudre un problème créé par une annulation contentieuse[39]. C'est en ces termes que s'expriment Waline et Rivero qui font autorité en la matière.

D'abord, la violation de la chose jugée est assimilée à la violation de la loi et permet donc l'annulation pour excès de pouvoir de la décision prise en violation d'une décision du juge administratif.

Ensuite, la violation de la chose jugée engage la responsabilité de l'Administration en ce qu'elle constitue une faute de l'Administration.

Enfin, la violation de la chose jugée pourrait, selon la doctrine, engager la responsabilité personnelle de l'agent qui refuse d'exécuter, dans toute la mesure où, par son entêtement et par sa mauvaise foi, celui-ci commettrait une faute personnelle.

Cependant, si le principe reste celui de l'exécution volontaire des arrêts et jugements administratifs par l'Administration par respect de l'autorité de la chose jugée qui demeure une vérité judiciaire, l'exécution forcée des jugements administratifs soulève une véritable problématique en ce sens qu'il n'existe pas des voies d'exécution forcée contre l'Administration comme cela peut se faire à l'endroit d'un simple particulier et que le principe de l'insaisissabilité des biens du domaine public est également de mise.

---

[37] En France où cette procédure a vu le jour, la loi du 8 février 1995 a étendu la compétence de prononcer l'astreinte aux Tribunaux administratifs ainsi qu'aux Cours administratives d'appel tandis qu'en R.D.C., ce pouvoir est reconnu, par le Projet de loi organique portant Organisation, Compétence…des juridictions de l'ordre administratif, au seul Conseil d'Etat.

[38] CHAPUS R., « Georges VEDEL et l'actualité d'une « notion fonctionnelle» : l'intérêt d'une bonne administration de la justice », *RD publ.*, Paris, 2003

[39] RIVERO J. et WALINE J., *op.cit.,* p.568 ; LESAGE, Les interventions du législateur dans le fonctionnement de la justice, 1960 : AUBY J.-M., Sur une pratique excessive : les validations législatives, *Revue de droit prospectif,* 1977, n° 3-4, p. 10 ; MATHIEU B., La constitutionnalité des validations législatives, *RFDA,1989,* p.862 ; PRETOT X., Les validations législatives et le droit au procès équitable, *RDP,* 2001, p. 23 ; CAMBY J.-P., Validations législatives, RDP, 2000, p. 611 ; MATHIEU B., Les validations législatives devant le juge de Strasbourg, *RFDA,2000,* p. 289

Ainsi, jouissant des privilèges et divers avantages dus à sa position d'instrument indispensable pour la gestion de l'État, l'Administration peut alors être tentée d'en profiter pour faire la sourde oreille devant un Arrêt ou jugement qui l'agace ou qui lui déplaît, et tout cela pour ne pas exécuter la décision du juge administratif voire suspendre son exécution. Cette question constitue un goulot d'étranglement en droit congolais et peut facilement retarder la venue de l'État de droit.

B. L'examen de la suspension de l'exécution des décisions de justice par l'autorité administrative en droit congolais

Le dysfonctionnement du système judiciaire congolais est dû entre autres à l'inexécution des décisions judiciaires par l'Administration.

Le comportement peu recommandable de l'Administration d'empêcher l'exécution des décisions de justice cause souvent des frustrations tant aux magistrats qu'à la partie qui a eu gain de cause[40].

Ce phénomène remonte vers les années 1977. Depuis l'époque coloniale, il a été remarqué que les décisions de justice étaient exécutées et même comme sur les roulettes ; l'Administration s'abstenait généralement de s'immiscer dans cette exécution.

L'immixtion de l'Administration dans cette exécution des décisions judiciaires remonte à la surface avec entre autres la création du Conseil Judiciaire.

Cette structure complexe au fonctionnement rigide avait reçu du législateur des pouvoirs exorbitants. Son animateur qui cumulait les titres de Président du Conseil judiciaire et Procureur Général de la République était doté des compétences telles celle de suspendre l'exécution des jugements et arrêts rendus

---

[40] Sur la question, la Cour Suprême de Justice a déjà pris position en ne trouvant aucune base devant sous tendre la suspension de l'exécution des décisions de justice par l'Administration. C'est ainsi que sous R.A.326 du 1er décembre 1997 in *R.A.J.C.*, Kin, 1998,pp. 10-11, le juge administratif a rendu l'arrêt suivant :

« Voulant exécuter l'arrêt R.C.A. 16.771 rendu par la Cour d'appel de Kinshasa, Monsieur K. fut surpris d'apprendre que par sa lettre n° 799/CAB/VP/RI-J&GS/KWK/94 du 15 octobre 1994, le Ministre de la Justice et Garde des Sceaux avait suspendu l'exécution dudit arrêt. Monsieur K. introduisit, en date du 2 mai 1995, une requête devant la Cour Suprême de Justice et sollicita l'annulation de la lettre n° JUST/CAB/VP/RIJ et GS/KWK/94 du 15 octobre 1994 que le Vice- Ministre de la Justice avait adressé le 15 octobre 1994 à l'Inspectorat général des services judiciaires, suspendant l'exécution de l'arrêt R.C.A. 16771 du 5 mai 1994 rendu par la Cour d'appel de Kinshasa/Gombe ayant condamné ce dernier à payer au demandeur l'équivalent en Zaïre-monnaie, au taux du jour de l'exécution, 564.788 FB augmentés des intérêts moratoires à compter du 24 avril 1991... »

Le juge administratif a motivé qu'en ordonnant la surséance à l'exécution d'une décision judiciaire qui est l'aboutissement de l'activité juridictionnelle, le Vice- Ministre de la Justice, membre de l'Exécutif, a vidé celle-ci de son contenu. Une pareille intrusion, qui ne trouve sa base dans aucune disposition constitutionnelle ou légale, viole la disposition constitutionnelle et constitue un excès de pouvoir. C'est ainsi que le juge administratif a annulé cette décision du Vice- Ministre pour excès de pouvoir.

en violation de la loi[41], en attendant que la cause soit jugée à nouveau par la Cour Suprême de Justice.

Pour la faisabilité, le Président du Conseil Judiciaire et Procureur Général de la République avait créé d'abord auprès de chaque juridiction un comité chargé de l'exécution des décisions judiciaires. Ce dernier lui faisait rapport et donnait des avis avant l'exécution de la décision de justice. Le Président du Conseil Judiciaire pouvait alors suspendre l'exécution de la décision avant d'introduire un pourvoi devant la Cour Suprême de Justice.

L'autre service sur lequel le Président du Conseil Judiciaire s'était appuyé, c'est l'Inspectorat des services judiciaires qui devait entre autres contrôler le fonctionnement des Cours et Tribunaux, exercer le pouvoir disciplinaire sur les magistrats et recouvrer les recettes judiciaires.

Le constat était que par l'entremise du contrôle du fonctionnement des Cours et Tribunaux, ce service s'était transformé progressivement en un organe chargé de censurer les décisions de justice[42] jusqu'à proposer la suspension de leur exécution.

En effet, lorsque la décision soumise à l'examen de l'Inspectorat renfermait un mal jugé notoire, soit elle avait violé une disposition légale, soit elle avait accordé des dommages-intérêts exorbitants, le visa était refusé.

Cette situation était d'autant plus criante surtout pour l'exécution des décisions judiciaires rendues contre l'État et les entreprises étatiques.

Sur la question, les opinions sont divergentes : pour les uns, l'exécution par la force des décisions judiciaires à l'encontre de l'État et des sociétés d'État ne se conçoit pas en ce que les biens des personnes morales de droit public sont insaisissables et jouissent donc d'une immunité absolue d'exécution forcée.

D'autres estiment que les personnes morales, parties au procès, doivent exécuter comme les personnes physiques les condamnations prononcées contre elles par les Cours et Tribunaux, en raison que la justice est rendue au nom du peuple et que personne ne peut se soustraire à sa volonté.

Il importe de noter que l'absence de discrimination parmi les entreprises laisse suggérer que « *tous les biens des personnes morales de droit public sont insaisissables alors qu'il apparaît clairement que certains biens et certaines sociétés étatiques ne sont pas concernés par les principes de l'insaisissabilité, de la continuité et de la régularité de service public* »[43].

Cette confusion criante a poussé des éminents juristes comme le Professeur Bayona ba Meya et le Président du Conseil Judiciaire N'singa Udjuu à fustiger le comportement de responsables des entreprises étatiques qui refusaient systématiquement d'exécuter les décisions judiciaires.

---

[41] Loi n°77/030 du 28 décembre 1977 portant organisation du Conseil Judiciaire in *Journal Officiel*, n° 1 du 1er janvier 1978, pp. 9-10.

[42] C'est ce service qui délivrait les visas pour autoriser l'exécution des jugements.

[43] Extrait du discours de rentrée judiciaire de la Cour Suprême de Justice en 2002 prononcé par le Premier Président MBIANGO KAKESE

Pour décourager ce comportement antipatriotique, ils ont préconisé le recours au droit pénal qui prévoit l'infraction d'abstention coupable.

Le ministre de la Justice Kisimba Ngoy a, de manière ferme, affirmé que : « *pour terminer, j'aimerais qu'il soit entendu par tous, comme je n'ai jamais cessé de le déclarer, que toute décision de justice doit être exécutée même contre l'État ou les services publics personnalisés si ceux-ci refusent de s'exécuter volontairement. Ceci doit être la règle. Mais il sied également de rappeler à ce sujet que la partie qui a exécuté un jugement le fait à ses risques et périls.* »

En voyant les points de vue des uns et des autres, il nécessite de préconiser l'intervention du législateur qui devrait aller, suivant l'équité, dans le sens de la saisissabilité partielle des biens des entreprises publiques selon la distinction de biens essentiels à la réalisation des objectifs du service public et ceux non essentiels à cet égard.

Aussi, la doctrine et la jurisprudence congolaises n'ont pas encore préconisé de remèdes au mauvais vouloir ou tout au plus à la mauvaise foi de l'Administration qui se manifeste parfois sous forme de retard, inertie ou même inexécution pure et simple des décisions judiciaires alors qu'en droit français, outre que le refus par l'Administration d'exécuter une décision judiciaire constitue un cas d'excès de pouvoir, le défaut d'exécution entraîne la responsabilité de l'Administration qui l'expose à la condamnation à des dommages et intérêts pour tous préjudices endurés par la victime[44].

En droit congolais, l'Administration se considère toute puissante et elle est généralement caractérisée par l'inexécution des décisions de justice.

Classiquement, même si l'exécution d'un arrêt peut, dans quelques situations, poser effectivement à l'Administration des problèmes difficiles, cependant dans la majorité des cas, l'inertie ou le refus d'exécuter un arrêt de la part d'une autorité administrative est inexcusable.

Cela apparaît comme un défi au droit et à la démocratie.

En effet, l'intervention de l'Administration dans l'exécution des décisions judiciaires constitue l'une des causes qui rend la justice inefficace et contribue à accroître l'impunité et l'insécurité juridique[45].

Si une décision judiciaire est manifestement illégale, ce sont les mécanismes légaux, à savoir les voies de recours ordinaires et extraordinaires qui doivent être mises en mouvement pour corriger les erreurs de droit commis par les juges et non le recours à une pratique qui érige la violation de la loi en règle.

Ainsi, pour bien façonner l'État de droit, il est accommodable que l'Administration respecte le droit et exécute à l'amiable toutes les décisions de justice qui sont rendues contre elle. C'est un peu malheureux que la République

[44] WALINE M., *Précis de droit administratif*, Paris, éd. Montchrestien, 1977, p.182

[45] La problématique de la suspension de l'exécution des décisions judiciaires par l'autorité administrative, document inédit.

Démocratique de Congo ne puisse pas constituer un cas d'école en cette matière ; ce qui retarde l'avènement de l'État de droit que tout le monde attend de tous ses vœux.

Ceci appelle une réforme profonde de l'appareil judiciaire congolais tant en amont qu'en aval.

C'est la quintessence de la section troisième de ce chapitre.

SECTION 3. LE CANEVAS D'UNE RÉFORME DE LA JUSTICE

L'épineuse question de la reforme de la justice s'avère être une impérieuse nécessité, et plus particulièrement en ce moment où l'État congolais s'est engagé dans le processus d'édification ainsi que de consolidation de l'État de droit.

Cette donne intéresse plus d'un chercheur de par son importance et son actualité.

C'est à ce sujet que, s'interrogeant sur la question, Lwamba Katansi, détermine d'abord les idéaux que doit suivre une réforme de la justice[46].

Il note que « la justice en tant que reflet du génie d'un peuple, devrait être en tout temps la traduction de l'esprit ou de la civilisation dans laquelle le peuple puise son génie créateur.

Cette justice devrait ensuite être l'instrument de novation ou tout au plus le ressort essentiel du progrès social, politique, économique et culturel de la nation.

La justice devrait, enfin, être le fondement de l'État[47], c'est-à-dire le fondement de l'État de droit car, il n'y a pas d'État sans la justice comme il ne peut y avoir de justice sans État ». Ceci veut sous-entendre que la justice est réputée non seulement comme un pouvoir à part entière, mais aussi et surtout comme le dernier rempart des citoyens contre l'arbitraire des gouvernants, contre les abus d'autres citoyens et aussi contre l'arbitraire de l'Administration.

Cette réforme doit nécessairement tournée autour de l'homme de droit ou le magistrat (paragraphe premier) ainsi qu'autour de l'appareil judiciaire lui-même (paragraphe deuxième).

§1. La redéfinition du statut des magistrats

Le magistrat qui est appelé à animer l'institution structurée qui est l'appareil judiciaire mérite d'être traité avec humanité tant en ce qui concerne sa formation qu'en ce qui touche à ses conditions sociales de vie.

---

[46] LWAMBA KATANSI, « Canevas d'une reforme de la justice en République Démocratique du Congo », in *Justice et Société en RDC,* Publications de l'Institut pour la Démocratie et le Leadership politique, Kinshasa, 1999, pp. 85-98.

[47] *Idem,* p.98

Des propositions de réforme du statut du magistrat sont à agencer autour des points importants qui sont entre autres :

La révisitation du statut juridique et social du magistrat aux fins de restaurer l'honorabilité du magistrat ainsi que sa respectabilité par l'amélioration de son traitement ou salaire conséquent, un logement conséquent, un mode de locomotion conséquent ainsi qu'un lieu de travail digne[48].

En effet, les conditions de vie décentes permettent généralement l'éclosion de la dignité et de la respectabilité de la fonction qu'accomplit le magistrat surtout lorsqu'il est doté de la mission sacro-sainte de dire le droit afin de faire triompher l'idéal de l'État de droit.

Le manque de bureau ou l'entassement des juges dans un local trop exigu ne sont pas de nature à favoriser une longue réflexion ni un effort soutenu d'interprétation des textes pour enrichir la jurisprudence, qui, du reste, constitue une des sources du droit.

Le contrôle de l'activité du magistrat s'avère être un des atouts indispensables pour la réussite de la réforme profonde de son statut ainsi que l'aboutissement de sa mission.

Ce contrôle peut être extrinsèque ou intrinsèque[49]. S'agissant de la première modalité de ce contrôle, elle vise à s'assurer que le magistrat respecte rigoureusement les devoirs et obligations de son état.

C'est le contrôle disciplinaire qui incombe au Conseil Supérieur de la Magistrature[50]. Le rôle fondamental de ce Conseil est de défendre les intérêts des juges et d'assurer leur participation dans l'administration de la justice. Il a aussi pour objectifs de renforcer les garanties d'indépendance des juges ainsi que du pouvoir judiciaire lui-même et de contrôler l'activité des juges. Cet organe important propose au Président de la République la nomination des juges, et des procureurs et constitue l'organe disciplinaire des juges.

Ceci est sous-tendu par l'alinéa 3 de l'article 152 de la Constitution du 18 février 2006.

---

[48] Sur ce point, l'article 25 de la loi organique n°06/020 du 10 octobre 2006 portant Statut des Magistrats dispose que « les magistrats bénéficient d'une rémunération suffisante de conforter leur indépendance… ». A cet effet, les magistrats jouissent des avantages sociaux tels que les allocations familiales, les soins de santé, l'indemnité de logement, à défaut d'être logé par l'Etat, l'indemnité de transport, à défaut d'un moyen de transport de l'Etat…

Toute cette énumération des avantages permet aux magistrats d'être à l'abri des velléités de la vie courante et lui éviter toute inconvenance réelle ou apparente dans toutes ses activités.

[49] LWAMBA KATANSI, *op.cit.*, p.91

[50] Il semble que c'est soit dans le contexte de la réhabilitation du rôle de ce Conseil que trois cent quinze magistrats ont été révoqués en 1998; et aussi, l'envoi précipité des Hauts magistrats en retraite anticipée.

L'article 2 alinéa 3 de la loi organique portant organisation et fonctionnement du Conseil Supérieur de la Magistrature dispose que « le Conseil Supérieur de la Magistrature exerce le pouvoir disciplinaire sur les magistrats. »

À ce sujet, la bonne gouvernance de l'administration de la justice[51] recommande que le Conseil Supérieur de la Magistrature procède à l'élaboration d'un projet de budget du pouvoir judiciaire, à adresser au Conseil des ministres [52] et lorsque ce projet est adopté, d'avoir le devoir d'en contrôler l'application. Ceci constitue un moyen percutant d'assurer les conditions légales et matérielles indispensables à l'indépendance des juges et de protéger leurs droits sociaux, culturels et économiques[53].

Quant au contrôle intrinsèque de l'activité du juge, il s'opère au cœur même de la mission du juge ; il peut viser la qualité du travail des juges par la publication, dans certaines occasions, de leurs décisions dans la presse. Ce serait un moyen avisé de soumettre l'œuvre du juge à la censure ou tout au moins à la critique de l'opinion qui, en la circonstance, se fera une idée de l'honnêteté et de la compétence du juge [54]dont la décision fait l'objet de diffusion dans les journaux.

---

[51] Ce propos a été analysé en profondeur par Cléophas MUTOMBO KAYIKAMBA « Bonne gouvernance et administration de la justice » in *Démocratisation, Etat de droit et Bonne gouvernance,* Ligue Congolaise des Electeurs(L.C.E), Décembre 2001, pp. 29- 38.

[52] Art. 149 alinéa 6 de la Constitution du 18 février 2006 in *J.O., numéro spécial* du 18 février 2006 ; lire également l'article 40 de la loi organique n°08/013 du 08 août 2008 portant organisation et fonctionnement du Conseil Supérieur de la Magistrature in *Journal Officiel,* Kinshasa, 11 août 2008.qui prévoit que les prévisions budgétaires des différents ordres juridictionnels élaborées sous la responsabilité respective du Président de la Cour constitutionnelle, du Premier Président de la Cour de cassation, du Premier Président du Conseil d'Etat, du Premier Président de la Haute Cour militaire sont transmises au Bureau du Conseil supérieur de la Magistrature qui les consolide dans un projet de budget global du pouvoir judiciaire. Ce projet est transmis, après adoption, au Gouvernement, à la diligence du Président du Conseil Supérieur de la Magistrature.

[53] L'article 2 de la loi organique n°08/013 du 05 août 2008 portant organisation et fonctionnement du Conseil Supérieur de la Magistrature définit le Conseil Supérieur de la Magistrature comme un organe de gestion du pouvoir judiciaire qui a entre autre mission d'élaborer des propositions de nomination, promotion, mise à la retraite, révocation, démission et réhabilitation de magistrats.

[54] A ce sujet, il sied de noter que le juge reste le seul maître de la décision ; pour éviter des tergiversations qui tendraient à la production des jugements iniques, il nécessite au chef de juridiction de soumettre aux débats de la plénière les aspects juridiques des points de désaccord et insister sur la motivation suffisante des décisions judiciaires. Ce chef de juridiction a également le devoir de mettre l'accent sur l'importance de formation continue nécessaire pour la résolution des problèmes nouveaux.
Aussi, le Conseil Economique et Social des Nations Unies (ECOSOC) s'est penché sur la question en publiant en 2006 des recommandations sur le renforcement des principes fondamentaux relatifs à la conduite des magistrats : la sixième valeur épinglée est la compétence et la diligence. En effet, l'ECOSOC recommande que le juge doit prendre des mesures raisonnables pour entretenir et améliorer les connaissances, aptitudes et qualités personnelles nécessaires à une bonne exécution de ses fonctions de magistrat, faisant usage à cet égard des possibilités de formation et autres pouvant être mises à la disposition des juges, sous contrôle judiciaire.

Outre la redéfinition du statut du juge, tout l'appareil judiciaire mérite également une réorganisation.

§2. Plaidoyer pour une réforme conséquente de l'appareil judiciaire

Le juge en général et le juge administratif en particulier ont eu à se heurter à des difficultés sérieuses qui ne leur ont pas permis de s'ériger en des remparts pour barrer la voie à l'arbitraire des gouvernants ou tout au plus à celui de la toute puissante Administration. Ce juge administratif essoufflé par le système a vu ses compétences prorogées par le constituant malgré l'anachronisme caractérisant tout l'appareil judiciaire. Cette situation appelle réforme pour redynamiser la fonction de dire le droit.

À ce propos, il importe de noter que la réforme de la justice passe également par le passage au peigne fin de l'appareil judiciaire lui-même.

En effet, cet appareil judiciaire mérite un dépoussiérage car il risque de tenir le juge en état de part sa force d'attraction.

Il est cuisant que l'appareil judiciaire soit rongé par des maux qui nécessitent une extirpation rapide de peur de gangrener indéfiniment cet appareil judiciaire.

Les maux dont question ont été pointés du doigt par Maître Matadiwamba Kamba Mutu, Bâtonnier national de l'Ordre National des Avocats, lors de la cérémonie de la rentrée judiciaire qui avait eu lieu le mardi 30 novembre 1999 à l'hémicycle du Palais du Peuple de Kinshasa.

Il avait souligné que « *beaucoup de choses que l'on reproche aux magistrats n'auraient pas lieu sans le concours d'un certain avocat* ». Il poursuit en relevant dans son diagnostic les occasions de chute, à savoir :

- La soustraction de pièces d'autrui ;
- Le penchant d'en fabriquer pour le client ;
- Les recours dilatoires mais toujours facturés au profane ;
- Les demandes de défaut congé ;
- Les pièces d'autrui par-devers soi ;
- La rétention de pièces du client pour voiler sa propre responsabilité ;
- La surfacturation du service, doublée parfois de la non-remise au client de son dû ;
- Le recours au stagiaire et autre collaborateur sous-payé, voire impayé.

Nous préconisons que devant tous ces maux, la bonne gouvernance de la justice doit commencer par le soin du sommet de la magistrature.

Aussi, le Bâtonnier National le reconnaît lorsqu'il déclare que « *le justiciable, le jeune magistrat, le pays et la communauté internationale, tout le monde aura confiance, si la tête, c'est-à-dire, la Cour Suprême de Justice, par son œuvre, redevient insoupçonnable* ».

Cette recommandation a été réaffirmée par la « Loi d'Abidjan » qui a posé entre autres principes que :

« - la bonne gouvernance contribue à la bonne jouissance de tous les droits ;

- la corruption et l'impunité sont des obstacles à la jouissance de tous les droits de l'homme »[55].

Il n'y a pas à se voiler la face, la corruption est un mal fort répandu dans l'appareil judiciaire des États africains et qui touche aussi bien le corps des magistrats que les auxiliaires de la justice (greffiers, huissiers, inspecteurs judiciaires…). Elle constitue un facteur important du manque de transparence dans l'administration de la justice et une cause profonde de violation du droit à un procès équitable[56].

De cette analyse, il se dégage que le pouvoir judiciaire, pour être qualifié d'un véritable pouvoir incarnant l'imperium de l'État, doit remplir entre autres les conditions qui peuvent se résumer en non ingérence des pouvoirs législatif et exécutif dans l'exercice du pouvoir judiciaire.

En effet, il faut rappeler que l'indépendance du pouvoir judiciaire est une exigence préalable du principe de légalité et la garantie fondamentale d'un procès équitable[57]. Cette valeur exige que le juge exerce la fonction judiciaire de façon indépendante sur la base de son appréciation professionnelle des faits et conformément à l'esprit de la loi, sans influences extérieures, incitations, pressions, menaces ou interférences directes ou indirectes de la part de n'importe quelle partie ou pour n'importe quelle raison.

À ce sujet, l'article 151 de la Constitution est presqu'éloquent en ce qu'il interdit l'immixtion du pouvoir exécutif dans le domaine judiciaire ainsi que la non-interférence du pouvoir législatif dans les décisions judiciaires.

Aussi, il faudrait éviter de renforcer cette ingérence dans le cadre de la loi.

Pour permettre une véritable indépendance des magistrats, il importe d'assurer le financement du système judiciaire par une loi budgétaire.

En plus, la mission de dire le droit est dévolue aux Cours et Tribunaux, et le magistrat doit être indépendant dans l'exercice de ses fonctions et n'être soumis qu'à l'autorité de la loi ni moins à celle de toute autorité politico-administrative.

Cette vision de choses a déjà été évoquée dans une résolution importante adoptée par les participants au Congrès africain sur la primauté du droit,

---

[55] La « Loi d'Abidjan »adoptée par la Commission Internationale de Juristes du 9 au 12 mars 1998 lors du Séminaire régional sur les droits économiques, sociaux et culturels en coopération avec la Banque Africaine de Développement.

[56] MATADI NENGA GAMANDA, *La question du pouvoir judiciaire en RDC : Contribution à une théorie de réforme,* Kinshasa, Ed. Droit et Idées nouvelles, 2007, pp. 191

[57] ECOSOC 2006/23.

appelée « Loi de Lagos », qui réaffirmait notamment les principes énoncés dans l'Acte d'Athènes adopté en 1955 qui proclamait ce qui suit :

« 1. L'État est soumis à la loi.

2. Les gouvernements doivent respecter les droits des individus dans le cadre de l'État de droit et assurer les moyens nécessaires à leur satisfaction.

3. Les juges doivent être guidés par la règle du droit, la protéger et l'appliquer sans distinction de personnes et s'opposer à tout empiétement des gouvernements ou des partis politiques sur leur indépendance.

4. Les avocats du monde entier doivent préserver l'indépendance de leur profession »[58].

Pour corroborer ces propos, Monsieur Mutombo Kayikamba, a analysé la situation fort catastrophique et a suggéré entre autres :

- Que soient renforcées les compétences de l'Inspectorat des services judiciaires ;
- Que les sanctions soient effectivement prises contre les juges, les huissiers ou les greffiers qui se compromettraient dans l'exercice de leurs fonctions ;
- Que soient renforcés le rôle et le pouvoir du Conseil Supérieur de la Magistrature ;
- Que les magistrats soient exhortés à organiser au niveau de leurs juridictions, des réunions périodiques en vue d'échanger leurs expériences et d'évaluer les efforts entrepris pour le renforcement de l'indépendance de la justice[59].

En outre, il est sans savoir que la justice qui est rendue au nom du peuple congolais doit, en conséquence, bénéficier de la confiance fondamentale de ce peuple pour le maintien de l'indépendance de cette justice.

À cet égard, le juge est astreint à mettre en avant son indépendance et doit faire la promotion de normes sévères en matière de déontologie judiciaire afin de renforcer la confiance du public dans l'appareil judiciaire.

Cette confiance est également gagnée du public par l'intégrité qui doit couvrir la fonction judiciaire.

En effet, le juge doit veiller à ce que sa conduite soit irréprochable aux yeux d'un observateur raisonnable. Son comportement et sa conduite doivent réaffirmer la confiance du public dans l'intégrité de l'appareil judiciaire car il ne suffit pas seulement que la justice soit rendue mais le public doit également considérer que la justice a véritablement été bien rendue.

C'est pourquoi, le juge doit exercer ses fonctions judiciaires sans favoriser, prendre parti pour ou porter préjudice à quiconque. Il lui revient de veiller à ce que sa conduite, tant au sein de la juridiction qu'à l'extérieur,

---

[58] « Loi de Lagos » adoptée du 3 au 7 janvier 1961 par les participants au Congrès africain sur la primauté du droit.

[59] MUTOMBO KAYIKAMBA, *op .cit.*, p. 38

maintienne et augmente la confiance du public, du barreau et des plaideurs dans l'impartialité.

Et pour asseoir l'État de droit, l'appareil judiciaire ainsi que les juges qui en sont des animateurs doivent reconquérir la confiance du peuple dans leur fonction de dire le droit.

Il est indispensable que les juges respectent les convenances suivantes qui constituent, sans désemparer, des valeurs fondamentales pour mériter de l'estime du peuple :

- L'indépendance des juges vis-à-vis de la société en général et des parties prenantes des différends sur lesquels ils sont chargés de statuer s'avère la première valeur à défendre ;
- L'impartialité des juges est la deuxième valeur fondamentale à observer ; elle concerne non seulement la décision elle-même mais également le processus qui conduit à cette décision ;
- L'intégrité des juges leur permet de rallumer l'espoir du peuple pour l'avènement d'une société juste et guidé par le droit ;
- La compétence est un des atouts majeurs pour l'exercice adéquat de la fonction judiciaire. À cet effet, les juges doivent être soumis à une formation permanente afin d'être suffisamment outillés pour résoudre des questions complexes qui se posent dans la société et favoriser l'avènement de l'État de droit.

Mais, ce juge administratif de la période post autocratique, quelle pourraient être son ossature ainsi que la procédure de sa saisine ?

I. De l'organisation et de la compétence de juridictions administratives de droit commun

L'institution des Tribunaux administratifs s'insère dans la logique du rapprochement des citoyens du juge administratif qui est appelé à sanctionner les actes administratifs qui leur causent grief.

Il va sans dire que l'existence de ces Tribunaux administratifs insuffle un dynamisme nouveau dans l'accélération de l'implantation de l'État de droit.

La nouveauté de leur existence s'analyse en une innovation dans le système juridique congolais d'autant plus que ce fait dénote à suffisance de la volonté délibérée du constituant congolais d'imprimer un cachet spécial à la caractéristique de l'État de droit défini à l'article 1 de la Constitution du 18 février 2006.

L'implantation de ces Tribunaux pose un problème majeur lié tant à leur organisation qu'à leur compétence.

a. L'organisation et la compétence des tribunaux administratifs

L'article 154 de la Constitution se limite simplement à poser un principe fondamental de création sans déterminer de manière précise la modalité d'implantation des Tribunaux administratifs lorsqu'il dispose que « *il est institué un ordre de juridictions administratives composé du Conseil d'État et des Cours et Tribunaux administratifs ».*

Toutefois, le constituant congolais a pris la précaution tout de même à l'alinéa 4 de l'article 155 de renvoyer à la loi organique l'organisation, la compétence ainsi que le fonctionnement des juridictions de l'ordre administratif.

En attendant l'avènement de ladite loi, il importe de projeter, *de lege ferenda,* l'organisation de ces Tribunaux administratifs ainsi que des principes devant présider à leur compétence.

À ce sujet, l'article 18 du projet de loi organique portant organisation, fonctionnement, compétence et procédure des juridictions de l'ordre administratif prévoit que « il existe un ou plusieurs tribunaux administratifs dans chaque ville et dans chaque Territoire.

Toutefois, il peut être créé un seul tribunal administratif pour deux ou plusieurs territoires… ».

Cette disposition se justifie dans l'optique de rapprocher la justice administrative des justiciables étant donné l'immensité du territoire nationale.

Une autre explication est à trouver dans l'exposé des motifs de la loi organique n° 08/016 du 07 octobre 2008 portant composition, organisation et fonctionnement des Entités territoriales Décentralisées et leurs rapports avec l'État et les Provinces[60] qui articule que la structuration des Entités décentralisées auxquelles se rapportent la compétence territoriale des tribunaux administratifs, met en relief notamment la libre administration d'une entité territoriale décentralisée dans la mesure où elle décide librement dans la sphère des compétences qui lui sont conférées sans immixtion de l'autorité provinciale.

Sans doute, pour une bonne compréhension de la compétence *rationae loci* des tribunaux administratifs, il nécessite de maîtriser l'organisation territoriale de la République Démocratique du Congo. Cette dernière organisation est consignée dans la loi n° 08/012 du 31 juillet 2008 portant Principes fondamentaux relatifs à la libre administration des Provinces[61], la loi organique n° 08/015 du 07 octobre 2008 portant Modalités d'Organisation et de Fonctionnement de la Conférence des Gouverneurs de Province ainsi que la loi organique n° 08/016 du 07 octobre 2008 portant Composition, Organisation et Fonctionnement des Entités Territoriales Décentralisées et leurs rapports avec l'État et les Provinces.

---

[60] Loi organique n°08/016 du 07 octobre 2008 portant composition, organisation et fonctionnement des Entités Territoriales Décentralisées et leurs rapports avec l'Etat et les Provinces in *Journal Officiel* du 10 octobre 2008.

[61] Loi organique n°08/015 du 07 octobre 2008 portant Modalités d'Organisation et de Fonctionnement de la Conférence des Gouverneurs de Province in *Journal Officiel du 10 octobre 2008*

En effet, aux termes des dispositions des articles 4 et 5 de la loi n° 08/12 du 31 juillet 2008 portant Principes Fondamentaux relatifs à la Libre administration des Provinces, telles que reprises intégralement par les articles 4 et 5 de la loi organique n° 08/016 du 07 octobre 2008 portant Composition, Organisation et Fonctionnement des Entités Territoriales Décentralisées et leurs rapports avec l'État et les Provinces « *La Province est subdivisée en Villes et Territoires. Sont subdivisés à l'intérieur de la Province :*

1. *la ville en communes ;*
2. *la commune en quartiers et/ou en groupements incorporés ;*
3. *le territoire en communes, secteurs et/ou chefferies ;*
4. *le secteur ou chefferie en groupements ;*
5. *le groupement en villages.* »

L'article 5 de mêmes lois donne une précision quant à ce qui concerne ces entités en disposant que « le territoire, le quartier, le groupement et le village sont des entités territoriales déconcentrées dépourvues de la personnalité juridique.

La ville, la commune, le secteur et la chefferie sont des entités décentralisées dotées de la personnalité juridique. Elles jouissent de la libre administration et de l'autonomie de gestion de leurs ressources humaines, économiques, financières et techniques. »

En mettant au diapason l'organisation territoriale du pays et la compétence territoriale des tribunaux administratifs, il se dégage une nette volonté de permettre aux administrés victimes des erreurs de l'Administration de se pourvoir contre les mauvais comportements de l'Administration devant un juge administratif plus proche de lui aux fins d'être rétabli dans ses droits.

À ce sujet, le Tribunal administratif territorialement compétent est celui dans le ressort duquel a légalement son siège l'autorité qui, soit en vertu de son pouvoir propre, soit par délégation, est l'auteur de l'acte ou de la décision attaquée ou a signé le contrat litigieux.

Ceci éviterait au citoyen lésé par la décision de l'autorité administrative de parcourir des longues distances pour atteindre le juge administratif aux fins de procéder à la censure de la décision illégale qui lui cause grief.

C'est aussi un des facteurs de bonne administration qui peut facilement sous-tendre le développement.

Quant au fonctionnement des Tribunaux administratifs, il nécessite de souligner que selon le projet de loi portant organisation, fonctionnement et compétence des juridictions administratives, les tribunaux administratifs vont fonctionner avec deux chambres dont la chambre consultative ou d'avis et la chambre du contentieux.

Le Tribunal administratif va siéger avec une composition de trois juges en chambres ordinaires et cinq juges à titre exceptionnel pour examiner les affaires délicates.

La possibilité d'assumer au titre de juge assesseur un magistrat du parquet près le Tribunal administratif, un avocat ou un défenseur judiciaire est toujours de mise.

Toutefois, ceci n'est possible que sur réquisition motivée du Procureur de la République.

Aussi, ce Tribunal siège avec l'assistance d'un greffier et le concours du Ministère public.

*** À ce niveau, il nécessite d'analyser le rôle du Ministère public dans un procès administratif**

L'officier du Ministère public est un magistrat du Parquet et de ce fait, il assiste à toutes les audiences des juridictions de l'ordre administratif. Tout naturellement, il ne participe pas aux délibérés.

Il remplit les devoirs de son office auprès des juridictions établies dans son ressort territorial[62].

Il intervient par voie d'avis notamment dans des causes qui concernent l'État, les provinces, les entités administratives décentralisées ou les établissements publics tandis qu'il lui est reconnu la compétence d'agir par voie d'action principale dans l'intérêt de toute personne physique lésée et inapte à ester en justice. À cet effet, il peut, par voie de requête écrite, solliciter du président de la juridiction, désignation d'un conseil en vue d'assister la personne susvisée.

Un obstacle peut surgir lorsque l'Administration est en cause alors que lui représente l'État ; la conséquence est que **le Ministère public devient juge et partie**.

Aussi, le Ministère public a entre autres mission de surveiller l'exécution des actes législatifs, des actes réglementaires et des jugements et arrêts ; qu'en sera-t-il lorsque l'Administration est condamnée par une décision de justice ? Va-t-il surveiller cette exécution ?

Il en résulte l'inexécution des décisions de justice par l'Administration.

Ainsi, il est accommodable de parler de **Commissaires du Gouvernement** comme en France.

Ces derniers ne sont **ni des représentants de l'Administration ni des membres d'un Parquet**[63].

Ils n'ont pas pour tâche de défendre l'Administration ; cette dernière présente elle-même son point de vue, soit directement, soit par

---

[62] Ceci émane du Projet de loi organique portant Organisation, fonctionnement, compétence et procédure des juridictions de l'ordre administratif.

[63] VEDEL G., *Droit administratif*, Paris, P.U.F., 1973, p.527

l'intermédiaire d'un avocat. Ils ne reçoivent aucune instruction de l'Administration et jamais ils ne jouent un rôle comparable à celui du Ministère public en matière répressive puisqu'ils n'exercent aucun rôle dans la formation de l'instance et la mise en cause des parties.

Ils ne forment pas un corps hiérarchisé ; ils ne requièrent pas au nom de qui que ce soit, mais, en toute indépendance, présentent des conclusions qui sont un élément essentiel de la procédure dans toutes les affaires.

À cet effet, il importe pour une garantie efficace de la procédure, de reconnaître une indépendance éprouvée au Ministère public afin qu'il soit une plaque tournante dans la procédure administrative jouissant de toute garantie d'impartialité.

Par ailleurs, le Tribunal administratif jouit, de par le projet de loi organique, de la compétence consultative ainsi que de celle contentieuse.

En effet, la Chambre consultative ou d'avis est compétente pour donner les avis sur les projets d'actes réglementaires émanant des autorités de district, de la Ville, des quartiers, des Cités, des Communes, des Territoires, des Chefferies, des Secteurs et des Localités et sur les difficultés d'interprétation des textes pris par ces mêmes autorités.

Il est à noter que cette compétence s'avère être une innovation d'autant plus que bien avant l'institution de ces deux ordres de juridictions, la compétence de donner des avis sur les projets d'actes réglementaires n'était prévue que pour les actes des autorités administratives centrales, provinciales et locales qui étaient supérieures à l'échelon de la Ville.

Ceci veut dire que pour les actes des autorités inférieures à cet échelon, le contrôle qui était institué ne s'exerçait que dans le cadre de la tutelle administrative.

À cet effet, l'autorité de tutelle exerçait sans ambages son pouvoir d'opposition, d'approbation, d'annulation ainsi que celui de substitution d'office.

Les deux premiers modes de contrôle étaient usités a priori tandis que les deux autres l'étaient a posteriori.

Actuellement, dans le souci d'une bonne administration, les projets d'actes de toutes ces autorités doivent être soumis au juge administratif qui doit en donner un avis.

Ceci se justifie dans le but d'éviter en amont une prise de décisions illégales voire inopportunes, bien que le juge administratif ne soit pas censeur de l'opportunité d'actes administratifs.

Dans cet ordre d'idées, il y a lieu de conclure à l'extension de la compétence consultative des juridictions administratives sur les projets d'actes des autorités administratives.

Outre la Chambre consultative, le Tribunal administratif comporte, de par le projet de loi portant organisation et compétence des juridictions administratives, la Chambre du contentieux.

Cette dernière est compétente pour juger du contentieux administratif des actes, décisions et règlements des autorités de district, de la ville, des quartiers, des cités, des communes, des territoires, des chefferies, des secteurs et des localités.

La Chambre du contentieux peut se prononcer soit en suspension, soit en annulation de ces actes.

Cette Chambre dispose d'une compétence de droit commun pour connaître de tout contentieux administratif dont la connaissance n'a pas été attribuée à une autre juridiction administrative.

En outre, elle connaît du contentieux fiscal et électoral de son ressort tel que les élections municipales ou dans les établissements publics, du contentieux relatif aux marchés publics et aux travaux publics, de l'expropriation pour cause d'utilité publique, de réquisition, de litiges relatifs à l'organisation et au fonctionnement du district, de la ville, des quartiers, des cités, des communes, des territoires, des chefferies, des secteurs et des localités.

Quant à la compétence *ratione materiae*, le projet de loi précité prévoit que les Tribunaux administratifs connaissent en premier ressort :

- Des actions dirigées contre les districts, les villes, les quartiers, les cités, les communes, les territoires, les chefferies, les secteurs et les localités, les établissements publics autres que les établissements nationaux, ainsi que de l'action en réparation des dommages imputables à leurs services publics respectifs ;
- Des litiges relatifs à la nomination, à l'avancement, à la discipline, aux émoluments, aux pensions des fonctionnaires des districts, des villes, des quartiers, des cités, des communes, des territoires, des chefferies, des secteurs et des établissements publics ainsi que de tous les litiges d'ordre individuel concernant les droits de ces fonctionnaires ;
- Des litiges relatifs aux contrats rentrant dans la compétence du Tribunal administratif et passés par les districts, les villes, les quartiers, les cités, les communes, les territoires, les chefferies, les secteurs et les localités ainsi que les établissements publics.

Sous cette rubrique de compétence, il est à souligner que le même projet de loi reconnaît au Tribunal administratif la capacité de connaître des recours en interprétation et en appréciation de la légalité de l'acte litigieux.

Ce Tribunal est également compétent pour connaître des litiges relatifs aux déclarations d'utilité publique, au domaine public, aux affectations d'immeubles, au remembrement, à l'urbanisme et à l'habitat, au permis de construire, au classement des monuments et des sites et, de manière générale, aux décisions concernant les immeubles situés dans le ressort du Tribunal administratif.

De plus, la compétence matérielle de cette juridiction doit s'étendre, selon toujours le projet de loi précité, aux litiges relatifs aux décisions individuelles prises à l'encontre des personnes par les autorités administratives dans l'exercice de leurs pouvoirs de police, aux litiges relatifs à la désignation, soit par voie d'élection, soit par nomination des membres des assemblées, corps ou organismes administratifs ou professionnels, aux litiges relatifs aux marchés, contrats, quasi-contrats ou concessions impliquant l'Administration, les litiges relatifs aux législations régissant les activités professionnelles, notamment les professions libérales, les activités agricoles, commerciales et industrielles, la réglementation des prix, la réglementation du travail ainsi que la protection ou la représentation des salariés, ceux concernant les sanctions administratives antérieures en application de ces législations.

Le projet de loi susvisé fait entrer dans la compétence du Tribunal administratif la connaissance des litiges d'ordre individuel, y compris notamment ceux relatifs aux questions pécuniaires, intéressant les fonctionnaires ou agents de l'État et ceux des autres personnes ou collectivités publiques ainsi que les agents ou employés.

Le Tribunal administratif connaît des litiges relatifs aux pensions des agents d'entités locales décentralisées ainsi que des actions en responsabilité fondées sur une cause autre que la méconnaissance d'un contrat ou d'un quasi-contrat et dirigées contre l'État, les autres personnes publiques ou les organismes privés gérant un service public.

Ceci n'est possible que lorsque le dommage invoqué est imputable à une décision qui a fait ou aurait pu faire l'objet d'un recours en annulation devant le Tribunal administratif ou lorsque le dommage invoqué est un dommage de travaux publics ou est imputable soit à un accident de circulation, soit à un fait ou à un agissement administratif dans le ressort duquel se trouve le lieu où le fait générateur du dommage s'est produit.

Aussi, le Tribunal administratif est compétent pour connaître, selon le projet de loi susmentionné, des litiges relatifs à l'organisation ou au fonctionnement de toute collectivité publique autre que l'État ou de tout organisme public, notamment en matière de contrôle administratif ou de tutelle.

Le Tribunal administratif connaît également de l'exécution de toutes décisions de justice, à l'exception de celle des arrêts du Conseil d'État qui est de la compétence de ce dernier ; il connaît de même de l'exécution des autres actes authentiques.

À ce sujet, il va sans dire que, toute cette litanie de compétences attribuées au Tribunal administratif montre à suffisance l'importance de cette juridiction ainsi que son rapprochement des citoyens.

Ces derniers se retrouvent proches du censeur des décisions des autorités administratives pouvant leur causer grief ; et ceci constitue un des critères permissifs de l'implantation de l'État de droit.

Il échet de souligner que l'appel des décisions des Tribunaux administratifs est exercé devant les Cours administratives d'appel.

b. L'organisation et la compétence des cours administratives d'appel

L'institution des Cours administratives d'appel est prévue par la Constitution du 18 février 2006 à son article 154 tandis que son organisation, son fonctionnement ainsi que ses compétences sont à déterminer.

À ce sujet, il faut souligner que, *de lege ferenda,* un projet de loi est en chantier lequel porte organisation, fonctionnement, compétence et procédure des juridictions de l'ordre administratif.

Toutefois, la plupart de compétences de ces Cours administratives d'appel sont des résidus des compétences des Sections administratives des Cours d'Appel qui incarnaient le rôle des juridictions administratives conformément à l'article 224 de la Constitution qui dispose qu'« *en attendant l'installation des juridictions de l'ordre administratif, les Cours d'appel exercent les compétences dévolues aux Cours administratives d'appel* ».

Quant à l'organisation, il existe une ou plusieurs Cours administratives d'appel dans le ressort de chaque Province ainsi que dans la Ville de Kinshasa.

La Cour administrative d'appel comprend une section consultative et une section contentieuse tandis que chaque section est subdivisée en chambres.

La Cour administrative d'appel est composée d'un Premier Président, d'un ou de plusieurs Présidents et des Conseillers. Elle siège avec l'assistance d'un greffier principal et le concours du Ministère public.

La Chambre, la Section ou les Sections réunies siègent respectivement avec trois, cinq ou sept membres au moins.

Quant à la compétence de la Cour administrative d'appel, il nécessite de souligner que de par son inspiration du droit français, la Section consultative est compétente pour donner des avis sur les projets d'actes législatifs et réglementaires émanant des Assemblées provinciales et Gouvernements provinciaux ainsi que de différentes autorités publiques provinciales.

Cette compétence s'étend également aux avis sur les difficultés d'interprétation des textes pris par ces mêmes autorités.

Par ailleurs et *de lege ferenda*, la Section du contentieux de la Cour administrative d'appel est compétente pour connaître, au second degré, de l'appel des jugements rendus par les Tribunaux administratifs.

Elle connaît au premier degré des recours pour excès de pouvoir dirigés contre les actes, décisions et règlements des autorités publiques provinciales ; elle se prononce soit en suspension soit en annulation desdits actes.

L'article 74 de la loi n° 08/012 du 31 juillet 2008 portant Principes Fondamentaux relatifs à la libre administration des Provinces est explicite lorsqu'il dispose que « *la Cour administrative d'appel connaît en premier ressort des recours en annulation pour violation de la loi, des édits et des règlements nationaux formés contre les actes ou décisions des autorités provinciales ou locales et les organismes décentralisés placés sous la tutelle de ces autorités ».*

Sa compétence s'étend également à la connaissance, au premier degré du contentieux des élections provinciales.

De plus, la Section du contentieux de la Cour administrative d'appel connaît, en premier et dernier ressort, des recours introduits contre les décisions rendues sur réclamation du redevable, lorsque la cotisation d'impôt ou d'accroissement d'impôt a été établie d'autorité par le fisc.

Aussi, le projet de loi susvisé prévoit que la Cour administrative d'appel connaît, toutes Sections réunies, des affaires estimées complexes par le Premier Président ou les Présidents des Sections.

La Cour administrative d'appel connaît de l'interprétation de toutes décisions de justice rendues par elle.

Il est à noter que lorsque deux Cours administratives d'appel sont simultanément saisies de demandes distinctes mais connexes, relevant normalement de leur compétence territoriale respective, chacun de deux Premiers Présidents intéressés saisit le Conseil d'État et lui transmet le dossier de la cause. Et la Section du contentieux du Conseil d'État se prononce sur l'existence d'un lien de connexité et le cas échéant, détermine la juridiction compétente qui connaîtra des demandes.

c. L'organisation et la compétence du conseil d'État

L'institution du Conseil d'État est circonscrite aux articles 154 et 155 de la Constitution du 18 février 2006. Son organisation, son fonctionnement, ses compétences ainsi que la procédure sont déterminés, *de lege ferenda,* par le projet de loi susvisé.

En effet, le Conseil d'État est la plus haute juridiction de l'ordre administratif ; son siège est situé dans la capitale et son ressort s'étend sur l'ensemble du territoire national.

Il comprend un Premier Président, des Présidents et des Conseillers. Il est à ajouter une innovation inspirée du droit français qui préconise que certains magistrats civils du parquet et du siège ou certains juristes choisis sur les mérites de leurs publications par le Conseil Supérieur de la Magistrature et ayant le rang au moins égal à celui de Conseiller à la Cour d'appel en ce qui concerne les magistrats, peuvent être affectés au Conseil d'État en qualité de Conseillers référendaires pour une durée de trois ans renouvelables une seule fois.

Leur tâche sera d'assister les magistrats du Conseil d'État et du Parquet Général à l'accomplissement de leur mission.

Le Conseil d'État est composé d'une Section consultative ou d'avis et d'une Section du contentieux.

La Section du contentieux comprend un Président de Section, trois Présidents de Chambres et des Conseillers.

Le projet de loi susvisé prévoit que la Section consultative ou d'avis comprend le Président de la Section, les Présidents de Chambres et les Conseillers.

Le Conseil d'État siège avec l'assistance d'un greffier en chef et le concours du Ministère public.

Une innovation est à épingler ; il s'agit de l'institution du Bureau du Conseil d'État composé du Premier Président, du Procureur Général, des Présidents et des Premiers Avocats Généraux. Cet organe de réflexion et de décision mis à la disposition du Premier Président et du Procureur Général est dépourvu de compétence juridictionnelle.

S'agissant de la compétence du Conseil d'État, il importe d'opérer un distinguo entre la Section consultative ou d'avis et la Section du contentieux.

En effet, le projet de loi susvisé préconise que la Section consultative ou d'avis est compétente pour donner un avis motivé sur le texte de tout projet ou proposition de loi, d'ordonnance, de décret et d'arrêté ou amendements à ces projets et propositions ou sur tout projet d'amendement de textes dont elle est saisie par les autorités administratives centrales.

Elle est également compétente pour donner son avis aux autorités administratives centrales dans tous les cas ou sa consultation est prévue par des dispositions législatives ou réglementaires, et chaque fois qu'elle est consultée par les mêmes autorités sur les difficultés apparues en matière administrative.

Ceci est d'autant important parce l'avis permet une revisitation de la décision surtout quant à sa dimension qui touche aux droits et libertés fondamentaux des citoyens.

Aussi et toujours selon ce projet de loi, la Section consultative ou d'avis donne un avis motivé sur la légalité des dispositions sur lesquelles elle est consultée, mais aussi s'il y a lieu, sur la pertinence des moyens juridiques retenus pour atteindre les objectifs que les autorités administratives centrales se sont assignés, en tenant compte de contraintes inhérentes à l'action administrative.

Elle donne un avis sur les textes juridiques et répond aux questions qui soulèvent une difficulté devant une juridiction ou autorité administrative centrale et attire l'attention des pouvoirs publics sur les réformes qui paraissent souhaitables pour l'intérêt général.

Dans cette optique, la Section consultative est dotée d'une mission permanente d'inspection à l'égard des juridictions administratives en République Démocratique du Congo, laquelle mission est exercée sous l'autorité du Premier Président du Conseil d'État, par le Président de la Section consultative ou d'avis, assisté des autres membres de cette Section.

Quant à la compétence contentieuse du Conseil d'État, elle est exercée par la Section du contentieux, compétente pour juger de toutes les affaires qui relèvent de la juridiction contentieuse.

En effet, l'article 155 de la Constitution du 18 février 2006 détermine la compétence contentieuse du Conseil d'État ; celle-ci est corroborée par le projet de loi portant organisation, fonctionnement, compétence et procédure des juridictions de l'ordre administratif.

En substance, sans préjudice des autres compétences que lui reconnaît la Constitution ou la loi, la Section du contentieux du Conseil d'État connaît, en premier et dernier ressort, des recours pour violation de la loi formés contre les actes, règlements et décisions des autorités administratives centrales.

À ce titre, elle connaît en premier et dernier ressort, selon le projet de loi susvisé :

- Des recours dirigés contre les ordonnances du Président de la République et les décrets du Premier ministre ;
- Des recours dirigés contre les actes réglementaires des ministres du Gouvernement central ;
- Des litiges relatifs à la situation individuelle des fonctionnaires du service public de l'État nommés par ordonnance du Président de la République, décret du Premier ministre ou arrêtés des ministres du Gouvernement central ;
- Des recours dirigés contre les décisions administratives des organismes à compétence nationale ;
- Des recours dirigés contre les actes administratifs dont le champ d'application s'étend au-delà du ressort d'une seule Cour administrative d'appel.

Aussi, cette Section du contentieux connaît, en appel, des recours formés contre les décisions des Cours administratives d'appel statuant en premier ressort.

Elle connaît des pourvois en cassation dirigés contre les arrêts des Cours administratives d'appel et des décisions des juridictions administratives statuant en dernier ressort.

Voici alors une innovation de grande envergure qui s'insère dans notre système de juridictions administratives. Longtemps restreinte et surtout réservée à une catégorie bien spécifiée des arrêts de la Cour des comptes, la cassation est, avec le projet de loi susmentionné, étendue voire généralisée à toutes les décisions des Cours administratives d'appel rendues en dernier ressort.

L'institution de cette voie de recours extraordinaire dénote de l'avancée significative du processus d'émergence de l'État de droit que tout Congolais salue de tous ses vœux.

En effet, la cassation permet de réparer les torts ou – tout au plus – les erreurs que peuvent commettre à suffisance les Cours administratives d'appel, lesquelles pourraient être nuisibles et même attentatoires aux droits et libertés fondamentaux des citoyens.

Pour dénombrer la compétence de la Section du contentieux du Conseil d'État, il suffit également d'ajouter que cette Section connaît :

- Des demandes en révision ;
- Des prises à parties ;
- Des règlements des juges ;
- Des demandes en renvoi d'une Cour administrative d'appel à une autre Cour administrative d'appel, ou d'une juridiction du ressort d'une Cour administrative d'appel à une juridiction de même rang du même ressort de la Cour administrative d'appel ou d'un autre ressort d'une Cour administrative d'appel ;
- Des astreintes ;
- Des actions en responsabilité dirigées contre l'État pour durée excessive de la procédure devant une juridiction administrative.

De plus, la Section du contentieux du Conseil d'État est compétente, selon toujours le projet de loi précité, de connaître, dans les cas où il n'existe pas d'autres juridictions compétentes, de demandes d'indemnités relatives à la réparation d'un dommage exceptionnel résultant d'une mesure prise ou ordonnée par les autorités de la République.

À cet égard, elle se prononce en équité en tenant compte de toutes les circonstances d'intérêt public ou privé.

Ladite Section statue souverainement sur les recours en suspension et en annulation pour excès de pouvoir formé contre les actes de diverses autorités administratives centrales.

Outre la compétence séparée de la Section consultative ou d'avis et de la Section du contentieux, le Conseil d'État connaît toutes Sections réunies :

- Des pourvois qui soulèvent des questions de principe ;
- Des pourvois comportant des moyens complexes relevant de la compétence de plusieurs Chambres et qui sont susceptibles de recevoir des solutions divergentes ;
- Des pourvois soumis au Conseil d'État lorsque le juge de renvoi ne s'est pas conformé au point de droit jugé par le Conseil d'État ;
- Des pourvois introduits après cassation avec renvoi contre la décision rendue par la juridiction de renvoi ;
- Des cas d'éventuel revirement de jurisprudence ;
- Du pourvoi du Procureur Général agissant sur injonction du ministre de la Justice ;
- Du pourvoi du Procureur Général agissant dans le seul intérêt de la loi ;

- De tout pourvoi lorsque le Procureur Général, le Premier Président, le Président de la Section ou de la Chambre le sollicite ;
- Des pourvois introduits pour la deuxième fois après cassation et concernant la même cause et les mêmes parties ;
- Des conflits de compétence entre différentes juridictions de l'ordre administratif ;
- Des affaires estimées complexes par le Premier Président ou par les Présidents des Sections du Conseil d'État.

La saisine des juridictions administratives obéit à une procédure déterminée. Son étude s'avère indispensable.

II. La procédure devant les juridictions administratives de droit commun

a. La procédure devant les tribunaux administratifs et les cours administratives d'appel

L'étude de cette procédure est faite *de lege ferenda* d'autant plus que l'institution de ces juridictions administratives constitue une nouveauté dans notre système juridique.

1. Introduction de l'instance

L'instance est introduite par une requête ; celle-ci doit contenir l'exposé des faits et moyens, les conclusions, noms et demeure des parties. Dans le cas où la requête est jugée abusive, son auteur encourt une amende qui ne peut excéder 20.000 FC.

Ceci se justifie dans le sens d'éliminer dès le début de l'introduction du dossier les recours qui sont manifestement irrecevables et d'éviter des actions dilatoires, téméraires et vexatoires.

La requête doit être accompagnée de la décision attaquée, ou de la pièce justifiant de la date du dépôt de la réclamation ; à défaut de la production dans le délai de quinze jours, la requête pourra être déclarée irrecevable.

Les pièces produites par les parties à l'étai de leur requête doivent être inventoriées et accompagnées de copies certifiées conformes.

La requête introductive d'instance devant le Tribunal administratif ou la Cour administrative d'appel doit être déposée au greffe qui l'enregistre sur un registre d'ordre d'arrivée.

S'agissant de délai, sauf en matière de travaux publics, le Tribunal administratif ou la Cour administrative d'appel ne peut être saisie que par voie de recours formé contre l'acte, règlement ou la décision et ce, dans les trois mois à partir de la notification ou la publication de l'acte, règlement ou de la décision attaquée.

Le requérant peut néanmoins introduire, dans ce délai de trois mois, une réclamation auprès de l'autorité compétente tendant à voir rapporter ou modifier cet acte, ce règlement ou cette décision.

En cas de rejet de cette réclamation dans le délai de trois mois à dater de son dépôt, le requérant dispose d'un délai de trois mois à compter de la notification de la décision du rejet pour saisir le Tribunal administratif ou la Cour administrative d'appel.

Le projet de loi susvisé prévoit le délai d'appel à deux mois qui court contre toute partie à l'instance à compter du jour où la notification a été faite à cette partie.

Les requêtes introductives d'instance ainsi que les mémoires doivent, à peine d'irrecevabilité, être signées soit par un Avocat, soit par le requérant lui-même, soit par le Ministère public.

Les parties non représentées et celles qui ont leur résidence hors du ressort du Tribunal administratif doivent faire élection de domicile dans le ressort de ce Tribunal.

Il est à souligner que les parties ont l'obligation de déposer les mémoires en réponse et autres observations ainsi que les pièces qui y sont jointes, au greffe.

2. Instruction de l'affaire

Après l'enregistrement au greffe de la requête introductive d'instance, le projet de loi prévoit que le Président du Tribunal à qui la requête a été transmise désigne un rapporteur.

Ce dernier fixe le délai endéans lequel les parties doivent produire les mémoires complémentaires, observations, défense ou réplique.

Lorsqu'il y a lieu d'ordonner des vérifications au moyen de l'expertise, le dossier, après étude par le rapporteur, est transmis au Ministère public.

Lorsque l'affaire est en état, le Président du Tribunal ou le Premier Président de la Cour administrative d'appel fixe, par ordonnance, la date d'audience.

3. Jugement de l'affaire

Il appartient au chef de juridiction d'arrêter les rôles et de les communiquer au Ministère public.

Les audiences du Tribunal administratif et de la Cour administrative d'appel sont publiques, à moins que la publicité ne soit jugée dangereuse pour l'ordre public ou les bonnes mœurs. Dans ce cas, la juridiction ordonne le huis clos.

Le projet de loi prévoit également qu'après le rapport qui est fait sur chaque affaire par un membre de la composition, les parties peuvent présenter, soit en personne, soit par un Avocat, des observations orales à l'appui de leurs conclusions écrites.

Le Ministère public présente ensuite ses conclusions.

Après le délibéré hors la présence des parties et du Ministère public, le jugement ou l'arrêt est prononcé en audience publique. Cette décision est notifiée par les soins du greffier aux parties, au Ministère public et à l'autorité administrative intéressés.

La partie qui conteste la décision intervenue est susceptible d'user des voies de recours telles que l'opposition, la tierce opposition, l'appel, la requête civile, la cassation.

b. La procédure devant le Conseil d'État

Le Conseil d'État est composé de deux sections : la Section du contentieux et la Section consultative ou d'avis.

Les règles de procédure devant la Section du contentieux sont les suivantes :

1° Introduction de la requête

Le projet de loi susmentionné prévoit que le Conseil d'État est saisi de demandes et recours par une requête signée par la partie ou par un Avocat inscrit au tableau de l'ordre des Avocats près le Conseil d'État ou par réquisitoire du Procureur Général près le Conseil d'État déposé au greffe.

La requête en annulation doit être introduite dans les trois mois qui suivent la date de la notification de l'acte entrepris pour lequel la réclamation préalable a été faite devant l'autorité compétente.

Toute requête devant le Conseil d'État est publiée par extrait au Journal Officiel par les soins du greffier.

L'autorité publique intéressée peut désigner un mandataire habilité à la représenter à l'instruction préparatoire et à l'audience avec ou sans assistance d'un Avocat.

Lorsque les productions des parties sont faites ou que les délais accordés pour produire sont écoulés, le greffier transmet le dossier au Procureur général qui, après instruction préparatoire éventuelle, rédige un rapport sur l'affaire. Ce rapport est daté et signé et est transmis au Conseil d'État.

Dès le dépôt du rapport, le Premier Président fixe la date à laquelle l'affaire sera appelée.

2° Instruction de l'affaire

De *lege ferenda,* après l'accomplissement des mesures préalables, l'officier du Ministère public désigné pour instruire le dossier rédige un rapport sur l'affaire.

À cette fin, il peut correspondre directement avec toutes les autorités et peut leur demander, ainsi qu'aux parties, tous renseignements et documents utiles. Ce document, daté et signé est transmis à la Chambre.

Le requérant dispose de trente jours pour déposer un dernier mémoire, et la partie adverse dispose également de trente jours pour y répondre.

À l'expiration de ces délais, le Président fixe la date à laquelle l'affaire sera appelée.

Le Conseil d'État peut recourir à la médiation ou à la conciliation des parties avant de statuer au fond de litiges dont il est saisi.

Cette procédure s'avère être une innovation dans le système de contentieux administratif congolais.

Il est à souligner que les audiences de la Section du contentieux sont publiques, à moins que cette publicité ne soit dangereuse pour l'ordre public ou les bonnes mœurs ; dans ce cas, la Chambre ordonne le huis clos.

Aussi, les parties, leurs Avocats et le Ministère public sont avisés de la date de l'audience quinze jours d'avance.

À l'audience, un Conseiller résume les faits de la cause ainsi que les moyens de parties ; le Ministère public, les parties et leurs Avocats peuvent présenter des observations orales.

À la fin des débats, le Ministère public donne son avis sur l'affaire ; le Président de la Chambre prononce la clôture des débats et prend la cause en délibéré.

L'arrêt est prononcé dans les trente jours de la prise en délibéré.

Les arrêts du Conseil d'État sont motivés et prononcés en audience publique ; ils sont notifiés aux parties, au Ministère public, au ministre compétent ou à l'autorité administrative intéressés par les soins du greffier.

L'arrêt est publié au Journal officiel.

3° Voies de recours

Les arrêts rendus par le Conseil d'État, siégeant comme juridiction administrative en premier et dernier ressort ne sont susceptibles d'aucun recours hormis la tierce opposition et la rectification d'erreurs matérielles.

Cependant, les arrêts rendus par les Cours administratives d'appel contre les décisions des autorités provinciales sont susceptibles d'appel devant la Section du contentieux du Conseil d'État.

Par ailleurs, le pourvoi en cassation est ouvert à toute personne qui a été partie dans la décision entreprise ainsi qu'au Procureur Général près le Conseil d'État.

Le Procureur Général ne peut se pourvoir en toute cause et nonobstant l'expiration des délais que sur injonction du ministre de la Justice ou dans le seul intérêt de la loi.

La procédure devant la Section consultative ou d'avis

La Section consultative ou d'avis est saisie par requête de l'autorité habilitée à prendre l'acte législatif ou réglementaire ou de celle qui a pris l'initiative de la consultation.

Le projet de loi sus évoqué renseigne que la requête est enrôlée par le greffier et communiquée sans délai au Premier Président du Conseil d'État aux fins de désignation d'un rapporteur à qui le greffier remettra le dossier.

Le rapporteur peut requérir le service d'un ou de plusieurs experts dont la taxation éventuelle sera fixée par ordonnance du Premier Président du Conseil d'État.

Le rapporteur vérifie la légalité de l'acte et sa conformité aux principes constitutionnels et aux principes généraux du droit.

Le dossier est de nouveau transmis au Premier Président du Conseil d'État qui fixe la date à laquelle l'affaire sera examinée.

Le dossier est examiné par les magistrats de la Section du Conseil d'État et du Parquet Général près ledit Conseil réuni en assemblée mixte ; l'avis est donné à la majorité des magistrats présents à la séance.

Il échet de noter que l'avis du Conseil d'État est motivé. Il est donné dans un délai maximum d'un mois à partir de la réception de la requête. Il est notifié sans délai à l'autorité requérante et au Procureur Général près le Conseil d'État par le greffier.

Il ne lie pas l'autorité requérante de même qu'il ne fait pas obstacle à toute action ultérieure contre l'acte pour cause d'illégalité.

Appréciation critique

L'institution des juridictions administratives est un atout majeur pour l'émergence de l'État de droit en R.D.C. ; encore faudra-t-il que le juge administratif jouisse d'une réelle indépendance envers lui-même et envers les parties dont l'une d'elles se trouve être la toute puissante Administration.

Aussi, l'adjonction du Ministère public à cette procédure risque d'hypothéquer cette indépendance d'autant plus que ce corps est hiérarchisé et défend généralement l'État tel dans le procès pénal.

C'est ainsi qu'il serait loisible de reconnaître au Ministère public le rôle qu'accomplit le Commissaire du Gouvernement en droit français tel que celui de faire connaître, en formulant en toute indépendance ses conclusions, son appréciation, qui doit être impartiale sur les circonstances de fait de l'espèce et les règles de droit applicable, ainsi que son opinion sur les solutions qu'appelle, suivant sa conscience, le litige soumis à la juridiction à laquelle il appartient[64].

Par ailleurs, l'institution de la médiation ou conciliation est à saluer en ce sens qu'elle autorise toute juridiction administrative à tenter de trouver un arrangement amiable entre parties avant de statuer au fond du litige dont elle est saisie. Ceci est une résurgence de la palabre africaine.

Aussi, le projet de loi organique portant organisation, fonctionnement, compétence et procédure des juridictions de l'ordre administratif a le mérite d'introduire le sursis à exécution parmi les procédures d'urgence[65].

En effet, le juge administratif peut, dans la procédure du référé, accorder une provision au créancier qui saisit le Tribunal ou la Cour d'une demande au fond.

---

[64] CHAPUS R., *Droit du contentieux administratif*, 12ème éd., Paris, Montchrestien, 2006, pp.880-881.

[65] YUMA BIABA, *Le contrôle de l'Administration et la protection des citoyens en République Démocratique du Congo*, Thèse de doctorat en droit, UNIKIN, 2007, p.436.

Ceci est une innovation en droit congolais d'autant plus que l'évolution du recours pour excès de pouvoir a eu à démontrer l'inefficacité de certaines décisions juridictionnelles d'annulation des décisions administratives illégales lorsque ces dernières avaient déjà été exécutées et que les effets de leur exécution étaient devenus irréparables eu égard aux préjudices causés aux administrés lésés[66].

De plus, pour remédier à l'ignorance des administrés sur la protection que peut bien leur procurer le juge administratif, nous proposons :

- La vulgarisation par les instances compétentes (Gouvernement, Parlement, ONG...) des droits humains et du bien fondé de leur protection par le juge et en particulier le juge administratif ;
- L'enseignement, par des campagnes de sensibilisation, de la procédure de saisine du juge administratif ainsi que de l'efficacité de son action.

Par ailleurs, l'action du juge mérite des limites ou tout au plus un contrôle permanent pour éviter tout débordement devant amener à l'arbitraire.

C'est ainsi que l'étude du contrôle du contrôleur s'avère indéniable. C'est l'objet du troisième chapitre.

---

[66] YUMA BIABA, « Quelle procédure pour les juridictions administratives en R.D.C. ? », *Journées de réflexion sur la mise en place des ordres juridictionnels,* Kinshasa du 29 au 31 janvier 2009, inédit.

CHAPITRE III

IMPÉRATIVITÉ DU CONTRÔLE DE L'ACTIVITÉ DU JUGE OU LE CONTRÔLE DU CONTRÔLEUR

Le contrôle de l'appareil judiciaire et de ses actes s'avère d'une grande impérativité. Plusieurs raisons militent en faveur de ce contrôle. Il en est entre autres pour éviter l'arbitraire non seulement des juges, mais aussi et surtout celui qu'engendrent les décisions qui en résultent.

Outre le contrôle des actes judiciaires qui s'impose impérativement, le problème autour de la responsabilité des actes posés par le juge surgit en surface.

Même si le Conseil Supérieur de la Magistrature intervient en amont par l'organisation d'un concours de recrutement, c'est le pouvoir exécutif qui nomme le magistrat[1].

Même si la nomination émane de l'Exécutif, ce dernier doit s'abstenir de s'immiscer dans les activités du juge car celui-ci, de par la Constitution, ne doit recevoir d'instructions du Gouvernement ; il ne juge que d'après ses connaissances juridiques et n'est soumis qu'à l'autorité de la loi.

C'est ainsi que l'étude du contrôle de fonctions d'impulsion (Gouvernement et Législateur) face à la fonction du second degré qui est la juridiction s'avère indispensable.

Ce chapitre sera traité en deux sections dont la première examine la nature du contrôle des actes judiciaires tandis que la deuxième suscite la problématique de la responsabilité des juges du fait de leurs actes.

---

[1] L'article 82 de la Constitution du 18 février 2006 dispose que « le Président de la République nomme, relève de leurs fonctions et, le cas échéant, révoque, par ordonnance, les magistrats du siège et du parquet sur proposition du Conseil Supérieur de la Magistrature... ».

Section 1. La spécification de la nature du contrôle des actes judiciaires

Le constat est que la nature du contrôle varie selon sa finalité. C'est ainsi qu'il peut être politique, juridico-politique ou tout simplement politico-administratif[2].

Dans les lignes qui suivent, il nécessite de présenter chacun de ses contrôles ainsi que ses spécificités.

La présente section comporte trois paragraphes consécutifs à la nature du contrôle de ces actes judiciaires.

§1. Existence d'un contrôle qu'exerce la hiérarchie politico-administrative et judiciaire sur l'activité du juge

Ce contrôle a été exercé par des commissions créées à cette fin.

Ainsi, l'étude du contexte ayant présidé à leur institution s'avère indispensable.

1. La résurgence du Conseil Supérieur de la Magistrature

La loi organique n° 08/013 du 05 août 2008 portant organisation et fonctionnement du Conseil Supérieur de la Magistrature institue une instance disciplinaire spécifique pour les magistrats ; à savoir, le Conseil Supérieur de la Magistrature.

Cet organe de gestion du pouvoir judiciaire dont la mouture est seulement constituée des magistrats – tant du siège que du parquet civil et militaire – est doté des pouvoirs importants surtout en matière disciplinaire.

En effet, aux termes de l'article 2 de la dite loi, cet organe élabore des propositions de nomination, promotion, mise à la retraite, révocation, démission et de réhabilitation de magistrats.

Il donne des avis en matière de recours en grâce. Il dispose du pouvoir de décision sur la rotation des juges sans préjudice du principe de l'inamovibilité.

Le Conseil Supérieur de la Magistrature assure la gestion technique du personnel judiciaire non magistrat mis à sa disposition ; il procède à son évaluation et fait rapport au Gouvernement.

Mais, le pouvoir le plus étendu dont il est doté se trouve être celui d'élaborer le budget du pouvoir judiciaire.

Ceci est une innovation en droit congolais ; la raison en est que le pouvoir judiciaire doit réellement assumer son indépendance pour se démarquer surtout du pouvoir exécutif qui considérait le pouvoir judiciaire comme son

---

[2] Sur la question, nous nous sommes inspiré de KILENDA KAKENGI BASILA, *Le contrôle de la légalité des actes du magistrat dans l'administration de la justice criminelle en R.D.C., Bruxelles, Académia- Bruylant, 2005, p.278*

appendice. Son intrusion dans le judiciaire se manifestait entre autres par des nominations et révocations unilatérales, l'amaigrissement des salaires à payer aux magistrats rendant ces derniers totalement soumis au pouvoir exécutif qui, non seulement leur donnait des injonctions, mais suspendait délibérément l'exécution des décisions judiciaires.

Cette attitude, loin s'en faut, ne pouvait s'avérer permissive de l'instauration de l'État de droit en R.D.C.

C'est pourquoi, la nouvelle formule du Conseil Supérieur de la Magistrature met l'accent sur l'indépendance de la magistrature dans toutes ses multiples facettes, notamment financière, décisionnelle et surtout disciplinaire.

Le Conseil Supérieur de la Magistrature est la juridiction disciplinaire des magistrats. Il contrôle des fautes disciplinaires commises par les magistrats c'est-à-dire tous manquements par un magistrat aux devoirs de son état, à l'honneur ou à la dignité de ses fonctions[3].

L'autre innovation de cette loi réside dans l'organisation du pouvoir disciplinaire ainsi que dans la procédure.

En effet, le pouvoir disciplinaire est exercé par la Chambre nationale et les Chambres provinciales de discipline.

Aux termes de l'article 22 de la loi organique portant organisation et fonctionnement du Conseil Supérieur de la Magistrature, « la Chambre provinciale de discipline connaît au premier degré des fautes disciplinaires mises à charge des magistrats des ressorts des Cours d'Appel, des Cours Administratives d'Appel, des Cours militaires et de ceux des parquets près ces juridictions ».

Quant à la Chambre nationale de discipline, elle connaît en premier et dernier ressort, des fautes disciplinaires mises à charge des magistrats de la Cour de cassation, du Conseil d'État, de la Haute Cour militaire et de ceux des parquets près ces juridictions.

Elle a également compétence de connaître en appel des décisions rendues par les Chambres provinciales de discipline.

Elle connaît aussi des fautes disciplinaires mises à charge des Premiers Présidents des Cours d'appel, des Cours administratives d'appel, des Cours militaires ainsi que des Chefs des parquets près ces juridictions.

Quant à la procédure disciplinaire, il est à souligner qu'une autre innovation a été opérée afin de garantir les droits du magistrat mis en cause.

En effet, cette loi donne compétence aux chefs de juridictions et aux chefs d'offices des parquets de constater toute faute disciplinaire commise par les magistrats placés sous leur autorité ainsi que celle de constater toute

---

[3] Article 46 de la loi organique n°06/020 du 10 octobre 2006 portant Statut des magistrats in *J.O.*, 25 octobre 2006, p. 14.

faute commise par les chefs de juridictions et les chefs d'office des parquets inférieurs.

Les magistrats membres de l'Inspectorat général ont reçu la compétence de constater toute faute disciplinaire commise par tout magistrat de grade égal ou inférieur à celui du magistrat instrumentant.

Pour les fautes disciplinaires commises par les Premiers Présidents de la Cour de cassation ou du Conseil d'État, leur constat est fait par les Procureurs généraux près ces juridictions tandis que celles commises par ces derniers sont constatées par les Présidents des juridictions près ces offices.

C'est en quelque sorte l'institution du contrôle du contrôleur, expression bien étayée par l'adage luba « *mpanda unemeka buta, buta bunemeka mpanda* » ; ce qui se traduit littéralement « le cerf doit respecter l'arme et l'arme doit respecter le cerf qui est aussi protégé ».

Par ailleurs, le procès-verbal de constat de faute disciplinaire est établi en six exemplaires et tout constat de faute disciplinaire est suivi de l'ouverture d'une enquête.

Lorsque l'enquête est complète et qu'il y a lieu de poursuivre, le magistrat est cité à comparaître devant le Conseil Supérieur de la Magistrature, à la requête du Chef de juridiction ou de l'office ayant initié l'action disciplinaire.

L'article 56 de la loi organique portant statut des magistrats dispose, à cet effet, que le délai entre la citation et la comparution ne peut être inférieur à huit jours francs augmentés de délais de distance prévus par le Code de procédure pénale.

La loi prévoit que la communication de pièces du dossier au magistrat et à son conseil soit rendue possible cinq jours au moins avant la comparution.

Le magistrat est tenu de comparaître en personne le jour fixé pour l'audience. S'il ne comparaît pas, le Conseil Supérieur de la Magistrature statue valablement et la décision est réputée contradictoire.

Il est à noter que le Conseil Supérieur de la Magistrature siège et statue à huis clos par décision prise à la majorité des voix au plus tard dans les trois jours qui suivent la clôture des débats.

Le délai d'appel est de trente jours à dater de la notification ; l'appel est suspensif de l'exécution de la sanction qui prend effet au jour où l'appel n'est plus recevable ou au jour de la notification de la décision devenue définitive[4].

Il est également à souligner que l'action disciplinaire demeure distincte et indépendante de l'action répressive à laquelle peuvent donner lieu les mêmes faits.

L'article 61 de la loi organique portant statut des magistrats ajoute, en son alinéa 2 que « toutefois, en cas de condamnation définitive à une peine

[4] Article 60 de la loi organique portant statut des magistrats précitée.

privative de liberté supérieure à trois mois, le magistrat est révoqué d'office ».

Ceci constitue une peine lourde dans la hiérarchie des peines qui varie d'après la gravité des peines. Les peines disciplinaires que le Conseil Supérieur de la Magistrature peut prononcer sont le blâme, la retenue d'un tiers du traitement d'un mois, la suspension de trois mois au maximum avec privation de traitement, la révocation.

En péroraison, il sied de souligner que le magistrat qui a pour mission de dire le droit risque de briller par un arbitraire sans précédent. C'est pourquoi le recours au contrôle du Conseil Supérieur de la Magistrature s'avère une voie indispensable pour éviter que le magistrat ne soit au-dessus de la loi et que ce comportement ne constitue un obstacle à l'avènement de l'État de droit.

C'est la raison pour laquelle l'article 28 alinéa 2 de la loi organique portant organisation et fonctionnement du Conseil Supérieur de la Magistrature reconnaît au ministre de la Justice ainsi qu'à toute personne intéressée la latitude de saisir sur plainte la Chambre de discipline. Il est fait ampliation, pour information, de la plainte au ministre de la Justice.

La justification saute aux yeux ; c'est permettre aux citoyens de ne pas être brimés par les allures extravagantes des certains magistrats qui se croiraient au-dessus de la loi.

Ainsi, tout le monde, magistrat ou citoyen, reconnaît sa soumission à la loi, gage de l'avènement d'un État de droit. Et le comportement d'un juge qui frustrerait un citoyen, surtout dans la manière dont la justice est rendue, expose le juge à l'engagement de sa responsabilité.

Pour contrôler ce contrôleur, une autre commission a été mise au point mais, force est de constater que la durée de vie de cet organisme fut éphémère.

2. La commission de contrôle des Cours, Tribunaux, Parquets et Établissements pénitentiaires

Cette Commission est née à la suite des dysfonctionnements du Conseil Supérieur de la Magistrature, ancienne formule qui ne manifestait aucun empressement pour le contrôle disciplinaire des magistrats contre lesquels des constats des fautes disciplinaires avaient été pourtant dressés.

Elle était initialement composée du Secrétaire d'État au Département de la Justice, du Premier Président de la C.S.J., du Procureur Général de la République et d'un conseiller au bureau du Président-Fondateur du M.P.R.,

Président de la République ; elle avait été rejointe par le Commissaire d'État à la Justice[5] en lieu et place du Secrétaire d'État.[6]

La Commission était dotée concurremment avec le Conseil Supérieur de la Magistrature du pouvoir de constater toute faute disciplinaire à charge des magistrats et elle pouvait être saisie soit d'office, soit par l'un de ses membres ou toute personne intéressée et elle statuait dans un délai de cinq jours instruction comprise en premier et dernier ressort.

En effet, l'article 1 de l'O-L n° 86/047 du 8 juillet 1986 modifiant et complétant l'O-L n° 85/029 du 7 août 1985 portant dispositions spéciales relatives au régime disciplinaire des magistrats portait :

« *Sans préjudice des dispositions des articles 36 à 58 de l'O-L n° 82/018 du 31 mars 1982 portant Statut des Magistrats, le pouvoir disciplinaire du Conseil Supérieur de la Magistrature est reconnu concurremment à la Commission de contrôle des Cours, Tribunaux, Parquets et Établissements pénitentiaires pendant toute la durée de sa session, pour tous les manquements commis par les magistrats.*

La Commission est composée du Commissaire d'État à la Justice, du Premier Président de la Cour Suprême de Justice, du Procureur Général de la République et d'un conseiller du Bureau du Président-Fondateur du M.P.R., Président de la République.

De l'analyse de toutes ces dispositions, il ressort le risque de juger un magistrat deux fois pour les mêmes faits en raison de l'indépendance consacrée et à la Commission et au Conseil Supérieur de la Magistrature.

De plus, il est à souligner que la loi n° 86/006 du 23 novembre 1986 portant organisation et fonctionnement du Conseil Judiciaire avait restitué au Conseil Supérieur de la Magistrature le monopole de son pouvoir disciplinaire sur les magistrats. Et l'article 15 de cette loi disposait que « toutes dispositions législatives et réglementaires contraires à la présente loi sont abrogées ».

Dès cet instant, l'Ordonnance-Loi créant ladite Commission devenait incompatible avec la présente loi qui entrait en vigueur le 23 novembre 1986, date de sa promulgation.

Ainsi, la restitution du pouvoir disciplinaire au Conseil Supérieur de la Magistrature par cette loi s'analyse en la preuve de l'inefficacité de la Commission dans sa tâche d'assainissement de l'appareil judiciaire[7].

---

[5] Article 1 de l'O-L n°86/047 du 8 juillet 1986 modifiant et complétant l'O-L n°85/029 du 7 août 1985 portant dispositions spéciales relatives au régime disciplinaire des Magistrats in *J.O.*,n° 16 du 15 août 1986, p. 12

[6] Rapport au citoyen Président-Fondateur du M.P.R., Président de la République sur l'ordonnance-loi n°85/029 du 7 août 1985 portant dispositions spéciales relatives au régime disciplinaire des magistrats in *J.O., n°* 16 du 15 août 1985, p. 5.

[7] KILENDA KAKENGI BASILA, *op.cit.*, p.344.

Face à cette paralysie de la dite commission, il fallait miser sur un autre mécanisme efficace de contrôle. C'est l'Inspectorat des services du Ministère de la Justice.

3. L'Inspectorat des services du Ministère de la Justice

L'Inspectorat des services du Ministère de la Justice est un service chargé d'une mission d'investigation générale sur divers secteurs du Ministère en ce compris les Cours, Tribunaux et Parquets et il propose au ministre toutes mesures susceptibles de pourvoir à la bonne administration de la justice.

En effet, la loi n° 77/030 du 28 décembre 1977 portant organisation du Conseil Judiciaire a chargé le Président du Conseil Judiciaire d'assurer la direction, l'administration et la surveillance des Cours et Tribunaux, des Parquets et de tous les services relevant de l'administration de la justice.

Il est à souligner que l'organisation matérielle de ce service a été réalisée par arrêté n° 243/78 du 18 novembre 1978 instituant un service d'inspection et de surveillance du Conseil Judiciaire.

L'Inspectorat des services du Ministère de la Justice sert d'organe d'appui, par ses avis, aux décisions du ministre ayant la justice dans ses attributions.

Pour divers manquements allant jusqu'aux erreurs de droit, cet organe entend les magistrats sur des plaintes qui ont été déposées. Il formule, s'il juge utile, des recommandations dans l'intérêt d'une bonne administration de la justice.

Cependant, n'étant pas une voie de recours, ses recommandations ne peuvent, en principe, avoir aucun effet sur les actes judiciaires sinon à faire initier quelques actions disciplinaires à charge des magistrats coupables.

Cet Inspectorat est dirigé par un haut magistrat revêtu du titre d'inspecteur général assisté d'un adjoint. Il a un pouvoir général de surveillance et d'investigation sur tous les magistrats du siège et du parquet. Il a aussi mission de surveiller les activités des magistrats chargés de l'exécution des décisions de justice.

À cet effet, « il rassemble et contrôle en dernier degré toutes les décisions judiciaires admises à exécution et s'assure que les magistrats chargés de l'exécution des décisions de justice n'outrepassent pas leurs pouvoirs ni n'admettent à exécution des décisions entachées de mal jugé.

Il est aussi intéressé par la manière dont les décisions de justice qu'il contrôle sont exécutées, il s'assure que tous les actes ont été régulièrement et complètement accomplis, vérifie la destination donnée aux objets saisis et confisqués, surveille les ventes publiques, s'assure de l'encaissement de toutes les sommes dues au Trésor Public, centralise et donne ses avis sur toutes les propositions de libération conditionnelle, grâce et amnistie »[8].

---

[8] Article 4 de l'arrêté n°243/78 du 18 novembre 1978 instituant un service d'inspection et de surveillance du Conseil Judiciaire in *J.O.*, n°24 du 15 décembre 1978, pp.41-42.

L'article 8 de cet arrêté renchérit que « pour l'exercice de ses attributions, l'inspecteur général du Ministère de la Justice dispose d'un pouvoir général d'investigation, de vérification et de contrôle. Il peut, notamment convoquer et entendre les magistrats et les fonctionnaires de l'ordre judiciaire ainsi que les avocats, défenseurs judiciaires, officiers de police judiciaire et les officiers publics et ministériels et se faire communiquer tous documents utiles.

Il entend les justiciables et les autorités administratives sur les observations qu'ils peuvent être amenés à faire concernant l'organisation et le fonctionnement des services judiciaires ».

Partant de ces pouvoirs, il y a lieu de douter de la constitutionnalité et de la légalité des attributions de l'Inspecteur Général quand il va jusqu'à refuser l'exécution d'une décision de justice pour cause d'illégalité quand bien même elle aurait épuisé toutes les voies de recours.

Cette façon d'agir est une négation sans conteste de l'indépendance de la fonction juridictionnelle dévolue aux Cours et Tribunaux et partant, au principe de la séparation des pouvoirs.

Quant à ses méthodes de travail, l'Inspectorat établit chaque année un programme annuel de travail sans minimiser les missions particulières que peut lui confier l'autorité de tutelle.

§2. Le contrôle politique

Le contrôle politique permet que l'organe politique qui dispose du pouvoir d'impulsion examine en profondeur les actes judiciaires qui émanent de la fonction du second degré ou de la fonction d'exécution.

Ce contrôle s'est étendu à travers le temps et a connu de l'ampleur au cours de l'évolution politique et constitutionnelle du pays.

Son inconvénient est d'ignorer l'indépendance du pouvoir judiciaire qui est le porte étendard de l'instauration de l'État de droit.

À cet égard, l'étude diachronique du contrôle politique des actes judiciaires démontre les faits suivants :

Sous l'État Indépendant du Congo (1885-1908), Louwers note que « *même si les jugements, mandats de justice et tous les actes emportant exécution parée étaient exécutés en son nom, le Roi Léopold II n'avait pas d'attribution judiciaire* »[9].

Sur la question, la doctrine renseigne cependant que « en vertu de son autorité absolue, le Roi a toujours le droit d'annuler un jugement, ou de le réformer, et de fixer l'interprétation d'une loi »[10].

---

[99] LOUWERS O., *Eléments du droit de l'Etat Indépendant du Congo,* Bruxelles, M. Weissenbruch, imprimeur du Roi, 1907, pp. 63-64 n° 35.

[10] *Idem,* p.64

Il est à noter que la substance du droit d'annuler ou de réformer un jugement est celui du droit d'appel que détiennent les parties en vue d'obtenir un nouveau jugement devant le juge supérieur au cas où le jugement *a quo* contiendrait un mal jugé[11].

De plus, la qualité de ce contrôle, note Kilenda Kakengi[12], était sujette à caution d'autant plus que ce contrôle n'était pas loin de poser le Roi à la fois comme un deuxième degré de juridiction (pour ceux qui étaient privés d'appel et de cassation) et comme un troisième degré de juridiction (pour ceux qui connaissaient de l'appel) et comme juridiction suprême de l'État.

Sur la question, le Professeur Clément Kabange s'est attelé à trouver une justification logique à cet état de choses. Il a pu démontrer que l'explication de tels pouvoirs se conçoit dans la nature juridique de l'État Indépendant du Congo qui était une monarchie absolue dans laquelle « l'autorité du Souverain étant absolue »[13].

Mais, que s'était-il passé pendant la période de la colonisation belge ?

Sous le Congo-Belge (1908-1960), la loi du 10 août 1921 modifiant et complétant la loi du 18 octobre 1908 en son article 17 dispose que « la justice civile et la justice militaire sont organisées par décret. Les officiers du ministère public exercent leurs fonctions sous l'autorité du ministre des colonies, qui peut donner délégation au Gouverneur Général ».

Le décret dont il est question est un acte législatif émanant du Roi[14].

Ceci sous-tend que le Roi organisait simplement l'administration de la justice, mais ne s'immisçait pas dans la compétence des juges de rendre des actes judiciaires.

Ceux-ci jouissaient d'une sympathie générale vis-à-vis des citoyens qui s'attendaient à une justice juste, gage de la paix sociale.

Mais, quel était l'état de la question sous l'empire de la Loi fondamentale ainsi que sur celui de la Constitution du 1er août 1964 ?

Sous la Loi fondamentale du 19 mai 1960 sur les Structures du Congo et sous la Constitution du 1er août 1964, l'article 185 de ladite loi dispose que « les contestations qui ont pour objet des droits civils, sont exclusivement du ressort des tribunaux. Toutes autres contestations sont du ressort des tribunaux, sauf les exceptions établies par la loi » tandis que l'article 122 de la Constitution dite de Luluabourg renchérit que « le pouvoir

---

11 KILENDA KAKENGI BASILA, *Le contrôle de la légalité des actes du magistrat dans l'administration de la justice criminelle ..., op.cit.*, p.278

12 *Idem*, p.279

13 KABANGE Cl., *Production de la loi et restructuration du système juridique congolais. Effets des contacts eurafricains.* Thèse de doctorat en droit, K.U.L., Leuven, 1971, pp.41-42.

14 Le Roi exerçait le pouvoir législatif par voie de « décret » conformément à l'article 7 de la Loi du 18 octobre 1908 sur le Gouvernement du Congo-Belge communément appelée « La Charte Coloniale ».

judiciaire est indépendant des pouvoirs législatif et exécutif. Il est dévolu aux Cours et Tribunaux. En aucun cas, il ne peut être exercé par les organes du pouvoir législatif ou du pouvoir exécutif… Il ne peut être créé des commissions ni de Tribunaux extraordinaires sous quelque dénomination que ce soit… ».

Cette disposition est restée lettre morte, car le 24 novembre 1965, le Lieutenant-Général MOBUTU a pris le pouvoir et est devenu Président de la République.

En cette qualité, il a promis d'épurer tous les tribunaux de magistrats indignes.

Avec l'avènement de multiples révisions constitutionnelles, dont celle opérée par la loi n° 80/012 du 15 novembre 1980 modifiant et complétant quelques dispositions de la Constitution, le contrôle des activités judiciaires a été exercé par le Comité Central du Mouvement Populaire de la Révolution, qui, aux termes de l'article 60 de la loi précitée, est « un organe de conception, d'inspiration, d'orientation et de décision du Mouvement Populaire de la Révolution. Il veille au respect des options fondamentales du Mouvement Populaire de la Révolution et à l'application des résolutions prises par le Congrès. »

Et selon le prescrit de l'article 23 alinéa 2 de son règlement intérieur, la Commission de Discipline du Comité Central disposait d'un bureau composé d'un Président, de deux vice-présidents et de deux rapporteurs. Elle comprenait en outre 12 assesseurs non permanents, lesquels changeaient pour moitié une fois l'an à l'occasion des sessions ordinaires du Comité Central.

La commission Permanente de Discipline du Comité Central avait pour mission de suivre la conduite des cadres dans la gestion des affaires publiques ; d'enquêter sur leur loyauté, leur honorabilité et leur crédibilité ; de déceler tout cas de manquement, de déviationnisme et d'en faire rapport au Comité Central selon l'article 28 de son règlement intérieur.

L'instruction du cas soumis à la Commission Permanente de Discipline est sanctionnée, soit par le classement sans suite, soit par le renvoi à l'institution compétente, soit par la saisine du Comité Central.

À ce stade, la Commission s'apparentait aux juridictions répressives car, nonobstant l'exclusion de la peine privative de liberté ou de vie, elle prononçait des peines accessoires qui étaient des véritables sanctions pénales appelées « mesures conservatoires »[15].

---

[15] Voy. Chapitre V. Sanctions-réhabilitation-dénonciation calomnieuse ;- interdiction de service ou la suspension du mandat public pendant un délai ne dépassant pas trois mois ;- certaines restrictions de liberté de mouvement jusqu'à la clôture de l'enquête ;- et les sanctions définitives comme l'interdiction d'exercer toutes les fonctions publiques pour une durée supérieure à trois mois ;- déchéance du mandat politique ;- interdiction des droits civiques et politiques pendant un délai n'excédant pas cinq ans.

Aussi, le Comité Central donnait des injonctions qui allaient jusqu'à annuler des décisions judiciaires intervenues dans une affaire. Ces injonctions étaient données au moyen de décisions d'État.

De plus, par le fait que cet organe d'un parti État annulait les décisions judiciaires, la justice était alors subordonnée à un organe politique et sans garantie d'instaurer un État de droit.

Avec l'avènement du multipartisme le 24 avril 1990, le Comité Central avait logiquement disparu avec le M.P.R. après le discours présidentiel prononcé à cette date, discours au cours duquel le Chef de l'État avait demandé au peuple de comprendre son émotion.

Aussi, une recommandation de la Conférence Nationale Souveraine avait proposé d'annuler purement et simplement les décisions d'État du Comité Central du M.P.R.[16]

Dans l'évolution des choses, le contrôle politique des décisions judiciaires a été également effectué auprès de la Commission juridique de la Conférence Nationale Souveraine qui a été saisie d'un nombre considérable de dossiers relatifs au contentieux de la légalité des actes judiciaires.

Après examen des dossiers, cette commission s'était contentée, pour les autres dossiers, soit de les renvoyer devant les Cours et Tribunaux, soit de les diriger devant le Bureau Technique du Haut Conseil de la République-Parlement de Transition qui allait se charger d'en décortiquer le mal jugé pour des sanctions éventuelles contre leurs auteurs.

Ce contrôle s'est buté notamment au problème de l'exécution même des décisions de la CNS et le pouvoir de l'AFDL qui s'est installé en date du 17 mai 1997 s'est considéré comme étranger à tous les actes de la CNS.

Ce comportement ne devrait pas alors permettre le fonctionnement de la Commission Nationale des Droits de l'Homme et du Peuple, en sigle C.N.D.H.P. qui était la consécration formelle d'une proposition issue des travaux de la Commission n°VIII de la Conférence Nationale sur les Droits de l'Homme qui s'était tenue à Kinshasa du 24 au 30 juin 2001.

Cette huitième Commission « avait la tâche d'examiner et de proposer les Structures et Mécanismes de Promotion et de Protection des Droits de l'Homme en République Démocratique du Congo »[17].

Cette Commission est insérée sous le titre VII de la Charte congolaise des Droits de l'Homme et du Peuple qui porte sur des mécanismes de promotion et de protection des droits de l'homme.

---

[16] Acte/CNS/92 portant annulation de certaines décisions de la Commission Permanente de Discipline du Comité Central du M.P.R., Parti-Etat, in *Actes de la commission juridique de la CNS, Rapport,* Kinshasa, 1992, p. 127

[17] REPUBLIQUE DEMOCRATIQUE DU CONGO, MINISTERE DES DROITS HUMAINS, *Actes de la Conférence Nationale sur les Droits de l'Homme,* Volume I, Adresse du Chef de l'Etat et Rapports, Kinshasa, août 2001, p. 110

L'alinéa deuxième de l'article 70 de la Charte porte que « La Commission Nationale des Droits de l'Homme et du Peuple est un organisme public autonome, indépendant et permanent. Il est doté de la personnalité juridique.

Elle exerce des attributions juridictionnelles. Par ce biais, elle reçoit des requêtes que lui adressent les citoyens qui ont été victime d'une mauvaise administration de la justice c'est-à-dire de laquelle est résultée une violation de leurs droits et libertés. Sous cette lancée, la Commission peut ordonner la rétractation, la réformation, la cassation, l'annulation ou la révision d'une décision de justice.

La procédure devant la C.N.D.H.P. est organisée par l'article 73 de la Charte congolaise des Droits de l'Homme.

Aussi, la nature juridique de la structure institutionnelle qui a élaboré la Charte Congolaise des Droits de l'Homme et du Peuple s'avère être non pas une assemblée parlementaire, mais plutôt une Conférence Nationale sur les Droits de l'Homme convoquée par décret présidentiel n° 007/01 du 23 février 2001[18].

Il est à noter que la Commission n'est pas opérationnelle car dans l'avant-propos de la Charte, le ministre des Droits Humains relève la nature symbolique de la Charte et espère pouvoir compter sur les Députés pour une loi portant Charte Congolaise des Droits de l'Homme et du Peuple[19].

Un autre mécanisme de contrôle existe, c'est le contrôle politico-administratif.

§3. Le contrôle politico-administratif

De nature politique, le contrôle des actes judiciaires peut également revêtir le caractère politico-administratif.

C'est ainsi que l'on peut ranger sous cette rubrique le contrôle des activités judiciaires par le Département des Droits et Libertés du citoyen, du ministère des Droits Humains et de celui de la Justice.

1. L'action du Département des Droits et Libertés du citoyen

Le Département des Droits et Libertés du citoyen ne peut pas être oublié surtout dans son rôle de protecteur du citoyen.

Sur la question, l'idée de créer un Département ayant une telle destinée fut lancée par le Chef de l'État en date du 24 juin 1985.

Aussi, Matumele et Kupany écrivent que « mû par la volonté de redorer le blason terni à la suite de ses contre-performances en matière des droits de l'homme notamment par le biais des décisions juridictionnelles qui n'étaient que des « parodies de justice », le Zaïre décide de créer, de toutes pièces, un

[18] Il est à signaler qu'à cette date la R.D.C. faisait face à des rebellions qui avaient pris le contrôle d'une partie importante du pays, notamment la partie Est.

[19] Jusqu'à ce jour cette loi n'est pas encore intervenue ; ce qui constitue matière à réflexion.

ministère qui se chargera d'examiner les recours de tous les doléants après que ceux-ci auront épuisé toutes les voies de recours. D'aucuns l'ont considéré, avec « la remise sur pied du Conseil Judiciaire » en 1986, comme la réalisation de la trilogie républicaine « Justice, Paix et Travail ».[20]

L'« œil du peuple », ainsi que l'a dénommé le Chef de l'État lui-même, a été créé par ordonnance n°86/268 du 31 octobre 1986 portant création d'un Département des Droits et Libertés du citoyen.

L'article 3 de cette ordonnance indique les conditions de recevabilité du recours devant le Département des droits et libertés du citoyen.

En effet, il doit, d'abord s'agir d'une décision de justice qui a épuisé toutes les voies de recours ordinaires et extraordinaires. Aussi, ce recours doit donc être dirigé contre un arrêt de la Cour Suprême de Justice.

Il s'agit, comme le fait remarquer Nkulu Kilombo, « d'un recours administratif adressé à une autorité politico-administrative qui statue par une décision administrative »[21].

Quant aux effets dudit recours, lorsqu'il s'avère recevable et juridiquement fondé, il va donner lieu à un arrêté ministériel rétablissant le citoyen lésé dans tous ses droits.

Ceci constitue un cas de violation de la constitution[22] en ce qu'une ordonnance de création de ce Département va à l'encontre de la loi qui institue les voies de recours.

Aussi, le penseur Nkulu note que *« A chaque arrêt de la Cour Suprême de Justice, le Ministère des Droits et Libertés du citoyen serait à même de répliquer par un arrêté ministériel. Et cet arrêté serait chaque fois en mesure d'encourir une requête en annulation devant la Section administrative de la Cour Suprême de Justice pour excès de pouvoir. Et ainsi de suite toutes les fois que chaque partie en présence s'estimerait lésée... »*[23]

Ce Département a été intégré au Ministère de la Justice.

Ainsi, le contrôle n'a pas fait long feu car du point de vue technique, l'organe contrôleur était institué par un règlement alors que le recours qui protège le citoyen lésé est instauré par la loi.

---

[20] MATUMELE MALIYA et KUPANY LUMBIDI, « Approche empirico-formelle de la justice comme condition ultime du développement » in *Philosophie Africaine : Paix-Justice-Travail, 1986,* p.188 note 8.

[21] NKULU KILOMBO, « La nature juridique du recours institué par l'ordonnance créant le Ministère des Droits et Libertés du citoyen »in *R.J.Z.*, n°1,2 et 3, 1992, pp. 25-31.
Ceci sous-entend que le Ministère des Droits et Libertés du citoyen peut soit répondre positivement au recours introduit par le citoyen lésé contre la décision judiciaire injuste, soit s'abstenir de toute suite à y réserver, auquel cas le silence de l'Administration vaudra rejet du recours.

[22] Il s'agit de la violation du domaine de la loi et du domaine du règlement.

[23] NKULU KILOMBO, *op.cit.*, p. 31

Qu'en est-il de l'action du Ministère des Droits Humains ?

2. Le ministère des Droits Humains

Ce ministère a été créé le 1er juin 1998 dans un contexte difficile caractérisé à la fois, sur le plan international, par des accusations de génocide dont le Chef de l'État a été l'objet et, au plan intérieur, par des violations massives des droits de l'homme dont se seraient rendus coupables ses services. À cette époque, le Président Laurent-Désiré Kabila avait concentré tous les pouvoirs entre ses mains et le pays n'avait pas de constitution.

Les missions de ce ministère en temps de paix comme en temps de guerre sont les suivantes :

« - de promouvoir et de protéger les droits humains des Congolais et des étrangers résidant en République Démocratique du Congo ;

- de représenter les intérêts de la République Démocratique du Congo auprès des instances internationales en matière des droits humains et de veiller au respect de nos engagements en matière de droits de l'homme.

Outre que le Ministère « entend contribuer à la consolidation de l'État de droit en République Démocratique du Congo », « le Ministère des Droits Humains est appelé à remplir sa mission en qualité de médiateur entre l'Administration et les citoyens.

De ces missions, l'on ne s'aperçoit pas encore d'action sur la réformation des décisions judiciaires, pratique à laquelle s'était constamment adonné son prédécesseur, à savoir le Département des Droits et Libertés du citoyen.

3. Le Ministère de la Justice

Le Ministère de la Justice est censé être un protecteur des droits fondamentaux des citoyens. Cependant, certains écueils sont à épinglés.

Toutefois, certaines pratiques semblent élire domicile dans ce ministère et qui nécessitent suppression.

Beaucoup d'observateurs dénoncent une pratique qui semble irréversiblement s'enraciner dans les milieux judiciaires congolais qui fait que, souvent assistées de leurs conseils, les parties recourent de plus en plus au Garde des Sceaux pour obtenir l'inexécution d'une décision de justice qu'elles considèrent comme injuste ou entachée de mal jugé, avant ou après l'utilisation des voies de recours.

C'est devenu, quelques fois, l'ultime moyen pour sauver les intérêts d'un client ou d'un justiciable fondamentalement et processuellement perdu[24].

Ce contrôle est perçu comme précaire car il suffit qu'à la faveur de l'instabilité gouvernementale le nouveau ministre mette fin aux effets d'un premier arrêté de suspension.

---

[24] KILENDA KAKENGI BASILA, *op.cit.*, p.333; ASSOCIATION ZAIROISE DES DROITS DE L'HOMME, « Justice privatisée »in *Rapport de Janvier 1996*, p. 3

Cette pratique s'analyse purement et simplement en une sorte d'immixtion intolérable dans l'exercice de la fonction juridictionnelle car, juridiquement, le ministre de la Justice n'a pas compétence pour suspendre voire contrôler une décision de justice rendue par les Cours et Tribunaux.

À ce propos, si le ministre de la Justice s'obstine à prendre des arrêtés suspendant l'exécution des décisions judiciaires, ces arrêtés sont susceptibles d'un recours en annulation pour excès de pouvoir, surtout pour violation de la loi car ceci constitue un cas flagrant d'ingérence du ministre de la Justice dans le cours de la fonction juridictionnelle[25].

En effet, la C.S.J. a arrêté que « viole l'article 41 alinéa 2 de l'ordonnance-loi n° 82/017 du 31 mars 1982 relative à la Procédure devant la Cour Suprême de justice et sa décision encourt annulation pour excès et détournement de pouvoir, le ministère de la Justice qui ordonne la surséance à l'exécution d'un arrêt rendu par une Cour d'Appel sous prétexte d'attendre l'issue d'un pourvoi en cassation introduit sur son injonction par le Procureur Général de la République » ; que par la même occasion « viole les dispositions constitutionnelles sur la séparation des pouvoirs et l'indépendance du pouvoir judiciaire et encourt annulation pour excès de pouvoir, la décision par laquelle, s'érigeant en censeur d'un arrêt rendu par une Cour d'Appel et le critiquant comme ayant mal apprécié les faits de la cause, le ministre de la Justice ordonne la surséance à l'exécution de cet arrêt, alors qu'aucun texte législatif ne prévoit pareille intervention »[26].

La même censure d'annulation pour excès de pouvoir avait frappé également un vice-ministre de la Justice qui s'était permis, sur les observations de l'Inspectorat général des services judiciaires à la requête d'une partie condamnée, de surseoir à l'exécution d'une décision judiciaire. La Cour Suprême de Justice avait considéré que « pareille intrusion vide cette indépendance de son contenu, une décision judiciaire étant l'aboutissement de l'activité juridictionnelle et ne se trouve dans aucune disposition constitutionnelle ou légale. »[27]

Outre l'existence d'organismes devant contrôler les actes du juge, une problématique surgit autour de la responsabilité des juges du fait de leurs actes.

C'est la quintessence de la seconde section de cette étude.

SECTION 2. LA PROBLÉMATIQUE DE LA RESPONSABILITÉ DES JUGES

Le juge qui exerce une fonction fondamentale au sein de l'État doit, en cas de débordement, endosser sa responsabilité. Ce qui sous-entend que les actes qu'il pose dans l'exercice de ses fonctions doivent être contrôlés et par

---

[25] Le Ministre peut prendre des lettres, circulaires ou arrêtés ; par exemple, lettre n°0126/CAB/MIN/RI. JGS/97 du 21 juillet 1997 in *R.A.J.C.*, vol. II, Kinshasa, 1997, p. 69 relative à l'intimidation et arrestation des magistrats coupables d'actes arbitraires.

[26] C.S.J., 1-12-1997, R.A. 325 in *R.A.J.C.*, Kinshasa, 1998, pp. 9-10.

[27] C.S.J., 1-12-1997, R.A. 326 in *R.A.J.C.*, Kinshasa, 1998, pp. 10-11.

surcroît le pousser à y répondre. Dans le cas contraire, ce serait la consécration de l'arbitraire, source d'insécurité juridique des administrés.

En droit congolais, le principe assuré est que les juges ne sauraient être tenus pour personnellement responsables des fautes qu'ils seraient amenés à commettre dans l'exercice de la fonction juridictionnelle. Toutefois, l'article 59 du code de Procédure devant la Cour Suprême de Justice ne prévoit comme exception que le cas de responsabilité civile du juge lorsqu'il refuse de procéder au devoir de sa charge ou néglige de juger les affaires en état de recevoir jugement.

Quant à la réparation du préjudice causé à la victime par le comportement fautif du juge, c'est plutôt l'État qui est son commettant qui y répond.

Ceci pousse l'opinion congolaise à croire que le magistrat en général est irresponsable de tout acte qu'il pose dans l'exercice de sa mission.

Aussi, comme le souligne Kilenda Kakengi Basila, « relevant par ailleurs d'une juridiction plutôt familiale, les magistrats lavent leur linge sale en famille, à l'abri des yeux indiscrets qui ignorent tout ou presque tant de la nature réelle que des critères de rétention de la faute disciplinaire judiciaire déjà affranchie du principe de la légalité des délits. »

Aussi, ayant principalement pour tache de garantir la sécurité des personnes et de leurs biens, le magistrat, écrit Warlomont, « a une mission de perfectionnement éthique de la société dans son ensemble ».[28]

La question qui s'élève est celle de la conciliation de cette mission avec le principe de l'irresponsabilité pénale, civile et disciplinaire qui gouverne la fonction juridictionnelle.

En effet, le législateur congolais n'a pas encore ressenti l'opportunité d'instituer des infractions pénales spécifiques à charge des magistrats pour actes de leur juridiction[29].

Ceux-ci peuvent néanmoins être poursuivis du fait des infractions ordinaires telles que la corruption, la concussion, le faux et usage de faux, l'abstention coupable à fonctionnaires et les atteintes aux droits et libertés garantis aux particuliers[30].

Mais pour ce qui touche spécifiquement le magistrat dans l'exercice de ses fonctions, et à l'instar du droit belge et français, le droit congolais a organisé la procédure de prise à partie par laquelle un magistrat répond civilement de ses actes pour cause de dol, concussion ou déni de justice.

---

[28] WARLOMONT R., *Le magistrat. Son statut et sa fonction,* Bruxelles, Maison Ferdinand Larcier, 1950, p.61

[29] KILENDA KAKENGI BASILA, *op.cit.*, p.334

[30] Ces infractions sont de droit commun ; le but réellement suivi est l'institution des infractions spécifiques à la fonction des magistrats.

Pour appuyer l'exclusion de la responsabilité personnelle du juge et de l'État en dehors de l'hypothèse de prise à partie, la doctrine[31] évoque trois justifications à savoir l'indépendance du pouvoir judiciaire, le respect du principe de la séparation des pouvoirs et l'autorité qui s'attache aux décisions de justice qui ne peuvent être attaquées que par les voies de recours.

Pour la doctrine, « les parties ne sont pas en droit de se retourner contre le juge et d'intenter contre lui une action en justice fondée uniquement sur le fait que la solution que le juge a donnée au litige porte préjudice à l'une des parties soit même aux deux.

Le juge dit le droit en son âme et conscience ; si la solution qu'il a arrêtée ne plaît pas aux parties, la loi leur reconnaît le droit d'aller en appel devant une juridiction supérieure.

C'est le principe de l'irresponsabilité du juge tel que proclamé par la résolution votée au sixième congrès international de droit pénal à Rome du 3 octobre au 27 novembre 1953[32].

De même, rapportant le point de vue des juristes africains lors d'un colloque réuni à Addis-Abeba du 18 au 23 avril 1971, Célestin Nguya-Ndila Malengana note que « l'indépendance signifie aussi par voie de conséquence, que le juge n'est rendu responsable ni civilement, ni pénalement ni disciplinairement des décisions qu'il rend. D'où on a insisté sur l'inamovibilité des juges »[33].

En droit congolais, la loi organique portant statut des magistrats n'a pas prévu des infractions spécifiques que commettraient les magistrats ainsi que les peines y relatives pour prétendre à une résolution de la question.

Elle a tout simplement déterminé les fautes disciplinaires ainsi que les peines y relatives ; ces fautes ne sont jugées que par le Conseil Supérieur de la Magistrature qui statue à huis clos.

Cependant, nous pouvons soutenir que c'est une avancée spectaculaire en ce sens que le magistrat est quand même interpellé par ses pairs notamment lorsqu'il n'a pas rendu sa décision endéans dix jours au pénal, et trente jours au civil ainsi que pour le fait d'avoir violé les termes de son serment.

---

[31] DEJEMEPPE B., « Pouvoir judiciaire et responsabilité» in *J.T.,1987,* pp.278-279 ; DEJEMEPPE B. et PANIER Ch., « La responsabilité professionnelle des magistrats, indices d'une mutation » in *J.T., 1989,* pp. 430-431 ; VAN OEVELEN A., « L'indépendance et la responsabilité civile des juges » in *Rôle et organisation de magistrats et avocats dans les sociétés contemporaines IXème congrès de droit judiciaire,* STORME M., (éd.), *op.cit,* pp. 272-285.

[32] Mercuriale du Procureur Général de la République Léon LOBITSH, in *B.A.C.S.J.,* vol.I, Kinshasa, 1970, fascicule n°1, p.126.

[33] NGUYA-NDILA C., « L'individu face à la justice en Afrique »in *Annales de la Faculté de Droit,* vol. I, P.U.Z., Kinshasa, 1972, p. 85 ; En ce sens aussi AYNARD M., « La responsabilité des juges » *op.cit.,* p. 282.

Les sanctions prévues par cette loi sont de nature à toucher personnellement le magistrat fautif dans les avantages qu'il tire de sa fonction, c'est-à-dire son salaire. C'est soit la retenue d'un tiers du traitement d'un mois, soit la suspension de trois mois au maximum avec privation de traitement.

Appréciation

Sur la question, même si la solution n'est pas totale, il demeure que le magistrat qui pose un acte contraire au devoir de sa charge est passible des sanctions disciplinaires dissuasives pour éviter qu'il ne retarde l'avènement de l'État de droit par un comportement indigne et irrespectueux du droit.

C'est dans ce sens que le Président de la République a usé de ses prérogatives constitutionnelles en signant des ordonnances d'organisation judiciaire en date du 15 juillet 2009.

En effet, le Chef de l'État, se basant sur les articles 69, 79, 82 et 223 de la Constitution du 18 février 2006, et sur proposition du Conseil Supérieur de la Magistrature qui a épluché les dossiers personnels des magistrats lors de ses assises, a courageusement nommé, révoqué, mis à la retraite et promu les magistrats civils tant du siège que du Ministère public.

Ainsi, par ordonnances d'organisation judiciaire n° 09/054 et n° 09/055 du 15 juillet 2009, le Président de la République a révoqué des magistrats civils du siège et du parquet en évoquant notamment les faits infractionnels qui ont donné lieu à des condamnations à des peines de servitude pénale principale supérieures à trois mois conformément à l'article 61 alinéa 2 de la loi organique n° 06/020 du 10 octobre 2006 portant Statut des magistrats, les arrêts R.P.P. de la Cour Suprême de Justice rendus en prise à partie à l'encontre des magistrats qui ont été reconnus coupables soit de dol, soit de concussion ou de déni de justice.

Aussi, suivant les ordonnances d'organisation judiciaire n° 09/056 et 09/057 du 15 juillet 2009, le Président de la République a démis d'office des magistrats civils du siège et du Ministère public sur proposition du Conseil Supérieur de la Magistrature.

De plus, par ordonnances d'organisation judiciaire n° 09/058, n° 09/059, n° 09/064 et n° 09/065 du 15 juillet 2009, le Président de la République, toujours sur proposition du Conseil Supérieur de la Magistrature, a mis en retraite les magistrats civils du siège et du Ministère public.

Il est également à souligner que par ordonnances d'organisation judiciaire n° 09/060, n° 09/061, n° 09/062, n° 09/063, n° 09/066, n° 09/067 du 15 juillet 2009, le Chef de l'État a nommé, promu et permuté des magistrats civils tant du siège que du Ministère public et ce, sur proposition du Conseil Supérieur de la Magistrature.

S'il y a eu dépoussiérage dans la magistrature civile, il est tout à fait indiqué que la magistrature militaire tant du siège que du Ministère public sera également concernée d'autant plus que le trafic d'influence, la corruption, la concussion et le déni de justice ne l'ont pas épargnée.

Tout ceci démontre à suffisance que le juge doit être indépendant, impartial, honnête et intègre afin de constituer un pilier dans la construction de l'État de droit.

CONCLUSION

GÉNÉRALE

Tout au long de ce travail, notre tâche était d'étudier le rôle du juge administratif congolais dans l'émergence de l'État de droit.

À cet égard, nous nous sommes efforcés d'abord d'explorer l'identité du juge administratif congolais ainsi que le substrat de l'État de droit.

Pour y parvenir, il nous a d'abord paru opportun d'analyser le processus d'institutionnalisation du juge administratif en République Démocratique du Congo et de donner le fondement des diverses acceptions de l'État de droit avant de démontrer l'organisation et le fonctionnement des juridictions administratives congolaises ainsi que les implications de la thématique de l'État de droit.

Il a été souligné que les juridictions administratives congolaises ont été héritées de la colonisation, bien qu'une certaine évolution soit dessinée au fil des années. C'est ainsi que le Conseil d'État belge et la Cour des Comptes de la Belgique ont servi de Juridictions administratives pour la colonie et ce, avant la configuration actuelle de nos juridictions administratives.

Transitoirement, celles-ci sont composées de la Section Administrative de la Cour Suprême de Justice pour les recours en annulation pour violation de la loi, formés contre les actes, règlements et décisions des autorités centrales et des organismes décentralisés placés sous la tutelle de ces autorités ; de la Section Administrative de la Cour d'appel pour des recours en annulation pour violation de la loi, formés contre les actes ou décisions des autorités administratives provinciales et locales et des organismes décentralisés placés sous la tutelle de ces autorités.

La Cour des Comptes, en tant que juridiction administrative spécialisée contrôle les comptes des comptables publics et rend des arrêts sur ces comptes.

De lege lata, la Constitution de la République Démocratique du Congo adoptée au referendum populaire et promulguée le 18 février 2006 institue, en ses articles 154 et 155, un ordre de juridictions administratives composé du Conseil d'État et des Cours et Tribunaux administratifs en lieu et place des Sections Administratives de l'actuelle Cour Suprême de justice et de la Cour d'appel. La Cour des Comptes y est instituée en ses articles 178 à 180.

Il est sans ignorer que la Section judiciaire de la Cour d'appel dispose de la compétence de statuer comme juridiction administrative fiscale en premier et dernier ressort.

Quant à l'État de droit, il est à soutenir qu'il est celui dans lequel, et la toute puissante Administration et les administrés, sont soumis au droit. La séparation des pouvoirs, la subordination administrative et la consécration et protection des droits fondamentaux de l'homme se trouvent être son substratum.

Ensuite, la nécessité de démontrer le rôle d'artisan de l'État de droit qu'incarne le juge administratif congolais s'est fait sentir.

Aussi, que l'État congolais respecte le droit et qu'il le fasse respecter est un élément indispensable à la démocratie, mais ce n'est pas un élément suffisant, ni pour caractériser celle-ci, ni à lui donner comme projet ou ambition. La démocratie suppose, pour André Barilari, la souveraineté du citoyen s'exerçant dans le cadre des libertés et de la protection des droits de l'homme, mais c'est aussi le maintien de l'égalité car celle-ci garantit la liberté pour tous et l'exercice effectif de la souveraineté de chacun.[1]

De plus, le juge administratif est à la fois le Contrôleur de la légalité[2], laquelle sous- tend l'État de droit ; il s'avère être le protecteur efficace des droits fondamentaux de l'homme et remplit la tâche de sanctionnateur.

Cette triple mission qu'il accomplit fait de lui l'artisan indispensable de l'État de droit.

Mais, ce pilier de l'État de droit doit être contrôlé afin d'éviter qu'il ne se considère comme une force sans limites et verser ainsi dans l'arbitraire.

Enfin, une certaine question profile à l'horizon : celle de savoir si la contribution du juge administratif est consistante pour l'émergence de l'État de droit en République Démocratique du Congo ?

La réponse à y réserver est mitigée.

Du point de vue formel, la RDC est un État de droit[3] en ce sens que l'ordre juridique tout entier est aménagé de manière à respecter la hiérarchie des normes de telle sorte que leur violation soit sanctionnée par les juges.

---

[1] BARILARI A. , *Op. Cit.* , p. 8

[2] A ce sujet, le Professeur VUNDUAWE te PEMAKO souligne que « l'on ne peut parler du principe de la légalité que dans un Etat de droit, ce qui suppose trois choses :
1°) les autorités du pays doivent être soumises à la loi ;
2°) la violation d'une règle de droit donnée doit être sanctionnée par le juge ;
3°) un Etat de droit n'est pas possible sans la démocratie, c'est-à-dire sans démocratie pluraliste ».
VUNDUAWE te PEMAKO, *Traité de droit administratif,* Bruxelles, Larcier et Afrique éditions, 2007, p. 89.

[3] Article 1 de la Constitution du 18 février 2006 précitée.

Cependant, du point de vue substantiel ou matériel, il est à noter que la RDC a encore du chemin à parcourir pour incarner le qualificatif d'État de droit du fait que l'appareil administratif continue à s'imposer sur les droits et libertés des citoyens notamment par des tracasseries policières et d'autres méthodes autocratiques de gestion de l'État. C'est pourquoi le juge administratif doit s'employer efficacement à faire triompher cet idéal pour le bien et de l'Administration et des administrés. Son action mérite appui car c'est sur lui qu'on compte ardemment.

Certes, la République Démocratique du Congo se trouve engagée dans un processus de démocratisation de ses institutions, ce qui renvoie à un balbutiement, voire à un apprentissage de l'État de droit.

Étant engagé dans ce processus de démocratisation, le peuple congolais attend également l'avènement d'un État de justice. À cet effet, l'État de droit se veut un État au service des citoyens et, pour son implantation, un équilibre doit être assuré car si l'État est fort, il les écrase et s'il est faible, les citoyens risquent de périr.

D'où l'importance de l'institution d'un arbitre pour trancher les litiges qui en résultent.

Par ailleurs, si l'État de droit se résume au primat du droit, la société risque de s'asservir à une technique, c'est-à-dire aux experts de cette technique.

Ainsi, dans la perspective de l'avènement de l'État de droit, il est attesté que c'est sur le juge que l'on doit compter. Ce dernier peut être un juge administratif, un juge judiciaire ou un juge constitutionnel.

En effet, le juge doit, pour remplir efficacement la mission lui confiée, être indépendant, impartial et surtout recyclé.

Si pour l'impartialité, cela relève des dispositions mentales et, surtout de l'éducation ainsi que de la conscience, l'indépendance, quant à elle s'acquiert par la disposition des choses et notamment par le jeu institutionnel.

La formation du juge nécessite une permanence et un perfectionnement pour un rendement adéquat et permissif de l'émergence de l'État de droit.

C'est ainsi qu'il nécessite de créer et perfectionner une « **École Nationale d'Administration** » qui aura une double mission de formation professionnelle et de recyclage des agents et cadres de l'Administration publique.

Cette École aura à dispenser un enseignement permanent et performant pour l'éclosion de la culture du respect des droits et libertés fondamentaux du citoyen car il est de toute évidence que le manque de formation et d'information des gouvernants en matière des droits de l'homme pousse ces dirigeants à offusquer ces atouts majeurs reconnus au citoyen dans un État qui se veut démocratique.

À cet égard, les magistrats en général et le juge en particulier doivent être issus de cette école de l'excellence qui, pour son fonctionnement, sera rattachée au Ministère de l'Enseignement Supérieur et Universitaire qui organisera un concours d'entrée.

Seuls y prendront part les candidats ayant obtenu leur diplôme de licencié avec au moins 60% des points. Seront admis à l'École Nationale d'Administration, les candidats qui auront satisfait au concours d'entrée avec au moins 60%.

Quant à son organisation, cette école doit comporter deux filières dont la magistrature et la bonne gouvernance. La filière « magistrature » répond au besoin de la fonction de trancher les litiges, laquelle s'avère spécifique et technique au sein de l'État, tandis que la filière « bonne gouvernance » répond au souci d'une bonne gestion ainsi que d'une bonne administration des affaires publiques.

La formation dans cette école est d'une durée de deux ans dont six mois de stage professionnel et est sanctionnée par un « Diplôme d'aptitude professionnelle ».

S'agissant spécifiquement de la filière « magistrature », elle comprendra des matières communes concernant l'art de trancher les litiges dans un État de droit ainsi que des matières spécifiques concernant la juridiction administrative, la juridiction judiciaire ainsi que la juridiction constitutionnelle.

Il est à souligner que les diplômés de cette école seront recrutés selon leur spécialité et répondront au profil déterminé pour une catégorie donnée d'emploi.

Ainsi, un juge bien formé, recruté selon sa spécialité, recyclé en permanence, impartial et indépendant est un atout majeur dans l'émergence de l'État de droit.

En outre, la tâche du juge administratif s'avère être celle d'assurer l'équilibre entre les ambitions extravagantes de la toute puissante Administration et les droits fondamentaux de l'homme.

Ce juge doit être suffisamment outillé pour remplir efficacement son rôle d'artisan de l'État de droit puisque les mécanismes de l'État de droit n'auront guère d'efficacité si l'appareil judiciaire manque de moyens et d'indépendance, si les procédures d'accès à la justice ne sont pas vulgarisées et si les magistrats manquent d'audace et d'imagination dans l'élaboration d'une jurisprudence vraiment protectrice des droits fondamentaux des citoyens et, en premier lieu, des plus démunis économiquement et culturellement.

Ce constat appelle pour remèdes l'affirmation tant textuelle, pratique que psychologique de l'indépendance du Pouvoir judiciaire face aux autres Pouvoirs, la motivation des magistrats par un traitement décent et l'amélioration de leurs conditions de vie afin de leur éviter une exposition tous azimuts à la corruption, le recyclage des magistrats et la formation tant de ceux-ci que des administrés à la culture des droits de l'homme.

Pour nous, nous souhaitons que cette formation à la culture des droits de l'homme débute dès l'entrée dans le cycle primaire des études et se perpétue par des séminaires après la licence.

Ainsi, face à un juge aguerri dans sa mission de dire le droit pour l'avènement de l'État de droit, l'Administration se doit de modeler son comportement vis-à-vis des administrés car sa responsabilité sera établie à chaque fois qu'elle essaie de brimer les droits garantis à ces derniers ; c'est là la quintessence de l'État de droit.

En outre, nous préconisons que le juge administratif sera conforté dans sa position axiologique d'artisan de l'État de droit si certains préalables sont posés.

Il s'agit entre autres de voir les décisions judiciaires exécuter sans tergiversations par l'Administration et d'expérimenter le renforcement du contrôle du contrôleur par l'extension de la cassation en matière administrative.

S'agissant du premier préalable, il sied de proposer, surtout pour éviter l'inexécution des décisions judiciaires à l'encontre des entreprises étatiques en particulier et les personnes publiques en général, qu'une loi soit adoptée et promulguée pour déterminer de façon claire et nette les limites réelles des rapports d'affaires entre une personne privée et les entreprises de l'État.

La loi comportera comme dénomination « *loi portant organisation de l'exécution des décisions judiciaires à l'encontre des personnes publiques* ».

Cette loi tendrait, suivant l'équité, dans le sens de la saisissabilité partielle des biens des entreprises publiques[4] selon la distinction de biens essentiels à la réalisation des objectifs du service public et de biens non essentiels à cette fin.

Elle instituerait l'astreinte pour prévenir l'inexécution et inciter les personnes publiques à exécuter les décisions de justice et en même temps, cette loi devrait prévoir l'infliction d'amendes judiciaires à ceux dont le comportement aurait provoqué la condamnation d'une personne publique, sauf si la faute est imputable au service public lui-même.

Il n'est secret pour quiconque que le budget de l'État est dérisoire pour exécuter adéquatement lesdites décisions ; ce qui constitue également le maillon faible pour cette mise en branle des mécanismes d'implantation de l'État de droit.

Il peut s'avérer que par son bon vouloir l'État exécute une décision judiciaire advenue à son encontre par la faute de ses autorités, en ce moment,

---

[4] Il s'agit surtout des entreprises publiques transformées en sociétés commerciales par la loi n°08/007 du 07 juillet 2008 et mise en application par le décret n°09/11 du 24 avril 2009 portant mesures transitoires relatives à la transformation des entreprises publiques

l'État sera fondé à exercer une action récursoire à l'encontre des autorités par la faute desquelles la condamnation est intervenue.

Mais, avant la venue de cette loi dont l'élaboration aura à susciter un débat houleux, une solution palliative peut être envisagée ; il s'agit de l'élaboration concertée entre le ministre de la Justice et celui du Portefeuille via le CO.PI.R.E.P.[5], des instructions aux responsables des entreprises de l'État (transformées en sociétés commerciales), lesquelles rappelleraient l'obligation légale et morale d'exécuter volontairement les décisions de justice ayant acquis autorité de la chose jugée.

Ceci est d'autant plus important en ce que l'inexécution des décisions de justice par l'Administration décourage tant le juge que les administrés et emporte comme conséquence le retardement de l'avènement de l'État de droit démocratique.

Quant à ce qui concerne le deuxième préalable, il nécessite que le Conseil d'État soit doté *de plano* de la compétence de statuer comme instance de cassation en matière administrative. Sur ce point, le projet de loi organique a donné une réponse satisfaisante en ce sens que le pourvoi en cassation en matière administrative est ouvert à toute personne qui a été partie dans la décision entreprise ainsi qu'au Procureur Général près le Conseil d'État.

Mais, de *lege lata,* et comme l'affirme le Professeur Vunduawe te Pemako, la cassation est limitée en matière administrative en droit congolais[6](en matière fiscale devant la Section judiciaire de la C.S.J., en matière du contrôle des comptables publics devant la Cour Suprême de Justice, toutes Sections réunies qui examinent les pourvois en cassation formés sur injonction du ministre de la Justice[7].

Cette situation privait les administrés d'un droit fondamental d'exercice d'une voie de recours extraordinaire contre une décision de justice pour bien faire valoir leurs droits.

Nous saluons l'avancée spectaculaire sur la question.

Mais alors, quelles sont les perspectives sur lesquelles débouche la présente dissertation doctorale ?

Pour notre part, le constat fait est malheureux en ce sens que l'Administration congolaise constitue une menace grave aux libertés fondamentales reconnues aux citoyens, qui sont des administrés, au risque d'annihiler même leur dignité ;

À cet égard, nous sommes convaincu que la meilleure garantie des droits et libertés fondamentaux de citoyens se trouve être l'apanage du juge, et surtout du juge administratif comme ci-haut démontré ;

---

[5] CO.PI.R.E.P. veut dire Commission de Pilotage pour la Réforme des Entreprises Publiques.

[6] VUNDUAWE te PEMAKO, *op.cit.,* pp. 869-870 et pp. 894-895.

[7] Article 160, point 4 du Code d'Organisation et de Compétence Judiciaires.

Il découle alors la nécessité de dynamiser l'action de ce dernier pour la rendre prompte à suspendre l'arbitraire de cette Administration et de faire de ce juge un artisan efficace pour l'émergence d'un État de droit au Congo ;

C'est ainsi qu'à titre de recommandation, il nécessite :

De prime abord d'instituer **une procédure d'extrême urgence appelée « référé pour la sauvegarde de liberté fondamentale ».**

Ce référé consistera pour le juge administratif d'ordonner toutes mesures nécessaires à la sauvegarde d'une liberté fondamentale à laquelle une personne morale de droit public ou un organisme de droit privé chargé de la gestion d'un service public aurait porté, dans l'exercice de ses pouvoirs, une atteinte grave et manifestement illégale.

Cette procédure d'extrême urgence permettra au juge de se prononcer dans un délai très bref de deux jours francs.

Son avantage sera certainement de faire du juge administratif un acteur indispensable pour faire cesser l'illégalité qui frapperait une décision arbitraire de l'Administration, laquelle décision offusquerait, sans conteste, une liberté fondamentale.

Même si les mesures que le juge du référé pour la sauvegarde de la liberté fondamentale prendrait, soient provisoires, leurs mérites seraient cependant de suspendre l'exécution d'une décision attentatoire à la liberté fondamentale de l'administré.

Bien que le projet de loi organique portant organisation, fonctionnement, compétence et procédure des juridictions de l'ordre administratif a prévu la procédure de référé en matière administrative, il n'a pourtant pas déterminé la spécificité et l'importance du référé pour la sauvegarde des droits et libertés fondamentaux des citoyens qui s'avère une procédure très importante dans le but de sécuriser lesdits droits contre une atteinte imminente qui les assaillent de la part de l'Administration surtout Congolaise qui excelle dans la violation flagrante de ces droits.

On ne voit pas pourquoi cette procédure ne pourrait pas être utilement mise en œuvre, étant entendu que son succès sera conditionné par le caractère grave et manifeste de l'illégalité entachant la décision, par une situation d'urgence ainsi que par l'existence d'une atteinte qualifiée portée à une liberté fondamentale.

En effet, le référé-liberté a pour fonction de permettre la mise en échec (immédiate, autant que possible) des atteintes ou menaces manifestement illégales, de la part de l'Administration à une liberté fondamentale[8].

---

[8] Le référé pour la sauvegarde de la liberté fondamentale est à distinguer du référé en suspension d'une décision qui accompagne toujours un recours principal en annulation ; c'est qui veut dire que le référé en suspension d'exécution d'une décision est accessoire .Voir CHAPUS R. , *Droit du contentieux administratif,* 12è éd., Paris, Montchrestien, 2006, p. 1348

Cette procédure permet principalement d'éviter l'arbitraire de l'Administration qui prend des mesures liberticides surtout en RDC où cette Administration nécessite réformation, réanimation et recyclage des agents.

Ladite procédure permet également de prévenir le préjudice imminent que causerait la prise d'une décision arbitraire et partant liberticide à l'administré.

De plus, le référé- liberté aiderait à accélérer la procédure qui est souvent caractérisée par une lenteur sans précédent.

De ce qui précède, l'institution de cette procédure de référé pour la sauvegarde de la liberté fondamentale fera du juge administratif un artisan de l'émergence de l'État de droit car son action en la matière permettra de faire face à la dangerosité de la décision de l'Administration, d'en suspendre l'application bien que de manière provisoire.

Toutefois, la consécration de la procédure de référé pour la sauvegarde de liberté fondamentale en droit congolais n'aura irrévocablement pas pour conséquence de méconnaître les principes fondamentaux du caractère exécutoire des décisions administratives et celui interdisant au juge d'adresser à l'Administration des injonctions à titre principal, mais plutôt d'atténuer leur portée car ces principes seront toujours considérés comme constituant le fondement même du droit public.

En second lieu, il importe **d'instaurer dans le programme de la Faculté de Droit, un cours de tronc commun intitulé « Procédure administrative ».**

Ce cours au contenu riche enseignera entre autres matières : le rôle du juge administratif dans l'optique de l'État de droit, sa saisine, ses diverses missions, les voies de recours, exécution de décisions de justice...

Ce fait démontre à suffisance qu'un défenseur de droits humains doit connaître tous les méandres indispensables pour la protection de dits droits.

Et le juge administratif se veut une instance processuelle dont la connaissance des formalités de saisine s'avère indispensable pour tout juriste, praticien ou même pour tout citoyen qui se trouve être une victime potentielle de ses droits, objet de violation de la part de la toute puissante Administration.

Aussi, de la même manière qu'existent la procédure pénale qui permet la connaissance des formalités de saisine du juge pénal pour l'application de la sanction pénale à l'auteur de l'infraction et la procédure civile pour la mise en branle du juge civil à propos d'un litige opposant un particulier à un autre particulier, c'est de la même manière que doit être étudiée la procédure administrative lorsque les litiges touchent au contentieux administratif.

Ceci est d'autant plus important dans la mesure où les nouvelles juridictions administratives sont créées et que la procédure de leur saisine présente une nouveauté.

En définitive, nous affirmons que le juge administratif congolais est un artisan de l'État de droit malgré les difficultés qu'il rencontre dans ses missions. Pour le renforcement de son rôle, il importe que ses décisions soient exécutées tant par l'Administration que par les particuliers et que sa position axiologique dans l'édifice étatique accélère l'émergence de l'État de droit que tout le monde attend de tous ses vœux.

BIBLIOGRAPHIE

I. OUVRAGES

AMELIER M., *Les questions instruments du contrôle parlementaire,* Paris, L.G.D.J., 1964.

AUBY J.-M. et DUCOS- ADER, *Grands services publics et entreprises publiques,* T. 1, Paris, P.U.F., 1969.

AUBY J.-M. et DRAGOR R., *Traité de contentieux administratif,* Paris, Dalloz, 1994.

AZAMA LANA et NGUYEN CHANH TAM, *La fiscalité au Zaïre –Études de cas,* Kinshasa, éd. Cadicec, 1975.

AZAMA LANA, *Droit fiscal Zaïrois,* Kinshasa, Éd. Cadicec, 1986.

BAKANDEJA wa MPUNGU, *Droit des Finances publiques,* Kinshasa, Éd. Noraf, 1997.

BARILARI A., *L'État de droit : réflexion sur les limites du juridisme,* Paris, L.G.D.J, 2002.

BARRET–KRIEGEL B., *L'État et la démocratie,* Paris, Calman - Lévy, 1979.

BARRET-KRIEGEL B., *Les droits de l'homme et le droit naturel*, Paris, P.U.F., 1989.

BEAUD O. et PASQUINO P., *La controverse sur « le gardien de la Constitution » et la justice constitutionnelle. Kelsen contre Schmitt,* Paris, L.G.D.J., 2007.

BENOIT F. P, *La Démocratie libérale,* Paris, 1978.

BERGERON G., *Fonctionnement de l'État*, Paris, Librairie Armand Colin, 1965.

BERTHELEMY H., *Traité élémentaire de droit administratif,* 7e éd., Paris, 1913.

BERTHELEMY H., *Traité élémentaire de droit administratif,* Paris, Rousseau, 2e éd. 1902.

BONNET J., *Le juge ordinaire français et le contrôle de la constitutionnalité des lois,* Paris, DALLOZ, 2009.

BOSHAB E., *La contractualisation du droit de la Fonction publique,* Bruxelles, Bruylant-Academia s. a., 1998.

BOUVIER P., *Éléments de droit administratif,* Paris, Éditions De Boeck Université, 2002, n° 225.

BRAECKMAN C., *Le dinosaure, le Zaïre de Mobutu,* Paris, Fayard, 1992.

BRAIBANT G., QUESTIAU N. et WEINER C., *Le contrôle de l'Administration et la protection des citoyens*, Paris, Éd. Cujas, 1974.

BRONDEL S., FOULQUIER N. et HEUSCHLING L., *Gouvernement des juges et démocratie,* Paris, Publications de la Sorbonne, 2001.

BRUGIERE P.F., *La sécurité collective 1919-1945,* Paris, Pédone, 1946.

BURDEAU G., *Droit constitutionnel et institutions politiques*, Paris, L.G.D.J., 1974.

BURDEAU G., *Droit constitutionnel et Institutions politiques,* Paris, L.G.D.J., 1973.

BURDEAU G., *La démocratie,* Paris, Seuil, 1966.

CADART J., *Institutions politiques et droit constitutionnel,* Paris, L.G.D.J, t. II, 1975.

CARRE DE MALBERG R., *Contribution à la théorie générale de l'État,* 2 vol., Paris, Sirey, 1920-1922.

CARRE DE MALBERG R., *La loi, expression de la volonté générale*, Paris, 1931, ch. II n° 34 et 24.

CATTIER, *Droit et Administration de l'État Indépendant du Congo, Bruxelles,* Larcier, 1888.

CAVARE L., *Les sanctions dans le cadre de l'O.N.U.*, Paris, Recueil de l'O.N.U. Tome 80, 1952.

CHAPUS R., *Chronique de droit*, Paris, 1960.

CHAPUS R., *Droit administratif général,* Tome 2, Paris, Montchrestien, 4e éd., 1990.

CHAPUS R., *Droit constitutionnel et Institutions politiques*, Paris, Dalloz, 1966.

CHAPUS R., *Droit du contentieux administratif,* 6e éd., Paris, Montchrestien, 1996, n° 25.

CHAPUS R., *Droit du contentieux administratif,* Paris, Montchrestien, 12e éd., 2006.

CHARLE C., *Les hauts fonctionnaires en France au XIXe siècle,* Paris, Gallimard, Collection « Archives », 1980.

CHEVALIER J., *Fonction contentieuse et fonction juridictionnelle,* Mélanges Stassinopoulos, Paris, L.G.D.J., 1974.

CHEVALLIER J., *L'État de droit,* Paris, Montchrestien, 2e édition, 1994.

COHENDET M.-A, *Méthodes de travail en Droit public*, Paris, Montchrestien, 3e éd, 2001.

D'AMBRA D., *L'objet de la fonction juridictionnelle : dire le droit et trancher les litiges,* Paris, L.G.D.J., 1994.

DAILLIER P. et PELLET A., *Droit international public,* Paris, L.G.D.J., 7e éd., 2002.

DAVID R. et JAUFFRET- SPINOSI C., *Les grands systèmes de droit contemporains,* Paris, Dalloz, 1988.

De la MARDIERE Ch., *Recours pour excès de pouvoir et contentieux administratif de l'impôt,* Paris, L.G.D.J., 2002.

DE LAUBADERE A., VENEZIA J. C. et GAUDEMET Y., *Traité de droit administratif,* 14e éd, t. I, Paris, L.G.D.J., 1996, n° 430.

DE LAUBADERE, VENEZIA J.-C. et GAUDEMET Y., *Traité de droit administratif,* Tome I, Paris, L.D.G.J., 1989.

DEBBASCH Ch. et PONTIER J.-M., *Introduction à la politique,* Paris, DALLOZ, 1986.

DELPEREE F. (dir.), *Citoyen et administration*, Bruxelles, Cabay-Bruylant, 1985.

DELPEREE F., « Administration et fonctionnement de la justice en Belgique », *Rapport, Annuaire Européen d'administration publique*, 1991.

DERUEL F., *Finances publiques-Droit fiscal,* 10e éd. Dalloz, Mementos, Paris, 1995.

DUCROCQ Th., *Cours de droit administratif,* Paris, Thorin, t. I, 1905.

DUGUIT L. *Traité de droit constitutionnel,* Paris, Fontemoing, 1928.

DUPUIS G., GUEDON M.-J et CHRÉTIEN P., *Droit administratif,* 6e éd., Paris, Armand Colin, 1999.

DUVERGER M., *Finances publiques,* Paris, P.U.F., coll. Thémis Science politique, 19e éd., 1988.

DUVERGER M., *Institutions politiques et droit constitutionnel, les grands systèmes politiques*, Paris, P.U.F., Coll. Thémis, 1999.

ERGEC R., *Introduction au droit public, t. I, Le système institutionnel*, 2e éd., Bruxelles, E. Story-Scientia, 1994.

ESMEIN A. Éléments *de droit constitutionnel français et comparé,* Paris, Larose, 2e éd., 1899.

FAVOREU L. et *alii*, *Droit constitutionnel 8e éd.,* Paris, Dalloz, 2005.

FERRY L. et RENAUT A., *Philosophie politique, III Des droits de l'homme à l'idée républicaine*, Paris, P.U.F., 1985.

FEYERABEND P., *Contre la méthode, esquisse d'une théorie anarchiste de la connaissance*, Paris, Seuil, Point coll. Sciences, 1979.

FORSTHOFF E., *Traité de droit administratif allemand*, traduit de l'allemand par M. FROMONT (1969).

GICQUEL J., *Droit Constitutionnel et Institutions politiques,* Paris, Montchrestien, 14e éd., 1995.

GONIDEC P.F., *Les droits africains,* T.1, Paris, L.G.D.J., 1968.

GOUR C., MOLINIER J., TOURNIE G., *Procédure fiscale,* Paris, P.U.F., coll. Thémis, 1982.

HAMON F., *Droit constitutionnel,* Paris, L.G.D.J., 27e éd., 2002.

HAURIOU A., *Droit constitutionnel et institutions politiques,* Paris, Montchrestien, 3e éd., 1968.

HAURIOU M., *Précis de droit administratif et de droit public,* Paris, Sirey, 9e éd., 1919.
HAURIOU M., *La souveraineté nationale,* Paris, Sirey, 1912.
HAURIOU M., *Précis de droit administratif,* Paris, Sirey, 4e éd., 1938.
HAURIOU M., *Précis de droit constitutionnel,* Paris, 1929.
HERMAN VAN IMPE, *Le contrôle parlementaire en Belgique*, Bruxelles, Bruyant, 1968.
HEYMANN-DOAT A, *Libertés publiques et droits de l'homme*, Paris, L.G.D.J., 4e éd., 1997.
HEYMANN-DOAT A., *Libertés publiques et droits de l'homme*, Paris, L.G.D.J., 6e éd., 2000.
HUMANA Ch., *Guide mondial des droits de l'homme*, Paris, Buchet/Chastel, 1985.
IHERING Von R, *L'évolution du droit,* Paris, 1901.
J. GERARD-LIBOIS, *Congo1959*, 2e éd., Bruxelles, C.R.I.S.P., 1962.
JAN P., *Le procès constitutionnel,* Paris, L.G.D.J., 2001.
JELLINEK G, *L'État moderne et son droit*, Paris, 1911.
KABANGE NTABALA (C.), *Droit administratif,* t. I, Université de Kinshasa, 1997.
KABANGE NTABALA, *Grands Services Publics et Entreprises Publiques*, Kinshasa, 2003.
KABANGE NTABALA, *Grands services publics et entreprises publiques en droit congolais, Études monographiques*, Kinshasa, Université de Kinshasa, 1998.
KABANGE NTABALA, *Droit des services et entreprises publiques et problématiques de la transformation des entreprises publiques en République Démocratique du Congo,* Kinshasa, Éd. Dieu est bon, 2007.
KANT et HEGEL cités par JELLINEK G., *L'État moderne et son droit, 1re Partie, Théorie générale de l'État, livres* I et II, éd. Fr., trad. G. Fardis, Paris, Giard et Brière, 1911.
KELSEN H., *Théorie pure du droit*, Paris, Dalloz, 1962.
KILENDA KAKENGI BASILA, *Le contrôle de la légalité des actes du magistrat dans l'administration de la justice criminelle en R.D.C.*, Bruxelles, Académia-Bruylant, 2005.
KLAOUSEN P., R*éflexions sur la définition de la notion de juridiction dans la jurisprudence du Conseil d'État,* Paris, L.P.A. 30 juillet 1993.
KOJEVE A., *Esquisse d'une phénoménologie du droit : essai provisoire,* Paris, Gallimard, 1981.
LABAND P., *Le Droit Public de l'Empire allemand,* Paris, 1900-1904.
LAFERRIERE E., *Traité de la juridiction administrative et des recours contentieux,* Paris, Berger-Levrault, 2e éd., 1896, 2 vol.
Le contentieux administratif dans le système juridique de la République Démocratique du Congo, Bruxelles, Academia, Bruylant, 2004.

LEROY M., *Contentieux administratif, 2e éd.,* Bruxelles, Bruylant, 2000.
LEWALLE P., *Contentieux administratif,* 2e éd., Coll. de la faculté de Droit de l'Université de Liège, Bruxelles, Larcier, 2002.
LOEWENSTEIN K., *Political power and the governmental process,* CHICAGO, 1957.
LOMBARD M., *Droit administratif,* Paris, Dalloz, 3e éd., 1999.
LOUBET DEL BAYLE J.-L., *Introduction aux méthodes des sciences sociales,* Toulouse, Primat, 1989.
LOUWERS O., *Éléments du droit de l'État Indépendant du Congo,* Bruxelles, M. Weissenbruch, Imprimeur du Roi, 1907.
M. UYTTENDAELE, *Précis de droit constitutionnel belge,* Bruxelles, Bruylant, 2001, n° 528.
M'BAYE K, *Les droits de l'homme en Afrique*, Paris, Pedone, 1992.
MABANGA MONGA MABANGA, *Le contentieux constitutionnel congolais,* Kinshasa, E.U.A., 1999.
MADIOT Y., *Droits de l'homme et libertés publiques,* Paris, Masson, 1976.
MATADI NENGA GAMANDA, *La question du pouvoir judiciaire en RDC : Contribution à une théorie de réforme,* Kinshasa, Éd. Droit et Idées nouvelles, 2007.
MAYEUR J.M., *Les débuts de la Troisième République 1871-1898,* Paris, Seuil, 1973.
MONTESQUIEU, *Esprit des lois*, Livre XI, Édition Belles Lettres, 1950-1958.
MOREAU J., *Droit Public,* Tome 2, Paris, Economica, 3e éd., 2000.
MOUREAU L., *L'institution du recours pour excès de pouvoir en Belgique,* Bruxelles, Bruylant, 1937.
MPONGO BOKAKO B., *Institutions politiques et droit constitutionnel,* Kinshasa, Éd. Universitaires Africaines, 2001.
NEURRISSE A., *Histoire de l'impôt, Que sais-je ?* Paris, P.U.F., 1973.
NGUYEN QUOC DINH, DAILLER P. et PELLET A., *Droit International Public,* Paris, L.D.G.J, 7e éd., 2002.
NIETZCHE F., *Par-delà le bien et le mal,* Paris, éd. Aubier-Montaigne, coll. Bilingue, 1951.
PACTET P., *Institutions Politiques et Droit Constitutionnel,* Paris-Milan-Barcelone-Mexico, Masson, 9e éd., 1989.
PERROT R., *Institutions judiciaires,* Paris, éd. Montchrestien, 1983.
PESIER, *Les fondements de la notion de service public dans l'œuvre de Léon Duguit,* Paris, L.G.D.J., 1972.
PONTIER J. M., *Les Constitutions de la France,* 3e éd., Paris, Dalloz, 1996.
PRELOT M. et LESCUYER G., *Histoire des idées politiques,* Paris, Dalloz, 8e éd., 1984
PRELOT M., *Cours de droit administratif,* Paris, Précis Dalloz, 1963.
PRELOT M., *Institutions politiques et droit constitutionnel,* Paris, Dalloz, 1963.

REDOR M.-J., *De l'État légal à l'État de droit : l'évolution des conceptions de la doctrine publiciste française1879-1914,* Paris, Economica, 2000.
RICCI J.-C., *Droit administratif 5e éd.,* Paris, HACHETTE *Supérieur,* 2006.
RIVERO J. et WALINE J., *Droit administratif,* Paris, Dalloz, 20e éd., 2004.
RIVERO J., *Le Huron au Palais Royal, ou réflexions naïves sur le recours pour excès de pouvoir*, Paris, D. 1962, Chron. 37.
ROBSON W.A., « Le droit administratif en Angleterre de 1919 à 1950 », *Le Conseil d'État : Livre jubilaire publié pour commémorer son cent cinquantième anniversaire,* Londres, 1952.
ROUAULT M.- Chr., *L'essentiel du droit administratif général, 6e éd.,* Paris, Gualino éditeur, 2007.
ROUBIER P., *Théorie générale du droit,* Paris, Sirey, 1952.
ROUSSEAU Ch., *Droit international public,* Paris, Dalloz, 1973.
RWALS J., *Théorie de la justice,* Paris, Seuil, 1987.
SHOMBA KINYAMBA, *Méthodologie de la recherche scientifique,* Kinshasa, Éd. MES, 2005.
TIXIER G., *Le contrôle judiciaire de l'administration anglaise,* Paris, L.G.D.J., 1954.
TOCQUEVILLE A., *De la démocratie en Amérique,* Paris III, 17e éd., 1976.
TREMEAU J., *La réserve de loi,* Paris, Economica-PUAM, 1997.
TURPIN D., *Les libertés publiques*, Paris, Gualino éditeur, 4e éd., 1998.
VEDEL G. et DELVOLVE P., *Droit administratif,* 12e éd., t. I, Paris, PUF, 1992.
VEDEL G., *Droit administratif,* 5e éd., Paris, P.U.F., coll. Thémis, 1973.
VUNDUAWE te PEMAKO, *Traité de droit administratif,* Bruxelles, Éd. Larcier- Afrique Éditions, 2007.
WALINE M., *Précis de droit administratif,* Paris, éd. Montchrestien, 1977.
WARLOMONT R., *Le magistrat. Son statut et sa fonction,* Bruxelles, Maison Ferdinand Larcier, 1950.
WEBER M., *Essai sur la théorie de la science*, tr. fr., 1965.
WIDNER J.A., *Construire l'État de droit : Francis Nyalali et le combat pour l'indépendance de la justice en Afrique,* Paris, Nouveaux Horizons, 2005.

II. ARTICLES DE REVUES

ADAMA DIENG, « Démocratie et primauté du droit », in *L'Afrique en transition vers le pluralisme politique*, Paris, Economica, 1993.
AMSELEK P., « L'évolution générale de la technique juridique dans les sociétés occidentales », in *Revue du droit public*, Paris, 1982.
APELT W., « L'acte de gouvernement dans la jurisprudence et la doctrine en France et en Angleterre », *Livre jubilaire.*
AUBY J.-M., Sur une pratique excessive : les validations législatives, *Revue de droit prospectif,* 1977, n° 3-4

BARTHÉLEMY J., « L'obligation de faire ou de ne pas faire et son exécution forcée en droit public » *R.D.P.*, 1912.

BAYONA-ba-MEYA, « La maxime nul n'est censé ignorer la loi », Discours de rentrée judiciaire à l'audience solennelle de rentrée judiciaire, novembre 1977, in *B.A.C.S.J.,* Kinshasa, 1988.

BECET J. M., « À propos de l'ambudsmanie, le médiateur et les organisations internationales » in *Revue des droits de l'homme*, 1978, I.

BERLIA, « Essai sur les fondements de la responsabilité en droit public français » in *R.D.P.*, Paris, 1951.

BIBOMBE MUAMBA, « La protection du citoyen en cas de conflit avec l'Administration congolaise par le juge administratif », in *Participation et responsabilité des acteurs dans un contexte d'émergence démocratique en R.D.C.*, Actes des Journées scientifiques de la Faculté de Droit de l'Université de Kinshasa, 18-19 juin 2007, sous la direction de BAKANDEJA WA MPUNGU et consorts, Kinshasa, P.U.K., 2007.

BIYOYA MAKUTU et KAPANGA MUTOMBO (dir.), « Notions de l'État de doit », in *Démocratisation, État de droit et bonne gouvernance*, Kinshasa, L.C.E, 2001.

Blaise KNAPP, « Principes et modalités de la démocratie directe » in *La participation directe du citoyen à la vie politique et administrative, Travaux des XIIes Journées d'études juridiques Jean Dabin,* Bruxelles, Bruylant, 1986.

BOIGEOL A., « Les transformations des modalités d'entrée » in *Pouvoirs*, Paris, 1995.

BOSHAB E., « La misère de la justice et justice de la misère en République Démocratique du Congo » in *Revue de la recherche juridique Droit prospectif 1998*, Presses universitaires d'Aix-Marseille, n°XXIII-74.

BRAIBANT G., « Le principe de proportionnalité » in *Mélanges Waline,* Paris, L.G.D.J., 1974

BURDEAU G., « Étude sur la classification des fonctions étatiques », in *R.D.P.,* 1945.

CAMBY J.-P., Validations législatives, R.D.P., 2000.

CAPPELLETTI M. « Quis custodes custodiet ? Qui nous protégera contre ceux qui nous protègent ? Étude de droit comparé sur la responsabilité des autorités judiciaires. » in *Les pouvoirs des juges,* sous la dir. FOULEK R. et PANIER Ch., Bruxelles, éditions Labor, 1987.

CARNELUTTI F., « Droit coutumier et droit légal » in *Revue judiciaire congolaise, 1963,* n° 4.

CARRE DE MALBERG, « Referendum et parlementarisme », in *Revue du droit public*, Paris, 1931.

CASSIN R., « Les grands principes de l'organisation et du fonctionnement de la Justice administrative en France » in *La Justice,* Bibliothèque des Centres d'Études supérieures spécialisées, Centre de sciences politiques de l'Institut d'études juridiques de Nice, 1961.

CHAPUS R., « Qu'est ce qu'une juridiction ? La réponse de la jurisprudence administrative » in *L'administration et son juge,* Paris, P.U.F., 1999.

CHAPUS R., Georges VEDEL et l'actualité d'une « notion fonctionnelle » : l'intérêt d'une bonne administration de la justice, *R.D.P.*, 2003.

CHEVALLIER J. « Les fondements idéologiques du droit administratif français », in *Variations autour de l'idéologie de l'intérêt général,* Paris, P.U.F., 1979.

CHEVALLIER J., « Le droit administratif entre science administrative et droit constitutionnel », in *Le droit administratif en mutation*, Paris, P.U.F., 1993.

COLLIARD C.-A., « La notion d'acte détachable et son rôle dans la jurisprudence du Conseil d'État », *Mélanges Mestre,* Paris, Dalloz, 1966.

CONAC G. (Dir.), « État de droit et démocratie », in *L'Afrique en transaction vers le pluralisme politique,* Paris, Economica, 1993.

CONAC G., « Introduction », in *Les Cours suprêmes en Afrique*, tome III, la jurisprudence administrative, sous la direction de G. CONAC et J. de GAUDUSSON, Paris, Economica, 1988.

COSTA J.-L., « Nécessité, conditions et limites d'un pouvoir judiciaire en France » in *R.F.S.P.,* Paris, juin 1960.

COSTA J.-P., « L'exécution des décisions de justice », *AJDA,* Paris, n° spécial, 1995

DABIN J., « Droit et politique » in *Mélanges Savatier,* Paris, Dalloz, 1965.

De SITO J., « Caractère d'ordre public du recours pour excès de pouvoir », in *R.D.P.,* Paris, 1953, 1052.

DE VISSCHER P., « Débat sur les élections, les référendums et les consultations populaires en Belgique » in *La participation directe du citoyen à la vie politique et administrative, Travaux des XIIes Journées d'études juridiques Jean Dabin,* Bruxelles, Bruylant, 1986 ;

DEJEMEPPE B. et PANIER Ch., « La responsabilité professionnelle des magistrats, indices d'une mutation » in *J.T.,* Paris, *1989.*

DEJEMEPPE B., « Pouvoir judiciaire et responsabilité » in *J.T.,* Paris, *1987.*

DELPECH J., « Chronique constitutionnelle de France », *R.D.P.*, Paris, 1907.

DELVOLVE P., « L'exécution des décisions de justice contre l'administration », Paris, *EDCE, n° 35.*

DUBOUCHET P., « La doctrine du droit public de Fichte », in *Revue du droit public*, Paris, 1994.

DUGUIT L., « L'acte administratif et l'acte juridictionnel » in *R.D.P*, Paris, 1908.

DUMONT H., « La fonction de juger les activités des pouvoirs politiques, fonction juridictionnelle ou politique ? », *Journ. Proc.,* mai- juin 1985

FABRE M.-H., « Justice politique libérale et justice politique marxiste » in *La Justice,* Bibliothèque des Centres d'Études supérieures spécialisées, Centre de sciences politiques de l'Institut d'études juridiques de Nice, 1961.

FAGNART J.-L. « Droits de la défense et déclaration de faillite » in *R.J.C.B.,* Paris, 1990.

FROWEIN J., « Les référendums. Aspects de droit comparé », in *La participation directe du citoyen à la vie politique et administrative, Travaux des XIIes Journées d'études juridiques Jean Dabin,* Bruxelles, Bruylant, 1986.

GOHIN O., « Qu'est ce qu'une juridiction pour le juge français », in *Rev. Droits,* Paris, 1989, n° 9.

GONIDEC F. et AHANZO GLELE M. (Dir.), « L'État et le Droit » in *Encyclopédie juridique de l'Afrique,* Paris, Les Nouvelles Éditions Africaines, Abidjan, Dakar, Lomé, 1982.

GUETTIER, L'administration et l'exécution des décisions de justice, AJDA, 1999, n° spécial juillet-août.

HAURIOU A., Le pouvoir discrétionnaire et sa justification, in *Mélanges Carré de MALBERG*, Paris, 1958.

JEZE G., « Caractère de censure doctrinale des arrêts d'annulation d'un acte administratif irrégulier », *R.D.P.,* Paris, 1914.

JEZE G., « De la responsabilité des patrimoines administratifs à raison du préjudice causé par l'exécution de mesures administratives prises en violation d'une décision des tribunaux judiciaires » in *R.D.P.*, Paris, 1914.

JEZE G., « Essai de théorie générale de la compétence », *R.D.P.,* Paris, 1923.

KABANGE NTABALA, « Responsabilité de l'administration publique et des services publics décentralisés du fait des actes de leurs préposés et organes » in Revue zaïroise de Droit, Kinshasa, 1975.

KABANGE NTABALA, « Recours en annulation : leçons, l'équivoque et la confusion sciemment entretenues » in *le Journal Le Potentiel* n° 443 du 23/03/1994, *Journal UMOJA* du 22/03/1994 et *Journal le Phare* du 25/03/1994.

KALAMBAY LUMPUNGU (G.), « La nouvelle loi zaïroise sur l'expropriation pour cause d'utilité publique », in *Pendant*, n° 764, 1979, p.178.

KALONGO MBIKAYI, « Le juge zaïrois et l'interprétation des principes généraux du droit » in *Revue Zaïroise de droit,* numéro spécial, 1971, ONRD, Kinshasa, 1971.

KENGO-wa-DONDO, « L'exécution des jugements *», in Cour Suprême de Justice, 1978.*

LALIGANT M, « La notion d'intérêt pour agir et le juge administratif », *R.D.P.*, 1971.

LAVAU G., « Le juge et le pouvoir politique » in *La justice,* Bibliothèque des Centres d'Études supérieures spécialisées, Centre de sciences politiques de l'Institut d'études juridiques de Nice, 1961.

LEJEUNE Y. et REGNIER J., « L'introduction du référendum en droit belge » in *La participation directe du citoyen à la vie politique et administrative, Travaux des XIIes Journées d'études juridiques Jean Dabin,* Bruxelles, bruylant, 1986.

LESAGE, « Les interventions du législateur dans le fonctionnement de la justice », *R.D.P.*, 1960

LEWALLE P., « Le référendum local » in *La participation directe du citoyen à la vie politique et administrative, Travaux des XIIes Journées d'études juridiques Jean Dabin,* Bruxelles, Bruylant, 1986.

LIKULIA BOLONGO, « Le rôle et la contribution du droit pénal dans l'émergence d'un État de droit », *in Participation et responsabilité des acteurs dans un contexte d'émergence démocratique en République Démocratique du Congo s*ous la direction de BAKANDEJA WA MPUNGU et consorts, Kinshasa, P.U.K., 2007.

LUSANGA NGIELE F., « Lettre ouverte de LUSANGA NGIELE, ancien membre de l'U.D.P.S. au Commissaire d'État à la sécurité du territoire (15 mars 1990) », in WILLAME J.Cl. « De la démocratie octroyée à la démocratie enrayée (24 avril 1990- 22 septembre 1991) », in *Les Cahiers du CEDAF-ASDOC,n°5/6.*

LWAMBA KATANSI, « Canevas d'une reforme de la justice en République Démocratique du Congo », in *Justice et Société en RDC,* Publications de l'Institut pour la Démocratie et le Leadership politique, Kinshasa, 1999.

MAMPUYA K., « Le système onusien de protection des droits de l'homme : introduction générale », in *Droits de l'homme et Droit International Humanitaire,* Séminaire de formation cinquantenaire, P.U.K, 1999.

MARIE L., « De l'avenir du recours pour excès de pouvoir en matière administrative », in *R.D.P., 1901, tome XVI.*

MATHIEU B., « La constitutionnalité des validations législatives », Paris, *RFDA, 1989.*

MATHIEU B., « Les validations législatives devant le juge de Strasbourg », *RFDA, 2000.*

MATUMELE MALIYA et KUPANY LUMBIDI, « Approche empirico-formelle de la justice comme condition ultime du développement » in *Philosophie Africaine : Paix-Justice-Travail, 1986.*

MEHL L., « Pour une théorie cybernétique de l'action administrative », in *Traité de science administrative,* Paris, Mouton, 1966.

MOSILO EBOMA e KPEKU, « Du rendement des principales juridictions de Kinshasa », in *Analyses sociales,* volume III, n° 5-6, 1986.

MOUREAU L., « La signification du principe de légalité dans l'administration moderne », *A.P.T.,* Paris, *1980.*

MUTOMBO KAYIKAMBA (C.), « Bonne gouvernance et administration de la justice » in *Démocratisation, État de droit et Bonne gouvernance,* Ligue congolaise des Électeurs (L.C.E), décembre 2001.

NGUYA-NDILA C., « L'individu face à la justice en Afrique », in *Annales de la Faculté de Droit,* vol. I, P.U.Z., Kinshasa, 1972.

NKULU KILOMBO, « La nature juridique du recours institué par l'ordonnance créant le Ministère des Droits et Libertés du citoyen » in *R.J.Z.,* n° 1,2 et 3, 1992.

NTIRUMENYERWA K., « Le système onusien de protection des droits de l'homme : les mécanismes de protection fondés par la Charte des Nations Unies : ECOSOC, CDH, HCNUDH », in *Droits de l'homme et Droit Internationale Humanitaire,* Séminaire de formation cinquantenaire de la DUDH 18 novembre-10 décembre 1998, Kinshasa, P.U.K, 1999.

NTUMBA MUSUKA, « L'aménagement du droit de vote dans l'ordre juridique congolais » in *Cahiers Africains des Droits de l'Homme et de la Démocratie,* Kinshasa, n° 19, Vol I, 5e année, janvier- décembre 2002.

NTUMBA MUSUKA, « Le sens de l'ubiquité de la liberté d'opinion : cas de la République Démocratique du Congo » in *Cahiers Africains des Droits de l'homme et de la Démocratie,* Kinshasa, n° 19, Vol. I, 5e Année, janvier-décembre 2002.

PATERNAUDE P., « La réglementation du financement des campagnes référendaires » in *La participation directe du citoyen à la vie politique et administrative, Travaux des XIIes Journées d'études juridiques Jean Dabin,* Bruxelles, Bruylant, 1986.

PRETOT X., « Les validations législatives et le droit au procès équitable », *R.D.P.,* Paris, 2001.

REYNDERS D., « L'introduction dans la constitution du référendum législatif d'initiative populaire » in *La participation directe du citoyen à la vie politique et administrative, Travaux des XIIes Journées d'études juridiques Jean Dabin,* Bruxelles, Bruylant, 1986.

RIVERO J., « Introduction aux travaux des XIIes Journées d'études juridiques Jean Dabin » in *La participation directe du citoyen à la vie politique et administrative, Travaux des XIIes Journées d'études juridiques Jean Dabin,* Bruxelles, Bruylant, 1986.

RIVERO J., « Le Huron au Palais Royal ou réflexions naïves sur le recours pour excès de pouvoir », in *Dalloz*, Paris, 1962

RUBBENS A., « Les dimensions de la coutume » in *R.J.C.* 1962, 3e trim., pp. 44-54 ; OLEWALE ELIA T., *La nature du droit coutumier,* trad. Découflé et Desseau, Paris, 1961.

SOHIER A., « Le signalement des Magistrats » *J.T.O.M.*, 1958

VAN COMPERNOLLE J., « Considérations sur la responsabilité de l'État du fait du fonctionnement défectueux de la justice en droit belge »in *La responsabilité des gens de justice. Revue générale de droit processuel,* Paris, Dalloz, 1997.

VAN OEVELEN A., « L'indépendance et la responsabilité civile des juges » in *Rôle et organisation de magistrats et avocats dans les sociétés contemporaines IXème congrès de droit judiciaire,* STORME M., (éd.)
VEDEL G., « L'évolution du détournement de pouvoir », *R.D.P.,* Paris, 1952.
WALINE M., « Les résistances techniques de l'administration au pouvoir politique »in *Politique et technique,* Paris, 1950.
WRIGHT V. « L'épuration du Conseil d'État, juillet 1879 », *Revue d'histoire moderne et contemporaine,* 1972.
ZEPOS P. J., « Quinze années d'application du Code civil hellénique »in *Revue internationale de droit comparé,* 1962.

III. COURS POLYCOPIES

BIBOMBE MUAMBA, *Cours de droit constitutionnel et institutions politiques,* Polycopié, Faculté de droit, UNIKIS, 2001.
MPONGO BOKAKO, Notes de cours de contentieux administratif, Polycopié, Fac. Droit, UNIKIN, 1994.
VUNDUAWE te PEMAKO (F.), Cours de contentieux administratif, Polycopié, Faculté de Droit de l'U.P.C., 2e Licence, 2004-2005.
VUNDUAWE te PEMAKO, *Droit administratif et institutions administratives,* cours polycopié, 3e Graduat, Faculté de Droit, UNIKIN, 2002-2003.

IV. DOCUMENTS OFFICIELS

A. Constitutions congolaises

La loi fondamentale du 19 mai 1960 sur les Structures du Congo et la Loi fondamentale du 17 juin 1960 sur les libertés publiques, *Moniteur congolais,* 1re année, 1960.
Loi constitutionnelle du 18 juillet 1963 portant modification de la Loi fondamentale du 19 mai 1960 sur les Structures du Congo, *M.C.* n° 18, 15 septembre 1963.
Constitution de la République Démocratique du Congo du 1er août 1964, *M.C.,* n° spécial, août 1964.
Constitution de la République du Zaïre du 24 juin 1967 et ses différentes révisions, *J.O.R.Z.,* n° spécial, janvier 1990.
Loi 78/010 du 15 février 1978 portant révision de la Constitution du 24 juin 1967, *J.O.,* n°5 du 1er mars 1978.
Loi n° 78/010 du 15 février 1978 portant révision de la constitution, *J.O.,* n°5 du 1er mars 1978
Loi n° 80/012 du 15 novembre 1980 modifiant et complétant quelques dispositions de la constitution, *J.O.,* n° 1 du 1er janvier 1981.

Constitution de la Transition du 04/04/2003, *J.O.R.D.C.*, n° spécial, 20 octobre 2003.

Constitution du 18 février 2006 in *Journal officiel de la R.D.C.*, numéro spécial, 47e année.

Constitutions étrangères

Constitution coordonnée du 17 février 1994, *Les Codes Larcier belges*, t. VI, A. Droit public, 2003.

Constitution du 22 Frimaire An VII (13 décembre 1799)

Constitution de la République française du 4 octobre 1958

C. Traités

Le Pacte relatif aux droits civils et politiques du 23 mars 1976 in *La Revue* (CIJ), N°50/1993.

Le Pacte relatif aux droits économiques, sociaux et culturels du 3 janvier 1976 in *La Revue* (CIJ), N°50/1993.

D. Actes Législatifs

Loi du 23 décembre 1946 portant création d'un Conseil d'État, *M.B., n° 9 ; Codes Piron*, t. II, 1960.

Décret du 8 mai 1958 portant Code de l'Organisation et de la compétence Judiciaires, *B.O.,* 1959.

Loi n° 77/001 du 22 février 1977 sur l'expropriation pour cause d'utilité publique, *Journal Officiel du Zaïre,* n° 7, 1èr avril 1997.

Loi n° 77/030 du 28 décembre 1977 portant organisation du Conseil Judiciaire, *Journal Officiel*, n° 1 du 1er janvier 1978.

Ordonnance-Loi n°79-08 du 28/09/1979 portant Organisation du Barreau, du corps des Défenseurs Judiciaires et du corps des Mandataires de l'État, *J.O.Z.*, n° 19, 1er octobre 1979

Loi n°80-008 du 18 juillet 1980 portant Régime général des biens, régime foncier et immobilier et régime des sûretés, *J.O.*, n°15 du 1er août 1980.

Ordonnance-Loi n° 82-017 du 31 mars 1982 relative à la procédure devant la Cour Suprême de Justice, *J.O.Z.*, n° 7 du 1er avril 1982.

Ordonnance-Loi 82-020 du 31 mars 1982 portant Code d'Organisation et de Compétence Judiciaires, *J.O.Z.*, n° 7 du 1er avril 1982.

Ordonnance-Loi n° 86/047 du 8 juillet 1986 modifiant et complétant l'Ordonnance-Loi n° 85/029 du 7 août 1985 portant dispositions spéciales relatives au régime disciplinaire des Magistrats, *J.O.*, n° 16 du 15 août 1986.

Loi n°87-010 du 1er août 1987 portant Code de la famille, *J.*O., n° spécial, août 1987.

Loi n° 004/2003 du 13 mars 2003 portant réforme des procédures fiscales in *Journal Officiel de la R.D.C.*, n° spécial, 31 mars 2003.

Loi organique n° 06/020 du 10 octobre 2006 portant Statut des magistrats in *J.O.*, 25 octobre 2006.

Loi n° 08/013 du 5 août 2008 portant Organisation et Fonctionnement du Conseil Supérieur de la Magistrature in *J.O.*, n° spécial, août 2008.

E. Acte Réglementaire

Arrêté n° 243/78 du 18 novembre 1978 instituant un service d'inspection et de surveillance du Conseil Judiciaire in *J.O.*, n° 24 du 15 décembre 1978.

F. Autres documents officiels

Décision d'État n°11/CC/81 du 8 juin 1981, in *Recueil des décisions d'État, directives et déclarations du Comité Central 1980-1988,* Kinshasa, Sodimica, 1989.

Mercuriale du Procureur Général de la République Léon LOBITSH, in *B.A.C.S.J.*, vol. I, Kinshasa, 1970, fascicule n° 1.

Mercuriale du 10 novembre 1977 sur l'exécution des jugements prononcée par le Citoyen KENGO-wa-DONDO, Procureur Général de la République in *Bulletin des Arrêts de la Cour Suprême de Justice*, Kinshasa, Éd. de la Cour Suprême de Justice, 1978.

Mercuriale prononcée, le 4 novembre 1978, par le Président du Conseil Judiciaire, Procureur Général de la République, sur le thème : « L'évolution juridictionnelle de la Cour Suprême de Justice au Zaïre de 1968 à 1978 (Audience solennelle de rentrée judiciaire et du 10e anniversaire de l'installation de la C.S.J.), *Bulletin de la C.S.J. de l'année 1978,* Kinshasa, 1979.

MOBUTU SESE SEKO, « Discours-programme du Chef de l'État prononcé au stade ROI BAUDOIN de Léopoldville, le 12 décembre 1965 », in *Allocutions et messages,* Tome 1, 1965-1975, Paris, Éditions Jeune Afrique.

Discours du Président français Valery Giscard d'ESTAIN prononcé le 8 novembre 1977 devant le Conseil Constitutionnel Français.

MBENZA-LOMBA, Discours prononcé à l'occasion de la première audience solennelle de la rentrée de la Cour d'Appel de Kisangani après les vacances judiciaires de 1972, *R.J.Z*, 1972.

V. THÈSES

BIBOMBE MUAMBA, *La protection juridictionnelle du Citoyen à l'égard de l'Administration du Zaïre*, Thèse de doctorat d'État en droit, Université de Paris I (panthéon Sorbonne), 1975.

CARRIER M., *Du principe de la séparation de l'Administration active et de la juridiction administrative,* Thèse Lyon, Mougin-Rusand, Waltener et cie, 1900.

DJELO E. O., *Contribution à l'étude des tendances fédéralistes et unitaristes dans l'évolution politique et Constitutionnelle du Zaïre*, Thèse de doctorat en droit, Université de Liège, 1973-1974.

FAYOLLE, *La force exécutoire des décisions de Justice vis-à-vis des administrations publiques*, Thèse, Nancy, 1926.

GEAMANU G, *La résistance à l'oppression et le droit de l'insurrection,* Thèse, Paris, 1933.

GENY B., *La collaboration des particuliers avec l'administration*, Thèse de doctorat de l'Université de Nancy, 1930.

GRACH H., *De la limite des pouvoirs des tribunaux administratifs sur les actes de l'Administration,* Thèse, Paris, Sirey, 1912.

KABANGE NTABALA (C.), *Production de la loi et restructuration du système juridique congolais. Effets des contacts eurafricains.* Thèse de doctorat en droit, K.U.L., Leuven, 1971.

KITETE KEKUMBA, *Autonomie politique et constitutionnelle au Zaïre : Essai de solution à l'inadéquation Institutionnelle*, Thèse de doctorat en droit, Paris I Panthéon, 1988.

LEBOURGEOIS A., *De la séparation des pouvoirs,* Thèse, Paris, 1884

RENOUX T., *Le Conseil constitutionnel et l'autorité judiciaire*, Thèse de doctorat d'État en Droit, Université d'Aix-Marseille, Faculté de droit et science politique, Aix-en-Provence, juin 1982.

SARIPOLOS N., *La démocratie et l'élection proportionnelle,* Thèse, Paris, Rousseau, 1899.

VALEGEAS J., *Du pouvoir réglementaire en droit français,* Thèse, Bordeaux, Cadoret, 1892.

YUMA BIABA, *Le contrôle de l'Administration et la protection des citoyens en République Démocratique du Congo,* Thèse de doctorat en droit, UNIKIN, 2007.

VI. MÉMOIRES

MBUAMA EKPANGBA, *Les garanties des libertés fondamentales en matière de police administrative en droit positif zaïrois,* Mémoire de Licence, Faculté de Droit, UNIKIN, 1993.

NTUMBA MUSUKA, *La protection des droits politiques dans l'ordre constitutionnel zaïrois,* Mémoire de Licence en droit, UNIKIN, 1993-1994.

MUTOMBO MULEMBI, *Les droits humains et l'intérêt de leur protection spéciale en droit comparé zaïrois*, UNIKIN, Fac. Droit, 1993.

VII. JURISPRUDENCE

I. Jurisprudence congolaise

a. De la Cour Suprême de Justice

C.S.J., Section administrative, R.A. 5 et R.A. 33 du 14 juin 1973, Arrêt « Congo Motors Limited » in *Bulletin des arrêts de la C.S.J.*, 1973.

C.S.J., Section administrative, R.A.102 du 22 novembre 1985, MONANGA GEGOGESALI c/ La République du Zaïre, *Bulletins des arrêts de la C.S.J.,* Années 1985 à 1989, Kinshasa, Éd. du service de documentation et d'Études du Ministère de la Justice et Garde des Sceaux, 2002.

C.S.J., Section administrative, R.A.101 du 27 juin 1986, NGOYI KITOKO c/ La République du Zaïre, *Bulletins des arrêts de la C.S.J.,* Années 1985 à 1989, Kinshasa, Éd. du service de documentation et d'Études du Ministère de la Justice et Garde des Sceaux, 2002.

C.S.J., Section administrative, R.A. 111 du 13 juin 1986, FATAKI SANGWA c/ La République du Zaïre, *Bulletins des arrêts de la C.S.J.,* Années 1985 à 1989, Kinshasa, Éd. du service de documentation et d'Études du Ministère de la Justice et Garde des Sceaux, 2002.

C.S.J., Section administrative, R.A.187 du 30 octobre 1987, LUNDUNGE KAHADI c/ La République du Zaïre, *Bulletins des arrêts de la C.S.J.,* Années 1985 à 1989, Kinshasa, Éd. du service de documentation et d'Études du Ministère de la Justice et Garde des Sceaux, 2002.

C.S.J., Section administrative, R.A.132 du 25 mars 1988, Société SOFIBICA s.p.r.l. c/ La République du Zaïre et la Société SOCOBELAM, *Bulletins des arrêts de la C.S.J.,* Années 1985 à 1989, Kinshasa, Éd. du service de documentation et d'Études du Ministère de la Justice et Garde des Sceaux, 2002.

C.S.J., Section administrative, R.A. 182,186 et 191 du 01/01/1990 NGBENZI NZOMBI MOKOBA et consorts c/ La République du Zaïre, *Recueil des principaux arrêts de la jurisprudence administrative congolaise et étrangère* (publication de B.BIBOMBE MUAMBA et A. BIBOMBE ILUNGA), Kinshasa, UNIKIN, Faculté de Droit, 1998.

C.S.J., Section administrative, R.A. 251 du 28/11/1991, MBUYI MBIYE TANAYI c/l'Ordre National des Avocats, *Recueil des principaux arrêts de la jurisprudence administrative congolaise et étrangère* (publication de B.BIBOMBE MUAMBA et A. BIBOMBE ILUNGA), Kinshasa, UNIKIN, Faculté de Droit, 1998.

C.S.J., Section Administrative, R.A. 235 du 19 février 1993, La commission de liquidation de l'ancienne a.s.b.l. dénommée « Témoins de Jéhovah » c/ La République du Zaïre, *Bull. Arrêts,* éd. 2003.

C.S.J., Section administrative, R.A. 266 du 08/01/1993, Arrêt Témoins de Jéhovah c/ La République du Zaïre, *Bull. Arrêts,* éd. 2003.

C.S.J., Section administrative, R.A. 278 du 21/12/1995, ASBL Archidiocèse de Kinshasa c/la République du Zaïre, *Bull. Arrêts,* éd. 2003.

C.S.J., Section administrative, R.A. 320 du 21 août 1996, USOR et Alliés et E. Tshisekedi c/ Le Président de la République et consorts, *Bulletin des arrêts,* 2003.

C.S.J., Section administrative, R.A. 325 du 1/12/1997, *R.A.J.C.,* Kinshasa, 1998.

C.S.J., Section administrative, R.A. 326 du 1/12/1997, *R.A.J.C.,* Kinshasa, 1998.

b. De la Cour d'appel

C.A. Kin/Gombe, Section administrative, R.A. 125 du 09 novembre 2002, Arrêt C.M.E.C., NDUNGUMA MBAYI et Caleb TCHYOMBO NKONGOLO contre la Ville de Kinshasa in MUSHIGO-a-GAZANGA GINGOMBE, *Le contentieux administratif dans le système juridique de la R.D.C.,* Bruxelles, Academia- Bruylant, 2004.

C.A. L'shi, Section administrative, R.A.095 du 29 octobre 1993, Arrêt « KAZADI MALENGA »contre le Chef de sous-division de l'Éducation nationale de Likasi in MUSHIGO-a–GAZANGA GINGOMBE, *Le contentieux administratif dans le système juridique de la R.D.C.,* Bruxelles, Academia- Bruylant, 2004.

II. Jurisprudence étrangère

C.E. fr. 19 février 1875, « Arrêt Prince NAPOLÉON » in BRAIBANT G., LONG M. et WEIL P., *Les Grands Arrêts de la Jurisprudence administrative,* Paris, SIREY, 3e éd., 1961.

Cass.b., 5 novembre 1920, La Flandria, *pas. I,* 1921.

C.E., 20 mai 1949, *Belg. Col.,* 1949, p. 713 ; *Codes Piron*, t ; II, 1960.

C.E.b., 22 juin 1962, JUMEAU c/C.A.P, Bruxelles, n° 9471, *Rec.*

C.E.b., 5 juin 1969, GODIN et LEGAT c/État belge, n° 13605 et 13606, *Rec.*

C.E. fr. 16 oct. 1970, *Pierre, Rec. 1161*

C.E. fr. 4 févr. 1976, *Elissonde,* Rec. 1069

C.E. fr. 25 oct. 1978, *ministre de l'Économie c. dame Madre, Rec. 391*

C.E. fr. 3 avr. 1987, *Consorts Heuguel,* Rec. 119

C.E. Sect. 26 juillet 1996, *Assoc. Lyonnaise de protection des locataires,* in BRAIBANT G., LONG M. et WEIL P., *Les Grands Arrêts de la Jurisprudence administrative,* Paris, SIREY, 13e éd., 2007.

VIII. DOCUMENTS DIVERS

Acte/CNS/92 portant annulation de certaines décisions de la Commission Permanente de Discipline du Comité Central du M.P.R., Parti-Etat, in *Actes de la commission juridique de la CNS, Rapport,* Kinshasa, 1992.

BIBOMBE MUAMBA et BIBOMBE ILUNGA, *Recueil des principaux Arrêts de la Jurisprudence administrative congolaise et étrangère,* Kinshasa, UNIKIN, Faculté de Droit, 1998.

Mouvement Populaire de la Révolution Bureau politique, *Résolutions du Deuxième Congrès Ordinaire du M.P.R.,* collection Dialogue série 1, document Institut MAKANDA KABOBI, École du Parti, Kinshasa, 1978.

Rapport du Conseil colonial, in *P. PIRON et J. DEVOS, Codes et lois du Congo belge,* Bruylant, Bruxelles, *1960. Note sous l'article 66 du Code des biens.*

RÉPUBLIQUE DÉMOCRATIQUE DU CONGO, MINISTÈRE DES DROITS HUMAINS, *Actes de la Conférence Nationale sur les Droits de l'Homme,* Volume I, Adresse du Chef de l'État et Rapports, Kinshasa, août 2001.

RÉPUBLIQUE DÉMOCRATIQUE DU CONGO, MINISTÈRE DES DROITS HUMAINS, CABINET DU MINISTRE, *Genèse, missions, structures, principales réalisations, difficultés rencontrées et perspectives d'avenir,* Kinshasa, 1998.

TABLE DES MATIÈRES

L'HARMATTAN ITALIA
Via Degli Artisti 15; 10124 Torino

L'HARMATTAN HONGRIE
Könyvesbolt ; Kossuth L. u. 14-16
1053 Budapest

L'HARMATTAN KINSHASA
185, avenue Nyangwe
Commune de Lingwala
Kinshasa, R.D. Congo
(00243) 998697603 ou (00243) 999229662

L'HARMATTAN CONGO
67, av. E. P. Lumumba
Bât. – Congo Pharmacie (Bib. Nat.)
BP2874 Brazzaville
harmattan.congo@yahoo.fr

L'HARMATTAN GUINÉE
Almamya Rue KA 028, en face du restaurant Le Cèdre
OKB agency BP 3470 Conakry
(00224) 60 20 85 08
harmattanguinee@yahoo.fr

L'HARMATTAN CAMEROUN
BP 11486
Face à la SNI, immeuble Don Bosco
Yaoundé
(00237) 99 76 61 66
harmattancam@yahoo.fr

L'HARMATTAN CÔTE D'IVOIRE
Résidence Karl / cité des arts
Abidjan-Cocody 03 BP 1588 Abidjan 03
(00225) 05 77 87 31
etien_nda@yahoo.fr

L'HARMATTAN MAURITANIE
Espace El Kettab du livre francophone
N° 472 avenue du Palais des Congrès
BP 316 Nouakchott
(00222) 63 25 980

L'HARMATTAN SÉNÉGAL
« Villa Rose », rue de Diourbel X G, Point E
BP 45034 Dakar FANN
(00221) 33 825 98 58 / 77 242 25 08
senharmattan@gmail.com

L'HARMATTAN BÉNIN
ISOR-BENIN
01 BP 359 COTONOU-RP
Quartier Gbèdjromèdé,
Rue Agbélenco, Lot 1247 I
Tél : 00 229 21 32 53 79
christian_dablaka123@yahoo.fr

Achevé d'imprimer par Corlet Numérique - 14110 Condé-sur-Noireau
N° d'Imprimeur : 110272 - Dépôt légal : juillet 2014 - *Imprimé en France*

www.ingramcontent.com/pod-product-compliance
Lightning Source LLC
LaVergne TN
LVHW011153061026
849535LV00003B/713